LES HAUTS DE HURLEVENT

EMILY BRONTË

LES HAUTS
DE HURLEVENT

Traduit de l'anglais
par Frédéric Delebecque

LE GRAND LIVRE DU MOIS

Titre original :
WUTHERING HEIGHTS

© Éditions de Fallois, 1995

ISBN : 2-7028-0800-X

TABLEAU GÉNÉALOGIQUE
DRESSÉ PAR LE TRADUCTEUR

```
Mr. Earnshaw          Mrs. Earnshaw              Mr. Linton        Mrs. Linton
 † 1777                 † 1773                    † 1780             † 1780
    │                      │                         │                  │
    └──────────┬───────────┘                         └────────┬─────────┘
               │                                              │
  Frances X — Hindley Earnshaw   Catherine Earnshaw — Edgar Linton    Isabelle Linton — Heathcliff
   † 1778      né 1757              née 1765            né 1762          née 1766         né vers 1763
                                    † 20 mars 1784      † sept. 1801    † vers juillet 1797  † avril 1802
         │                                    │                                │
         │                                    │                                │
   Hareton Earnshaw                   Catherine Linton              Linton Heathcliff
   né juin 1778                       née 20 mars 1784              né sept. 1784
                                                                    † vers fin sept. 1801
```

AVERTISSEMENT DU TRADUCTEUR

Le roman qu'on va lire occupe dans la littérature anglaise du XIXe siècle une place tout à fait à part. Ses personnages ne ressemblent en rien à ceux qui sortent de la boîte de poupées à laquelle, selon Stevenson, les auteurs anglais de l'ère victorienne, « muselés comme des chiens », étaient condamnés à emprunter les héros de leurs récits.

Ce livre est l'œuvre d'une jeune fille qui n'avait pas encore atteint sa trentième année quand elle le composa et dont c'était, à l'exception de quelques pièces de vers, la première œuvre littéraire. Elle ne connaissait guère le monde, ayant toujours vécu au fond d'une province reculée et dans une réclusion presque absolue. Fille d'un pasteur irlandais et d'une mère anglaise qu'elle perdit en bas âge, sa courte vie s'écoula presque entière dans un village du Yorkshire, avec ses deux sœurs et un frère, triste sire qui s'enivrait tous les soirs. Les trois sœurs Brontë trouvèrent dans la littérature un adoucissement à la rigueur d'une existence toujours austère et souvent très pénible. Après avoir publié un recueil de vers en commun, sans grand succès, elles s'essayèrent au roman. Tandis que Charlotte composait *Jane Eyre*, qui obtenait rapidement la faveur du public, Emily écrivait *Wuthering Heights*, qu'elle parvint, non sans peine, à faire éditer sous le pseudonyme d'Ellis Bell, vers la fin de 1847, un an à peine avant sa mort (19 décembre 1848). Cette œuvre, âpre et rude comme la contrée qui l'a inspirée, choqua les lecteurs anglais de l'époque par la dureté des peintures morales et le dédain des conventions alors généralement admises dans le roman d'outre-Manche. Elle ne fut pas appréciée à sa valeur ; on ne devait lui rendre justice que plus tard. En France, ce roman n'est guère connu. Il mérite pourtant de l'être. Un bon juge, Léon Daudet, parlant du « tragique intérieur » dans la littérature anglaise, n'a pas craint de mentionner *Wuthering Heights* à côté de *Hamlet*.

Note pour la deuxième édition

Cette nouvelle édition a été revue et corrigée avec soin. Je tiens à remercier ici M. le commandant Beauvais du concours si éclairé et si bienveillant qu'il m'a apporté dans cette tâche.

F. D.

CHAPITRE PREMIER

1801. – Je viens de rentrer après une visite à mon propriétaire, l'unique voisin dont j'aie à m'inquiéter. En vérité, ce pays-ci est merveilleux ! Je ne crois pas que j'eusse pu trouver, dans toute l'Angleterre, un endroit plus complètement à l'écart de l'agitation mondaine. Un vrai paradis pour un misanthrope : et Mr. Heathcliff et moi sommes si bien faits pour nous partager ce désert ! Quel homme admirable ! Il ne se doutait guère de la sympathie que j'ai ressentie pour lui quand j'ai vu ses yeux noirs s'enfoncer avec tant de suspicion dans leurs orbites, au moment où j'arrêtais mon cheval, et ses doigts plonger, avec une farouche résolution, encore plus profondément dans son gilet, comme je déclinais mon nom.
 – Mr. Heathcliff ? ai-je dit.
 Un signe de tête a été sa réponse.
 – Mr. Lockwood, votre nouveau locataire, monsieur. Je me suis donné l'honneur de vous rendre visite, aussitôt que possible après mon arrivée, pour vous exprimer l'espoir de ne pas vous avoir gêné par mon insistance à vouloir occuper Thrushcross Grange ; j'ai entendu dire hier que vous aviez quelque idée...
 – Thrushcross Grange m'appartient, monsieur, a-t-il interrompu en regimbant. Je ne me laisse gêner par personne, quand j'ai le moyen de m'y opposer... Entrez !
 Cet « Entrez » était prononcé les dents serrées et exprimait le sentiment : « Allez au diable ! » La barrière même sur laquelle il s'appuyait ne décelait aucun mouvement qui s'accordât avec les paroles. Je crois que cette circonstance m'a déterminé à accepter l'invitation. Je m'intéressais à un homme dont la réserve semblait encore plus exagérée que la mienne.
 Quand il a vu le poitrail de mon cheval pousser tranquillement la barrière, il a sorti la main de sa poche pour enlever la chaîne et

m'a précédé de mauvaise grâce sur la chaussée. Comme nous entrions dans la cour, il a crié :

— Joseph, prenez le cheval de Mr. Lockwood ; et montez du vin.

« Voilà toute la gent domestique, je suppose. » Telle était la réflexion que me suggérait cet ordre composite. « Il n'est pas surprenant que l'herbe croisse entre les dalles, et les bestiaux sont sans doute seuls à tailler les haies. »

Joseph est un homme d'un certain âge ou, pour mieux dire, âgé ; très âgé peut-être, bien que robuste et vigoureux. « Le Seigneur nous assiste ! » marmottait-il en aparté d'un ton de mécontentement bourru, pendant qu'il me débarrassait de mon cheval. Il me dévisageait en même temps d'un air si rébarbatif que j'ai charitablement conjecturé qu'il devait avoir besoin de l'assistance divine pour digérer son dîner et que sa pieuse exclamation ne se rapportait pas à mon arrivée inopinée.

Wuthering Heights (Les Hauts de Hurle-Vent), tel est le nom de l'habitation de Mr. Heathcliff : « *wuthering* » est un provincialisme qui rend d'une façon expressive le tumulte de l'atmosphère auquel sa situation expose cette demeure en temps d'ouragan[1]. Certes on doit avoir là-haut un air pur et salubre en toute saison : la force avec laquelle le vent du nord souffle par-dessus la crête se devine à l'inclinaison excessive de quelques sapins rabougris plantés à l'extrémité de la maison, et à une rangée de maigres épines qui toutes étendent leurs rameaux du même côté, comme si elles imploraient l'aumône du soleil. Heureusement l'architecte a eu la précaution de bâtir solidement : les fenêtres étroites sont profondément enfoncées dans le mur et les angles protégés par de grandes pierres en saillie.

Avant de franchir le seuil, je me suis arrêté pour admirer une quantité de sculptures grotesques prodiguées sur la façade, spécialement autour de la porte principale. Au-dessus de celle-ci, et au milieu d'une nuée de griffons délabrés et de bambins éhontés, j'ai découvert la date « 1500 » et le nom « Hareton Earnshaw ». J'aurais bien fait quelques commentaires et demandé au revêche propriétaire une histoire succincte du domaine ; mais son attitude à la porte semblait exiger de moi une entrée rapide ou un départ définitif, et je ne voulais pas aggraver son impatience avant d'avoir inspecté l'intérieur.

Une marche nous a conduits dans la salle de famille, sans aucun couloir ou corridor d'entrée. Cette salle est ce qu'on appelle ici « la

---

1. C'est ce que nous avons essayé de rendre en français par « Les Hauts de Hurle-Vent ». *(N.d.T.)*

maison » par excellence. Elle sert en général à la fois de cuisine et de pièce de réception. Mais je crois qu'à Hurle-Vent la cuisine a dû battre en retraite dans une autre partie du bâtiment, car j'ai perçu au loin, dans l'intérieur, un babil de langues et un cliquetis d'ustensiles culinaires ; puis je n'ai remarqué, près de la spacieuse cheminée, aucun instrument pour faire rôtir ou bouillir, ni pour faire cuire le pain, non plus qu'aucun reflet de casseroles de cuivre ou de passoires de fer-blanc le long des murs. À une extrémité, il est vrai, la lumière et la chaleur réverbéraient magnifiquement sur des rangées d'immenses plats d'étain entremêlés de cruches et de pots d'argent, s'élevant les uns au-dessus des autres sur un grand buffet de chêne, jusqu'au plafond. Ce dernier est apparent : son anatomie entière s'offre à un œil inquisiteur, sauf à un endroit où elle est masquée par un cadre de bois chargé de gâteaux d'avoine et d'une grappe de cuisseaux de bœuf, de gigots et de jambons. Au-dessus de la cheminée sont accrochés quelques mauvais vieux fusils et une paire de pistolets d'arçon ; en guise d'ornement, trois boîtes à thé décorées de couleurs voyantes sont disposées sur le rebord. Le sol est de pierre blanche polie ; les chaises, à hauts dossiers, de formes anciennes, peintes en vert ; une ou deux, plus massives et noires, se devinaient dans l'ombre. À l'abri d'une voûte que forme le buffet reposait une grosse chienne jaunâtre de l'espèce pointer, entourée d'une nichée de petits qui piaillaient ; d'autres chiens occupaient d'autres recoins.

L'appartement et l'ameublement n'auraient rien eu d'extraordinaire s'ils eussent appartenu à un brave fermier du Nord, à l'air têtu, aux membres vigoureux mis en valeur par une culotte et des guêtres. Vous rencontrerez ce personnage, assis dans un fauteuil, un pot d'ale mousseuse devant lui sur une table ronde, au cours d'une tournée quelconque de cinq ou six milles dans cette région montagneuse, pourvu que vous la fassiez à l'heure convenable après le dîner. Mais Mr. Heathcliff présente un singulier contraste avec sa demeure et son genre de vie. Il a le physique d'un bohémien au teint basané, le vêtement et les manières d'un gentleman ; tout autant, du moins, que la plupart des propriétaires campagnards. Un peu négligé dans sa mise, peut-être, mais cette négligence ne lui messied pas, parce qu'il se tient droit et que sa tournure est élégante ; l'aspect plutôt morose. D'aucuns pourraient le suspecter d'un certain orgueil de mauvais ton : une voix intérieure me dit qu'il n'y a chez lui rien de semblable. Je sais, par instinct, que sa réserve provient d'une aversion pour les étalages de sentiments... pour les manifestations d'amabilité réciproque. Il aimera comme il haïra, sans en rien laisser paraître, il regardera comme une sorte d'impertinence l'amour ou la haine qu'il recevra en retour. Non, je vais trop vite ; je lui prête trop libéralement mes propres attributs. Mr. Heathcliff peut avoir, pour retenir sa main quand il rencontre quelqu'un qui ne demande qu'à lui tendre la sienne, des raisons entièrement différentes de celles qui me déterminent. Espérons que ma constitution m'est presque spéciale. Ma chère mère avait l'habitude de dire que je n'aurais jamais un foyer confortable ; et, pas plus tard que l'été dernier, j'ai montré que j'étais parfaitement indigne d'en avoir un.

Je jouissais d'un mois de beau temps au bord de la mer, quand je fis connaissance de la plus fascinante des créatures : une vraie déesse à mes yeux, tant qu'elle ne parut pas me remarquer. Je « ne lui dis jamais mon amour » en paroles ; pourtant, si les regards ont un langage, la plus simple d'esprit aurait pu deviner que j'étais amoureux fou. Elle me comprit enfin et à son tour me lança un regard... le plus doux de tous les regards imaginables. Que fis-je alors ? Je l'avoue à ma honte, je me repliai glacialement sur moi-même, comme un colimaçon ; à chaque regard, je me refroidissais et rentrais un peu plus avant dans ma coquille, si bien qu'à la fin la pauvre innocente se mit à douter de ses propres sens et, accablée de confusion à la pensée de son erreur supposée, persuada sa maman de décamper. Cette curieuse tournure d'esprit m'a valu une réputation de cruauté intentionnelle, qui est bien injustifiée ; mais moi seul en puis juger.

J'ai pris un siège au coin du feu opposé à celui vers lequel mon propriétaire se dirigeait, et j'ai occupé un moment de silence à essayer de caresser la chienne, qui avait quitté ses petits et rôdait comme une louve autour de mes mollets, la lèvre retroussée, ses dents blanches humides prêtes à mordre. Ma caresse a provoqué un long grognement guttural.

— Je vous conseille de laisser la chienne tranquille, a grogné Mr. Heathcliff à l'unisson, en arrêtant d'un coup de pied des démonstrations plus dangereuses. Elle n'est pas habituée à être gâtée... elle n'a pas été élevée pour l'agrément.

Puis, se dirigeant vers une porte latérale, il a appelé de nouveau : « Joseph ! »

Joseph a grommelé indistinctement dans les profondeurs de la cave, mais sans donner aucun signe de réapparition, de sorte que son maître a plongé pour l'aller chercher, me laissant vis-à-vis de la scélérate de chienne et d'une paire d'affreux chiens de berger à poils longs, qui exerçaient avec elle une surveillance jalouse sur tous mes mouvements. Peu désireux de prendre contact avec leurs crocs, je suis resté assis sans bouger, mais, pensant qu'ils ne comprendraient sans doute pas des insultes tacites, je me suis malheureusement permis de cligner de l'œil et de faire des grimaces au trio, et l'une de mes expressions de physionomie a tellement irrité madame qu'elle est entrée soudain en furie et a sauté sur mes genoux. Je l'ai repoussée et me suis hâté d'interposer la table entre nous deux. Cette manœuvre a mis en émoi toute la meute : une demi-douzaine de démons à quatre pattes, de tailles et d'âges variés, sont sortis de leurs repaires cachés et se sont rassemblés. J'ai senti que mes talons et les basques de mon habit étaient les buts particuliers de l'assaut et, tenant de mon mieux les plus forts des combattants en respect avec le tisonnier, je me suis vu contraint de demander tout haut l'assistance de quelqu'un de la maison pour rétablir la paix.

Mr. Heathcliff et son domestique ont gravi les marches de la cave avec un flegme mortifiant : je ne crois pas qu'ils aient mis une seconde de moins qu'à l'accoutumée, bien qu'autour de la cheminée une tempête d'aboiements et de glapissements fît rage. Par bonheur, un habitant de la cuisine a montré plus de hâte. Une forte gaillarde, la robe retroussée, les bras nus, les joues rougies par le feu, s'est précipitée au milieu de nous en brandissant une poêle à frire. Elle a manié cette arme, ainsi que sa langue, avec tant d'à-propos que la tourmente s'est apaisée comme par enchantement et qu'elle demeurait seule, haletante comme la mer après un ouragan, quand son maître est entré sur la scène.

– Que diable se passe-t-il ? a-t-il demandé en me regardant d'un air que j'ai eu quelque peine à supporter après ce traitement inhospitalier.

– Que diable, en effet ! ai-je grommelé. Le troupeau de pourceaux possédés du démon[1] ne pouvait avoir en lui de pires esprits que n'en recèlent vos animaux que voilà, monsieur. Autant vaudrait laisser un étranger avec une portée de tigres !

– Ils n'inquiètent pas les gens qui ne touchent à rien, a-t-il remarqué en posant la bouteille devant moi et remettant la table en place. Les chiens font bien d'être vigilants. Un verre de vin ?

– Non, merci.

– Pas été mordu ?

– Si je l'eusse été, j'aurais laissé mon empreinte sur le mordeur.

Un sourire grimaçant a détendu les traits de Heathcliff.

– Allons, allons, vous êtes troublé, Mr. Lockwood. Voyons, prenez un peu de vin. Les hôtes sont tellement rares dans cette maison que mes chiens et moi, je le reconnais volontiers, ne savons guère les recevoir. À votre santé, monsieur !

Je me suis incliné en rendant la politesse. Je commençais à m'apercevoir qu'il serait absurde de bouder à cause de la mauvaise

---

1. Voir saint Marc, V, 11 et suiv. *(N.d.T.)*

conduite d'une bande de méchants chiens. En outre, je n'avais pas envie de continuer à fournir à cet individu de l'amusement à mes dépens ; car c'était le tour que prenait son humeur. Lui, mû probablement par la prudente considération que ce serait folie d'offenser un bon locataire, a atténué un peu le laconisme de son style d'où les pronoms et les verbes auxiliaires étaient exclus, et a entrepris un sujet qu'il supposait devoir m'intéresser, un discours sur les avantages et les inconvénients de mon lieu de retraite actuel. Je l'ai trouvé très informé des questions que nous avons abordées ; et, avant de rentrer chez moi, je me suis enhardi à proposer de renouveler ma visite demain. Il ne désirait évidemment pas voir mon intrusion se répéter. J'irai néanmoins. Je m'étonne de me sentir si sociable en comparaison de lui.

CHAPITRE II

Hier, l'après-midi s'annonçait brumeuse et froide. J'avais envie de la passer au coin du feu dans mon cabinet de travail, au lieu de patauger dans la bruyère et dans la boue jusqu'à Hurle-Vent. Après le dîner, je remontai. *(N.B. –* Je dîne entre midi et une heure : la femme de charge, respectable matrone que j'ai prise avec la maison comme un immeuble par destination, n'a pas pu, ou n'a pas voulu, comprendre la requête que je lui avais adressée pour être servi à cinq heures.) Je gravis donc l'escalier dans cette intention paresseuse ; mais, en entrant dans la pièce, je vis une servante à genoux, entourée de brosses et de seaux à charbon ; elle soulevait une poussière infernale en éteignant les flammes sous des monceaux de cendres. Ce spectacle me fit aussitôt reculer. Je pris mon chapeau et, après une course de quatre milles, j'arrivai à la porte du jardin de Heathcliff juste à temps pour échapper aux premiers flocons d'une averse de neige.

Sur ce sommet découvert, la terre était durcie par une gelée noire et le vent me fit frissonner jusqu'à la moelle. Ne parvenant pas à enlever la chaîne, je sautai par-dessus la barrière, montai en courant la chaussée dallée bordée çà et là de groseilliers, et frappai en vain pour me faire admettre, tant et si bien que les jointures des doigts me cuisaient et que les chiens se mirent à hurler.

« Misérables habitants de cette demeure ! proférai-je mentalement, vous mériteriez, pour votre grossière inhospitalité, de rester à perpétuité isolés de vos semblables. Vous pourriez au moins ne pas tenir vos portes barricadées en plein jour. Peu importe : j'entrerai ! » Cette résolution prise, je saisis le loquet et le secouai violemment. La tête et la face vinaigrée de Joseph se montrèrent à une lucarne ronde de la grange.

– Qué qu'vous voulez ? cria-t-il. Le maître a descendu au parc

à moutons. Faites l'tour par le bout d'la grange, si c'est qu'vous voulez lui parler.
— N'y a-t-il personne à l'intérieur pour ouvrir la porte ? lui criai-je en réponse.
— N'y a personne qu'la maîtresse, et é n'ouvrira point, quand même que vous feriez votre vacarme infernal jusqu'à la nuit.
— Pourquoi ? Ne pourriez-vous lui dire qui je suis, hein ! Joseph ?
— Moi ? que nenni ! J'voulions point m'en mêler, grommela la tête, qui disparut.

La neige commençait à tomber dru. Je saisissais la poignée du loquet pour faire un nouvel essai, quand un jeune homme sans veste, et portant une fourche sur l'épaule, apparut dans la cour derrière la maison. Il me héla en me faisant signe de le suivre et, après avoir traversé une buanderie et une cour pavée contenant un magasin à charbon, une pompe et un pigeonnier, nous arrivâmes enfin dans la grande pièce, chaude et gaie, où j'avais déjà été reçu. Elle resplendissait délicieusement à la lueur d'un immense feu de charbon, de tourbe et de bois ; près de la table mise pour un plantureux repas du soir, je fus charmé d'apercevoir « la maîtresse », personne dont je n'avais pas encore soupçonné l'existence. Je saluai et j'attendis, pensant qu'elle me prierait de prendre un siège. Elle me regarda en s'appuyant sur le dossier de sa chaise, mais resta immobile et muette.
— Vilain temps ! remarquai-je. Je crains, Mrs. Heathcliff, que la porte n'ait à se ressentir des conséquences du service un peu relâché de vos domestiques ; j'ai eu de la peine à me faire entendre d'eux.

Elle ne desserrait pas les lèvres. J'ouvris de grands yeux... elle ouvrit de grands yeux aussi ; ou plutôt elle fixa sur moi un regard froid, indifférent, excessivement embarrassant et désagréable.
— Asseyez-vous, dit le jeune homme d'un ton bourru. Il va bientôt rentrer.

J'obéis, je toussai, j'appelai la gredine de Junon qui daigna, à cette seconde entrevue, remuer l'extrémité de la queue en signe de reconnaissance.
— Un bien bel animal, repris-je. Avez-vous l'intention de vous séparer de ses petits, madame ?
— Ils ne sont pas à moi, dit l'aimable hôtesse d'un ton encore moins engageant que celui que Heathcliff lui-même aurait pu mettre à cette réponse.
— Ah ! vos favoris sont sans doute parmi ceux-ci ? continuai-je en me tournant vers un coussin dans l'ombre, couvert de quelque chose qui ressemblait à des chats.

— Étrange choix de favoris ! observa-t-elle avec mépris.

Pas de chance ! c'était un tas de lapins morts. Je toussai une fois de plus et me rapprochai de l'âtre, renouvelant mes commentaires sur le triste temps de cette soirée.

— Vous n'auriez pas dû sortir, dit-elle en se levant pour prendre sur la cheminée deux des boîtes à thé peintes.

Jusqu'alors, elle avait été abritée de la lumière ; maintenant je distinguais nettement sa silhouette et son visage. Elle était élancée, en apparence à peine sortie de l'adolescence ; admirablement faite, et avec la plus exquise petite figure que j'aie jamais eu le plaisir de contempler ; des traits fins, très réguliers ; des boucles blondes, ou plutôt dorées, qui pendaient librement sur son cou délicat ; et des yeux qui eussent été irrésistibles, si l'expression en eût été agréable. Heureusement pour mon cœur sensible, le seul sentiment qu'ils révélaient tenait le milieu entre le dédain et une sorte de désespoir qu'on était étrangement surpris d'y découvrir. Les boîtes étaient presque hors de sa portée ; je fis un mouvement pour l'aider : elle se tourna vers moi du même air qu'aurait un avare si quelqu'un voulait essayer de l'aider à compter son or.

— Je n'ai pas besoin de votre assistance, dit-elle sèchement, je peux les atteindre toute seule.

— Je vous demande pardon, me hâtai-je de répliquer.

— Vous a-t-on invité à prendre le thé ? demanda-t-elle en attachant un tablier sur sa robe noire très propre.

Elle balançait une cuillerée de thé au-dessus de la théière.

— J'en prendrai une tasse avec plaisir.

— Vous a-t-on invité ? répéta-t-elle.

— Non, dis-je en souriant à demi. Mais vous êtes tout indiquée pour le faire.

Elle rejeta le thé, la cuiller et tout le reste et se rassit sur sa chaise avec un mouvement de dépit, le front plissé, la lèvre inférieure, rouge, en avant, comme celle d'un enfant prêt à pleurer.

Cependant le jeune homme avait jeté sur son dos une veste extrêmement usée ; debout devant le feu, il me regardait du coin de l'œil, d'une mine à jurer qu'il y avait entre nous deux une haine mortelle inassouvie. Je commençais à me demander si c'était ou non un domestique. Son costume et son langage étaient grossiers, tout à fait dépourvus de la supériorité qu'indiquaient ceux de Mr. et de Mrs. Heathcliff ; ses épaisses boucles brunes étaient négligées et hirsutes, sa moustache empiétait sur ses joues à la manière de celle d'un ours, ses mains étaient hâlées comme celles d'un simple laboureur. Pourtant son attitude était dégagée, presque hautaine, et il ne montrait pas l'assiduité d'un domestique à servir la maîtresse de maison.

En l'absence de preuves certaines de sa condition, je jugeai préférable de ne pas prêter attention à sa conduite bizarre. Au bout de cinq minutes, l'entrée de Heathcliff apporta, dans une certaine mesure, un soulagement à ma situation embarrassée.

– Vous voyez, monsieur, que je suis venu comme je l'avais promis ! m'écriai-je avec un feint enjouement, et je crains que la neige ne me retienne chez vous pendant une demi-heure, si vous pouvez m'accorder abri pendant ce laps de temps.

– Une demi-heure ? dit-il en secouant les blancs flocons qui couvraient ses vêtements. Je me demande pourquoi vous avez choisi le fort d'une tourmente de neige pour venir vous promener jusqu'ici. Savez-vous que vous courez le risque de vous perdre dans les marais ? Des gens familiers avec ces landes s'égarent souvent par de pareilles soirées ; et je puis vous annoncer qu'il n'y a aucun espoir de changement pour le moment.

– Je pourrais peut-être trouver parmi vos valets de ferme un guide, qui resterait à la Grange jusqu'à demain... si vous pouviez m'en prêter un ?

– Non, je ne pourrais pas.

– Oh ! vraiment ! Eh bien ! alors, j'en serai réduit à ma seule sagacité.

– Hum !

– Allez-vous faire l'thé ? demanda l'homme à l'habit râpé, détournant de moi son farouche regard pour le diriger sur la jeune femme.

– Faut-il en faire pour *lui* ? demanda-t-elle en s'adressant à Heathcliff.

– Préparez-le, voulez-vous ? fut la réponse, faite d'une façon si brutale que je tressaillis.

Le ton dont ces mots furent prononcés révélait une nature foncièrement mauvaise. Je n'avais plus envie d'appeler Heathcliff un homme admirable.

Quand les préparatifs furent terminés, il m'invita :

– Maintenant, monsieur, avancez votre chaise.

Et tous, y compris le rustique jeune homme, s'approchèrent de la table. Un austère silence régna pendant que nous prenions notre repas.

Je pensai que, si ma présence avait jeté un froid, il était de mon devoir de faire un effort pour le dissiper. Il n'était pas possible que ces gens fussent tous les jours aussi sombres et aussi taciturnes ; il n'était pas possible, si mauvais caractère qu'ils eussent, que cet air renfrogné qu'ils avaient tous fût leur air de tous les jours.

– Il est étrange, commençai-je dans l'intervalle entre une tasse de thé et une autre, il est étrange que l'habitude puisse ainsi façonner nos goûts et nos idées. Beaucoup de gens seraient incapables de concevoir l'existence du bonheur dans une vie aussi complètement retirée que la vôtre, Mr. Heathcliff ; pourtant j'oserai dire que, entouré de votre famille, avec votre aimable épouse comme génie tutélaire de votre foyer et de votre cœur...

— Mon aimable épouse ! interrompit-il avec un ricanement presque diabolique. Où est-elle, mon aimable épouse ?

— Mrs. Heathcliff, votre femme, veux-je dire.

— Ah ! bon, oui... Vous voulez sans doute faire entendre que son esprit a pris le rôle d'ange gardien et veille sur le sort de Hurle-Vent, même quand son corps l'a quitté. Est-ce cela ?

M'apercevant que je commettais une bévue, j'essayai de la rattraper. J'aurais dû voir qu'il y avait une trop grande disproportion d'âge entre eux deux pour qu'ils pussent avec vraisemblance être mari et femme. L'un avait environ quarante ans : un âge de vigueur mentale où les hommes nourrissent rarement l'illusion d'être épousés par amour par des jeunes filles ; ce rêve est réservé comme consolation au déclin de nos années. L'autre ne paraissait pas dix-sept ans.

J'eus une inspiration soudaine. « Le lourdaud qui est à côté de moi, qui boit son thé dans une jatte et mange son pain avec des mains sales, pourrait bien être son mari : Heathcliff junior, sans doute. Voilà ce qui arrive quand on s'enterre vivante : elle s'est jetée sur ce rustre par simple ignorance de l'existence d'êtres supérieurs ! C'est bien dommage... il faut que je tâche de lui faire regretter son choix. » Cette dernière réflexion peut sembler d'un fat : elle ne l'était pas. Mon voisin me frappait comme un être presque repoussant ; je savais, par expérience, que je n'étais pas sans séduction.

— Mrs. Heathcliff est ma belle-fille, dit Heathcliff, ce qui confirma ma supposition.

Il dirigea sur elle, en parlant, un singulier regard : un regard chargé de haine... à moins que par l'effet d'une disposition anormale, ses muscles faciaux n'interprètent pas, comme ceux des autres humains, le langage de son âme.

— Ah ! certainement... je comprends maintenant : vous êtes l'heureux possesseur de cette fée bienfaisante, remarquai-je en me tournant vers mon voisin.

Ce fut encore pis. Le jeune homme devint écarlate et ferma le poing, en donnant tous les signes de préméditation d'un assaut. Mais il parut se ressaisir presque aussitôt et étouffa l'orage sous un brutal juron, grommelé à mon adresse et que, bien entendu, j'eus soin d'ignorer.

— Pas de chances dans vos conjectures, monsieur, observa mon hôte. Aucun de nous n'a le privilège de posséder votre bonne fée ;

son époux est mort. J'ai dit qu'elle était ma belle-fille ; il faut donc qu'elle ait épousé mon fils.

— Et ce jeune homme n'est...

— Pas mon fils assurément.

Heathcliff sourit encore, comme si c'eût été une plaisanterie un peu trop forte de lui attribuer la paternité de cet ours.

— Mon nom est Hareton Earnshaw, bougonna l'autre ; et je vous conseille de le respecter !

— Je n'ai fait preuve d'aucune irrévérence, répondis-je, en riant intérieurement de la dignité avec laquelle il se présentait lui-même.

Avant qu'il eût cessé de tenir les yeux fixés sur moi, j'avais détourné de lui mon regard, de crainte d'être tenté de le gifler, ou de donner cours à mon hilarité. Je commençais à me sentir indubitablement peu à ma place dans cet agréable cercle de famille. Le sentiment de bien-être physique que j'éprouvais était plus que neutralisé par la lugubre atmosphère spirituelle qui régnait là. Je résolus de réfléchir avant de m'aventurer sous ce toit une troisième fois.

Le repas terminé, et personne ne manifestant d'un mot la moindre sociabilité, je m'approchai de la fenêtre pour examiner le temps. Un triste spectacle s'offrit à ma vue : une nuit obscure tombait prématurément, le ciel et les collines se confondaient dans un violent tourbillon de vent et de neige épaisse.

— Je ne crois pas qu'il me soit possible maintenant de rentrer chez moi sans un guide, ne pus-je m'empêcher de m'écrier. Les routes doivent avoir déjà disparu ; si même elles étaient découvertes, je verrais à peine où mettre le pied.

— Hareton, conduis cette douzaine de moutons sous le porche de la grange. Ils vont être enfouis si on les laisse dans le parc toute la nuit : et mets une planche devant eux, dit Heathcliff.

— Que faire ? continuai-je avec une irritation croissante.

Ma question demeura sans réponse. En jetant un regard autour de moi, je ne vis que Joseph qui apportait un seau de porridge[1] pour les chiens, et Mrs. Heathcliff penchée sur le feu, qui s'amusait à faire brûler un paquet d'allumettes tombé du rebord de la cheminée quand elle avait remis la boîte à thé à sa place. Après avoir déposé son fardeau, Joseph passa l'inspection de la pièce et grinça d'une voix chevrotante :

— Je m'demandions comment qu'vous pouvez rester là, à n'rien faire et à vous chauffer, quand tous y sont dehors ! Mais vous n'êtes qu'eune prop'à rien, et c'est pas la peine d'user sa salive... vous

---

1. Aliment composé de substances légumineuses ou farineuses bouillies dans de l'eau ou du lait. *(N.d.T.)*

n'amenderez jamais vos môvaises manières et vous irez dret chez l'diable, comme vot'mère avant vous !

Je m'imaginai un instant que ce morceau d'éloquence était à mon adresse. Passablement en colère, je m'avançai vers le vieux drôle avec l'intention de le jeter dehors à coups de pied. Mrs. Heathcliff m'arrêta par sa réponse.

– Vieil hypocrite médisant ! répliqua-t-elle. N'avez-vous pas peur d'être emporté vous-même quand vous prononcez le nom du diable ? Je vous conseille d'éviter de m'irriter, ou je solliciterai votre enlèvement comme une faveur spéciale. Arrêtez ! Regardez un peu, Joseph, continua-t-elle en prenant sur un rayon un grand livre foncé. Je vais vous montrer mes progrès dans la magie noire : je serai bientôt en état de faire par elle maison nette. Ce n'est pas par hasard que la vache rouge est morte ; et votre rhumatisme ne peut guère être compté comme une grâce providentielle.

– Oh ! môvaise ! môvaise ! haleta le vieux ; le Seigneur nous délivre du mal !

– Non, impie ! vous êtes un réprouvé... allez-vous-en, ou vous pâtirez sérieusement. Vous serez tous modelés en cire et en argile ; et le premier qui transgressera les bornes que je fixe sera... je ne veux pas dire ce qu'il lui arrivera... mais vous verrez. Allez ! j'ai l'œil sur vous !

La petite sorcière mit une feinte malignité dans ses beaux yeux, et Joseph, tremblant d'une sincère horreur, s'enfuit en priant et en répétant : « môvaise ! » Je pensai que la jeune femme avait dû se livrer à une sorte de sinistre plaisanterie ; à présent que nous étions seuls, j'essayai de l'intéresser à ma détresse.

– Mrs. Heathcliff, dis-je sérieusement, veuillez m'excuser de vous déranger. Je prends cette liberté parce qu'avec un pareil visage je suis sûr que vous ne pouvez pas ne pas avoir bon cœur. Indiquez-moi quelques repères qui me permettent de retrouver mon chemin pour rentrer chez moi : je n'ai pas plus d'idée de la manière de m'y prendre que vous n'en auriez si vous deviez aller à Londres !

– Suivez le chemin par lequel vous êtes venu, répondit-elle en s'installant sur une chaise, avec une chandelle et le grand livre ouvert devant elle. C'est un conseil bref, mais c'est le meilleur que je puisse vous donner.

– Alors, si vous entendez dire qu'on m'a découvert mort dans une fondrière ou dans un trou plein de neige, votre conscience ne murmurera pas que c'est en partie votre faute ?

– Pourquoi ? Je ne peux pas vous escorter. Ils ne me laisseraient pas aller jusqu'au bout du mur du jardin.

– Vous ! Je serais désolé de vous demander, pour ma commodité, de franchir le seuil, par une nuit pareille, m'écriai-je. Je vous demande de me dire quel est mon chemin, et non de me le montrer ; ou, sinon, de persuader Mr. Heathcliff de me donner un guide.

— Qui ? Il y a lui, Earnshaw, Joseph, Zillah et moi. Qui voudriez-vous prendre ?

— Il n'y a pas de valets à la ferme ?

— Non ; personne, hormis ceux que je viens de nommer.

— Alors, il en résulte que je suis forcé de rester.

— Vous pourrez vous entendre à ce sujet avec votre hôte. Cela ne me regarde pas.

— J'espère que ce sera pour vous une leçon de ne plus entreprendre à la légère d'excursions dans ces montagnes, cria de l'entrée de la cuisine la voix forte de Heathcliff. Quant à ce qui est de rester ici, je n'ai pas d'installation pour les visiteurs ; il faudra que vous partagiez le lit de Hareton ou de Joseph, si vous restez.

— Je peux passer la nuit sur une chaise dans cette chambre, proposai-je.

— Non ! non ! Un étranger est un étranger, qu'il soit riche ou pauvre. Il ne me convient pas de laisser à quelqu'un la libre disposition de la pièce quand je ne suis pas là pour surveiller, dit le grossier coquin.

Cette insulte mit ma patience à bout. Je laissai échapper une exclamation de dégoût et, passant devant lui, je me précipitai dans la cour. Dans ma hâte, je me heurtai contre Earnshaw. Il faisait si sombre que je ne pus trouver la sortie. Comme je tournais autour de la maison, j'eus un autre spécimen de leur charmante manière de se traiter entre eux. Au début, le jeune homme parut sur le point de s'intéresser à mon sort.

— Je vais aller avec lui jusqu'à l'entrée du parc, dit-il.

— Tu iras avec lui en enfer ! s'écria son maître (si c'est le terme qui convient à leurs situations respectives). Et qui soignera les chevaux, hein ?

— La vie d'un homme a plus d'importance qu'une négligence d'un soir pour les chevaux ; il faut que quelqu'un y aille, murmura Mrs. Heathcliff, avec plus de bienveillance que je n'en aurais attendu d'elle.

— Pas sur votre ordre ! riposta Hareton. Si vous vous intéressez à son sort, je vous conseille de vous tenir tranquille.

— Alors j'espère que son spectre vous hantera ; et j'espère que Mr. Heathcliff n'aura jamais d'autre locataire tant que la Grange sera debout, répondit-elle d'un ton tranchant.

— Écoutez, écoutez, la v'là qui les maudit ! marmotta Joseph, vers qui je m'étais dirigé.

Il était assis assez près pour entendre, occupé à traire les vaches à la lueur d'une lanterne, que je saisis sans cérémonie ; je lui criai que je la renverrais le lendemain, et je courus à la porte de sortie la plus proche.

— Maître, maître ! Y vole la lanterne, cria le vieux en me poursuivant dans ma retraite. Hé ! Gnasher ! Hé ! chien ! Hé ! Wolf ! t'nez le bon t'nez-le bon !

Comme j'ouvrais la petite porte, deux monstres velus me sautèrent à la gorge, me renversèrent et la lumière s'éteignit pendant que le gros rire de Heathcliff et de Hareton mettait le comble à ma rage et à mon humiliation. Heureusement, les bêtes paraissaient plus enclines à allonger les pattes, à bâiller et à agiter la queue qu'à me dévorer vif ; mais elles ne toléraient pas que je ressuscitasse, et je dus rester à terre jusqu'à ce qu'il plût à leurs malicieux maîtres de me délivrer. Alors, sans chapeau et tremblant de colère, j'ordonnai à ces mécréants de me laisser sortir – s'ils me retenaient une minute de plus, c'était à leurs risques et périls – avec des menaces de représailles aussi incohérentes que variées et qui, par la profondeur et le vague de leur virulence, faisaient songer au roi Lear.

La véhémence de mon agitation amena un copieux saignement de nez ; Heathcliff continuait de rire, moi de pester.

Je ne sais ce qui aurait mis fin à la scène, s'il n'y avait eu à proximité une personne plus raisonnable que moi-même et plus bienveillante que mon hôte. C'était Zillah, la robuste femme de charge, qui finit par sortir pour s'enquérir de la nature du tumulte. Elle crut que l'un d'eux m'avait fait violence ; et, n'osant s'attaquer à son maître, elle dirigea son artillerie vocale contre le plus jeune des deux drôles.

— Eh bien ! Mr. Earnshaw, s'écria-t-elle, je me demande ce que vous pourrez bien inventer, bientôt ! Allons-nous massacrer les gens sur le seuil de notre porte ? Je vois que cette maison ne me conviendra jamais... regardez le pauvre garçon, il étouffe, ma foi ! Chut ! chut ! il ne faut pas continuer ainsi. Entrez, et je vais guérir cela. Allons, calmez-vous.

À ces mots, elle me versa tout à coup une pinte d'eau glacée dans le cou et me poussa dans la cuisine. Mr. Heathcliff m'y suivit et sa gaieté accidentelle disparut rapidement pour faire place à son habituelle morosité.

Je me sentais extrêmement mal, la tête me tournait et j'étais faible ; ainsi je me voyais obligé malgré moi d'accepter l'hospitalité sous ce toit. Mon hôte dit à Zillah de me donner un verre de brandy puis passa dans l'autre pièce. Tout en me témoignant sa sympathie pour ma triste situation, Zillah exécuta les ordres de son maître, ce qui me ranima un peu, puis me conduisit à un lit.

CHAPITRE III

Tandis qu'elle me guidait dans l'escalier, elle me recommanda de masquer la chandelle et de ne pas faire de bruit ; car son maître avait des idées bizarres au sujet de la chambre où elle allait me mettre, et il n'y laissait jamais volontiers loger quelqu'un. J'en demandai la raison. Elle l'ignorait, me répondit-elle ; il n'y avait qu'un an ou deux qu'elle était là, et ils avaient tant d'étranges manières qu'elle n'en finirait jamais si elle se mettait à être curieuse.

Trop hébété pour être curieux moi-même, je fermai la porte et regardai autour de moi en cherchant le lit. Tout l'ameublement consistait en une chaise, une armoire et une grande caisse de chêne avec des ouvertures carrées dans le haut, qui ressemblaient à des fenêtres de voiture. Je m'approchai de cet édifice, jetai un coup d'œil à l'intérieur, et reconnus que c'était une singulière couchette de vieux modèle, très bien comprise pour dispenser chaque membre de la famille d'avoir une chambre séparée. En fait, cela formait un petit cabinet, et le rebord d'une fenêtre qui y était incluse servait de table. Je fis glisser les panneaux de côté, entrai avec ma lumière, les refermai, et me sentis en sûreté contre la vigilance de Heathcliff ou de tout autre.

Sur le rebord de la fenêtre où je plaçai ma chandelle, se trouvaient empilés dans un coin quelques livres rongés d'humidité ; ce rebord était couvert d'inscriptions faites avec la pointe d'un couteau sur la peinture. Ces inscriptions, d'ailleurs, répétaient toutes le même nom en toutes sortes de caractères, grands et petits, *Catherine Earnshaw*, çà et là changé en *Catherine Heathcliff*, puis encore en *Catherine Linton*.

Dans ma pesante apathie, j'appuyai la tête contre la fenêtre et continuai à épeler *Catherine Earnshaw... Heathcliff... Linton...* mes yeux finirent par se fermer. Mais ils n'étaient pas clos depuis cinq minutes qu'un éblouissement de lettres blanches jaillit de l'obscurité, éclatantes comme des spectres... l'air fourmillait de Catherines. En me soulevant pour chasser ce nom obsédant, je m'aperçus que la mèche de ma chandelle s'inclinait sur un des antiques volumes, d'où se dégageait un parfum de cuir de veau brûlé. Je la mouchai et, très mal à l'aise sous l'influence du froid et d'une nausée persistante, je me mis sur mon séant et ouvris le volume qui avait souffert, en l'appuyant sur mon genou. C'était une Bible, en caractères fins, sentant terriblement le moisi ; la page de garde portait l'inscription « Catherine Earnshaw, son livre », et une date remontant à un quart de siècle environ. Je refermai le volume, en pris un autre, puis un autre et les examinai tous ainsi à tour de rôle. La bibliothèque de Catherine était choisie et son état de délabrement prouvait qu'on en avait fait un usage fort ample, sinon tout à fait légitime : presque aucun chapitre n'avait échappé à un commentaire à la plume ou au crayon – ou du moins à ce qui semblait en être un – qui couvrait chaque parcelle de blanc laissée par le compositeur. Il y avait des phrases détachées ; ailleurs, cela prenait la forme d'un journal en règle, griffonné d'une main inhabile d'enfant. En haut d'une page blanche (un vrai trésor, probablement, quand on la découvrit), je me divertis beaucoup en trouvant une excellente caricature de mon ami Joseph, d'un crayon grossier mais vigoureux. Je conçus sur-le-champ de l'intérêt pour la Catherine inconnue et me mis aussitôt à déchiffrer ses hiéroglyphes à moitié passés.

« Un horrible dimanche ! » Ainsi débutait le paragraphe qui suivait. « Je voudrais que mon père pût revenir parmi nous. Hindley est un détestable remplaçant... sa conduite envers Heathcliff est atroce... H. et moi allons nous révolter... Nous avons fait le premier pas ce soir.

« Toute la journée il a plu à torrents. Nous n'avons pu aller à l'église, de sorte que Joseph a dû réunir les fidèles dans le grenier. Pendant que Hindley et sa femme se chauffaient en bas devant un bon feu – occupés à n'importe quoi, sauf à lire leur Bible, j'en jurerais – Heathcliff, moi-même et le pauvre valet de charrue recevions l'ordre de prendre nos livres de prières et de monter. Placés en rang, sur un sac de grain, nous maugréions et nous grelottions, tout en espérant que Joseph grelotterait aussi, afin que son propre intérêt le poussât à raccourcir son homélie. Quelle erreur ! Le service a duré exactement trois heures ; et pourtant mon frère a eu le front de s'écrier, en nous voyant descendre : " Quoi ? Déjà fini ! " Autrefois, le dimanche après-midi, on nous permettait de jouer, pourvu que nous ne fissions pas trop de bruit ; maintenant, le moindre rire étouffé suffit à nous faire envoyer dans le coin !

« – Vous oubliez que vous avez un maître ici, dit le tyran. Je démolirai le premier qui me mettra en colère ! J'exige une sagesse et un silence parfaits. Oh ! mon garçon, c'est toi qui as fait cela ? Frances, ma chère, tirez-lui les cheveux en passant ; je l'ai entendu faire claquer ses doigts.

« Frances lui a tiré vigoureusement les cheveux, puis est allée s'asseoir sur les genoux de son mari. Ils sont restés là comme deux bébés à s'embrasser et à dire pendant une heure des niaiseries... vaines et absurdes paroles dont nous serions honteux. Nous nous sommes blottis aussi confortablement que possible sous la voûte du dressoir. Je venais d'attacher ensemble nos tabliers et de les suspendre en guise de rideau, quand est entré Joseph qui revenait d'une tournée aux écuries. Il a arraché mon rideau, m'a giflée et a croassé :

« – Le maître est à peine enterré, le jour du Sabbat n'est point fini, le son de l'Évangile est co' dans vos oreilles, et vous osez jouer ! Honte à vous ! Seyez-vous, méchants enfants ! Y a assez de bons livres si vous voulez lire ; seyez-vous, et pensez à vos âmes.

« En prononçant ces paroles, il nous a forcés de rectifier nos positions, de manière à recevoir du feu lointain un vague rayon de lumière qui nous permît de distinguer le texte du fatras dont il nous accabla. Je n'ai pu supporter cette occupation. J'ai pris mon volume crasseux par le dos et l'ai lancé dans le chenil en protestant que j'avais horreur d'un bon livre. Heathcliff a envoyé le sien d'un coup de pied au même endroit. Il fallait entendre le tintamarre !

« – M'sieu Hindley ! hurlait notre chapelain, m'sieu, v'nez par ici ! Miss Cathy a déchiré l'dos du *Casque du Salut* et Heathcliff a passé sa rage su'la première partie de *Tout dret à la perdition* ! Qué misère qu'vous leu laissiez continuer c'te vie-là ! Ah ! le vieillard y les aurait rossés comme y faut... mais y n'est pus là !

« S'arrachant à son paradis au coin du feu, Hindley a saisi l'un de nous au collet, l'autre par le bras, et nous a jetés tous deux dans la cuisine où, assurait Joseph, "le vieux Nick[1]" viendrait nous prendre, aussi sûr que nous étions vivants ; ainsi réconfortés, nous avons cherché chacun de notre côté un coin pour attendre son arrivée. J'ai attrapé ce livre-ci, et une bouteille d'encre sur le rayon, j'ai entrouvert la porte donnant sur l'extérieur pour avoir un peu de lumière, et j'ai passé vingt minutes à écrire. Mais mon compagnon est impatient ! Il propose de nous approprier le manteau de la laitière et de nous abriter dessous pour filer dans la lande. Bonne idée... et puis, si le vieux grognon arrive, il pourra croire que sa

---

1. Le diable. *(N.d.T.)*

prophétie est réalisée... Nous ne pourrons pas être plus à l'humidité ni avoir plus froid sous la pluie qu'ici. »

....

Je suppose que Catherine mit son projet à exécution, car dans la phrase suivante elle abordait un autre sujet ; elle prenait le ton plaintif.

« Comme je me doutais peu que Hindley me ferait jamais tant pleurer ! écrivait-elle. J'ai mal à la tête, au point de ne pouvoir la garder sur l'oreiller, et pourtant je ne peux pas céder. Pauvre Heathcliff ! Hindley le traite de vagabond et ne veut plus qu'il reste ni qu'il mange avec nous ; il prétend que lui et moi ne devons plus jouer ensemble et menace de le chasser de la maison si nous enfreignons ses ordres. Il a blâmé notre père (comment a-t-il osé ?) pour avoir traité H. avec trop de bienveillance, et il jure qu'il le remettra à sa vraie place. »

....

Je commençais à somnoler et à laisser tomber le nez sur la page à moitié effacée. Mon œil passa du manuscrit à l'imprimé. Je vis un titre rouge ornementé « *Septante fois sept*[1] *et le Premier de la septante et unième fois*[2]. Pieux discours prononcé par le Révérend Jabes Branderham, dans la chapelle de Gimmerton Sough ». Pendant que, dans une demi-inconscience, je me creusais la cervelle pour deviner ce que Jabes Branderham avait pu tirer de son sujet, je retombai dans mon lit et m'endormis. Hélas ! tristes effets du mauvais thé et de la mauvaise humeur ! Quelles autres causes auraient pu me faire passer une si terrible nuit ? Je n'ai souvenir d'aucune qui lui soit comparable depuis que j'ai le sentiment de la souffrance.

Je commençai à rêver presque avant d'avoir cessé de me rendre compte de l'endroit où je me trouvais. Il me semblait que c'était le matin ; je m'étais mis en route pour rentrer chez moi, avec Joseph comme guide. Une épaisseur de plusieurs mètres de neige couvrait notre chemin. Comme nous avancions péniblement, mon compagnon m'accablait d'incessants reproches parce que je n'avais pas pris un bâton de pèlerin ; il m'assurait que je ne pourrais jamais pénétrer dans la maison sans en avoir un, et brandissait fièrement un gourdin à lourde poignée, auquel je compris qu'il donnait ce nom.

---

1. Saint Matthieu, XVII, 21, 22 : « Alors Pierre, s'approchant de lui, dit : Seigneur, toutes les fois que mon frère péchera contre moi, lui pardonnerai-je ? Jusqu'à sept fois ? Jésus lui dit : Je ne te dis pas jusqu'à sept fois, mais jusqu'à septante fois sept fois. » *(N.d.T.)*
2. C'est-à-dire : le premier péché de la septante et unième série de sept, ou le quatre cent quatre-vingt-onzième péché, celui qui viendrait après les quatre cent quatre-vingt-dix péchés qu'un chrétien doit pardonner. *(N.d.T.)*

Pendant un instant, je considérai qu'il était absurde que j'eusse besoin d'une pareille arme pour obtenir accès à ma propre demeure. Puis une autre idée me traversa l'esprit. Ce n'est pas là que j'allais : nous étions partis pour aller entendre le célèbre Jabes Branderham prêcher sur le texte *Septante fois sept* ; l'un de nous – Joseph, le prédicateur ou moi – avait commis le *Premier de la septante et unième* et devait être publiquement dénoncé et excommunié.

Nous arrivâmes à la chapelle. J'ai passé devant en réalité, dans mes promenades, deux ou trois fois ; elle est située dans un pli de terrain, entre deux collines, à une assez grande altitude, près d'un marais dont la boue tourbeuse convient très bien, paraît-il, pour embaumer les quelques cadavres déposés là. Le toit est resté entier jusqu'ici ; mais comme le traitement du pasteur n'est que de vingt livres par an, avec la jouissance d'une maison composée de deux pièces qui menacent de se réduire rapidement à une seule, aucun pasteur ne veut accepter les devoirs de cette charge, d'autant plus qu'on dit couramment que ses ouailles le laisseraient mourir de faim plutôt que d'augmenter son revenu d'un penny de leurs poches. Quoi qu'il en soit, dans mon rêve Jabes avait un auditoire nombreux et attentif ; et il prêchait... grand Dieu ! quel sermon ! divisé en *quatre cent quatre-vingt-dix* parties, chacune de la longueur d'un sermon ordinaire, et chacune traitant d'un péché particulier ! Où il allait les chercher, je n'en sais rien. Il avait sa manière à lui d'interpréter le texte, et il paraissait nécessaire que le fidèle commît à chaque occasion des péchés différents. Ceux-ci étaient des plus curieux : de bizarres infractions que je n'avais encore jamais imaginées.

Oh ! que j'étais fatigué ! Comme je me tortillais, bâillais, m'assoupissais, et me réveillais ! Comme je me pinçais, me piquais, me frottais les yeux, me levais, me rasseyais, et poussais du coude Joseph afin qu'il me dît si le prédicateur aurait jamais fini ! J'étais condamné à tout entendre jusqu'au bout. Enfin, il aborda le *Premier de la septante et unième*. À cet instant critique, j'eus une inspiration soudaine, sous l'empire de laquelle je me levai pour dénoncer Jabes Branderham comme l'auteur du péché qu'un chrétien n'est pas tenu de pardonner.

– Monsieur, m'écriai-je, assis entre quatre murs j'ai enduré et toléré sans interruption les quatre cent quatre-vingt-dix parties de votre sermon. Septante fois sept fois j'ai pris mon chapeau et j'ai été sur le point de m'en aller... septante fois sept fois vous m'avez déraisonnablement obligé de reprendre mon siège. La quatre cent quatre-vingt-onzième fois dépasse les bornes. Compagnons de martyre, sus à lui ! Faites-le dégringoler, et réduisez-le en atomes, pour que les lieux qui l'ont connu ne puissent plus le connaître !

— *Tu es l'Homme !* s'écria Jabes, après une pause solennelle, en se penchant par-dessus son coussin. Septante fois sept fois tu as tordu ton visage en bâillant... septante fois sept fois j'ai tenu conseil en moi-même... Bah ! ai-je pensé, c'est de la faiblesse humaine, cela encore peut être absous. Mais voici le *Premier de la septante et unième*. Frères, exécutez sur lui le jugement qui est écrit. C'est un honneur qui revient à tous les bons chrétiens !

Sur cette parole finale, tous les membres de l'assemblée, levant leurs bâtons de pèlerins, m'assaillirent en cercle d'un même mouvement. N'ayant pas d'arme à leur opposer pour ma défense, je commençai à me colleter avec Joseph, mon assaillant le plus proche et le plus féroce, pour lui enlever le sien. Dans la confusion de la mêlée, plusieurs gourdins se rencontrèrent ; des coups qui m'étaient destinés tombèrent sur d'autres crânes. Bientôt la chapelle entière retentit du bruit des attaques et des ripostes. Chacun se mit à cogner sur son voisin ; et Branderham, ne voulant pas rester oisif, épancha son zèle en une pluie de tapes bruyantes sur le rebord de la chaire, qui résonnait si fort qu'à la fin, à mon indicible soulagement, je me réveillai. Et qu'était-ce qui m'avait fait croire à ce terrible vacarme ? Qui avait joué le rôle de Jabes dans cette bagarre ? Simplement la branche de sapin qui touchait ma fenêtre quand des rafales de vent soufflaient de ce côté-là, et qui frottait ses pommes desséchées contre les vitres ! J'écoutai un instant, encore dans le doute ; je découvris la cause du bruit, puis me retournai, sommeillai, et rêvai de nouveau, d'une manière encore plus désagréable qu'avant, s'il est possible.

Cette fois, je me souvenais que j'étais couché dans le cabinet de chêne et j'entendais distinctement les rafales de vent et la neige qui fouettait. J'entendais aussi le bruit agaçant et persistant de la branche de sapin, et je l'attribuais à sa véritable cause. Mais ce bruit m'exaspérait tellement que je résolus de le faire cesser, s'il y avait moyen ; et je m'imaginai que je me levais et que j'essayais d'ouvrir la croisée. La poignée était soudée dans la gâche : particularité que j'avais observée étant éveillé, mais que j'avais oubliée. « Il faut pourtant que je l'arrête ! » murmurai-je. J'enfonçai le poing à travers la vitre et allongeai le bras en dehors pour saisir la branche importune ; mais, au lieu de la trouver, mes doigts se refermèrent sur les doigts d'une petite main froide comme la glace ! L'intense horreur du cauchemar m'envahit : j'essayai de retirer mon bras, mais la main s'y accrochait et une voix d'une mélancolie infinie sanglotait : « Laissez-moi entrer ! laissez-moi entrez ! – Qui êtes-vous ? » demandai-je tout en continuant de lutter pour me dégager. « Catherine Linton », répondit la voix en tremblant (pourquoi pensais-je à *Linton* ? J'avais lu *Earnshaw* vingt fois pour *Linton* une fois). « Me voilà revenue à la maison : je m'étais perdue dans la lande ! » La voix parlait encore, quand je distinguai vaguement une figure d'enfant qui regardait à travers la fenêtre. La terreur me rendit cruel. Voyant qu'il était inutile d'essayer de me dégager de son étreinte, j'attirai son poignet sur la vitre brisée et le frottai dessus jusqu'à ce que le sang coulât et inondât les draps du lit. La voix gémissait toujours : « Laissez-moi entrer ! » et l'étreinte obstinée ne se relâchait pas, me rendant presque fou de terreur. « Comment le puis-je ? dis-je enfin ; lâchez-moi si vous voulez que je vous fasse entrer ! » Les doigts se desserrèrent, je retirai vivement les miens hors du trou, j'entassai en hâte les livres en pyramide pour me défendre, et je me bouchai les oreilles pour ne plus entendre la lamentable prière. Il me sembla que je restais ainsi pendant plus d'un quart d'heure. Mais, dès que je recommençai d'écouter, j'entendis le douloureux gémissement qui continuait ! « Allez-vous-en ! criai-je, je ne vous laisserai jamais entrer, dussiez-vous supplier pendant vingt ans. – Il y a vingt ans, gémit la voix, vingt ans, il y a vingt ans que je suis errante. » Puis j'entendis un léger grattement au-dehors et la pile de livres bougea comme si elle était poussée en avant. J'essayai de me lever, mais je ne pus remuer un seul membre, et je me mis à hurler tout haut, en proie à une terreur folle. À ma grande confusion, je me suis aperçu que mes hurlements étaient bien réels. Des pas rapides approchaient de la porte de la chambre ; quelqu'un l'a poussée d'une main énergique et une lumière a brillé à travers les ouvertures carrées en haut du lit. J'étais assis encore tout tremblant, essuyant la sueur qui coulait sur mon front ; l'intrus semblait hésiter et se parler à voix basse à soi-même. Enfin il a murmuré, évidemment sans attendre une réponse : « Y a-t-il quelqu'un ici ? » J'ai jugé qu'il valait mieux confesser ma présence, car j'avais reconnu la voix de Heathcliff et je craignais qu'il ne poussât sa recherche plus avant, si je demeurais coi. En conséquence, je me suis tourné et j'ai ouvert les panneaux. Je n'oublierai pas de sitôt l'effet que j'ai produit ainsi.

Heathcliff se tenait près de l'entrée, en chemise et en pantalon ; une chandelle lui coulait sur les doigts et sa figure était aussi blanche que le mur derrière lui. Le premier craquement de chêne l'a fait tressaillir comme sous une décharge électrique ; la chandelle lui a échappé et est retombée à quelques pieds de distance ; son agitation était telle qu'il a pu à peine la ramasser.

– Ce n'est que votre hôte, monsieur, lui criai-je, désireux de lui épargner l'humiliation de laisser voir plus longtemps sa poltronnerie. J'ai eu le malheur de pousser des cris dans mon sommeil, en proie que j'étais à un terrible cauchemar. Je regrette de vous avoir dérangé.

– Oh ! Dieu vous confonde, Mr. Lockwood ! Je voudrais que vous fussiez au... a commencé mon hôte, en posant la chandelle sur une chaise, parce qu'il lui était impossible de la tenir fixe. Et qui vous a introduit dans cette chambre ? a-t-il continué en enfonçant ses ongles dans les paumes de ses mains, et en grinçant des dents pour réprimer des convulsions maxillaires. Qui est-ce ? J'ai bien envie de jeter le coupable dehors immédiatement.

– C'est votre servante Zillah, répondis-je, en sautant sur le plancher et remettant rapidement mes vêtements. Je n'y verrais pas d'inconvénient, pour ma part, elle le mérite bien. Je suppose qu'elle a voulu avoir à mes dépens une nouvelle preuve que la pièce est hantée. Eh bien ! elle l'est... elle fourmille de spectres et de fantômes ! Vous avez raison de la tenir fermée, je vous assure. Personne ne vous remerciera de lui avoir procuré un somme dans un antre pareil !

– Que voulez-vous dire et que faites-vous ? Recouchez-vous et finissez votre nuit, puisque vous êtes ici ; mais pour l'amour du Ciel, ne recommencez pas cet horrible vacarme, que rien ne saurait excuser, à moins qu'on ne fût en train de vous couper la gorge.

– Si le petit démon était entré par la fenêtre, il est probable qu'elle m'aurait étranglé ! ai-je riposté. Je ne tiens pas à continuer de subir les persécutions de vos hospitaliers ancêtres. Le Révérend Jabes Branderham n'était-il pas votre allié du côté maternel ? Et cette péronnelle, Catherine Linton, ou Earnshaw, ou je ne sais quoi... elle devait être bien sotte... méchante petite âme ! Elle m'a dit qu'elle errait sur la terre depuis vingt ans : juste punition de ses péchés mortels, j'en suis sûr.

Je n'avais pas plus tôt prononcé ces mots que je me suis rappelé l'association, dans le livre, du nom de Heathcliff, à celui de Catherine. Cette particularité, qui était complètement sortie de ma mémoire, venait d'y reparaître soudain. J'ai rougi de ma légèreté. Mais, sans manifester autrement que j'eusse conscience de l'avoir offensé, je me suis hâté d'ajouter : « La vérité est, monsieur, que j'ai passé la première partie de la nuit à... » ; je m'arrêtai encore. J'allais dire : « ...à parcourir ces vieux volumes », ce qui aurait révélé que j'avais connaissance de leur contenu manuscrit, aussi bien que de leur contenu imprimé. Aussi, me reprenant, j'ai poursuivi : « ...à déchiffrer les noms inscrits sur le rebord de la fenêtre. Occupation monotone, à laquelle je me livrais pour m'endormir, de même qu'on compte ou... »

– À quoi songez-vous de me parler de la sorte à *moi* ? a dit Heathcliff d'une voix tonnante et avec une sauvage véhémence.

Comment... comment osez-vous ? Sous mon toit ?... Dieu, il faut qu'il soit fou pour parler ainsi !

Et il se frappait le front avec rage.

Je ne savais trop si je devais me fâcher de ce langage ou continuer mon explication. Mais il semblait tellement affecté que j'ai eu pitié de lui et ai repris l'histoire de mes rêves, affirmant que je n'avais jamais entendu auparavant le nom de « Catherine Linton », mais qu'à force de le lire et de le relire ce nom avait produit sur moi une impression qui s'était personnifiée quand j'eus perdu le contrôle de mon imagination. Tandis que je parlais, Heathcliff reculait peu à peu dans le renfoncement où se trouvait le lit ; finalement il s'est assis, presque entièrement caché derrière. Je devinai néanmoins, à sa respiration irrégulière et entrecoupée, qu'il luttait contre une violente émotion. Ne voulant pas lui laisser voir que je me rendais compte de son conflit intérieur, j'ai achevé ma toilette assez bruyamment, regardé ma montre et fait un monologue sur la longueur de la nuit :

— Pas encore trois heures ! J'aurais juré qu'il en était six. Le temps n'avance pas ici : nous nous sommes certainement retirés pour reposer à huit heures !

— Toujours à neuf heures en hiver, et lever à quatre, a dit mon hôte en réprimant un gémissement ; et j'ai jugé, au mouvement de l'ombre de son bras, qu'il essuyait une larme. Mr. Lockwood, a-t-il ajouté, vous pouvez aller dans ma chambre ; vous ne feriez que gêner en descendant de si bonne heure ; et vos cris puérils ont envoyé le sommeil au diable pour moi.

— Pour moi aussi, ai-je répliqué. Je vais me promener dans la cour jusqu'au jour, alors je partirai ; et vous n'avez pas à craindre de nouvelle intrusion de ma part. Je suis maintenant tout à fait guéri de l'envie de chercher du plaisir dans la société, que ce soit à la campagne ou à la ville. Un homme sensé doit trouver une compagnie suffisante en soi-même.

— Délicieuse compagnie ! a grommelé Mr. Heathcliff. Prenez la chandelle et allez où vous voudrez. Je vous rejoins dans l'instant. Évitez la cour, toutefois, car les chiens sont lâchés ; quant à la salle... Junon y monte sa faction et... non, vous ne pouvez qu'errer dans l'escalier et dans les couloirs. Mais sortez ! Je viens dans deux minutes.

J'ai obéi, du moins à l'ordre de quitter la chambre, puis, ne sachant où me conduisait l'étroit corridor, je me suis arrêté, et mon propriétaire m'a rendu témoin involontaire d'une scène de superstition qui démentait étrangement son bon sens apparent. Il s'est approché du lit, a ouvert la fenêtre en la forçant et, pendant qu'il tirait dessus, a été pris d'une crise de larmes qu'il n'a pu maîtriser.

« Viens, viens ! sanglotait-il. Cathy, viens ! Oh ! viens… une fois seulement ! Oh ! chérie de mon cœur ! écoute-moi cette fois-ci enfin, Catherine ! » Le spectre a témoigné de l'ordinaire caprice des spectres : il n'a donné aucun signe d'existence. Mais la neige et le vent ont pénétré en tourbillons furieux, parvenant même jusqu'à moi et éteignant ma lumière.

Il y avait une telle angoisse dans l'explosion de douleur qui accompagnait ce délire que la compassion m'a fait oublier sa folie. Je me suis éloigné, à moitié fâché d'avoir écouté, si peu que ce fût, et regrettant d'avoir raconté mon ridicule cauchemar, qui avait déterminé cette crise, bien que je ne pusse comprendre pourquoi. Je suis descendu avec précaution dans les régions inférieures et ai atterri dans la cuisine, où quelques tisons que j'ai rassemblés avec soin m'ont permis de rallumer ma chandelle. Rien ne bougeait, sauf un chat gris moucheté, qui est sorti lentement des cendres et m'a salué d'un miaulement plaintif.

Deux bancs en forme d'arcs de cercle entouraient presque complètement le foyer ; je me suis allongé sur l'un et Grimalkin[1] a grimpé sur l'autre. Nous commencions à nous assoupir tous deux quand quelqu'un a envahi notre retraite ; c'était Joseph qui descendait péniblement une échelle de bois dont le haut disparaissait dans le plafond, à travers une trappe : l'entrée de son galetas, je suppose. Il a jeté un regard sinistre sur la petite flamme que j'avais réussi à ranimer entre les barreaux cintrés de la grille du foyer, a chassé le chat de son poste élevé, s'est installé à sa place et s'est mis à bourrer une pipe de trois pouces. Ma présence dans son sanctuaire était évidemment considérée comme une imprudence trop éhontée pour être relevée : il a appliqué silencieusement le tuyau à ses lèvres, s'est croisé les bras et a envoyé des bouffées en l'air. Je l'ai laissé savourer sa volupté sans le troubler. Après avoir lancé sa dernière bouffée et poussé un profond soupir, il s'est levé et s'est retiré avec autant de dignité qu'il était venu.

J'ai entendu ensuite un pas plus élastique. J'ouvrais déjà la bouche pour un « bonjour », mais je l'ai refermée sans achever mon salut, car Hareton Earnshaw faisait ses oraisons *sotto voce*, sous forme d'une suite de jurons adressés à chaque objet qu'il touchait, tout en fourrageant dans un coin à la recherche d'une bêche ou d'une pelle pour faire des chemins dans la neige. Il a jeté un regard par-dessus le dossier du banc, en dilatant les narines, et il songeait aussi peu à un échange de politesses avec moi qu'avec mon compagnon le chat. J'ai deviné, à ses préparatifs, que la sortie était permise et, quittant ma dure couchette, j'ai fait un mou-

---

1. Équivalent de Raminagrobis en français. *(N.d.T.)*

vement pour le suivre. Il l'a remarqué et a cogné sur une porte intérieure avec l'extrémité de sa bêche, en indiquant par un son inarticulé que c'était là que je devais aller, si je voulais changer de résidence.

La porte donnait dans la salle où les femmes étaient déjà à l'œuvre. Zillah développait dans la cheminée un tourbillon de flammes à l'aide d'un soufflet colossal ; Mrs. Heathcliff, agenouillée près de l'âtre, lisait un livre à la lueur du feu. Elle tenait la main interposée entre la chaleur du foyer et ses yeux et paraissait absorbée dans son occupation. Elle ne s'interrompait que pour gronder la servante qui la couvrait d'étincelles, ou pour repousser de temps à autre un chien qui venait appuyer un peu trop familièrement le nez sur sa figure. J'ai été surpris de voir là Heathcliff aussi. Il était debout près du feu, me tournant le dos, et venait de faire une scène violente à la pauvre Zillah qui, par instants, suspendait son travail pour relever le coin de son tablier et pousser un gémissement indigné.

— Et vous, vous misérable, criait-il au moment où j'entrais, en se tournant vers sa belle-fille et employant une épithète aussi inoffensive que poulette ou brebis, mais généralement représentée par un tiret, vous voilà encore à vos oiseuses manigances ? Tous les autres gagnent leur pain... vous, vous vivez de ma charité ! Mettez-moi ces bêtises de côté et trouvez le moyen de vous rendre utile. Je vous ferai payer le fléau de votre perpétuelle présence, entendez-vous, odieuse coquine ?

— Je mettrai mes bêtises de côté, parce que vous pouvez m'y contraindre, si je refuse, a répondu la jeune femme en fermant son livre et en le jetant sur une chaise. Mais quand vous useriez votre langage à jurer, je ne ferai que ce que je voudrai !

Heathcliff a levé la main, et elle s'est sauvée à distance respectueuse : elle en connaissait certainement le poids. N'ayant nulle envie d'être régalé d'un combat entre chien et chat, je me suis vivement avancé comme si j'étais pressé de partager la chaleur du foyer et tout à fait ignorant de la dispute interrompue. Chacun d'eux a eu assez de décorum pour suspendre les hostilités. Heathcliff a placé ses poings à l'abri de la tentation dans ses poches : Mrs. Heathcliff a fait la moue et est allée prendre un siège éloigné, où elle a tenu sa parole en jouant le rôle d'une statue pendant le temps que je suis resté là. Ce n'a pas été long : j'ai décliné leur invitation à déjeuner et, dès que l'aube a commencé de pointer, j'ai saisi la première occasion de m'échapper au grand air, maintenant clair, calme et froid comme de la glace impalpable.

Avant que j'aie eu atteint le fond du jardin, mon propriétaire m'a crié de m'arrêter, et a offert de m'accompagner à travers la lande. Ç'a été une heureuse inspiration de sa part, car tout le versant de la colline n'était qu'un océan de vagues blanches ; les hauts et les bas n'indiquaient pas d'élévations ou de dépressions correspondantes dans le terrain ; de nombreux trous étaient entièrement comblés par la neige ; et des rangées entières de buttes, formées des résidus de l'extraction des carrières, étaient effacées de la carte que ma promenade de la veille avait laissée peinte dans mon esprit. J'avais remarqué sur un des côtés de la route, à intervalles de six à sept mètres, une ligne de pierres dressées debout, qui se prolongeait sur toute la longueur du terrain dénudé : elles avaient été placées et peintes à la chaux pour servir de repères dans l'obscurité, et aussi quand une chute de neige, comme à présent, ne permettait pas de distinguer la chaussée ferme des profonds marécages qui la bordent des deux côtés. Mais à l'exception d'une tache sombre émergeant çà et là, toute trace de l'existence de ces pierres avait disparu et mon compagnon a dû m'avertir fréquemment d'appuyer à droite ou à gauche alors que je me figurais suivre correctement les sinuosités de la route.

Nous avons échangé peu de paroles, et il s'est arrêté à l'entrée du parc de Thrushcross en me disant que je ne pouvais plus me tromper. Nos adieux se sont bornés à un rapide salut, puis j'ai continué ma marche, réduit à mes seules ressources ; car la loge du portier est inoccupée jusqu'à présent. La distance de la porte du parc à la Grange est de deux milles ; je crois que je suis bien arrivé à en faire quatre, en me perdant au milieu des arbres et enfonçant jusqu'au cou dans la neige : désagrément que seuls peuvent apprécier ceux qui l'ont expérimenté. En tout cas, quels qu'aient été mes tours et détours, midi sonnait comme j'entrais dans la maison, ce qui faisait exactement une heure pour chaque mille du chemin ordinaire depuis les Hauts de Hurle-Vent.

Ma femme de charge et ses satellites se sont précipitées pour m'accueillir, s'écriant avec volubilité qu'elles me croyaient complètement perdu. Tout le monde supposait que j'avais péri la nuit précédente et elles se demandaient comment s'y prendre pour se mettre à la recherche de mes restes. Je leur ai dit de se calmer, puisqu'elles me voyaient revenu, et, transi jusqu'à la moelle, je me suis traîné en haut. Après avoir mis des vêtements secs et marché de long en large pendant trente à quarante minutes, pour restaurer la chaleur animale, je me suis retiré dans mon cabinet de travail, faible comme un petit chat : presque trop faible pour jouir du feu pétillant et du café fumant que la servante m'a préparé pour me remonter.

CHAPITRE IV

Quelles pauvres girouettes nous sommes ! Moi qui avais résolu de me libérer de tous rapports sociaux et qui bénissais ma bonne étoile de m'avoir fait enfin découvrir un endroit où de tels rapports sont à peu près impossibles, moi, faible créature, après avoir lutté jusqu'au crépuscule contre l'abattement et la solitude, j'ai été vaincu et forcé d'amener mon pavillon. Sous prétexte de demander des indications sur ce qui était nécessaire à mon installation, j'ai prié Mrs. Dean, quand elle a apporté mon souper, de s'asseoir pendant que je mangeais. J'espérais sincèrement que j'allais trouver en elle une vraie commère et que, si elle ne me tirait pas de ma torpeur, elle finirait au moins par m'endormir.

— Vous êtes ici depuis très longtemps, ai-je commencé. N'avez-vous pas dit depuis seize ans ?

— Dix-huit, monsieur. Je suis arrivée au moment où ma maîtresse se mariait, pour faire son service ; après sa mort, le maître m'a conservée comme femme de charge.

— Vraiment.

Un silence a suivi. Elle n'était pas fort bavarde, craignais-je, sauf peut-être quand il s'agissait de ses propres affaires, qui pouvaient difficilement m'intéresser. Cependant, après s'être recueillie un instant, un poing sur chaque genou, un nuage méditatif sur sa figure rubiconde, elle s'est écriée :

— Ah ! les temps ont bien changé depuis lors !

— Oui, ai-je remarqué, vous avez dû voir beaucoup de transformations, je suppose ?

— Sans doute ; et de souffrances aussi.

« Oh ! je vais amener la conversation sur la famille de mon propriétaire, ai-je pensé. Bon sujet à mettre sur le tapis ! J'aimerais à savoir l'histoire de cette jeune et jolie veuve. Est-elle native de cette contrée ou, comme il est plus probable, est-ce une étrangère que les indigènes hargneux ne veulent pas reconnaître comme des leurs ? » Dans cette intention, j'ai demandé à Mrs. Dean pourquoi Heathcliff louait Thrushcross Grange et préférait vivre dans une situation et une demeure si inférieures.

— N'est-il pas assez riche pour entretenir convenablement la propriété ?

— Riche, monsieur ! Personne ne sait ce qu'il a d'argent et chaque année sa fortune s'accroît. Oui, oui, il est assez riche pour vivre dans une maison plus luxueuse même que celle-ci ; mais il est plutôt... serré. S'il avait eu l'intention de venir s'installer à Thrushcross Grange, il aurait suffi qu'il entendît parler d'un bon locataire pour qu'il ne pût se résigner à laisser échapper la chance de gagner quelques centaines d'écus de plus. Il est étrange qu'on puisse être aussi cupide quand on est seul en ce monde !

— Il avait un fils, je crois ?

— Oui, il en avait un... il est mort.

— Et cette jeune dame, Mrs. Heathcliff, est la veuve de ce fils ?

— Oui.

— D'où est-elle originaire ?

— C'est la fille de mon défunt maître, monsieur : Catherine Linton était son nom de jeune fille. Je l'ai élevée, la pauvre enfant ! J'aurais souhaité que Mr. Heathcliff vînt habiter ici, pour que nous nous fussions trouvées réunies.

— Quoi ! Catherine Linton ? me suis-je écrié avec étonnement.

Mais une minute de réflexion m'a convaincu que ce n'était pas mon fantôme de Catherine.

— Alors, ai-je poursuivi, mon prédécesseur s'appelait Linton ?

— Parfaitement.

— Et qui est cet Earnshaw... Hareton Earnshaw, qui habite avec Mr. Heathcliff ? Sont-ils parents ?

— Non, c'est le neveu de feu Mrs. Linton.

— Le cousin de la jeune femme, par conséquent ?

— Oui ; et son mari était son cousin aussi : l'un du côté de la mère, l'autre du côté du père. Heathcliff a épousé la sœur de Mr. Linton.

— J'ai vu à Hurle-Vent le nom « Earnshaw » gravé au-dessus de la porte principale. Est-ce une vieille famille ?

— Très vieille, monsieur. Hareton en est le dernier rejeton, comme notre Miss Cathy est le dernier de la nôtre... je veux dire de celle des Linton. Vous avez été à Hurle-Vent ? Je vous demande pardon de ma curiosité ; mais je serais contente de savoir comment elle va.

— Mrs. Heathcliff ? Elle avait l'air fort bien portante, et c'est une jolie femme ; pourtant elle ne paraît pas très heureuse.

– Oh ! Dieu, cela ne m'étonne pas ! Et qu'avez-vous pensé du maître ?
– Un gaillard plutôt rude, Mrs. Dean. N'est-ce pas là sa caractéristique ?
– Rude comme un tranchant de scie, dur comme du basalte ! Moins vous aurez affaire à lui, mieux vous vous en trouverez.
– Il doit avoir eu des hauts et des bas dans l'existence pour être devenu si hargneux. Connaissez-vous quelque chose de son histoire ?
– C'est celle du coucou, monsieur. Je la connais tout entière, sauf que j'ignore où il est né, qui étaient ses parents, et comment il a fait sa fortune dans le début. Hareton a été jeté hors de son nid comme un jeune moineau ! Le malheureux garçon est le seul dans toute la paroisse à ne pas se douter de la manière dont il a été frustré.
– Eh bien, Mrs. Dean, ce serait faire œuvre charitable que de me raconter quelque chose de mes voisins. Je sens que je ne dormirai pas si je vais me coucher ; ainsi donc, soyez assez aimable pour vous asseoir et bavarder une heure.
– Oh ! certainement, monsieur. Je vais aller chercher mon ouvrage et je resterai ensuite autant qu'il vous plaira. Mais vous avez pris froid ; je vous ai vu grelotter, et il vous faut un peu de gruau pour chasser le mal.

La digne femme est sortie d'un air affairé et je me suis rapproché du feu ; j'avais la tête brûlante et le reste du corps glacé. De plus, mes nerfs et mon cerveau étaient en proie à une surexcitation voisine de l'égarement. J'en éprouvais, non pas un sentiment de malaise, mais plutôt la crainte (que je ressens encore maintenant) d'effets sérieux consécutifs aux incidents d'aujourd'hui et d'hier. Mrs. Dean est revenue bientôt, avec un pot fumant et sa corbeille à ouvrage. Elle a placé le pot sur la grille de la cheminée et rapproché sa chaise, manifestement heureuse de me trouver si sociable.

Avant de venir habiter ici, a-t-elle commencé sans attendre une nouvelle invitation à raconter son histoire, j'étais presque toujours à Hurle-Vent. Ma mère avait élevé Mr. Hindley Earnshaw, le père de Hareton, et j'avais pris l'habitude de jouer avec les enfants ; je faisais aussi les commissions, j'aidais aux foins et je rôdais autour de la ferme, prête à tout travail qu'on voudrait me donner. Une belle matinée d'été – c'était au début de la moisson, je me rappelle – Mr. Earnshaw, le vieux maître, descendit en tenue de voyage. Après avoir indiqué à Joseph sa tâche pour la journée, il se tourna vers Hindley, vers Cathy et vers moi – j'étais en effet assise à prendre mon porridge avec eux – et dit en s'adressant à son fils :

« Eh bien, mon bonhomme, je m'en vais à Liverpool aujourd'hui, que faut-il te rapporter ? Tu peux choisir ce que tu voudras ; mais que ce ne soit pas gros, car j'irai et reviendrai à pied : soixante milles dans chaque sens, c'est une longue étape ! » Hindley demanda un violon, puis Miss Cathy fut interrogée à son tour : elle avait à peine six ans, mais elle était capable de monter tous les chevaux de l'écurie et elle choisit une cravache. Le maître ne m'oublia pas, car il avait bon cœur, bien qu'il fût parfois assez sévère. Il promit de me rapporter des pommes et des poires plein sa poche, puis il embrassa ses enfants, nous dit au revoir et partit.

Les trois jours que dura son absence nous parurent à tous bien longs et souvent la petite Cathy demandait quand son père rentrerait. Mrs. Earnshaw l'attendait pour le souper, le troisième soir, et elle retarda le repas d'heure en heure ; mais il n'arrivait toujours pas et à la longue les enfants se fatiguèrent de courir à la porte d'entrée pour regarder. La nuit vint ; leur mère aurait voulu les coucher, mais ils l'attendrirent par leurs supplications pour rester. À onze heures, le loquet de la porte se souleva doucement et le maître entra. Il se jeta sur une chaise, moitié riant, moitié grognant, et leur enjoignit à tous de ne pas approcher, car il était quasi mort... on lui offrirait les trois royaumes qu'il ne recommencerait pas une pareille course.

– Et avec cela, être chargé à en périr ! dit-il, en ouvrant son manteau, qu'il tenait roulé dans ses bras. Vois, ma femme ! Je n'ai jamais été si exténué de ma vie ; mais il te faut accepter mon fardeau comme un présent de Dieu, bien qu'il soit presque aussi noir que s'il sortait de chez le diable.

Nous fîmes cercle et, par-dessus la tête de Miss Cathy, j'aperçus un enfant malpropre, déguenillé, aux cheveux noirs, assez grand pour marcher et parler. À son visage, on l'eût même jugé plus âgé que Catherine ; pourtant, quand il fut sur ses pieds, il se borna à regarder d'un air étonné autour de lui et à baragouiner indéfiniment quelque chose que personne ne put comprendre. J'étais effrayée et Mrs. Earnshaw était toute prête à le jeter à la porte. Elle s'emporta, demandant quelle idée son mari avait eue d'amener chez lui ce petit bohémien, quand ils avaient leurs propres enfants à nourrir et à élever. Que comptait-il en faire ? Était-il devenu fou ? Le maître essaya de s'expliquer. Mais il était vraiment recru de fatigue et tout ce que je pus comprendre, au milieu des récriminations de sa femme, c'est qu'il avait rencontré l'enfant mourant de faim, abandonné, et pour ainsi dire muet, dans les rues de Liverpool. Il l'avait recueilli et s'était enquis de son propriétaire. Pas une âme ne savait à qui il appartenait, dit-il ; et l'argent comme le temps dont il disposait étant limités, il jugea préférable de le ramener sur-le-champ chez lui, plutôt que de se livrer à de vaines et dispendieuses démarches là-bas : car il était résolu de ne pas le laisser dans l'état où il l'avait trouvé. En fin de compte, ma maîtresse se calma en maugréant, et Mr. Earnshaw me dit de le laver, de lui donner des effets propres et de le faire dormir avec les autres enfants.

Hindley et Cathy se contentèrent de regarder et d'écouter jusqu'à ce que la paix fût rétablie ; alors tous deux se mirent à explorer les poches de leur père pour y trouver les cadeaux qu'il leur avait promis. Hindley était un garçon de quatorze ans ; mais en retirant ce qui avait été un violon, écrasé et réduit en miettes dans le manteau, il pleura à chaudes larmes. Quant à Cathy, lorsqu'elle apprit que le maître avait perdu sa cravache en s'occupant de l'intrus, elle témoigna son déplaisir en faisant des grimaces et en crachant dans la direction de la stupide petite créature, ce qui lui valut une bonne gifle de son père pour lui apprendre à avoir des manières plus convenables. L'un et l'autre refusèrent absolument de partager leur lit, et même leur chambre avec lui ; je ne fis pas preuve de plus de bon sens en le mettant sur le palier de l'escalier avec l'espoir qu'il serait peut-être parti le matin. Soit par hasard, soit qu'il eût été attiré en entendant la voix de Mr. Earnshaw, il se glissa à la porte de ce dernier, qui l'y trouva quand il sortit de sa chambre. Une enquête fut ouverte pour savoir comment il était arrivé là : je fus obligée de faire des aveux et, en récompense de ma poltronnerie et de mon inhumanité, je fus renvoyée de la maison.

Telle fut l'entrée de Heathcliff dans la famille. Quand je revins quelques jours après (car je ne considérais pas que mon bannissement dût être éternel), j'appris qu'on l'avait baptisé « Heathcliff » : c'était le nom d'un fils mort en bas âge, nom qui, dès lors, lui servit ensemble de nom de baptême et de nom de famille. Miss Cathy et lui faisaient maintenant fort bon ménage ; mais Hindley le détestait et, pour dire la vérité, j'éprouvais pour lui le même sentiment. Nous le tourmentions et nous le traitions d'une manière indigne ; car je n'étais pas assez raisonnable pour comprendre mon manque d'équité et la maîtresse n'intervenait jamais en sa faveur quand elle le voyait victime d'une injustice.

Il avait l'air d'un enfant morose et résigné ; endurci peut-être contre les mauvais traitements ; il recevait les coups de Hindley sans sourciller, sans verser une larme, et mes pinçons n'avaient d'autre effet que de lui faire pousser un soupir et ouvrir de grands yeux, comme s'il se fût fait mal par hasard et que personne ne fût à blâmer. Ce stoïcisme mettait le vieil Earnshaw en fureur, quand il surprenait son fils à persécuter le pauvre orphelin, comme il l'appelait. Il se prit d'une affection singulière pour Heathcliff, croyant tout ce qu'il disait (il disait d'ailleurs fort peu de chose, et généralement la vérité), et le gâtant bien plus que Cathy qui était trop indisciplinée et trop entêtée pour être sa favorite.

Ainsi, dès le début, Heathcliff fut la cause de dissentiments dans la maison. À la mort de Mrs. Earnshaw, qui survint moins de deux ans après, le jeune maître regardait son père comme un tyran plus que comme un ami, et Heathcliff comme l'usurpateur de l'affection de son père et de ses privilèges ; il s'aigrit peu à peu à force de songer à ces dénis de justice. Je sympathisai quelque temps avec lui. Mais quand les enfants eurent la rougeole, que je dus les soigner et assumer tout d'un coup les devoirs d'une femme, mes idées changèrent. Heathcliff fut dangereusement atteint ; dans la période où il fut le plus mal, il voulait que je fusse constamment à son chevet : je suppose qu'il sentait que je faisais beaucoup pour lui, et il n'était pas capable de deviner que j'y étais obligée. Quoi qu'il en soit, je dois dire que c'était l'enfant le plus tranquille qu'une garde ait jamais eu à veiller. La différence que je constatais entre lui et les deux autres me força d'être moins partiale. Cathy et son frère me fatiguaient terriblement, lui ne se plaignait pas plus qu'un agneau, bien que le peu de souci qu'il me donnait tînt à sa dureté au mal et non à sa douceur de caractère.

Il triompha de la maladie : le docteur affirma que c'était dans une large mesure grâce à moi et me félicita de mes soins. Je fus flattée de ces éloges, je devins plus indulgente pour l'être qui me les avait valus, et c'est ainsi que Hindley perdit son dernier allié. Pourtant je n'étais pas férue de Heathcliff et je me demandais souvent ce que mon maître trouvait tant à admirer dans ce garçon taciturne qui jamais, à ma connaissance, ne donna le moindre signe de gratitude pour reconnaître sa bienveillance.

Il n'était pas insolent envers son bienfaiteur, il était simplement insensible, tout en sachant parfaitement l'empire qu'il avait sur le cœur de celui-ci et en comprenant qu'il n'avait qu'à parler pour que toute la maison fût forcée de se plier à ses désirs. Par exemple, il me souvient que Mr. Earnshaw avait acheté un jour une paire de poulains à la foire de la paroisse et en avait donné un à chacun des deux garçons. Heathcliff prit le plus beau, mais celui-ci tomba bientôt boiteux ; quand il s'en aperçut, il dit à Hindley :

— Il faut que tu changes de cheval avec moi : je n'aime pas le mien. Si tu ne veux pas, je dirai à ton père que tu m'as battu trois fois cette semaine et je lui montrerai mon bras qui est noir jusqu'à l'épaule.

Hindley lui tira la langue et lui donna une claque.

— Tu ferais mieux de t'exécuter sans tarder, insista Heathcliff en s'échappant sous le porche (ils étaient dans l'écurie) ; tu y seras forcé et, si je parle de ces coups, ils te seront rendus avec intérêts.

– Sauve-toi, vaurien ! cria Hindley en le menaçant avec un poids de fer qui servait à peser les pommes de terre et le foin.

– Lance-le, répliqua l'autre sans bouger, et alors je raconterai comment tu t'es vanté de me jeter dehors dès que ton père sera mort, et nous verrons si ce n'est pas toi qui seras jeté dehors sur-le-champ.

Hindley lança le poids, qui atteignit Heathcliff en pleine poitrine ; il tomba, mais se releva aussitôt, chancelant, pâle et la respiration coupée. Si je ne l'en eusse empêché, il serait allé droit au maître et aurait obtenu complète vengeance en laissant son état parler pour lui et en faisant deviner le coupable.

– Prends mon poulain, maintenant, bohémien, dit le jeune Earnshaw. Je souhaite qu'il te rompe le cou : prends-le et va-t'en au diable, misérable intrus ! Et soutire à mon père, à force de cajoleries, tout ce qu'il a. Seulement, ensuite, montre-lui ce que tu es, suppôt de Satan... Tiens, attrape cela, et puisse une ruade te fendre le crâne !

Heathcliff s'était avancé pour détacher la bête et la changer de stalle ; il passait derrière elle quand Hindley termina son discours en le renversant sous les pieds du cheval et, sans s'arrêter pour examiner si ses espérances étaient réalisées, s'enfuit à toutes jambes. Je fus surprise de voir avec quel sang-froid l'enfant se releva et continua ce qu'il avait commencé. Il fit l'échange des selles et de tout le harnachement, puis s'assit sur une botte de foin pour se remettre, avant de rentrer dans la maison, du malaise occasionné par le violent coup qu'il avait reçu. Je le persuadai aisément de me laisser attribuer ses meurtrissures au cheval : il se souciait peu de ce que l'on pouvait raconter, du moment qu'il avait eu ce qu'il voulait. Il se plaignait si rarement, du reste, de bagarres de ce genre, que vraiment je ne le croyais pas vindicatif : je me trompais complètement, comme vous verrez.

CHAPITRE V

Avec l'âge, Mr. Earnshaw déclina. Il avait été actif et d'une santé florissante, pourtant ses forces l'abandonnèrent tout d'un coup. Quand il fut confiné au coin du feu, il devint extrêmement irritable. Un rien le fâchait ; le seul soupçon que son autorité fût méconnue le mettait presque hors des gonds. C'était particulièrement sensible lorsque quelqu'un essayait d'en imposer à son favori ou de lui commander un peu rudement. L'idée qu'on pourrait dire à ce dernier un mot désagréable créait chez lui une pénible inquiétude. Il semblait s'être mis dans la tête que, parce qu'il aimait Heathcliff, tous le haïssaient et ne pensaient qu'à lui jouer de mauvais tours. Cela nuisait à l'enfant, car les mieux intentionnés parmi nous ne voulaient pas contrarier le maître, de sorte que nous flattions sa partialité, et cette flatterie fut un riche aliment pour l'orgueil de Heathcliff et pour son caractère farouche. Mais c'était devenu une sorte de nécessité : deux ou trois fois, une manifestation de mépris de Hindley, dont s'aperçut son père, mit le vieillard en fureur ; il saisit sa canne pour le frapper et frémit de rage en s'y voyant impuissant.

Enfin notre ministre (nous avions alors un ministre qui arrivait à joindre les deux bouts en donnant des leçons aux petits Linton et aux petits Earnshaw, et en cultivant lui-même son lopin de terre) conseilla d'envoyer le jeune homme au collège. Mr. Earnshaw y consentit, bien qu'à contrecœur, car il déclara : « Hindley n'est bon à rien et n'arrivera jamais à rien, où qu'il aille. »

J'espérais sincèrement que nous aurions désormais la paix. Il m'était pénible de penser que sa bonne action pût rendre mon maître malheureux. Je m'imaginais que son irritabilité, résultat de l'âge et de la maladie, ne provenait que de ses ennuis de famille, comme il voulait lui-même le faire croire. En réalité, vous savez, monsieur, c'est l'affaiblissement de sa constitution qui en était cause. Nous aurions cependant pu continuer de vivre assez tranquillement, sans deux personnes, Miss Cathy et Joseph, le domestique. Vous avez vu celui-ci là-haut, je pense. C'était, et c'est encore très vraisemblablement, le plus odieux et le plus infatué pharisien qui ait jamais torturé une Bible afin d'en recueillir les promesses pour lui-même et d'en jeter les malédictions sur ses voisins. Par son adresse à sermonner et à tenir de pieux propos, il avait trouvé moyen de faire grande impression sur Mr. Earnshaw ; et, plus le maître s'affaiblissait, plus l'influence de Joseph se développait. Il le tourmentait impitoyablement pour l'engager à s'occuper du salut de son âme et à élever ses enfants avec rigidité. Il l'encourageait à regarder Hindley comme un réprouvé, et tous les soirs il dévidait régulièrement un long chapelet d'histoires contre Heathcliff et Catherine ; il prenait toujours soin de flatter la faiblesse d'Earnshaw en chargeant surtout la dernière.

Certes, elle avait des manières à elle, comme je n'en avais encore jamais vues chez un enfant. Elle mettait à bout la patience de tous cinquante fois et plus par jour : depuis le moment où elle descendait jusqu'à celui où elle allait se coucher, il n'y avait pas de minute où nous n'eussions à craindre quelque méfait de sa part. Elle était toujours excitée, sa langue toujours en train... elle chantait, riait, taquinait tous ceux qui ne faisaient pas comme elle. C'était une indomptable petite friponne, mais elle avait l'œil le plus gai, le sourire le plus caressant et le pied le plus léger de toute la paroisse. Et, en fin de compte, je crois qu'elle n'avait pas de mauvaises intentions. Car, lorsqu'elle était arrivée à vous faire pleurer pour de bon, il était rare qu'elle ne voulût pas vous tenir compagnie et ne vous obligeât pas de vous calmer pour la consoler. Elle était beaucoup trop entichée de Heathcliff. La plus grande punition que nous puissions inventer pour elle était de la tenir séparée de celui-ci ; pourtant elle était grondée plus qu'aucun de nous à cause de lui. Dans ses jeux, elle aimait énormément faire la petite maîtresse ; elle avait la main leste, et commandait à ses camarades. Elle essaya de me traiter ainsi, mais je ne voulus pas me charger de ses commissions ni me plier à ses exigences, et je le lui fis savoir.

Quant à Mr. Earnshaw, il n'entendait pas la plaisanterie de la part de ses enfants ; il avait toujours été strict et grave avec eux. Catherine, de son côté, ne comprenait pas que son père fût irritable et moins patient dans son état maladif qu'il ne l'était au temps de sa vigueur. Ses maussades réprimandes faisaient naître en elle un malicieux plaisir à l'irriter. Elle n'était jamais aussi contente que quand nous la grondions tous ensemble et qu'elle nous défait de son regard effronté, impertinent, et de ses réponses toujours prêtes. Elle tournait en ridicule les malédictions sacrées de Joseph, me taquinait, et faisait juste ce que son père détestait le plus, en montrant comment son insolence affectée, qu'il croyait réelle, avait plus d'effet sur Heathcliff que la bonté que lui-même lui témoignait ; comment le jeune garçon obéissait, à elle, en tout, et n'obéissait à lui que quand son obéissance s'accordait avec sa propre volonté. Après s'être conduite aussi mal que possible pendant toute la journée, elle venait quelquefois câliner le vieillard, le soir, pour se raccommoder avec lui. « Non, Cathy, disait-il, je ne veux pas t'aimer, tu es pire que ton frère. Va dire tes prières, mon enfant, et demande pardon à Dieu. Je crains que ta mère et moi n'ayons pas lieu de nous féliciter de t'avoir élevée ! » Cela la faisait pleurer, au début, puis, à force d'être repoussée, elle s'endurcit et elle riait quand je lui conseillais de dire qu'elle regrettait ses fautes et de demander pardon.

Mais enfin sonna l'heure qui mit un terme aux épreuves de Mr. Earnshaw ici-bas. Il mourut paisiblement, un soir d'octobre, assis au coin du feu. Un grand vent soufflait autour de la maison et rugissait dans la cheminée : c'était un bruit de tempête, d'ouragan ; pourtant, il ne faisait pas froid. Nous étions tous réunis, moi un peu éloignée du foyer, occupée à tricoter, et Joseph à lire sa Bible près de la table (car les serviteurs se tenaient à l'ordinaire dans la salle quand leur travail était fini). Miss Cathy avait été souffrante, à cause de quoi elle restait tranquille ; elle était appuyée contre la jambe de son père et Heathcliff était allongé par terre, la tête sur les genoux de Cathy. Je me rappelle que le maître, avant de s'assoupir, caressa ses jolis cheveux – il n'avait pas souvent le plaisir de la voir gentille – et dit : « Pourquoi ne peux-tu toujours être une bonne fille, Cathy ? » Elle leva la tête vers lui et répondit en riant : « Pourquoi ne pouvez-vous pas toujours être un bon homme, papa ? » Mais dès qu'elle le vit de nouveau fâché, elle lui baisa la main et dit qu'elle allait lui chanter une chanson pour l'endormir. Elle commença de chanter très bas, jusqu'au moment où les doigts de son père abandonnèrent les siens et où sa tête tomba sur sa poitrine. Je lui dis alors de se taire et de ne pas bouger de peur de l'éveiller. Nous restâmes tous muets comme des souris pendant une bonne demi-heure, et nous aurions continué encore plus longtemps si Joseph, ayant fini son chapitre, ne se fût levé en déclarant qu'il allait éveiller le maître afin que celui-ci dît ses prières et allât se coucher. Il s'approcha, l'appela par son nom et lui toucha l'épaule ; mais, comme le maître ne remuait pas, Joseph prit la chandelle et le regarda. Je devinai qu'un malheur était arrivé quand il reposa la lumière et que, saisissant les enfants chacun par un bras, il leur dit tout bas « de monter, de ne pas faire de bruit... ils pouvaient réciter leurs prières tout seuls ce soir... lui-même avait quelque chose à faire ».

« Je veux d'abord dire bonsoir à papa », répliqua Catherine en lui mettant les bras autour du cou avant que nous eussions pu l'arrêter. La pauvre enfant s'aperçut aussitôt de la perte qu'elle venait d'éprouver. Elle s'écria : « Oh ! il est mort ! Heathcliff ! il est mort ! » et tous deux jetèrent un cri déchirant.

Mes lamentations se joignirent aux leurs, bruyantes et douloureuses. Mais Joseph nous demanda à quoi nous pensions de pousser de pareils hurlements sur un saint qui était au ciel. Il me dit de mettre mon manteau et de courir à Gimmerton pour chercher le docteur et le pasteur. Je ne voyais pas quels services ils pourraient rendre l'un ou l'autre, maintenant. J'y allai, néanmoins, par le vent et la pluie, et ramenai l'un d'eux, le docteur ; l'autre dit qu'il viendrait dans la matinée. Laissant Joseph expliquer ce qui s'était passé, je courus à la chambre des enfants. Leur porte était entrebâillée et je vis qu'ils n'étaient pas couchés, bien qu'il fût plus de minuit ; mais ils étaient plus calmes et je n'eus pas besoin de les consoler. Les petits êtres se réconfortaient l'un l'autre avec de meilleures pensées que je n'en aurais pu trouver. Jamais pasteur n'a dépeint le ciel aussi beau qu'ils le faisaient dans leur innocent babillage ; et, tandis que j'écoutais en sanglotant, je ne pouvais m'empêcher de souhaiter que nous y fussions tous réunis en sûreté.

CHAPITRE VI

Mr. Hindley revint pour les funérailles ; et, chose qui nous stupéfia et fit jaser les voisins de droite et de gauche, il nous revint avec une femme. Qui elle était, où elle était née, c'est ce dont il ne nous fit jamais part. Sans doute n'avait-elle ni dot ni nom qui la recommandassent, sans quoi il n'aurait pas dissimulé cette union à son père.

Elle n'était pas femme à apporter par elle-même beaucoup de trouble dans la maison. Tout ce qu'elle vit, du moment qu'elle eut franchi le seuil, parut la ravir, ainsi que tout ce qui se passait autour d'elle, hormis les préparatifs de l'enterrement et la présence des veilleurs funèbres. Je la jugeai à moitié stupide, d'après sa conduite en cette occasion. Elle courut à sa chambre, m'y entraîna, bien que j'eusse à habiller les enfants, et s'assit toute frissonnante, les mains jointes, demandant sans cesse : « Sont-ils partis ? » Puis elle se mit à décrire avec une émotion hystérique l'effet que lui produisait la vue du noir ; elle frémissait, tremblait, finit par se mettre à pleurer et, quand je lui demandai ce qu'elle avait, me répondit qu'elle ne savait pas, mais qu'elle avait si grand-peur de mourir ! Je pensais qu'elle n'était pas plus menacée de mourir que moi-même. Elle était plutôt mince, mais jeune, avec des couleurs vives et des yeux qui étincelaient comme des diamants. J'avais remarqué, il est vrai, qu'elle s'essoufflait en montant l'escalier, que le moindre bruit soudain la faisait tressaillir, et qu'elle toussait parfois d'une façon inquiétante. Mais je n'avais pas idée de ce que signifiaient ces symptômes et ne me sentais pas portée à sympathiser avec elle. Nous ne nous attachons pas en général aux étrangers, ici, Mr. Lockwood, à moins qu'ils ne s'attachent à nous d'abord.

Le jeune Earnshaw avait beaucoup changé pendant ses trois années d'absence. Il avait maigri, avait perdu ses couleurs, parlait et s'habillait tout différemment. Le jour même de son retour, il nous enjoignit, à Joseph et à moi, de nous cantonner à l'avenir dans la cuisine et de lui laisser la salle. Il aurait même voulu faire mettre un tapis et du papier dans une chambre disponible pour en faire un petit salon. Mais sa femme était si enchantée du dallage blanc, de la grande cheminée brillante, des plats d'étain, de la case aux faïences, du chenil, et du vaste espace dont on disposait dans cette salle où ils se tenaient d'habitude, qu'il jugea la réalisation de ce projet inutile à son bien-être et qu'il l'abandonna.

Elle manifesta aussi le plaisir qu'elle avait à trouver une sœur parmi ses nouvelles relations, elle bavarda avec Catherine, l'embrassa, courut partout avec elle et lui fit quantité de présents, au début. Son affection se fatigua bien vite cependant et, quand elle devint maussade, Hindley devint tyrannique. Quelques mots, laissant paraître que Heathcliff déplaisait à sa femme, suffirent pour réveiller en lui toute sa haine pour le garçon. Il le repoussa de leur société dans celle des domestiques, le priva des enseignements du ministre, voulut qu'ils fussent remplacés par des travaux au-dehors et exigea de lui le même labeur que d'un valet de ferme.

Heathcliff supporta son avilissement assez bien dans les premiers temps, parce que Cathy lui enseignait ce qu'elle apprenait, travaillait et jouait avec lui dans les champs. Tous deux promettaient vraiment de devenir aussi rudes que des sauvages ; le jeune maître ne s'occupait en rien de la manière dont ils se conduisaient, ni de ce qu'ils faisaient, pourvu qu'il ne les vît point. Il n'aurait même pas tenu la main à ce qu'ils allassent à l'église le dimanche si Joseph et le ministre ne lui eussent adressé des remontrances sur son indifférence à l'égard de leurs absences ; ce qui lui faisait souvenir d'ordonner le fouet pour Heathcliff et une privation de dîner ou de souper pour Catherine. Mais c'était un de leurs grands amusements que de se sauver dans la lande dès le matin et d'y rester toute la journée ; la punition subséquente n'était plus qu'un objet de moqueries. Le ministre pouvait donner autant de chapitres qu'il voulait à apprendre par cœur à Catherine, et Joseph pouvait fouetter Heathcliff jusqu'à en avoir le bras engourdi : ils oubliaient tout dès qu'ils étaient de nouveau réunis, ou du moins dès qu'ils avaient combiné quelque vilain plan de vengeance. Bien souvent je pleurais à part moi de les voir devenir chaque jour plus effrontés, et je n'osais pourtant prononcer une syllabe, par crainte de perdre le peu d'empire que j'avais encore sur ces deux êtres privés d'affection.

Un dimanche soir, il arriva qu'ils furent chassés de la salle pour avoir fait du bruit, ou pour quelque peccadille du même genre. Quand j'allai les appeler pour le souper, je ne pus les découvrir nulle part. Nous fouillâmes la maison du haut en bas, la cour et les écuries : ils demeuraient invisibles. À la fin, Hindley, en furie, nous ordonna de verrouiller les portes et interdit à qui que ce fût de les laisser rentrer cette nuit-là. Tout le monde alla se mettre au lit. Pour moi, l'inquiétude m'empêchant de rester couchée, j'ouvris ma fenêtre et passai la tête au-dehors pour écouter, bien qu'il plût : j'étais déterminée à leur ouvrir malgré la défense, s'ils revenaient. Au bout de quelque temps, j'entendis des pas sur la route et la lumière d'une lanterne brilla à travers la barrière. Je jetai un châle sur ma tête et courus pour les empêcher d'éveiller Mr. Earnshaw en frappant. C'était Heathcliff seul, et je tressaillis en ne voyant que lui.

– Où est Miss Catherine ? lui criai-je vivement. Pas d'accident, j'espère ?

– À Thrushcross Grange, répondit-il, et j'y serais aussi, s'ils avaient eu la politesse de me demander de rester.

– Eh bien, vous verrez ce que cela vous coûtera. Vous ne serez content que quand vous vous serez fait chasser. Que pouviez-vous bien faire à rôder du côté de Thrushcross Grange ?

– Laissez-moi enlever mes vêtements mouillés et je vous raconterai tout, Nelly.

Je lui recommandai de prendre garde de réveiller le maître et, pendant qu'il se déshabillait et que j'attendais pour souffler la chandelle, il poursuivit :

– Cathy et moi nous étions échappés par la buanderie pour nous promener à notre fantaisie. Apercevant les lumières de la Grange, nous avons eu l'idée d'aller voir si les Linton passaient leurs soirées du dimanche à grelotter dans les coins pendant que leurs parents mangeaient, buvaient, chantaient, riaient et se brûlaient les yeux devant le feu. Croyez-vous qu'il en soit ainsi ? Ou qu'ils lisent des sermons, qu'un vieux domestique les catéchise et qu'on leur donne à apprendre une colonne de noms de l'Écriture s'ils ne répondent pas convenablement ?

– Probablement pas. Ce sont des enfants sages sans doute, et ils ne méritent pas le traitement qu'on vous inflige pour votre mauvaise conduite.

– Oh ! pas de prêche, Nelly ; sottises que tout cela ! Nous avons couru sans nous arrêter depuis le sommet des Hauts jusqu'au parc... Catherine complètement battue dans la course, car elle était nu-pieds. Vous pourrez chercher ses souliers dans les fondrières demain. Nous nous sommes glissés par un trou de haie, nous avons suivi à tâtons le sentier et nous nous sommes plantés sur une plate-bande de fleurs sous la fenêtre du salon. C'est de là que venait la lumière ; on n'avait pas fermé les volets et les rideaux n'étaient qu'à demi tirés. Nous pouvions regarder à l'intérieur tous les deux en nous tenant debout sur le soubassement et en nous accrochant au rebord de la fenêtre, et nous avons vu... ah ! c'était magnifique... une splendide pièce avec un tapis rouge, des chaises et des tables couvertes en rouge, un plafond d'un blanc éclatant bordé d'or et, au milieu, une pluie de lames de verre suspendues par des chaînes d'argent et illuminées par la douce lueur de petites bougies. Le vieux Mr. et la vieille Mrs. Linton n'étaient pas là. Edgar et sa sœur étaient tout seuls. N'auraient-ils pas dû être heureux ? Nous nous serions crus au ciel, nous ! Eh bien, savez-vous ce que faisaient vos enfants sages ? Isabelle – je crois qu'elle a onze ans, un an de moins que Cathy – était couchée sur le parquet à l'extrémité de la pièce, criant comme si des sorcières la lardaient avec des aiguilles chauffées à blanc ; Edgar, près du feu, pleurait en silence. Au milieu de la table était assis un petit chien qui secouait sa patte et qui glapissait ; à leurs mutuelles accusations, nous comprîmes qu'ils l'avaient presque écartelé à eux deux. Les idiots ! Voilà à quoi ils s'amusaient ! Se disputer un paquet de poils chauds et se mettre à pleurer parce que tous deux, après s'être battus pour l'avoir, refusaient de le prendre ! Nous avons ri de bon cœur à la vue de ces enfants gâtés : quel mépris nous avions pour eux ! Quand me verrez-vous désirer d'avoir ce que désire Catherine ? Ou quand nous trouverez-vous tous deux seuls nous amusant à sangloter, à nous rouler par terre chacun à un bout de la chambre ? Je ne changerais pour rien au monde ma situation ici pour celle d'Edgar Linton à Thrushcross Grange... pas même si j'y gagnais le privilège de pouvoir jeter Joseph du haut du pignon le plus élevé et badigeonner la façade de la maison avec le sang de Hindley !

— Assez ! assez ! interrompis-je. Vous ne m'avez toujours pas dit, Heathcliff, comment vous aviez laissé Catherine là-bas.

— Je vous disais que nous riions, reprit-il. Les Linton nous ont entendus et, d'un même mouvement, se sont précipités à la porte comme des flèches. Il y a eu un silence, puis un cri : « Oh ! maman, maman ! Oh ! papa ! Oh ! maman ! venez ! Oh ! papa, oh ! » Réellement, ils ont vociféré quelque chose dans ce goût-là. Nous avons fait un bruit terrible pour les effrayer encore plus, puis nous avons lâché le rebord de la fenêtre parce que quelqu'un tirait les barres et que nous sentions qu'il valait mieux nous enfuir. Je tenais Cathy par la main et la pressais, quand tout à coup elle est tombée par terre. « Sauve-toi, Heathcliff, sauve-toi ! a-t-elle chuchoté ; ils ont lancé le bouledogue et il me tient ! » Le démon l'avait saisie par la cheville, Nelly : j'entendais son abominable grognement. Elle n'a pas poussé un cri... non ! elle en aurait rougi, eût-elle été embrochée sur les cornes d'une vache en furie. Mais moi, j'ai crié ; j'ai proféré assez de malédictions pour anéantir tous les démons de la Chrétienté : saisissant une pierre, je l'ai fourrée entre les mâchoires du chien et j'ai essayé de toute ma force de l'enfoncer dans sa gorge. Un animal de domestique a fini par arriver avec une lanterne en criant : « Tiens bon, Skulker, tiens bon ! » Il a changé de ton, cependant, quand il a vu la proie de Skulker et lui a fait lâcher prise en le suffoquant ; la langue pourpre de la bête pendait d'un demi-pied hors de sa gueule, et de ses lèvres coulait une bave sanglante. L'homme a relevé Cathy ; elle se sentait mal, non de crainte, j'en suis certain, mais de douleur. Il l'a portée dans la maison, je suivais en poussant des imprécations et des cris de vengeance. « Qu'a-t-il attrapé, Robert ? » a crié Linton de l'entrée. « Skulker a attrapé une petite fille, monsieur, et voilà un garçon, a-t-il ajouté, en me montrant le poing, qui m'a tout l'air d'être un éclaireur ! Vraisemblablement les voleurs voulaient les faire passer par la fenêtre pour ouvrir les portes à la bande quand tout le monde aurait été endormi, afin de pouvoir nous assassiner à leur aise. Taisez-vous, voleur mal embouché, cela vous vaudra la potence. Mr. Linton, ne quittez pas votre fusil. – Non, non, Robert, dit le vieil imbécile ; les coquins savaient qu'hier était le jour de mes loyers, ils ont cru faire un bon coup. Entrez : je vais leur offrir une réception. Là, John, attachez la chaîne. Donnez un peu d'eau à Skulker, Jenny. Défier un magistrat dans sa forteresse, et un jour de Sabbat, encore ! Où s'arrêtera leur insolence ? Oh ! ma chère Mary, regardez ! N'ayez pas peur, ce n'est qu'un gamin... pourtant la scélératesse est bien peinte sur son visage. Ne serait-ce pas un bienfait pour le pays de le pendre sur-le-champ, avant que son naturel, révélé par ses traits, se manifeste par des actes ? » Il m'a poussé sous le lustre, Mrs. Linton a chaussé ses lunettes et levé les mains avec un geste d'horreur. Les poltrons d'enfants se sont rapprochés aussi ; Isabelle balbutiait : « Quel être affreux ! Mettez-le dans la cave, papa. Il ressemble tout à fait au fils de la diseuse de bonne aventure, qui m'a volé mon faisan apprivoisé. N'est-ce pas, Edgar ? »

Pendant qu'ils m'examinaient, Cathy est arrivée ; elle avait entendu ces dernières paroles et elle s'est mise à rire. Edgar Linton, après lui avoir lancé un regard inquisiteur, a repris suffisamment ses esprits pour la reconnaître. Ils nous voient à l'église, vous savez, et nous ne les rencontrons d'ailleurs que là. « C'est Miss Earnshaw, disait-il tout bas à sa mère, et regardez comme Skulker l'a mordue... comme son pied saigne ! »

« Miss Earnshaw ? quelle bêtise ! s'est écriée la dame. Miss Earnshaw battant le pays avec un bohémien ! Et pourtant c'est vrai, l'enfant est en deuil... sûrement c'est elle... et elle est peut-être estropiée pour la vie ! »

« Quelle coupable négligence de la part de son frère ! a gémi Mr. Linton, me quittant pour se tourner vers Catherine. J'ai entendu dire par Shielders » (c'était le pasteur, monsieur) « qu'il la laisse croître dans l'impiété la plus complète. Mais qui est l'autre ? Où a-t-elle ramassé ce compagnon ? Oh ! oh ! c'est certainement cette étrange acquisition que feu mon voisin avait faite lors de son voyage à Liverpool... un petit lascar, ou quelque rebut de l'Amérique ou de l'Espagne. »

« Un méchant garçon, en tout cas, a observé la vieille dame, et tout à fait déplacé dans une maison honnête. Avez-vous remarqué son langage, Linton ? Je suis scandalisée que mes enfants l'aient entendu. »

J'ai recommencé à jurer... ne vous fâchez pas, Nelly... et Robert a reçu l'ordre de me mettre dehors. J'ai refusé de m'en aller sans Cathy ; il m'a traîné dans le jardin, m'a forcé de prendre la lanterne, m'a assuré que Mr. Earnshaw serait informé de ma conduite et, m'enjoignant de me mettre en route sur-le-champ, a refermé la porte. Les rideaux étaient encore relevés dans un coin et j'ai repris mon poste d'observation ; car, si Cathy avait désiré repartir, et qu'ils n'eussent pas voulu la laisser sortir, j'avais l'intention de briser leurs grandes vitres en un million de morceaux. Elle était tranquillement assise sur le sofa. Mrs. Linton lui a enlevé le manteau gris de la laitière que nous avions emprunté pour notre excursion, en secouant la tête et en lui adressant des remontrances, je suppose : Cathy était une jeune fille de bonne naissance, et ils faisaient une distinction entre les manières de nous traiter, elle ou moi. Puis la femme de chambre a apporté une cuvette d'eau chaude et lui a lavé les pieds ; Mr. Linton lui a préparé un grand verre de negus [1], Isabelle lui a vidé une assiette de gâteaux sur les genoux, pendant qu'Edgar, bouche bée, la regardait de loin. Ensuite, ils ont séché et peigné ses beaux cheveux, lui ont donné une paire d'énormes pantoufles et l'ont poussée près du feu. Je l'ai laissée, aussi gaie qu'elle pouvait l'être, en train de partager ses gâteaux au petit chien et à Skulker dont elle pinçait le nez pendant qu'il mangeait ; sa vue faisait luire dans les ternes yeux bleus des Linton une étincelle de vie, vague reflet de sa figure enchanteresse. Je voyais qu'ils étaient remplis d'une admiration stupide : elle est si démesurément supérieure à eux... à n'importe qui sur terre, n'est-ce pas, Nelly ?

— Cette histoire-là aura plus de suites que vous ne croyez, répondis-je en bordant son lit et en éteignant la lumière. Vous êtes

---

1. Boisson composée de vin, d'eau, de sucre, de muscade et de jus de citron. (N.d.T.)

incorrigible, Heathcliff, et Mr. Hindley sera obligé d'en venir à des mesures extrêmes, vous verrez.

Mes paroles se trouvèrent plus vraies que je ne le désirais. Cette malencontreuse aventure rendit Earnshaw furieux. Puis Mr. Linton, pour arranger les choses, nous rendit visite le lendemain et fit au jeune maître une telle leçon sur sa façon de diriger sa famille que ce dernier se décida à s'occuper sérieusement de ce qui se passait chez lui. Heathcliff ne fut pas fouetté, mais il fut averti qu'au premier mot qu'il adresserait à Miss Catherine il serait infailliblement chassé. De son côté, Mrs. Earnshaw entreprit de discipliner un peu sa belle-sœur, quand celle-ci rentra à la maison. Elle usa d'adresse et non de force : par la force elle ne serait arrivée à rien.

CHAPITRE VII

Cathy resta à Thrushcross Grange cinq semaines jusqu'à Noël. Durant ce laps de temps, sa cheville se guérit complètement et ses manières s'améliorèrent beaucoup. Ma maîtresse lui rendit de fréquentes visites pendant cette période et commença l'application de son plan de réforme en essayant d'éveiller chez elle l'amour-propre par des vêtements élégants et des flatteries qu'elle accepta volontiers. Si bien qu'au lieu d'une petite sauvageonne entrant nu-tête, en coup de vent, dans la maison et se précipitant pour nous étouffer sous ses embrassements, nous vîmes descendre d'un joli poney noir une personne très digne, avec des boucles brunes qui pendaient sous un chapeau de castor à plumes, et un long vêtement de drap qu'elle était obligée de relever avec les deux mains pour pouvoir marcher. Hindley l'enleva de cheval en s'écriant d'un air ravi :

– Mais, Cathy, te voilà une vraie beauté ! C'est à peine si je t'aurais reconnue : tu as l'air d'une dame maintenant. Isabelle Linton ne soutiendrait pas la comparaison avec elle, n'est-ce pas, Frances ?

– Isabelle n'a pas les mêmes avantages naturels, répondit Mrs. Earnshaw ; mais il faut que Cathy fasse attention et ne reprenne pas ici ses manières de sauvage. Hélène, aidez Miss Catherine à se dévêtir... ne bougez pas, ma chère, vous allez déranger vos boucles... laissez-moi vous retirer votre chapeau.

Je la débarrassai de son habit de cheval, sous lequel apparurent une belle robe de soie écossaise et un pantalon blanc tombant sur des souliers reluisants. Quand les chiens arrivèrent en bondissant pour lui faire fête, ses yeux étincelèrent de joie, mais elle osa à peine les toucher, de crainte qu'ils ne missent leurs pattes sur ses magnifiques atours. Elle me donna un baiser discret : j'étais couverte de farine, car j'étais en train de faire un gâteau de Noël, et ce n'était pas le moment de me serrer dans ses bras ; puis elle chercha autour d'elle Heathcliff. Mr. et Mrs. Earnshaw attendaient avec anxiété leur rencontre, qui, pensaient-ils, leur permettrait d'apprécier dans une certaine mesure si leur espoir d'arriver à séparer les deux amis était fondé.

On eut d'abord du mal à découvrir Heathcliff. S'il était insouciant, et si l'on se souciait peu de lui, avant l'absence de Catherine, c'était devenu dix fois pis maintenant. Personne d'autre que moi n'avait même la bonté de lui dire qu'il était sale et de l'obliger à se laver au moins une fois par semaine ; et les enfants de son âge ne sont en général pas naturellement portés à trouver plaisir au savon et à l'eau. Aussi, sans parler de ses vêtements qu'il traînait depuis trois mois dans la boue et dans la poussière, ni de son épaisse chevelure hirsute, sa figure et ses mains étaient-elles fâcheusement obscurcies. Il n'avait pas tort de se cacher derrière le banc, en voyant entrer dans la salle une si brillante et gracieuse demoiselle, au lieu de la réplique ébouriffée de lui-même qu'il attendait. « Heathcliff n'est-il pas ici ? » demanda-t-elle en ôtant ses gants et en montrant des doigts qui avaient extraordinairement blanchi grâce à l'oisiveté et à la réclusion.

— Heathcliff, tu peux venir, cria Mr. Hindley, enchanté de sa déconfiture et très content de voir qu'il était forcé de se présenter comme un jeune polisson repoussant. Tu peux venir souhaiter la bienvenue à Miss Catherine, comme les autres domestiques.

Cathy, apercevant son ami dans sa cachette, y courut pour l'embrasser ; elle lui appliqua sept ou huit baisers sur chaque joue en une seconde, puis s'arrêta et, reculant, éclata de rire en s'écriant :

— Oh ! que tu as l'air sinistre et de mauvaise humeur ! et que tu es drôle et vilain ! Mais c'est parce que je suis habituée à Edgar et à Isabelle Linton. Eh bien, Heathcliff, m'as-tu oubliée ?

Elle avait quelque sujet de lui poser cette question, car la honte et l'orgueil assombrissaient doublement son visage et le tenaient immobile.

— Donne-lui la main, Heathcliff, dit Mr. Earnshaw avec condescendance ; une fois en passant, c'est permis.

— Je ne veux pas, répliqua le jeune garçon retrouvant enfin sa langue. Je ne resterai pas ici pour qu'on se moque de moi. Je ne le supporterai pas.

Et il se serait échappé si Miss Cathy ne l'eût saisi de nouveau.

— Je ne voulais pas rire de toi, dit-elle ; je n'ai pas pu m'en empêcher. Heathcliff, donne-moi au moins la main ! Pourquoi boudes-tu ?... C'est seulement parce que tu avais un air si étrange ! Si tu te lavais la figure et si tu te peignais, ce serait parfait ; mais tu es si sale !

Elle regardait avec inquiétude les doigts noirs qu'elle tenait dans les siens, et aussi sa robe qui, craignait-elle, n'avait pas gagné au contact avec les vêtements de Heathcliff.

— Tu n'avais qu'à ne pas me toucher, répondit-il en suivant son regard et en retirant vivement sa main. Je serai sale si cela me plaît ; j'aime à être sale, et je veux être sale.

Là-dessus, il s'élança tête baissée hors de la pièce, au milieu des rires du maître et de la maîtresse, et au grand émoi de Catherine qui ne comprenait pas comment ses remarques avaient pu déterminer cet accès de mauvaise humeur.

Après avoir joué le rôle de femme de chambre auprès de la nouvelle venue, avoir mis mes gâteaux au four et égayé la salle et la cuisine avec de grands feux, comme il convenait à cette veillée de Noël, je me disposai à m'asseoir et à me distraire en chantant des cantiques toute seule, sans me soucier des affirmations de Joseph, qui déclarait que les airs gais que je choisissais étaient presque des chansons. Il s'était retiré pour faire ses dévotions particulières dans sa chambre. Mr. et Mrs. Earnshaw occupaient l'attention de Missy en lui montrant quelques brimborions achetés pour lui permettre d'en faire présent aux petits Linton, en reconnaissance de leur amabilité. Ils les avaient invités à passer la journée du lendemain à Hurle-Vent, invitation qui avait été acceptée à une condition : Mrs. Linton demandait que ses chéris fussent soigneusement tenus à l'écart de « ce vilain garçon qui jurait ».

C'est dans ces circonstances que je me trouvais seule. Je savourais la riche odeur des épices qui cuisaient ; j'admirais la batterie de cuisine étincelante, l'horloge brillante couverte de houx, les pots d'argent rangés sur un plateau, prêts à être remplis d'ale chaude et épicée pour le souper ; et surtout l'irréprochable propreté de l'objet de mon soin particulier – le carrelage bien lavé et bien balayé. J'accordai à toutes ces choses l'applaudissement intérieur qu'elles méritaient, et me rappelai que le vieil Earnshaw venait toujours quand tout était nettoyé, m'appelait brave fille et me glissait un shilling dans la main comme cadeau de Noël. Cela me fit penser à la tendresse qu'il avait pour Heathcliff, à sa crainte que celui-ci fût négligé quand lui-même aurait disparu ; j'en vins naturellement à méditer sur la situation actuelle du pauvre garçon, et des chansons je passai aux larmes. Il me vint pourtant bientôt à l'esprit qu'il serait plus sensé d'essayer de remédier à quelques-uns des torts dont il était victime que de verser des pleurs sur ces torts ; je me levai et sortis dans la cour pour le chercher. Il n'était pas loin : je le trouvai dans l'écurie, il caressait le poil luisant du nouveau poney et donnait à manger aux autres bêtes, comme à l'ordinaire.

— Dépêchez, Heathcliff, lui dis-je, il fait si bon dans la cuisine ;

et Joseph est en haut. Dépêchez et laissez-moi vous faire beau avant que Miss Cathy descende ; vous pourrez alors vous asseoir ensemble, vous aurez la cheminée tout entière à vous deux et vous bavarderez tant que vous voudrez jusqu'à l'heure du coucher.

Il continua son travail sans même tourner la tête de mon côté.

– Allons, venez-vous ? repris-je. Il y a pour chacun de vous un petit gâteau qui est presque cuit ; et il vous faut une demi-heure pour vous habiller.

J'attendis cinq minutes, mais n'obtenant pas de réponse, je le quittai. Catherine soupa avec son frère et sa belle-sœur ; Joseph et moi partageâmes un repas assez peu cordial, assaisonné de reproches d'un côté et d'impertinences de l'autre. Le gâteau et le fromage de Heathcliff restèrent sur la table toute la nuit à la disposition des fées. Il s'arrangea pour poursuivre son travail jusqu'à neuf heures, puis regagna sa chambre, muet et renfrogné. Cathy resta debout jusqu'à une heure avancée, ayant un monde de choses à ordonner pour la réception de ses nouveaux amis. Elle vint une fois dans la cuisine pour parler à l'ami ancien ; mais il n'était pas là et elle se contenta de demander ce qu'il avait, puis se retira. Le lendemain matin, il se leva de bonne heure et, comme c'était jour de congé, il alla promener sa mauvaise humeur dans la lande ; il ne reparut que quand tout le monde fut parti pour l'église. Le jeûne et la réflexion semblaient l'avoir mieux disposé. Il tourna autour de moi un instant, puis, ayant rassemblé son courage, s'écria tout à coup :

– Nelly, faites-moi propre, je veux être sage.

– Il est grand temps, Heathcliff. Vous avez fait de la peine à Catherine : elle regrette d'être revenue à la maison, j'en suis sûre ! On dirait que vous êtes jaloux d'elle, parce qu'on s'occupe d'elle plus que de vous.

L'idée d'être jaloux de Catherine ne pouvait entrer dans sa tête, mais l'idée de lui faire de la peine était bien claire pour son esprit.

– A-t-elle dit qu'elle était fâchée ? demanda-t-il d'un air très sérieux.

– Elle a pleuré quand je lui ai annoncé que vous étiez encore parti ce matin.

– Eh bien, moi, j'ai pleuré cette nuit, et j'avais plus de raisons qu'elle pour pleurer.

– Oui, vous étiez allé vous coucher le cœur gonflé d'orgueil et l'estomac vide : belle raison, en vérité ! Les gens orgueilleux se forgent à eux-mêmes de pénibles tourments. Mais si vous avez honte de votre susceptibilité, ayez soin de lui demander pardon quand elle rentrera. Vous irez la trouver, vous lui offrirez de l'embrasser, et vous direz... vous savez mieux que moi ce que vous avez à dire ;

seulement, faites-le de bon cœur, et non comme si vous croyiez que sa belle robe l'a transformée en étrangère. Et maintenant, bien que j'aie à préparer le dîner, je vais dérober un moment pour vous arranger de telle sorte qu'Edgar Linton aura l'air d'une vraie poupée à côté de vous : et c'est l'air qu'il a, vraiment. Vous êtes plus jeune et pourtant je parierais que vous êtes plus grand et deux fois aussi large d'épaules. Vous pourriez le jeter par terre en un clin d'œil : ne vous en sentez-vous pas capable ?

Le visage de Heathcliff s'éclaircit un instant, puis se rembrunit, et il soupira.

— Mais, Nelly, quand je le jetterais vingt fois par terre, cela ne le rendrait pas moins beau ni moi plus beau. Je voudrais avoir les cheveux blonds et la peau blanche, être aussi bien habillé, avoir d'aussi bonnes manières que lui, et avoir une chance d'être aussi riche qu'il le sera !

— Et appeler maman à tout bout de champ, ajoutai-je, et trembler si un petit paysan levait le poing contre vous, et rester enfermé toute la journée à cause d'une averse. Oh ! Heathcliff, vous faites preuve de bien peu de caractère ! Venez devant la glace et je vous montrerai ce que vous devez désirer. Voyez-vous ces deux lignes entre vos yeux, ces épais sourcils qui, au lieu de s'élever en décrivant une courbe, s'abaissent en leur milieu, et ces deux noirs démons si profondément enfoncés qui jamais n'ouvrent hardiment leurs fenêtres, mais épient par en dessous comme des espions du diable ? Appliquez-vous à effacer ces rides sinistres, à lever franchement les paupières, à changer ces démons en anges confiants et innocents, affranchis du soupçon et du doute, et voyant toujours des amis là où ils ne sont pas certains d'être en présence d'ennemis. Ne prenez pas l'expression d'un chien vicieux qui a l'air de savoir que les coups de pied qu'il récolte sont bien mérités et qui pourtant, pour la souffrance qu'il ressent, hait tout le monde aussi bien que celui qui lui donne les coups.

— En d'autres termes, il faut que je souhaite d'avoir les grands yeux bleus et le front uni d'Edgar Linton, riposta-t-il. Je le souhaite... et cela ne m'aidera pas à les avoir.

— Un bon cœur vous aidera à avoir une bonne figure, mon garçon, fussiez-vous un vrai nègre ; et un mauvais cœur donnera à la plus jolie figure quelque chose de pire que de la laideur. Et maintenant que nous avons fini de nous laver, de nous peigner et de bouder, dites-moi si vous ne vous trouvez pas plutôt joli garçon. Je vous dis, moi, que c'est mon avis. Vous pourriez passer pour un prince déguisé. Qui sait si votre père n'était pas empereur de la Chine, ou votre mère reine dans l'Inde, chacun d'eux capable d'acheter avec son revenu d'une semaine ensemble Hurle-Vent et

Thrushcross Grange ? Mais vous avez été enlevé par de méchants marins et amené en Angleterre. À votre place, j'aurais une haute idée de ma naissance, et cette pensée me donnerait du courage et de la dignité pour supporter l'oppression d'un petit fermier !

Je continuai de bavarder de la sorte. Heathcliff perdait peu à peu son air sombre, il commençait même à prendre un visage tout à fait engageant, quand tout à coup notre conversation fut interrompue par le roulement sourd d'un véhicule qui montait la route et entra dans la cour. Il courut à la fenêtre et moi à la porte, juste à temps pour apercevoir les deux Linton descendre de la voiture de famille, emmitouflés dans des manteaux et des fourrures, et les Earnshaw descendre de leurs montures : ils allaient souvent à l'église à cheval en hiver. Catherine prit chacun des enfants par la main, les introduisit dans la salle et les installa devant le feu, ce qui mit vite de la couleur sur leurs pâles visages.

Je pressai mon compagnon de se dépêcher à présent et de montrer son aimable humeur, et il obéit volontiers. Mais la malchance voulut que, au moment qu'il ouvrait d'un côté la porte pour sortir de la cuisine, Hindley l'ouvrît de l'autre. Ils se trouvèrent face à face, et le maître, irrité de le voir propre et joyeux, ou peut-être empressé à tenir la promesse faite à Mrs. Linton, le repoussa brusquement et ordonna d'un ton irrité à Joseph « d'empêcher le drôle de pénétrer dans la pièce... de l'envoyer au grenier jusqu'après le dîner. Il va fourrer ses doigts dans les tartes et voler les fruits, si on le laisse seul avec eux une minute ».

— Non, monsieur, ne pus-je m'empêcher de répondre, il ne touchera certainement à rien ; et il me semble qu'il doit avoir sa part de friandises tout comme nous.

— Il aura sa part de ma main, si je le trouve en bas avant la nuit, s'écria Hindley. Va-t'en, vagabond ! Quoi ! tu essaies de faire l'élégant, n'est-ce pas ? Attends un peu que j'attrape une de ces gracieuses boucles... tu vas voir si je ne tire pas dessus pour les allonger !

— Elles sont déjà assez longues, observa Master[1] Linton, qui, du seuil de la porte, risquait un coup d'œil furtif. Je suis surpris qu'elles ne lui fassent pas mal à la tête. On dirait la crinière d'un poulain sur ses yeux !

Il hasarda cette remarque sans intention d'insulte ; mais la nature violente de Heathcliff n'était pas préparée à supporter l'ombre d'une impertinence de la part de quelqu'un qu'il semblait déjà haïr comme un rival. Il saisit une soupière remplie de jus de pomme

---

1. Terme de civilité employé à l'adresse des jeunes garçons, correspondant à Mister pour les hommes. *(N.d.T.)*

brûlant (c'était le premier objet qui lui était tombé sous la main) et la lança en plein dans la figure et dans le cou du discoureur. Ce dernier se mit à pousser des gémissements qui attirèrent en hâte Isabelle et Catherine. Mr. Earnshaw empoigna sur-le-champ le délinquant et le conduisit dans sa chambre où, sans doute, il lui administra, pour calmer son accès de colère, un remède brutal, car il reparut rouge et essoufflé. Je pris un torchon et frottai sans grande aménité le nez et la bouche d'Edgar, lui affirmant qu'il n'avait eu que ce qu'il méritait pour s'être mêlé de ce qui ne le regardait pas. Sa sœur se mit à pleurer en déclarant qu'elle voulait rentrer à la maison, et Cathy restait interdite, rougissant de toute cette scène.

— Vous n'auriez pas dû lui parler, dit-elle d'un ton de reproche à Master Linton. Il était de mauvaise humeur, et voilà que vous avez gâté votre visite ; et lui va être fouetté. Je déteste qu'il soit fouetté ! Je ne pourrai pas dîner. Pourquoi lui avez-vous parlé, Edgar ?

— Je ne lui ai pas parlé, pleurnicha le jeune homme, qui s'échappa de mes mains et termina le reste de sa purification avec son mouchoir de batiste. J'avais promis à maman de ne pas lui dire un mot, et je ne lui ai pas dit un mot.

— Bon, ne pleurez pas, répondit Catherine avec dédain, vous n'êtes pas mort. Ne faites plus de sottises, voilà mon frère : restez tranquille. Chut ! Isabelle ! Quelqu'un vous a-t-il fait du mal à vous ?

— Allons, allons, enfants, prenez vos places ! cria Hindley en entrant précipitamment. Cet animal m'a donné joliment chaud. La prochaine fois, Master Edgar, prenez vos propres poings pour vous faire respecter... cela vous donnera de l'appétit.

Les convives retrouvèrent leur tranquillité d'esprit à la vue et à l'odeur du festin. Ils avaient faim après leur course et se consolèrent facilement, puisqu'aucun d'eux n'avait eu de mal réel. Mr. Earnshaw découpa de généreuses portions et sa femme égaya le repas par sa conversation animée. Je me tenais derrière sa chaise et je fus peinée de voir Catherine, les yeux secs et l'air indifférent, se mettre à couper l'aile d'oie qui était devant elle. « Quelle enfant insensible ! me disais-je, comme elle se soucie peu des chagrins de son ancien compagnon de jeu ! Je ne l'aurais pas crue si égoïste. » Elle porta une bouchée à ses lèvres, puis la reposa sur son assiette ; ses joues s'enflammèrent et ses larmes commencèrent à couler. Elle laissa tomber sa fourchette à terre et plongea en hâte sous la nappe pour dérober son émotion. Je ne la qualifiai pas longtemps d'insensible, car je vis qu'elle était en purgatoire pendant toute la journée, et impatiente de trouver une occasion d'être seule, ou d'aller voir Heathcliff, qui avait été mis sous clef par le maître, ainsi que je m'en aperçus en essayant de lui porter en cachette quelques victuailles.

Le soir, on dansa. Cathy demanda alors sa grâce sous prétexte qu'Isabelle Linton n'avait pas de partenaire ; ses prières demeurèrent vaines et ce fut moi qu'on désigna pour combler la vacance. L'excitation de l'exercice dissipa toute trace de tristesse et notre plaisir s'accrut à l'arrivée de la musique de Gimmerton, comprenant quinze membres : une trompette, un trombone, des clarinettes, des bassons, des cors de chasse et une basse viole, plus des chanteurs. Chaque Noël ils font ainsi le tour des maisons respectables et recueillent quelque argent ; les entendre était pour nous un régal de choix. Quand ils eurent chanté les cantiques habituels, nous les mîmes aux chansons et aux morceaux à reprises. Mrs. Earnshaw aimait la musique et ils nous en donnèrent en abondance.

Catherine l'aimait aussi, mais elle prétendit qu'elle la goûterait mieux du haut de l'escalier et elle monta dans l'obscurité ; je la suivis. On ferma la porte de la salle du bas, sans que notre absence fût remarquée, tant il y avait de monde. Catherine ne s'arrêta pas sur le palier, mais continua de monter jusqu'à la mansarde où Heathcliff était enfermé, et elle l'appela. Pendant quelque temps, il s'entêta à ne pas répondre ; elle persévéra et finit par le persuader de communiquer avec elle à travers les planches. Je laissai causer les pauvres enfants sans les inquiéter, jusqu'au moment où je présumai que les chants allaient cesser et que les chanteurs allaient prendre quelques rafraîchissements ; je grimpai alors à l'échelle pour avertir Catherine. Au lieu de la trouver à la porte, j'entendis sa voix à l'intérieur. La petite coquine s'était glissée comme un singe par une lucarne sur le toit, de là par une autre lucarne dans la mansarde, et ce fut avec la plus grande difficulté que je pus la décider à ressortir. Quand elle revint, Heathcliff la suivait et elle insista pour que je l'emmenasse dans la cuisine, puisque Joseph était allé chez un voisin pour échapper aux sons de notre « infernale psalmodie », comme il se plaisait à l'appeler. Je leur déclarai que je n'avais nulle intention d'encourager leurs tours ; mais, comme le prisonnier jeûnait depuis son dîner de la veille, je consentis pour cette fois à fermer les yeux sur sa fraude à l'égard de Mr. Hindley. Il descendit ; je lui mis un tabouret devant le feu et lui offris quantité de bonnes choses. Mais il était mal à l'aise, ne put guère manger et repoussa toutes mes tentatives pour le distraire. Les coudes appuyés sur ses genoux, le menton sur ses mains, il resta plongé dans une méditation silencieuse. Comme je lui demandais quel était le sujet de ses pensées, il répondit gravement :

– Je cherche le moyen de rendre la pareille à Hindley. Peu

m'importe le temps qu'il me faudra attendre, pourvu que j'y arrive à la fin. J'espère qu'il ne mourra pas avant que j'y sois parvenu.
— Vous n'avez pas honte, Heathcliff! dis-je. C'est à Dieu de punir les méchants ; nous, nous devons apprendre à pardonner.
— Non, Dieu n'aurait pas la satisfaction que j'aurai, répliqua-t-il ; je cherche seulement le meilleur moyen! Laissez-moi seul, je vais combiner quelque chose ; quand je pense à cela je ne souffre pas.
Mais, Mr. Lockwood, j'oublie que ces contes ne peuvent guère vous divertir. Comment ai-je pu songer à bavarder aussi longtemps! Voilà que votre gruau est froid, et vous tombez de sommeil! J'aurais pu vous dire l'histoire de Heathcliff, du moins tout ce que vous avez besoin d'en savoir, en une demi-douzaine de mots.

S'interrompant ainsi, ma femme de charge s'est levée et a commencé de ranger son ouvrage. Mais je me sentais incapable de quitter le coin du feu et fort loin d'avoir sommeil.
— Restez assise, Mrs. Dean, me suis-je écrié, restez assise, encore une demi-heure! Vous avez parfaitement bien fait de me raconter l'histoire en détail. C'est la méthode que j'aime ; et il faut que vous la finissiez de la même manière. Tous les personnages dont vous m'avez parlé m'intéressent plus ou moins.
— L'horloge va sonner onze heures, monsieur.
— Peu importe... Je n'ai pas l'habitude de me coucher de bonne heure. Une heure ou deux du matin, c'est bien assez tôt, quand on reste au lit jusqu'à dix.
— Vous ne devriez pas rester couché jusqu'à dix heures. La meilleure partie de la matinée est déjà passée avant ce moment-là. Une personne qui n'a pas fait la moitié de son ouvrage de la journée à dix heures risque de laisser inachevée l'autre moitié.
— Néanmoins, Mrs. Dean, reprenez votre siège ; car demain je me propose d'allonger la nuit jusqu'à l'après-midi. Je diagnostique pour moi un rhume sérieux, pour le moins.
— J'espère que non, monsieur. Eh bien, vous me permettrez de franchir quelque trois ans. Pendant ce laps de temps, Mr. Earnshaw...
— Non, non, je ne permets rien de tel! Connaissez-vous cet état d'esprit où, si vous vous trouviez seule avec un chat occupé à lécher son petit devant vous sur le tapis, vous surveilleriez l'opération avec un tel intérêt qu'il suffirait que le minet négligeât une oreille pour vous mettre sérieusement en colère ?
— Un état d'esprit terriblement paresseux, il me semble.
— Au contraire, beaucoup trop actif. C'est le mien, en ce

moment. Par conséquent, continuez sans omettre aucun détail. Je m'aperçois que les gens de ces contrées-ci prennent sur les gens des villes la même supériorité qu'une araignée dans un cachot sur une araignée dans une maison de campagne, aux yeux des habitants de l'une ou de l'autre de ces demeures. Pourtant l'attraction plus grande exercée sur l'observateur ne tient pas uniquement à la situation de ce dernier. Les gens d'ici vivent en vérité plus sérieusement, plus en eux-mêmes, moins en surface, en changements, en frivolités extérieures. Ici, je pourrais concevoir un amour de toute la vie comme une chose possible ; et, jusqu'à présent, j'étais fermement convaincu qu'aucun amour ne pouvait durer plus d'un an. L'état des uns ressemble à celui d'un homme devant un plat unique, sur lequel il concentre tout son appétit et auquel il fait largement honneur ; l'état des autres à celui du même homme devant un dîner composé par un cuisinier français : de l'ensemble, il tirera peut-être autant de satisfaction, mais il ne considérera et ne se rappellera chaque plat que comme un simple atome.

— Oh ! nous sommes les mêmes ici que partout ailleurs, une fois qu'on nous connaît, observa Mrs. Dean, un peu intriguée par mes comparaisons.

— Excusez-moi, ai-je répondu. Vous-même, ma digne amie, vous êtes un démenti frappant à cette assertion. À part quelques provincialismes de peu d'importance, il n'y a chez vous aucune trace des façons que je suis habitué à regarder comme caractéristiques de votre classe. Je suis sûr que vous avez réfléchi beaucoup plus que ne font la généralité des serviteurs. Vous avez été forcée de cultiver vos facultés intellectuelles par manque d'occasions de gaspiller votre vie en occupations insignifiantes.

Mrs. Dean s'est mise à rire.

— Certainement, a-t-elle dit, j'estime que je suis à peu près posée et raisonnable. Non pas précisément parce que je vis au milieu des montagnes et que je vois la même collection de visages et la même série d'actions d'un bout de l'année à l'autre ; mais j'ai été soumise à une sévère discipline, ce qui m'a enseigné la sagesse. Et puis, j'ai lu plus que vous ne pourriez le croire, Mr. Lockwood. Il n'y a pas dans cette bibliothèque un livre que je n'aie ouvert et même dont je n'aie tiré quelque chose, à l'exception de cette rangée d'ouvrages grecs et latins, et de celle-là, où sont des ouvrages français ; encore suis-je capable de distinguer les uns des autres : c'est tout ce que vous pouvez attendre de la fille d'un pauvre homme. Quoi qu'il en soit, si je dois poursuivre mon histoire à la façon d'une vraie commère, je ferai mieux de continuer ; et, au lieu de sauter trois ans, je me contenterai de passer à l'été suivant... l'été de 1778, voici près de vingt-trois ans.

CHAPITRE VIII

C'est par une belle journée de juin que naquit le premier joli poupon que j'eus à élever... le dernier de l'antique famille Earnshaw. Nous étions occupés à faire les foins dans un pré éloigné, quand la servante qui nous apportait ordinairement notre déjeuner arriva en courant, une heure d'avance, à travers la prairie, monta par le sentier ; tout en courant elle m'appelait :

— Oh ! un si gros bébé, cria-t-elle tout essoufflée. Le plus beau garçon qui ait jamais vu le jour ! Mais le docteur dit que la maîtresse est perdue ; il dit qu'il y a plusieurs mois qu'elle s'en va de la poitrine, je le lui ai entendu déclarer à Mr. Hindley : maintenant qu'elle n'a plus rien pour la soutenir, elle sera morte avant l'hiver. Il faut que vous reveniez sur-le-champ à la maison. C'est vous qui allez l'élever, Nelly : vous allez lui donner du lait et du sucre, et prendre soin de lui jour et nuit. Je voudrais bien être à votre place, car il sera tout à fait à vous quand la maîtresse ne sera plus là !

— Mais est-elle si malade ? demandai-je en jetant mon râteau et attachant mon chapeau.

— Je le crois ; pourtant elle a l'air vaillant, et elle parle comme si elle pensait vivre assez pour voir le bébé devenir un homme. Elle est folle de joie, il est si beau ! Si c'était moi, je suis sûre que je ne mourrais pas : j'irais mieux rien qu'à le regarder, en dépit de Kenneth, qui m'a rendue vraiment furieuse. Dame Archer avait descendu le chérubin au maître dans la salle, et la figure de celui-ci commençait à s'éclaircir, quand ce vieux grognon s'avance et dit : « Earnshaw, c'est une bénédiction que l'existence de votre femme ait pu être suffisamment prolongée pour qu'elle vous laisse ce fils. Quand elle est arrivée ici, j'étais convaincu que nous ne la conserverions pas longtemps ; et maintenant, je dois vous en avertir, l'hiver l'achèvera probablement. Ne vous lamentez pas, ne vous déso-

lez pas trop : il n'y a rien à faire. Et puis vous auriez dû être mieux avisé que de choisir un pareil fétu de fille ! »
— Et qu'a répondu le maître ?
— Je crois qu'il a répondu par un juron ; mais je ne faisais pas attention à lui, je tâchais de voir le bébé.
Et elle recommença de le dépeindre avec ravissement. Aussi excitée qu'elle, je courus en hâte vers la maison afin de l'admirer pour mon compte. J'étais cependant très triste en pensant à Hindley. Il n'y avait place dans son cœur que pour deux idoles : sa femme et lui-même. Il chérissait les deux, allait jusqu'à adorer l'une, et je me demandais comment il en pourrait supporter la perte.

Quand nous arrivâmes à Hurle-Vent, nous le trouvâmes à la porte de la façade. En passant je lui demandai comment allait le bébé.

— Presque prêt à courir, Nelly, répondit-il, avec un joyeux sourire.

— Et la maîtresse ? hasardai-je. Le docteur dit qu'elle est...
Il m'interrompit :
— Le diable emporte le docteur !
Et il rougit :
— Frances va très bien : elle sera tout à fait remise d'ici à la semaine prochaine. Vous montez ? Voulez-vous lui dire que je vais venir, si elle promet de ne pas parler. Je l'ai quittée parce qu'elle ne cessait de bavarder ; et il faut... dites-lui que Mr. Kenneth a prescrit qu'elle reste calme.

Je fis la commission à Mrs. Earnshaw. Elle avait l'air d'avoir un peu d'excitation fiévreuse et répondit gaiement :

— J'avais à peine dit un mot, Hélène, que par deux fois il est sorti en pleurant. Bon, dites-lui que je promets de ne pas parler : mais cela ne m'engage pas à ne pas lui rire au nez !

Pauvre âme ! Jusqu'à la semaine où elle mourut, cette gaieté ne l'abandonna pas ; et son mari persista avec entêtement, avec furie même, à affirmer que sa santé s'améliorait de jour en jour. Quand Kenneth l'avertit qu'à ce stade de la maladie ses médecines ne servaient plus à rien et qu'il était inutile qu'il continuât à lui faire faire des dépenses pour la soigner, Hindley répliqua :

— Je sais que c'est inutile... elle va bien... elle n'a plus besoin de vos soins ! Elle n'a jamais été malade de la poitrine. C'était de la fièvre, et c'est passé : son pouls est aussi tranquille que le mien en ce moment, et sa joue est aussi fraîche que la mienne.

Il fit le même conte à sa femme et elle parut le croire. Mais une nuit, comme elle s'appuyait sur son épaule et lui disait qu'elle pensait être en état de se lever le lendemain, elle fut prise d'un accès de toux... un accès très léger. Il la souleva dans ses bras, elle lui mit les deux mains autour du cou, sa figure changea : elle était morte.

Comme l'avait prévu la servante, le petit Hareton passa complètement dans mes mains. Mr. Earnshaw, pourvu qu'il le vît bien portant et ne l'entendît jamais crier, était satisfait, en ce qui concernait l'enfant. Quant à lui-même, il était au désespoir. Son chagrin était de ceux qui ne se traduisent pas en lamentations. Il ne pleurait ni ne priait ; il se répandait en malédictions et en défis, exécrait Dieu et les hommes et s'abandonnait à une dissipation effrénée. Les domestiques ne purent endurer plus longtemps sa tyrannie et le désordre de sa conduite ; Joseph et moi fûmes les deux seuls qui consentirent à rester. Je n'avais pas le courage d'abandonner l'enfant confié à ma charge ; de plus, vous savez, j'avais été la sœur de lait de Hindley et j'excusais plus facilement sa conduite que n'aurait fait une étrangère. Joseph demeura pour tourmenter les fermiers et les ouvriers ; et aussi parce que c'était sa vocation d'être là où il y avait beaucoup de perversité à réprouver.

Les mauvaises manières du maître et la mauvaise société dont il s'entourait furent un joli exemple pour Catherine et pour Heathcliff. Le traitement infligé à ce dernier eût suffi à faire d'un saint un démon. En vérité on eût dit, à cette époque, que ce garçon était réellement possédé de quelque esprit diabolique. Il se délectait à voir Hindley se dégrader sans espoir de rémission, et de jour en jour la sauvagerie et la férocité de son caractère se marquaient plus fortement. Je ne saurais vous décrire, même d'une façon imparfaite, l'infernale maison où nous vivions. Le pasteur cessa de venir, et l'on peut dire qu'à la fin plus une personne convenable ne nous approchait, si l'on excepte les visites d'Edgar Linton à Miss Cathy. À quinze ans, elle était la reine de la contrée ; elle n'avait pas sa pareille ; et elle devenait hautaine et volontaire ! J'avoue que je ne l'aimais guère, lorsqu'elle fut sortie de l'enfance ; et je l'irritais souvent en essayant de dompter son arrogance. Néanmoins, elle ne me prit jamais en aversion. Elle avait une extraordinaire constance pour ses attachements anciens. Heathcliff même conservait sans altération son empire sur ses affections, et le jeune Linton, avec toute sa supériorité, avait de la peine à faire sur elle une impression aussi profonde. Il a été mon ancien maître ; voilà son portrait au-dessus de la cheminée. Autrefois, ce portrait était accroché d'un côté et celui de sa femme de l'autre ; mais ce dernier a été enlevé, sans quoi vous auriez pu avoir une idée de ce qu'elle était. Distinguez-vous quelque chose ?

Mrs. Dean a levé la chandelle et j'ai discerné une figure aux traits doux, ressemblant énormément à la jeune femme des Hauts, mais avec une expression plus pensive et plus aimable. C'était un charmant portrait. Les longs cheveux blonds ondulaient un peu sur les tempes, les yeux étaient grands et sérieux, l'ensemble presque trop gracieux. Je ne m'étonnai pas que Catherine Earnshaw eût pu oublier son premier ami pour un être ainsi fait. Mais je me demandai comment lui, s'il avait le tour d'esprit correspondant à son intérieur, avait pu s'éprendre de Catherine Earnshaw, telle que je me la représentais.

— C'est un portrait très agréable, ai-je dit à la femme de charge. Est-il ressemblant ?

— Oui ; mais il était mieux que cela quand il s'animait. Ce que vous voyez là est son air habituel ; en général, il manquait d'entrain.

Catherine avait conservé ses relations avec les Linton depuis son séjour de cinq semaines chez eux. Comme elle n'était pas tentée, en leur compagnie, de laisser voir les aspérités de son caractère et que son bon sens l'aurait fait rougir de se montrer malhonnête alors qu'on lui témoignait une si constante courtoisie, elle imposa, sans y penser, à la vieille dame et au vieux gentleman, par sa sincère cordialité ; elle gagna l'admiration d'Isabelle, le cœur et l'âme de son frère : conquêtes qui la flattèrent dès le début, car elle était pleine d'ambition, et qui la conduisirent à adopter un double personnage sans intention précise de tromper personne. Dans la maison où elle entendait traiter Heathcliff de « vulgaire jeune coquin », de « pire qu'une brute », elle avait soin de ne pas se conduire comme lui ; mais chez elle, elle se sentait peu encline à pratiquer une politesse dont on n'aurait fait que rire et à refréner sa fougueuse nature, quand cela ne lui aurait valu ni crédit ni louange.

Mr. Edgar avait rarement assez de courage pour venir ouvertement à Hurle-Vent. Il avait la terreur de la réputation d'Earnshaw et frémissait à l'idée de le rencontrer. Pourtant, nous le recevions toujours aussi poliment que possible. Le maître même évitait de l'offenser, car il connaissait l'objet de ses visites ; et, s'il ne pouvait être gracieux, il se tenait à l'écart. J'incline à croire que sa présence chez nous était désagréable à Catherine : celle-ci n'avait ni artifice, ni coquetterie et voyait avec un déplaisir évident toute rencontre entre ses deux amis. En effet, lorsque Heathcliff exprimait son mépris pour Linton en présence de ce dernier, elle ne pouvait pas tomber à moitié d'accord avec lui, comme elle faisait lorsqu'ils étaient seuls ; et, quand Linton manifestait son dégoût et son antipathie pour Heathcliff, elle n'osait pas traiter ces sentiments avec indifférence, comme si la dépréciation de son compagnon de jeux eût été pour elle de peu d'importance. J'ai souvent ri de ses perplexités et de ses soucis inavoués, qu'elle cherchait vainement à soustraire à mes railleries. Cela semble peu charitable ; mais elle était si fière qu'il devenait en vérité impossible d'avoir pitié de ses chagrins, tant qu'elle ne se laisserait pas ramener à plus d'humilité. Elle se décida enfin à avouer et à se confier à moi : il n'y avait personne d'autre qu'elle pût prendre comme conseiller.

Un après-midi, Mr. Hindley étant sorti, Heathcliff crut pouvoir en profiter pour se donner congé. Il avait alors atteint seize ans, je crois, et, sans avoir de vilains traits et sans être dépourvu d'intelligence, il trouvait cependant moyen de produire une impression de répulsion, morale et physique, dont il ne subsiste pas trace dans son aspect actuel. En premier lieu, il avait à cette époque perdu le bénéfice de son éducation première. Un pénible et incessant travail manuel, commençant chaque jour de bonne heure et finissant tard, avait étouffé la curiosité qu'il avait pu jadis avoir d'acquérir des connaissances, ainsi que le goût des livres ou de l'étude. Le sentiment de supériorité que lui avaient inculqué dans son enfance les faveurs du vieux Mr. Earnshaw s'était éteint. Il lutta longtemps pour se tenir sur un pied d'égalité avec Catherine dans ses études, et ne céda qu'avec un regret poignant, quoique silencieux ; mais il céda complètement et rien ne put le déterminer à faire un pas pour s'élever, dès qu'il se fut aperçu qu'il était condamné à tomber au-dessous du niveau qu'il avait autrefois atteint. Puis l'apparence extérieure s'harmonisa avec la dégradation mentale. Il prit une démarche lourde et un aspect vulgaire ; son humeur, naturellement réservée, s'exagéra jusqu'à une morosité insociable presque stupide, et il parut trouver un plaisir amer à exciter l'aversion plutôt que l'estime des rares personnes qu'il connaissait.

Catherine et lui continuaient d'être toujours ensemble pendant les périodes où son travail lui laissait quelque répit. Mais il avait cessé de lui exprimer sa tendresse par des paroles et il repoussait avec une colère soupçonneuse ses caresses enfantines, comme s'il se fût rendu compte qu'elle ne pouvait éprouver que peu d'agrément à lui prodiguer de pareilles marques d'affection. Dans la circonstance dont je viens de parler, il entra dans la salle pour annoncer son intention de ne rien faire, tandis que j'aidais Miss Cathy à arranger sa toilette. Elle n'avait pas prévu qu'il lui prendrait fantaisie de rester oisif. Pensant qu'elle aurait la maison à elle seule, elle s'était arrangée pour avertir Mr. Edgar de l'absence de son frère et se préparait en ce moment à le recevoir.

— Cathy, es-tu occupée cet après-midi ? demanda Heathcliff. Vas-tu quelque part ?

— Non, il pleut, répondit-elle.

— Alors pourquoi as-tu cette robe de soie ? Personne ne doit venir ici, j'espère ?

– Pas que je sache, balbutia Miss Cathy. Mais tu devrais être aux champs à cette heure-ci, Heathcliff. Il y a déjà une heure que nous avons fini de dîner ; je te croyais parti.
– Hindley ne nous débarrasse pas si souvent de sa maudite présence. Je ne travaillerai plus aujourd'hui ; je vais rester avec toi.
– Oh ! mais Joseph le lui dira, insinua-t-elle. Tu ferais mieux de t'en aller.
– Joseph est en train de charger de la chaux de l'autre côté des rochers de Penistone ; cela lui prendra jusqu'à la nuit, et il n'en saura rien.

Ce disant, il s'approcha nonchalamment du feu et s'assit. Catherine réfléchit un instant, les sourcils froncés ; elle cherchait à aplanir les voies à l'intrusion prévue.

– Isabelle et Edgar Linton ont parlé de venir cet après-midi, dit-elle après une minute de silence. Comme il pleut, je ne les attends guère ; mais il se peut qu'ils viennent et, dans ce cas, tu cours le risque d'être grondé sans aucun bénéfice.
– Fais-leur dire par Hélène que tu es occupée, Cathy, insista-t-il. Ne me mets pas dehors pour ces pitoyables et sots amis ! Je suis sur le point, parfois, de me plaindre de ce qu'ils... mais je ne veux pas...
– De ce qu'ils... quoi ? s'écria Catherine, le regardant d'un air troublé. Oh ! Nelly, ajouta-t-elle vivement en dégageant sa tête de mes mains, vous m'avez peignée dans le mauvais sens ! Cela suffit : laissez-moi. De quoi es-tu sur le point de te plaindre, Heathcliff ?
– De rien... mais regarde l'almanach qui est sur le mur, dit-il en montrant une feuille encadrée pendue près de la fenêtre, et il continua : les croix indiquent les soirées que tu as passées avec les Linton, les points celles que tu as passées avec moi. Vois-tu ? J'ai marqué chaque jour.
– Oui... c'est bien absurde. Comme si je faisais attention ! répliqua Catherine d'un ton maussade. Et qu'est-ce que cela prouve ?
– Que je fais attention, moi.
– Et suis-je obligée d'être continuellement avec toi ? demanda-t-elle avec une irritation croissante. Quel profit en retirerais-je ? De quoi es-tu capable de parler ? Tu pourrais aussi bien être un muet, ou un bébé, pour ce que tu dis ou ce que tu fais pour m'amuser.
– Tu ne m'avais jamais dit que je parlais trop peu ou que ma compagnie te déplaisait, Cathy ! s'écria Heathcliff très agité.
– Ce n'est pas une compagnie du tout, quand les gens ne savent rien et ne disent rien, murmura-t-elle.

Son compagnon se leva, mais n'eut pas le temps de continuer d'exprimer ses sentiments, car on entendit sur les pavés le pas d'un cheval et, après avoir frappé discrètement, le jeune Linton entra, la figure brillante de joie d'avoir reçu cette invitation inattendue. Certainement Catherine remarqua l'opposition entre ses deux amis, comme l'un entrait et que l'autre sortait. Le contraste était analogue à celui qui vous frappe quand vous passez d'un pays minier, morne et monstrueux, à une belle et fertile vallée. La voix et la manière de saluer n'étaient pas moins dissemblables que l'aspect. Le langage d'Edgar était harmonieux, il parlait sur un ton peu élevé et prononçait ses mots comme vous : c'est-à-dire avec moins de rudesse, avec plus de douceur que nous ne faisons ici.

— Je ne suis pas venu trop tôt, n'est-ce pas ? dit-il en jetant un regard de mon côté.

J'avais commencé à essuyer la vaisselle et à ranger quelques tiroirs dans le buffet, à l'extrémité de la pièce.

— Non, répondit Catherine. Que faites-vous là, Nelly ?

— Mon ouvrage, miss, répondis-je (Mr. Hindley m'avait recommandé d'être toujours en tiers dans ces visites de Linton à Catherine).

Elle s'approcha de moi par-derrière et me dit à voix basse avec humeur :

— Allez-vous-en avec vos torchons. Quand il y a des visiteurs à la maison, les domestiques ne se mettent pas à frotter et à nettoyer dans la pièce où ils sont !

— C'est une bonne occasion, pendant que le maître est sorti, répondis-je tout haut. Il déteste que je m'agite en sa présence au milieu de tous ces objets. Je suis sûre que Mr. Edgar m'excusera.

— Et moi je déteste que vous vous agitiez en *ma* présence, s'écria la jeune fille d'un ton impérieux, sans laisser à son hôte le temps de parler.

Elle n'avait pas encore pu retrouver son calme depuis sa petite dispute avec Heathcliff.

— Je le regrette, Miss Catherine, répliquai-je ; et je continuai mon travail avec assiduité.

Pendant qu'Edgar ne pouvait la voir, elle m'arracha le torchon des mains et me pinça rageusement le bras, en prolongeant la torsion.

Je vous ai dit que je ne l'aimais pas et que je trouvais un certain plaisir à mortifier sa vanité de temps à autre. De plus elle m'avait fait extrêmement mal. Je me relevai (j'étais à genoux) et m'écriai :

— Oh ! miss. Voilà un vilain tour ! Vous n'avez pas le droit de me pincer et je ne le supporterai pas.

— Je ne vous ai pas touchée, menteuse ! cria-t-elle, les doigts frémissants du désir de recommencer et les oreilles rouges de rage.

Elle ne sut jamais cacher sa colère qui toujours enflammait son visage tout entier.

– Qu'est-ce alors que ceci ? ripostai-je en lui montrant pour la confondre une marque d'un beau rouge sur mon bras.

Elle frappa du pied, hésita un instant, puis, irrésistiblement poussée par ses mauvais instincts, me donna une claque cinglante qui me remplit les deux yeux de larmes.

Linton s'interposa : « Catherine, ma chère ! Catherine ! » dit-il, très choqué de la double faute de fausseté et de violence que son idole avait commise.

– Quittez cette chambre, Hélène ! répéta-t-elle en tremblant des pieds à la tête.

Le petit Hareton, qui me suivait toujours partout et était assis par terre près de moi, se mit à pleurer lui-même en voyant mes larmes et se répandit en plaintes contre la « méchante tante Cathy », ce qui attira la fureur de celle-ci sur le malheureux enfant. Elle le saisit par les épaules et le secoua tellement fort que le pauvre petit devint livide et qu'Edgar, instinctivement, s'empara des mains de la jeune fille pour le délivrer. En un clin d'œil l'une des mains fut dégagée et le jeune homme stupéfait se la sentit appliquer sur la joue d'une manière qui excluait toute idée de plaisanterie. Il recula consterné. Je pris Hareton dans mes bras et passai avec lui dans la cuisine, laissant ouverte la porte de communication, car j'étais curieuse de voir comment ils régleraient leur querelle. Le visiteur offensé, pâle et les lèvres tremblantes, se dirigea vers l'endroit où il avait posé son chapeau.

« Voilà qui est bien, me dis-je. Tenez-vous pour averti, et partez. C'est fort aimable à elle de vous donner un aperçu de son véritable caractère. »

– Où allez-vous ? demanda Catherine en s'avançant vers la porte.

Il fit un détour et essaya de passer.

– Vous ne vous en irez pas ! s'écria-t-elle avec énergie.

– Il faut que je parte et je partirai ! répliqua-t-il d'une voix faible.

– Non, dit-elle avec obstination, en saisissant le bouton de la porte. Pas encore, Edgar Linton. Asseyez-vous ; vous ne pouvez pas me quitter quand je suis dans un pareil état. Je serais malheureuse toute la nuit et je ne veux pas être malheureuse à cause de vous.

– Puis-je rester après avoir été frappé par vous ? demanda Linton.

Catherine garda le silence.

– Vous m'avez donné peur et honte de vous, continua-t-il. Je ne reviendrai plus ici !

Les yeux de Catherine commençaient à devenir brillants et ses paupières à battre.

— Et vous avez fait un mensonge de propos délibéré ! ajouta-t-il.

— Ce n'est pas vrai, cria-t-elle, recouvrant la parole. Je n'ai rien fait de propos délibéré. Eh bien ! allez, si cela vous plaît, partez ! Et maintenant, je vais pleurer... je vais pleurer à m'en rendre malade !

Elle se laissa tomber à genoux contre une chaise et se mit à pleurer pour de bon. Edgar persévéra dans sa détermination jusqu'à la cour ; là, il hésita. Je résolus de l'encourager.

— Miss est terriblement capricieuse, monsieur, lui criai-je, aussi méchante que le fut jamais enfant gâtée. Vous feriez mieux de retourner chez vous, sans quoi elle sera malade, rien que pour nous ennuyer.

Le faible Linton jeta un regard de côté par la fenêtre : il était aussi peu capable de s'en aller qu'un chat d'abandonner une souris qu'il a à moitié tuée, ou un oiseau qu'il a à moitié dévoré. Ah ! pensais-je, rien ne peut le sauver. Il est condamné, et vole à son destin ! C'est ce qui arriva : il fit brusquement demi-tour, rentra précipitamment dans la salle, ferma la porte derrière lui ; et quand je vins, quelque temps après, les avertir qu'Earnshaw était revenu ivre mort et prêt à mettre la maison sens dessus dessous (c'était son habitude quand il était dans cet état), je vis que la querelle n'avait fait que resserrer leur intimité, qu'elle avait brisé la glace de la timidité juvénile, qu'elle leur avait permis de renoncer au déguisement de l'amitié et de s'avouer leur amour.

La nouvelle de l'arrivée de Mr. Hindley fit fuir aussitôt Linton vers son cheval et Catherine dans sa chambre. J'allai cacher le petit Hareton et décharger le fusil de chasse du maître, car, dans sa folle excitation, il aimait à jouer avec cette arme, au péril de la vie de ceux qui provoquaient ou simplement attiraient trop son attention ; et j'avais pris le parti d'enlever la charge pour l'empêcher de faire un malheur s'il allait jusqu'à vouloir tirer.

CHAPITRE IX

Il entra en proférant des jurons effrayants, et me surprit au moment que je cachais son fils dans le buffet de la cuisine. Que Hareton eût à subir la tendresse de bête fauve de son père ou sa rage de fou furieux, il en éprouvait toujours une terreur salutaire ; car dans un cas il courait le risque d'être étouffé sous ses embrassements, dans l'autre celui d'être jeté dans le feu ou lancé contre le mur. Aussi le pauvre petit être restait-il parfaitement coi partout où il me venait à l'idée de le mettre.

— Enfin ! je l'ai trouvé, s'écria Hindley, en me tirant en arrière par la peau du cou, comme un chien. Par le ciel et par l'enfer, vous avez juré entre vous de tuer cet enfant ! Je comprends maintenant pourquoi je ne le rencontre jamais. Mais avec l'aide de Satan, je vous ferai avaler le couteau à découper, Nelly ! Il n'y a pas de quoi rire : je viens de jeter Kenneth, la tête la première, dans le marais du Cheval noir. Il n'est pas plus difficile d'en expédier deux qu'un, et j'ai besoin de tuer quelqu'un de vous ; je n'aurai pas de repos tant que ce ne sera pas fait.

— Mais je n'aime pas le couteau à découper, Mr. Hindley, répondis-je. Il a servi à préparer les harengs saurs. Je préférerais être fusillée, si cela vous est égal.

— Vous préféreriez être damnée et vous le serez. Il n'y a pas de loi en Angleterre qui empêche un homme de tenir sa maison convenablement et la mienne est abominable ! Ouvrez la bouche.

Il tenait le couteau dans les mains et en poussa la pointe entre mes dents. Mais, pour ma part, je n'étais jamais bien effrayée de ses divagations. Je crachai, affirmant que le couteau avait un goût détestable et que je ne le prendrais sous aucun prétexte.

— Oh ! dit-il en me lâchant, je vois que ce hideux petit gredin n'est pas Hareton. Je vous demande pardon, Nelly. Si c'était lui, il mériterait d'être écorché vif pour ne pas être accouru me dire bonjour et pour hurler comme si j'étais un fantôme. Petit animal dénaturé, viens ici ! Je t'apprendrai à abuser un père au cœur trop tendre. Dites donc, ne croyez-vous pas que ce gamin serait mieux avec les oreilles coupées ? Cela rend les chiens plus féroces, et j'aime la férocité... donnez-moi des ciseaux... la férocité et l'élégance ! Et puis c'est une affectation infernale... une vanité diabolique... de tenir à nos oreilles... nous sommes assez ânes sans elles. Chut ! Enfant, chut ! Bon, bon, mon petit chéri ! Allons, essuie tes yeux... tu es un bijou, embrasse-moi. Quoi ! il ne veut pas ? Embrasse-moi, Hareton ! Le diable t'emporte, embrasse-moi ! Pardieu, comme si j'allais élever un pareil monstre ! Aussi sûr que je vis, je vais tordre le cou à ce marmot !

Le pauvre Hareton poussait des cris et se débattait de toutes ses forces dans les bras de son père ; il redoubla ses hurlements quand Hindley l'emporta en haut de l'escalier et le tint suspendu par-dessus la balustrade. Je lui criai que la peur allait donner des convulsions à l'enfant et me précipitai pour porter secours à celui-ci. Comme j'arrivais près d'eux, Hindley se penchait sur la rampe pour écouter un bruit en bas ; il oubliait presque ce qu'il avait dans les bras. « Qui est là ? » demanda-t-il en entendant quelqu'un approcher du pied de l'escalier. Je me penchai aussi, dans l'intention de faire signe à Heathcliff, dont j'avais reconnu le pas, de ne pas avancer. Au moment où je quittais Hareton de l'œil, l'enfant fit un effort brusque, se dégagea des mains négligentes qui le retenaient, et tomba.

À peine avions-nous eu le temps de tressaillir d'horreur que déjà nous voyions que le petit malheureux était sain et sauf. Heathcliff était arrivé en bas juste à l'instant critique ; d'un mouvement instinctif, il l'arrêta au vol et, le mettant sur ses pieds, regarda en l'air pour découvrir l'auteur de l'accident. Un avare qui s'est débarrassé pour cinq shillings d'un bon billet de loterie, et qui découvre le lendemain qu'il a perdu au marché cinq mille livres, n'aurait pas l'air plus décontenancé que Heathcliff quand il aperçut en haut la silhouette de Mr. Earnshaw.

Son visage refléta, plus clairement que n'eussent pu l'exprimer des paroles, l'intense angoisse de s'être fait lui-même l'instrument de l'opposition à sa vengeance. S'il eût fait nuit, je crois qu'il aurait essayé de réparer son erreur en écrasant le crâne de Hareton sur les marches. Mais nous avions été témoins du sauvetage et j'étais déjà en bas, pressant sur mon cœur l'enfant dont j'avais la charge précieuse. Hindley descendit plus posément, dégrisé et confus.

— C'est votre faute, Hélène, dit-il. Vous auriez dû le tenir hors de ma vue ; vous auriez dû me le retirer. Est-il blessé ?

— Blessé ! m'écriai-je avec colère. S'il n'est pas tué, il en restera idiot ! Oh ! je m'étonne que sa mère ne sorte pas de sa tombe pour voir ce que vous faites de lui. Vous êtes pire qu'un païen... traiter de cette façon votre chair et votre sang !

Il essaya de toucher l'enfant qui, en se sentant avec moi, avait aussitôt cessé ses sanglots de terreur. Mais, au premier doigt que son père posa sur lui, il recommença de crier de plus belle et se débattit comme s'il allait entrer en convulsions.

— Ne le touchez pas, repris-je. Il vous hait... tout le monde vous hait... voilà la vérité ! Une heureuse famille que vous avez là : et un bel état que celui auquel vous êtes arrivé !

— J'arriverai à mieux encore, Nelly, ricana cet homme égaré, recouvrant toute sa dureté. À présent, allez-vous-en et emportez-le. Et toi, Heathcliff, écoute-moi ! Mets-toi bien hors de ma portée, et que je ne t'entende pas ! Je ne voudrais pas te tuer cette nuit... à moins, peut-être, que je ne mette le feu à la maison, mais cela dépendra de ma fantaisie.

Sur ce, il prit une bouteille de brandy dans le buffet et s'en versa un grand verre.

— Non, ne buvez pas, suppliai-je. Mr. Hindley, prenez garde. Ayez pitié de ce malheureux enfant, si vous ne vous souciez pas de vous-même.

— N'importe qui vaudra mieux pour lui que moi-même, répondit-il.

— Ayez pitié de votre âme ! dis-je en essayant de lui arracher le verre de la main.

— Moi ! Au contraire, j'aurai grand plaisir à l'envoyer à la perdition pour punir son Créateur, s'écria le blasphémateur. Voilà pour sa cordiale damnation !

Il avala la liqueur et nous ordonna avec impatience de disparaître, en achevant sa sommation par une suite d'horribles imprécations, trop affreuses pour que je les répète ou même que je m'en souvienne.

— C'est dommage qu'il ne puisse se tuer à force de boire, observa Heathcliff en lui renvoyant ses malédictions dans un murmure, quand la porte fut fermée. Il fait tout ce qu'il peut, mais sa constitution est la plus forte. Mr. Kenneth offre de parier sa jument qu'il survivra à tous ceux qui habitent de ce côté-ci de Gimmerton, et qu'il ne descendra dans la tombe que pécheur blanchi par l'âge, à moins de quelque heureux hasard en dehors du cours naturel des choses.

J'entrai dans la cuisine et m'assis pour endormir doucement mon petit agneau. Heathcliff, croyais-je, était allé dans la grange.

Je compris plus tard qu'il avait simplement passé derrière le banc à haut dossier ; il s'était jeté sur une banquette le long du mur, loin du feu, et y demeurait silencieux.

Je berçais Hareton sur mes genoux en fredonnant une chanson qui commençait ainsi :

Sous le plancher, les souris entendaient
En pleine nuit, les bébés qui pleuraient,

quand Miss Cathy, qui, de sa chambre, avait écouté l'altercation, passa la tête et murmura :
— Êtes-vous seule, Nelly ?
— Oui, miss, répondis-je.

Elle entra et s'approcha du foyer. Je la regardai, supposant qu'elle allait dire quelque chose. Sa physionomie semblait troublée et inquiète. Ses lèvres étaient entrouvertes, comme si elle voulait parler ; mais, au lieu d'une phrase, ce fut un soupir qui s'en échappa. Je repris ma chanson ; je n'avais pas oublié ses récents faits et gestes.

— Où est Heathcliff ? demanda-t-elle en m'interrompant.
— À son travail à l'écurie.

Il ne me contredit pas ; peut-être somnolait-il. Un autre long silence suivit, pendant lequel j'aperçus une larme ou deux couler de la joue de Catherine sur les dalles. « Regrette-t-elle sa honteuse conduite ? me demandai-je. Ce serait une nouveauté. Mais elle en arrivera au fait comme elle voudra, ce n'est pas moi qui l'aiderai ! » Non, elle s'inquiétait peu de tout ce qui ne la concernait pas personnellement.

— Oh ! mon Dieu, s'écria-t-elle enfin, je suis bien malheureuse !
— C'est grand dommage, observai-je. Vous êtes difficile à contenter : tant d'amis, si peu de soucis, et vous n'arrivez pas à être satisfaite !

— Nelly, voulez-vous me garder un secret ? poursuivit-elle en s'agenouillant près de moi et levant vers les miens ses yeux câlins, avec un de ces regards qui chassent l'humeur, même quand on a toutes les raisons du monde d'en avoir.

— Vaut-il la peine qu'on le garde ? demandai-je avec moins de maussaderie.

— Oui ; puis il me tourmente, et il faut que je m'en soulage. J'ai besoin de savoir ce que je dois faire. Aujourd'hui, Edgar Linton m'a demandé si je voulais l'épouser, et je lui ai donné une réponse. Eh bien, avant que je vous dise si c'était un consentement ou un refus, dites-moi ce que cela aurait dû être.

— Vraiment, Miss Catherine, comment puis-je le savoir ? Certes, après le spectacle que vous lui avez offert cet après-midi, je pourrais affirmer qu'il eût été sage de refuser. Puisqu'il vous a demandée néanmoins, il faut qu'il soit ou d'une stupidité incurable ou d'une témérité folle.

— Si vous parlez ainsi, je ne vous dirai plus rien, répliqua-t-elle d'un air piqué, en se relevant. J'ai accepté, Nelly. Vite, dites-moi si j'ai eu tort.

— Vous avez accepté ? Alors à quoi bon discuter ? Vous avez engagé votre parole et vous ne pouvez pas vous rétracter.

— Mais dites-moi si j'ai bien fait... dites ! s'écria-t-elle avec irritation, en se frottant les mains et fronçant les sourcils.

— Il y a plusieurs choses à considérer avant que de pouvoir répondre convenablement à cette question, dis-je sentencieusement. D'abord, et avant tout, aimez-vous Mr. Edgar ?

— Qui ne l'aimerait ? Naturellement, je l'aime.

Alors je lui fis subir le questionnaire suivant. Pour une fille de vingt-deux ans, ce n'était pas trop déraisonnable.

— Pourquoi l'aimez-vous, Miss Cathy ?

— Quelle question ! Je l'aime... cela suffit.

— Pas du tout ; il faut dire pourquoi.

— Eh bien, parce qu'il est bien de sa personne et que sa société est agréable.

— Mauvais, fut mon commentaire.

— Et parce qu'il est jeune et gai.

— Mauvais encore.

— Et parce qu'il m'aime.

— Sans intérêt après vos précédentes raisons.

— Et qu'il sera riche, et que je serai contente d'être la plus grande dame du pays, et que je serai fière d'avoir un tel mari.

— Pis que tout. Et dites-moi comment vous l'aimez.

— Comme tout le monde aime... vous êtes sotte, Nelly.

— Pas du tout... répondez.

— J'aime le sol qu'il foule, l'air qu'il respire, et tout ce qu'il touche, et tout ce qu'il dit. J'aime tous ses regards, et tous ses gestes, je l'aime entièrement et complètement. Voilà !

— Et pourquoi ?

— Ah ! non, vous plaisantez : c'est extrêmement méchant ! Ce n'est pas une plaisanterie pour moi, dit la jeune fille qui se renfrogna et se tourna vers le feu.

— Je suis bien loin de plaisanter, Miss Catherine, répliquai-je. Vous aimez Mr. Edgar parce qu'il est bien de sa personne, qu'il est jeune, gai, riche et qu'il vous aime. Cette dernière raison, d'ailleurs, ne vaut rien. Vous l'aimeriez probablement sans cela ; et même avec cela vous ne l'aimeriez pas, s'il n'avait les quatre premiers attraits.

— Non, certainement pas. J'aurais simplement pitié de lui... je le détesterais peut-être s'il était laid et rustre.

— Mais il y a beaucoup d'autres jeunes gens bien tournés et

riches, de par le monde : mieux tournés, peut-être, et plus riches que lui. Qu'est-ce qui vous empêcherait de les aimer ?

— S'il y en a, ils ne sont pas sur mon chemin. Je n'ai pas rencontré le pareil d'Edgar.

— Il peut se faire que vous le rencontriez. Et puis il ne sera pas toujours beau et jeune, et il peut n'être pas toujours riche.

— Il l'est pour le moment, et je n'ai à m'occuper que du présent. Je voudrais vous entendre parler avec un peu de bon sens.

— Bon, voilà qui tranche la question. Si vous n'avez à vous occuper que du présent, épousez Mr. Linton.

— Je n'ai pas besoin de votre permission pour cela... je l'épouserai. Mais en fin de compte vous ne m'avez pas dit si j'avais raison.

— Parfaitement raison, si l'on a raison de se marier seulement pour le présent. Et maintenant, voyons pourquoi vous êtes malheureuse. Votre frère sera content ; les vieux parents ne feront pas d'objection, je pense ; vous quitterez une maison sans ordre et sans confort pour une maison opulente et respectable ; vous aimez Edgar et Edgar vous aime. Tout m'a l'air simple et facile : où est l'obstacle ?

— Ici ! et ici ! répondit Catherine en se frappant d'une main le front et de l'autre la poitrine ; partout où vit l'âme. En mon âme et conscience, je suis convaincue que j'ai tort !

— Voilà qui est étrange. Je ne comprends pas.

— C'est mon secret. Mais, si vous voulez bien ne pas vous moquer de moi, je vais vous l'expliquer. Je ne puis le faire nettement, mais je vous donnerai une idée de ce que j'éprouve.

Elle se rassit près de moi. Sa figure devint plus triste et plus grave ; ses mains jointes tremblaient.

— Nelly, ne faites-vous jamais de rêves singuliers ? dit-elle tout à coup, après quelques minutes de réflexion.

— Si, de temps à autre.

— Et moi aussi. J'ai fait dans ma vie des rêves dont le souvenir ne m'a plus jamais quittée et qui ont changé mes idées : ils se sont infiltrés en moi comme le vin dans l'eau, et ont altéré la couleur de mon esprit. En voici un ; je vais vous le raconter, mais ayez soin de ne sourire à aucun de ses détails.

— Oh ! ne dites rien, Miss Catherine, m'écriai-je. Notre vie est déjà assez lugubre sans que nous allions évoquer des fantômes et des visions pour nous troubler. Allons, allons, soyez gaie, soyez vous-même ! Regardez le petit Hareton ! Il ne rêve à rien de sinistre, lui. Comme il sourit gentiment dans son sommeil !

— Oui ; et comme son père jure gentiment dans sa solitude ! Vous vous souvenez de lui, certainement, quand il était tout pareil à ce petit être joufflu : presque aussi jeune et aussi innocent. Mais Nelly, je vous obligerai d'écouter. Ce n'est pas long, et je suis incapable d'être gaie ce soir.

— Je ne veux pas entendre, je ne veux pas entendre, répétai-je vivement.

J'étais superstitieuse aux rêves, en ce temps-là, et je le suis encore. Puis Catherine avait un air qui ne lui était pas habituel et qui me faisait craindre quelque chose où je verrais une prophétie, où je trouverais l'annonce d'une terrible catastrophe. Elle fut vexée, mais ne continua pas. Elle eut l'air d'abord un autre sujet, puis bientôt après recommença :

— Si j'étais au ciel, Nelly, je serais bien misérable

— Parce que vous n'êtes pas digne d'y aller, répondis-je. Tous les pécheurs seraient misérables au ciel.

— Mais ce n'est pas pour cela. J'ai rêvé une fois que j'y étais.

— Je vous ai dit que je ne voulais pas écouter vos rêves, Miss Catherine ! Je vais aller me coucher, protestai-je en l'interrompant de nouveau.

Elle se mit à rire et me força de rester assise ; car j'avais fait un mouvement pour quitter ma chaise.

— Celui-ci est moins que rien, s'écria-t-elle ; j'allais seulement dire que le ciel ne m'avait pas paru être ma vraie demeure. Je me brisais le cœur à pleurer pour retourner sur la terre et les anges étaient si fâchés qu'ils me précipitèrent au milieu de la lande, sur le sommet des Hauts de Hurle-Vent, où je me réveillai en sanglotant de joie. Voilà qui vous expliquera mon secret aussi bien qu'aurait fait mon autre rêve. Ce n'est pas plus mon affaire d'épouser Edgar Linton que d'être au ciel ; et si l'individu pervers qui est ici n'avait pas ainsi dégradé Heathcliff, je n'y aurais jamais songé. Ce serait me dégrader moi-même, maintenant, que d'épouser Heathcliff. Aussi ne saura-t-il jamais comme je l'aime ; et cela, non parce qu'il est beau, Nelly, mais parce qu'il est plus moi-même que je ne le suis. De quoi que soient faites nos âmes, la sienne et la mienne sont pareilles et celle de Linton est aussi différente des nôtres qu'un rayon de lune d'un éclair ou que la gelée du feu.

Avant qu'elle eût terminé ce discours, je m'étais convaincue de la présence de Heathcliff. Ayant remarqué un léger mouvement, je tournai la tête et le vis se lever de la banquette, puis se glisser dehors sans bruit. Il avait écouté jusqu'au moment où il avait entendu Catherine dire qu'elle se dégraderait en l'épousant, et n'était pas resté pour en entendre davantage. Le dossier du grand banc empêcha ma compagne, assise par terre, de remarquer sa présence et son départ ; mais je tressaillis et lui fis : « Chut ! »

– Qu'y a-t-il ? demanda-t-elle en regardant nerveusement autour d'elle.

– Joseph est là, répondis-je : j'avais saisi à point nommé le roulement de sa charrette sur la route. Heathcliff va rentrer chez lui. Je me demande s'il ne serait pas à la porte en ce moment.

– Oh ! il n'aurait pas pu m'entendre de la porte ! Donnez-moi Hareton, tandis que vous préparerez le repas et, quand ce sera prêt, invitez-moi à souper avec vous. J'ai besoin de tromper ma conscience troublée et de me persuader que Heathcliff n'a aucune idée de tout cela. Il n'en a aucune, n'est-ce pas ? Il ne sait pas ce que c'est que d'être amoureux ?

– Je ne vois pas de raison pour qu'il ne le sache pas aussi bien que vous ; et, si c'est vous qu'il a choisie, il sera l'être le plus infortuné qui soit jamais venu au monde ! Du jour que vous deviendrez Mrs. Linton, il perdra amitié, amour, tout ! Avez-vous songé à la manière dont vous supporterez la séparation, et dont lui supportera d'être tout à fait abandonné sur cette terre ? Parce que, Miss Catherine...

– Lui, tout à fait abandonné ! Nous séparer ! s'écria-t-elle avec indignation. Qui nous séparerait, je vous prie ? Celui-là aurait le sort de Milon de Crotone ! Aussi longtemps que je vivrai, Hélène, aucun mortel n'y parviendra. Tous les Linton de la terre pourraient être anéantis avant que je consente à abandonner Heathcliff. Oh ! ce n'est pas ce que j'entends... ce n'est pas ce que je veux dire ! Je ne voudrais pas devenir Mrs. Linton à ce prix-là. Il sera pour moi tout ce qu'il a toujours été. Edgar devra se défaire de son antipathie et le tolérer tout au moins. Il le fera, quand il connaîtra mes vrais sentiments pour Heathcliff. Nelly, je le vois maintenant, vous me considérez comme une misérable égoïste. Mais n'avez-vous jamais eu la pensée que, si Heathcliff et moi nous mariions, nous serions des mendiants ? Tandis que, si j'épouse Linton, je puis aider Heathcliff à se relever et le soustraire au pouvoir de mon frère.

– Avec l'argent de votre mari, Miss Catherine ? Vous ne le trouverez pas aussi souple que vous y comptez. Bien que ce ne soit guère à moi d'en juger, il me semble que c'est le plus mauvais motif que vous ayez encore allégué pour devenir la femme du jeune Linton.

– Pas du tout, c'est le meilleur ! Les autres n'intéresseraient que la satisfaction de mes caprices et aussi celle d'Edgar. Mais celui-là intéresse quelqu'un qui réunit en sa personne tout ce que je ressens pour Edgar et pour moi-même. C'est une chose que je ne puis exprimer. Mais sûrement vous avez, comme tout le monde, une vague idée qu'il y a, qu'il doit y avoir en dehors de vous une existence qui est encore vôtre. À quoi servirait que j'eusse été créée, si j'étais tout entière contenue dans ce que vous voyez ici ? Mes grandes souffrances dans ce monde ont été les souffrances de Heathcliff, je les ai toutes guettées et ressenties dès leur origine. Ma grande raison de vivre, c'est lui. Si tout le reste périssait et que lui demeurât, je continuerais d'exister ; mais si tout le reste demeurait et que lui fût anéanti, l'univers me deviendrait complètement étranger, je n'aurais plus l'air d'en faire partie. Mon amour pour Linton est comme le feuillage dans les bois : le temps le transformera, je le sais bien, comme l'hiver transforme les arbres. Mon amour pour Heathcliff ressemble aux rochers immuables qui sont en dessous : source de peu de joie apparente, mais nécessaire. Nelly, je *suis* Heathcliff ! Il est toujours, toujours dans mon esprit ; non comme un plaisir, pas plus que je ne suis toujours un plaisir pour moi-même, mais comme mon propre être. Ainsi, ne parlez plus de notre séparation ; elle est impossible, et...

Elle s'arrêta et se cacha le visage dans les plis de ma robe. Mais je la repoussai violemment. Sa folie avait mis ma patience à bout.

— Si je puis tirer un sens de tous vos non-sens, miss, dis-je, ils ne font que me convaincre que vous ignorez les devoirs qu'on assume en se mariant ; ou bien que vous êtes une fille pervertie et sans principes. Mais ne m'importunez plus avec d'autres secrets : je ne promets pas de les garder.

— Vous garderez celui-là ? demanda-t-elle vivement.

— Non, je ne promets rien, répétai-je.

Elle allait insister, quand l'entrée de Joseph mit fin à notre conversation. Catherine transporta son siège dans un coin et dorlota Hareton pendant que je préparais le souper. Quand il fut prêt, Joseph et moi commençâmes à disputer pour savoir qui se chargerait de porter à manger à Mr. Hindley ; la question fut tranchée quand tout fut presque froid. À ce moment, nous convînmes de le laisser venir demander lui-même, s'il désirait quelque chose ; car nous craignions particulièrement de paraître devant lui quand il était resté quelque temps seul.

— Et comment que c'propre à rien y n'est pas co' revenu des champs à c'te heure ici ? Qué qu'y fait, c' grand feignant ? demanda le vieillard en cherchant des yeux Heathcliff.

— Je vais l'appeler, dis-je. Il est dans la grange, j'en suis sûre.

Je sortis et j'appelai, mais n'obtins pas de réponse. En revenant, je chuchotai à l'oreille de Catherine qu'il avait certainement entendu une bonne partie de ce qu'elle avait dit et je lui racontai comment je l'avais vu quitter la cuisine juste au moment qu'elle se plaignait de la conduite de son frère envers lui. Elle sauta debout, tout alarmée, jeta Hareton sur le banc et courut chercher elle-même son ami, sans prendre le temps de se demander pourquoi elle était si bouleversée, ni en quoi ses paroles pouvaient avoir affecté Heathcliff. Elle fut absente si longtemps que Joseph proposa de ne pas continuer d'attendre. Il conjectura finalement qu'ils restaient dehors pour éviter de subir son interminable *benedicite*. Ils étaient « assez môvais pour être capables d'toutes les vilaines manières », affirma-t-il. À leur intention, il ajouta ce soir-là une prière spéciale à son habituelle supplication d'un quart d'heure avant chaque repas, et il en aurait encore ajouté une autre à la fin des grâces, si sa jeune maîtresse ne s'était précipitée sur lui en lui ordonnant en hâte de descendre sur la route en courant, de découvrir Heathcliff, en quelque endroit qu'il rôdât, et de le faire aussitôt rentrer.

— J'ai besoin de lui parler, il *faut* que je lui parle avant de monter, dit-elle. La barrière est ouverte ; il est quelque part trop loin pour entendre, car il n'a pas répondu, bien que j'aie crié de toutes mes forces du haut du parc à moutons.

Joseph commença par faire des objections. Mais elle prenait la chose trop à cœur pour supporter la contradiction ; il se décida à mettre son chapeau sur sa tête et à partir en bougonnant. Pendant ce temps, Catherine marchait de long en large.

— Je me demande où il est, s'écria-t-elle, je me demande où il peut être ! Qu'ai-je dit, Nelly ? J'ai oublié. A-t-il été peiné de ma mauvaise humeur cet après-midi ? Mon Dieu ! Dites-moi ce qui a pu le fâcher dans mes paroles. Je voudrais bien qu'il revînt. Je le voudrais bien !

— Que voilà du bruit pour rien ! répondis-je, quoique assez inquiète moi-même. Vous vous effrayez de bien peu de chose. Il n'y a vraiment pas lieu de s'alarmer beaucoup parce que Heathcliff s'est offert une promenade au clair de lune ou parce qu'il est couché dans le grenier à foin, de trop mauvaise humeur pour nous parler. Je parierais qu'il est caché par là. Vous allez voir si je ne le déniche pas.

Je sortis pour recommencer mes recherches. Je n'en rapportai que du désappointement, et celles de Joseph eurent le même résultat.

— C'gaillard-là y s'fait pire tous les jours ! observa-t-il en rentrant. Il a laissé la barrière grande ouverte, et l'poney de Miss Cathy il a foulé deux rangs de blés, en les traversant pour s'en aller dret dans l'pré ! Ben sûr que l'maître y fera eune vie d'tous les diables demain matin, et y n'aura point tort. Il est la patience même pour des créatures aussi négligentes et aussi odieuses... il est la patience même ! Mais ça n'durera pas toujours... vous verrez, vous tous ! Faudrait pas l'mettre hors de lui... ah ! mais non !

— Avez-vous trouvé Heathcliff, âne que vous êtes ? interrompit

Catherine. L'avez-vous cherché, comme je vous en ai donné l'ordre ?

– J'aimerions mieux chercher l'cheval, répliqua-t-il, ce serait pus sensé. Mais je n'pourrions chercher ni le cheval ni l'homme par eune nuit comme celle-ci... aussi noire comme une cheminée ! Et Heathcliff, c'est pas un gars à venir à mon sifflet. P't-être ben qu'y serait moins dur d'oreille avec vous !

C'était en effet une soirée très sombre, pour l'été. Les nuages paraissaient présager l'orage et je déclarai que ce que nous avions tous de mieux à faire était de rester tranquilles. La pluie qui menaçait ne manquerait pas de le ramener à la maison sans que nous eussions à nous donner d'autre peine. Néanmoins Catherine ne se laissa pas persuader de se calmer. Elle continua d'aller et de venir, de la barrière à la porte de la maison, dans un état d'agitation qui ne lui permettait pas de repos. À la fin, elle adopta un poste permanent le long du mur, près de la route.

Elle resta là, sans se soucier de mes remontrances, ni du tonnerre qui grondait, ni des grosses gouttes qui commençaient à s'aplatir autour d'elle. De temps à autre elle appelait, puis elle écoutait, et ensuite se mettait à pleurer tant qu'elle pouvait. Ce fut une bonne crise de colère et de larmes, où elle surpassa Hareton ou n'importe quel enfant.

Vers minuit, alors que nous n'étions pas encore couchés, l'orage vint s'abattre en pleine furie sur les Hauts. L'ouragan et le tonnerre faisaient rage et, sous l'effet du vent ou de la foudre, un arbre se fendit en deux à l'angle de la maison : une énorme branche fut précipitée en travers du toit et démolit une partie du corps de cheminées de l'est, en envoyant une pluie de pierres et de suie dans le foyer de la cuisine. Nous crûmes que la foudre était tombée au milieu de nous. Joseph s'affaissa sur les genoux, priant le Seigneur de se souvenir des patriarches Noé et Loth et, comme autrefois, d'épargner les bons tout en frappant les impies. J'eus, moi aussi, un peu le sentiment que ce devait être un jugement à notre adresse. Le Jonas, dans mon esprit, était Mr. Earnshaw ; et je secouai le bouton de la porte de sa tanière pour m'assurer qu'il était encore vivant. Il répondit assez distinctement, d'une manière qui provoqua chez mon compagnon un renouveau de vociférations encore plus bruyantes, à l'effet de solliciter une distinction bien nette entre les bons chrétiens comme lui et les pécheurs comme son maître. Mais la tempête passa en vingt minutes, nous laissant tous indemnes, à l'exception de Cathy, qui fut complètement trempée par suite de son obstination à refuser de se mettre à l'abri et à rester dehors sans chapeau et sans châle pour recevoir autant d'eau qu'en purent absorber ses cheveux et ses vêtements. Elle rentra enfin et s'étendit sur le banc, mouillée comme elle l'était, le visage tourné vers le dossier et caché dans ses mains.

— Voyons, miss, m'écriai-je en lui touchant l'épaule, vous n'avez pas juré d'attraper la mort, j'espère ? Savez-vous l'heure qu'il est ? Minuit et demi. Allons, venez vous coucher ! Il est inutile d'attendre plus longtemps cet absurde garçon ; il sera allé à Gimmerton et il va y rester maintenant. Il a bien dû penser que nous n'aurions pas veillé pour lui si tard ; ou, du moins, il a dû penser que seul Mr. Hindley aurait été encore debout et il a préféré éviter de se voir ouvrir la porte par le maître.

— Non, non, y n'est point à Gimmerton, dit Joseph. Y serait point étonnant qu'y soye au fond d'une fondrière. C'te visitation céleste n'a pas été pour rien, et j'vous conseillons d'faire attention, miss... ce sera vot' tour la prochaine fois. Le Ciel soye loué pour toutes choses ! Tout conspire au bien de ceusses qui sont élus et soustraits au contact d'la racaille ! Vous savez c' que l'Écriture é' dit.

Et il se mit à citer différents textes, en nous renvoyant aux chapitres et aux versets où nous pourrions les trouver.

Après avoir vainement supplié l'obstinée jeune fille de se lever et d'enlever ses vêtements mouillés, je les laissai, lui prêchant, elle grelottant, et je m'en allai au lit avec le petit Hareton, qui dormait aussi profondément que si tout le monde en eût fait autant autour de lui. J'entendis Joseph lire encore un moment ; puis je distinguai son pas lent sur l'échelle, et je m'endormis.

En descendant un peu plus tard que de coutume, je vis, à la lueur des rayons du soleil qui filtraient à travers les fentes des volets, Miss Catherine toujours assise près de la cheminée.

La porte de la salle était entrouverte ; la lumière pénétrait par les fenêtres qui n'avaient pas été fermées. Hindley venait d'en sortir et se tenait debout devant le foyer de la cuisine, hagard et somnolent.

— Qu'as-tu, Cathy ? disait-il au moment que j'entrais. Tu as l'air aussi lugubre qu'un petit chien noyé. Pourquoi es-tu si abattue et si pâle, mon enfant ?

— J'ai été mouillée, répondit-elle avec hésitation, et j'ai eu froid, voilà tout.

— Oh ! elle est insupportable, m'écriai-je en voyant que le maître était à peu près de sang-froid. Elle est restée plantée sous l'averse d'hier soir et elle a passé toute la nuit ici, sans que j'aie pu la faire bouger.

Mr. Earnshaw nous regarda avec surprise.

— Toute la nuit ! répéta-t-il. Qu'est-ce qui l'a empêchée d'aller se coucher ? Pas la crainte du tonnerre, certainement. Il y avait plusieurs heures qu'il avait cessé.

Aucune de nous deux n'avait envie de faire remarquer l'absence de Heathcliff tant qu'il serait possible de la dissimuler. Aussi répondis-je que je ne savais quelle idée elle avait eue de ne pas être allée se mettre au lit, et elle ne dit rien. La matinée était fraîche ; j'ouvris la fenêtre, et aussitôt la pièce se remplit des douces senteurs du jardin. Mais Catherine m'appela d'un ton grognon : « Hélène, fermez la fenêtre, je grelotte. » Et ses dents claquaient tandis qu'elle se pelotonnait le plus près possible des tisons presque éteints.

– Elle est malade, dit Hindley en lui prenant le poignet. Je suppose que c'est la raison pour quoi elle n'a pas voulu aller se coucher. Le diable l'emporte ! Je ne veux pas être encore ennuyé par une nouvelle maladie ici. Pourquoi t'es-tu mise à la pluie ?

– É'courait après les gars, comme d'ordinaire, croassa Joseph, qui profita de notre hésitation pour faire intervenir sa mauvaise langue. Si j'étions que d'vous, maître, j'leus y fermerions la porte au nez à tous, tout doucettement et tout simplement ! Vous n'pouvez point vous en aller eune journée sans que c'chat de Linton y vienne s'glisser ici. Et Miss Nelly en v'là eune belle fille ! É's'met aux aguets dans la cuisine ; sitôt qu'vous entrez par eune porte, Linton y sort par l'autre ; et alors not'grande dame é va faire sa cour de son côté ! C't'une jolie conduite, d'rôder dans les champs à ménuit passé, avec c't affreux démon, c'bohémien Heathcliff ! Y croyent que j'sons aveugle ; mais je n'le sons point, non, point du tout ! J'ons vu l'jeune Linton arriver et partir, et j'vous ons vue (il s'adressait à moi) vous, prop' à rien, sale sorcière ! vous précipiter dans la salle, à la même ménute où qu'vous avez entendu les pas du cheval du maître claquer dessus la route.

– Silence, écouteur aux portes, cria Catherine ; pas de ces insolences devant moi. Edgar Linton est venu hier par hasard, Hindley ; et c'est moi qui lui ai dit de s'en aller parce que je savais que tu n'aurais pas aimé à le rencontrer dans l'état où tu étais.

– Tu mens, Cathy, sans aucun doute, répondit son frère, et tu es d'une bêtise sans nom. Mais peu m'importe Linton pour le moment : dis-moi, n'étais-tu pas avec Heathcliff la nuit dernière ? Dis-moi la vérité, maintenant. Tu n'as pas à craindre de lui nuire. Quoique je le déteste autant que jamais, il m'a rendu il n'y a pas longtemps un service tel que j'aurais scrupule de lui tordre le cou. Pour ne pas en être tenté, je vais l'expédier à son travail dès ce matin. Quand il sera parti, je vous conseille à tous de faire attention : je n'en aurai que plus d'humeur à votre disposition.

– Je n'ai pas vu Heathcliff la nuit dernière, répondit Catherine en se mettant à pleurer amèrement ; et si tu le mets à la porte, je m'en irai avec lui. Mais en auras-tu l'occasion ? Il est peut-être parti.

Là, elle ne put réprimer son chagrin qui éclata, et le reste de ses paroles ne fut plus que sons inarticulés.

Hindley versa sur elle un torrent d'injures méprisantes et lui dit d'aller sur-le-champ dans sa chambre, sans quoi il lui fournirait de bonnes raisons de pleurer. Je l'obligeai d'obéir et je n'oublierai jamais la scène qu'elle fit quand nous fûmes remontées : j'en fus épouvantée. Je crus qu'elle devenait folle et je dis à Joseph de courir chercher le docteur. C'était un commencement de délire. Mr. Kenneth, dès qu'il la vit, la déclara dangereusement malade : elle avait une fièvre. Il la saigna et me prescrivit de ne lui donner que du gruau d'eau et de petit-lait et de faire attention qu'elle ne se jette pas par-dessus la rampe de l'escalier ou par la fenêtre. Puis il partit, car il avait pas mal à faire dans la paroisse, où les habitations étaient en général distantes l'une de l'autre de deux ou trois milles.

Bien que je ne puisse prétendre avoir été une garde très douce et que ni Joseph ni le maître ne valussent mieux, bien que notre patiente fût aussi fatigante et entêtée qu'une patiente peut l'être, elle triompha pourtant du mal.

La vieille Mrs. Linton nous fit plusieurs visites, naturellement, voulut tout redresser, nous morigéna et nous donna à tous des ordres. Quand Catherine fut entrée en convalescence, elle insista pour l'emmener à Thrushcross Grange. Nous lui fûmes très reconnaissants de cette délivrance. Mais la pauvre dame eut sujet de regretter sa bonté : elle et son mari prirent tous deux la fièvre et moururent à peu de jours d'intervalle.

Notre jeune personne nous revint plus insolente, plus irascible et plus hautaine que jamais. Nous n'avions plus entendu parler de Heathcliff depuis le soir de l'orage. Un jour qu'elle m'avait par trop impatientée, j'eus le malheur de rejeter sur elle toute la responsabilité de sa disparition : ce qui était d'ailleurs la vérité, comme elle le savait fort bien. Depuis ce moment, pendant plusieurs mois elle cessa tous rapports avec moi, autres que ceux qu'on a avec une simple domestique. Le même interdit frappa Joseph. Il fallait toujours qu'il donnât son avis et la sermonnât, absolument comme si elle était une petite fille. Or elle se regardait comme une femme, comme notre maîtresse, et elle pensait que sa récente maladie lui donnait le droit d'être traitée avec considération. Puis le docteur avait dit qu'elle ne supporterait pas la contrariété ; on devait la laisser faire à sa guise ; et ce n'était rien de moins qu'un meurtre, à ses yeux, de prétendre lui résister ou la contredire. Elle se tenait à l'écart de Mr. Earnshaw et de ses compagnons. Chapitré par Kenneth et rendu prudent par les menaces d'accès qui accompagnaient souvent ses colères, son frère lui accordait tout ce qu'il lui prenait fantaisie de demander et en général évitait d'exciter son caractère emporté. Il était plutôt trop indulgent à ses caprices ; non par affection, mais par orgueil. Il désirait vivement de lui voir apporter de l'honneur à la famille par une alliance avec les Linton et, pourvu qu'elle le laissât tranquille, elle pouvait bien nous piétiner comme des esclaves, il n'en avait cure ! Edgar Linton, comme tant d'autres l'ont été avant lui et le seront après lui, était aveuglé. Il se crut l'homme le plus heureux du monde, le jour qu'il la conduisit à la chapelle de Gimmerton, trois ans après la mort de son père.

Bien à contrecœur, je me laissai persuader de quitter Hurle-Vent et de la suivre ici. Le petit Hareton avait à peine cinq ans et je venais de commencer à lui apprendre ses lettres. Notre séparation fut triste ; mais les larmes de Catherine eurent plus d'empire que les nôtres. Quand je refusai de partir et qu'elle vit que ses prières ne m'ébranlaient pas, elle alla se lamenter auprès de son mari et de son frère. Le premier m'offrit des gages magnifiques ; l'autre m'ordonna de faire mes paquets. Il n'avait plus besoin de femmes dans la maison, dit-il, maintenant qu'il n'y avait plus de maîtresse ; quant à Hareton, le pasteur se chargerait bientôt de lui. Ainsi, je n'eus pas d'autre parti à prendre que de faire ce qu'on m'imposait. Je déclarai à mon maître qu'il ne se débarrassait de tout ce qu'il y avait de convenable dans la maison que pour courir un peu plus vite à sa ruine ; j'embrassai Hareton et lui dis adieu ; et depuis lors il a été pour moi un étranger. C'est une chose étrange à penser, mais je ne doute pas qu'il n'ait tout oublié d'Hélène Dean et n'ignore qu'il était pour elle, et qu'elle était pour lui, plus que le monde entier !

À cet endroit de son récit, ma femme de charge est venue jeter un coup d'œil sur la pendule de la cheminée et a été stupéfaite en voyant les aiguilles marquer une heure et demie. Elle n'a pas voulu entendre parler de rester une seconde de plus ; à vrai dire, je me sentais moi-même disposé à remettre la suite de l'histoire. Maintenant qu'elle a disparu pour reposer et que j'ai encore médité pendant une heure ou deux, je vais rassembler mon courage pour aller me coucher aussi, en dépit d'une douloureuse paresse de la tête et des membres.

CHAPITRE X

Charmante introduction à la vie d'ermite ! Quatre semaines de torture, d'agitation, de maladie ! Oh ! ce vent glacial, ce ciel sinistre du Nord, ces routes impraticables, ces médecins de campagne qui ne viennent jamais ! Et cette absence de toute physionomie humaine ! Et, pis que tout cela, le terrible arrêt de Kenneth, qui m'a donné à entendre que je ne devais pas compter sortir avant le printemps !

Mr. Heathcliff vient de m'honorer de sa visite. Il y a environ une semaine, il m'a envoyé un couple de coqs de bruyère... les derniers de la saison. Le coquin ! Il n'est pas entièrement innocent de ma maladie, et j'avais bien envie de le lui dire. Mais, hélas ! comment aurais-je pu offenser un homme qui a été assez charitable pour passer une bonne heure à mon chevet et pour me parler d'autres choses que de pilules, de potions, de vésicatoires et de sangsues ? Je jouis en ce moment d'un agréable répit. Je suis trop faible pour lire, pourtant il me semble que j'aurais plaisir à écouter quelque chose d'intéressant. Pourquoi ne pas demander à Mrs. Dean de finir son récit ? Je me souviens des principaux incidents, jusqu'au point où elle en était arrivée. Oui : je me souviens que son héros s'était sauvé, qu'on n'avait plus entendu parler de lui depuis trois ans, et que l'héroïne s'était mariée. Je vais sonner ; elle sera enchantée de me trouver en état de causer gaiement. Mrs. Dean est entrée.

— Il y a encore vingt minutes, monsieur, avant l'heure de votre médecine, a-t-elle commencé.

— Au diable la médecine ! Je voudrais avoir... ai-je répliqué.

— Le docteur a dit que vous deviez cesser de prendre les poudres.

— Avec grand plaisir ! Mais ne m'interrompez pas. Venez vous asseoir là. Laissez en repos ce bataillon de drogues amères. Tirez votre tricot de votre poche... bien... et maintenant continuez-moi l'histoire de Mr. Heathcliff, du point où vous l'aviez laissée jusqu'aujourd'hui. A-t-il terminé son éducation sur le continent et en est-il revenu gentleman accompli ? ou a-t-il obtenu une place d'étudiant-servant[1] dans un collège ? ou s'est-il enfui en Amérique et couvert de gloire en versant le sang des enfants de son pays natal ? ou a-t-il fait fortune d'une manière plus expéditive sur les grands chemins d'Angleterre ?

— Il est possible qu'il ait fait un peu de chacun de ces métiers, Mr. Lockwood ; mais je ne puis rien vous garantir. Je vous ai déjà dit que j'ignorais comment il avait amassé son argent ; je ne connais pas davantage les moyens qu'il a employés pour tirer son esprit de la sauvage ignorance où il était plongé. Mais, avec votre permission, je vais continuer à ma façon, si vous pensez que cela doive vous distraire sans vous fatiguer. Vous sentez-vous mieux ce matin ?

— Beaucoup mieux.

— Voilà une bonne nouvelle.

Je suivis Miss Catherine à Thrushcross Grange et j'eus l'agréable surprise de constater que mes conjectures étaient erronées et qu'elle s'y conduisait infiniment mieux que je n'aurais osé l'espérer. Elle semblait presque trop éprise de Mr. Linton ; elle témoignait même une grande affection pour Isabelle. Le frère et la sœur, du reste, étaient très attentifs à son bien-être. Ce n'était pas l'épine qui se penchait vers les chèvrefeuilles, mais les chèvrefeuilles qui embrassaient l'épine. Aucune concession mutuelle : l'une ne fléchissait jamais, et les autres cédaient toujours. Comment pourrait-on être hargneux et avoir mauvais caractère lorsqu'on ne rencontre ni opposition ni indifférence ? J'observai que Mr. Edgar avait la crainte bien enracinée d'exciter l'humeur de sa femme. Il lui cachait cette crainte ; mais si jamais il m'entendait lui répondre sèchement, ou s'il voyait tout autre domestique faire la grimace à quelque ordre trop impératif de sa part, il manifestait son déplaisir par un froncement de sourcils qu'on ne remarquait jamais quand il était seul en cause. Plus d'une fois il me parla sévèrement au sujet de mon impertinence. Il m'affirma qu'un coup de couteau ne lui infligerait pas une douleur pire que celle qu'il ressentait quand il voyait sa femme contrariée. Pour ne pas faire de peine à un si bon maître, j'appris à modérer ma vivacité ; pendant l'espace d'une demi-année, la poudre resta aussi inoffensive que du sable, car aucune flamme n'approcha d'elle pour la faire détoner. Catherine avait de temps en temps des crises de mélancolie et de silence. Son mari les respectait avec une sympathie discrète, les attribuant à une altération de sa santé produite par sa grave mala-

---

1. Étudiants qui ne payaient rien, mais rendaient certains services domestiques dans l'établissement. *(N.d.T.)*

die ; car auparavant elle n'avait jamais été sujette à de tels abattements. Le retour de la gaieté chez elle ramenait aussi chez lui la gaieté. Je crois pouvoir affirmer qu'ils étaient vraiment en possession d'un bonheur tous les jours plus profond.

Ce bonheur eut une fin. Voyez-vous, il faut bien qu'à la longue nous pensions un peu à nous-mêmes ; l'égoïsme des natures tendres et généreuses est seulement plus justifié que celui des natures altières. Leur bonheur cessa donc quand les circonstances leur firent sentir à chacun que l'intérêt de l'un n'était pas l'objet principal des pensées de l'autre. Par une lourde soirée de septembre, je rentrais du jardin avec un lourd panier de pommes que je venais de cueillir. La nuit venait, la lune brillait par-dessus le mur élevé de la cour, elle donnait naissance à des ombres vagues qui semblaient tapies dans les angles formés par les nombreuses saillies de la maison. Je posai mon fardeau sur les marches près de la porte de la cuisine, pour m'accorder quelques instants de repos et respirer encore quelques bouffées de cet air tiède et embaumé. Je regardais la lune, le dos tourné à l'entrée, quand j'entendis derrière moi une voix qui disait :

— Nelly, est-ce vous ?

C'était une voix grave, d'un accent étranger ; pourtant il y avait dans la manière de prononcer mon nom un je ne sais quoi qui sonnait familièrement à mon oreille. Je me retournai non sans frayeur, pour découvrir qui avait parlé ; car les portes étaient fermées et je n'avais vu personne en approchant des marches. Quelque chose remua sous le porche ; je m'avançai et distinguai un homme de haute taille, avec des vêtements foncés, la figure et les cheveux bruns. Il était appuyé contre la paroi et tenait les doigts sur le loquet, comme s'il se préparait à ouvrir lui-même. « Qui cela peut-il être ? pensai-je. Mr. Earnshaw ? Oh ! non, ce n'est pas du tout sa voix. »

— Il y a une heure que j'attends ici, reprit l'inconnu tandis que je continuais de le dévisager, et, pendant ce temps, tout autour de moi est resté calme comme la mort. Je n'ai pas osé entrer. Vous ne me reconnaissez pas ? Regardez-moi, je ne suis pas un étranger.

Un rayon de lune tomba sur son visage. Les joues étaient blêmes, à moitié cachées sous des moustaches noires, les sourcils tombant, les yeux profondément enfoncés et très caractéristiques. Je me rappelai ces yeux.

— Quoi ! m'écriai-je, me demandant si je devais le regarder comme un visiteur de ce monde ; et stupéfaite, je levai les bras au ciel. Quoi ! vous, revenu ? Est-ce vraiment vous ? Est-ce vous ?

— Oui, moi, Heathcliff, répondit-il en tournant le regard vers les fenêtres, qui reflétaient une vingtaine de lunes éclatantes, mais sans révéler aucune lumière à l'intérieur. Sont-ils à la maison ? Où est-elle ? Nelly, vous n'êtes pas contente ! Il n'y a pas de quoi être si troublée. Est-elle ici ? J'ai besoin de lui dire un mot, à elle... à votre maîtresse. Allez lui dire que quelqu'un de Gimmerton désire la voir.

— Comment va-t-elle prendre la chose ? Que va-t-elle faire ? La surprise, qui m'égare, va la rendre folle ! Ainsi, vous êtes bien Heathcliff ! Mais si changé ! Non, c'est à n'y rien comprendre. Avez-vous servi dans l'armée ?

— Allez faire ma commission, interrompit-il avec impatience. Je serai en enfer tant que vous ne l'aurez pas faite.

Il souleva le loquet et j'entrai. Mais, quand j'arrivai devant le petit salon où se tenaient Mr. et Mrs. Linton, je ne pus me résoudre à aller plus loin. Enfin, je me décidai à prendre un prétexte en leur demandant s'ils ne voulaient pas que j'allumasse les bougies, et j'ouvris la porte.

Ils étaient assis près de la fenêtre dont les volets étaient rejetés contre le mur et par laquelle on apercevait, au-delà des arbres du jardin et du parc sauvage et verdoyant, la vallée de Gimmerton avec une longue traînée de brouillard qui montait en tournoyant presque jusqu'à son sommet (car immédiatement après avoir passé la chapelle, comme vous avez pu le remarquer, le canal qui sert d'écoulement aux marais se réunit à un ruisseau qui suit la courbe du vallon). Les Hauts de Hurle-Vent s'élevaient au-dessus de cette vapeur argentée ; mais notre vieille maison était invisible : c'est au flanc de l'autre versant qu'elle s'accroche. La pièce et ses occupants, comme la scène qu'ils contemplaient, respiraient la paix la plus complète. J'éprouvais une vive répugnance à m'acquitter de ma mission et j'étais sur le point de sortir sans l'avoir remplie, après avoir fait ma question au sujet des bougies, quand le sentiment de ma folie me poussa à revenir sur mes pas et à murmurer :

— Quelqu'un de Gimmerton désire vous voir, madame.
— Que veut-il ? demanda Mrs. Linton.
— Je ne l'ai pas questionné.
— Bien. Fermez les rideaux, Nelly, et apportez le thé. Je reviens dans un instant.

Elle quitta le salon. Mr. Edgar demanda d'un ton insouciant qui c'était.

— Quelqu'un que madame n'attend pas, répondis-je. C'est cet Heathcliff... vous vous le rappelez, monsieur... qui habitait chez Mr. Earnshaw.

— Quoi ! le bohémien... le garçon de charrue ? s'écria-t-il. Pourquoi ne l'avez-vous pas dit à Catherine ?

— Chut ! Il ne faut pas lui donner ces noms-là, maître. Elle serait très peinée si elle vous entendait. Son cœur s'est presque brisé quand il s'est enfui. Je suis sûre que son retour sera une fête pour elle.

Mr. Linton se dirigea vers une fenêtre donnant sur la cour, à l'autre bout de la pièce. Il l'ouvrit et se pencha dehors. Je suppose qu'ils étaient en dessous, car il s'écria vivement :

— Ne restez pas là, mon amour ! Faites entrer le visiteur, si c'est un intime.

Bientôt j'entendis le bruit du loquet et Catherine, montant en courant, arriva essoufflée, effarée, trop excitée pour laisser paraître sa joie : à sa figure, on aurait même plutôt supposé qu'une terrible calamité venait de se produire.

— Oh ! Edgar, Edgar ! s'écria-t-elle, haletante, et en se jetant à son cou. Oh ! Edgar, mon chéri ! Heathcliff est revenu... il est là !

Et elle le serrait dans ses bras à l'étouffer.

— Bon, bon, dit son mari avec humeur, ce n'est pas une raison pour m'étrangler. Il ne m'a jamais fait l'impression d'un trésor merveilleux. Il n'y a pas lieu de vous affoler.

— Je sais que vous ne l'aimiez pas, répondit-elle en modérant un peu son ravissement. Pourtant, par égard pour moi, vous devez être amis maintenant. Faut-il lui dire de monter ?

— Ici ? dans le petit salon ?

— Et où donc ?

Il avait l'air contrarié et laissa entendre que la cuisine était un endroit qui conviendrait mieux au visiteur. Mrs. Linton le regarda d'une drôle de manière... moitié fâchée, moitié riant de sa susceptibilité.

— Non, ajouta-t-elle, au bout d'un instant ; je ne peux pas le recevoir dans la cuisine. Mettez deux tables ici, Hélène : l'une pour votre maître et pour Miss Isabelle qui sont l'aristocratie, l'autre pour Heathcliff et pour moi, qui sommes les classes inférieures. Cela vous va-t-il ainsi, cher ? Ou faut-il que je fasse allumer du feu ailleurs ? Dans ce cas, donnez vos instructions. Je descends vite m'assurer de mon hôte : j'ai peur que ma joie soit trop grande pour être fondée sur quelque chose de réel.

Elle allait de nouveau se précipiter dehors, mais Edgar l'arrêta.

— Priez-le de monter, dit-il en s'adressant à moi. Et vous, Catherine, tâchez d'être contente sans être absurde. Il est inutile que toute la maison vous voie accueillir comme un frère un domestique qui s'est sauvé.

Je descendis et trouvai Heathcliff qui attendait sous le porche, comptant évidemment qu'il serait invité à entrer. Il me suivit sans paroles inutiles et je l'introduisis en présence de mon maître et de ma maîtresse, dont les joues enflammées révélaient qu'ils venaient d'avoir un entretien animé. Mais ce fut un autre sentiment qui brilla sur le visage de la jeune femme quand son ami apparut à la porte. Elle s'élança vers lui, le prit par les deux mains et le conduisit vers Linton ; puis elle saisit les mains de Linton et, malgré lui, le força de prendre celles de Heathcliff. À présent que le feu et les bougies éclairaient en plein celui-ci, j'étais encore plus stupéfaite de sa transformation que je ne l'avais été tout d'abord. C'était maintenant un homme de grande stature, bien bâti, taillé en athlète, auprès duquel mon maître paraissait grêle et avait l'air d'un adolescent. Sa façon de se tenir droit suggérait l'idée qu'il avait été dans l'armée. L'expression et la décision de ses traits lui composaient un visage plus vieux que celui de Mr. Linton, et qui respirait l'intelligence sans conserver trace de sa dégradation passée. Pourtant, sous ses sourcils abaissés et dans ses yeux pleins d'un feu sombre se dissimulait une férocité à demi sauvage mais maîtrisée. Ses manières étaient même dignes, tout à fait dépourvues de rudesse, bien que trop sévères pour être gracieuses. La surprise de mon maître égala ou dépassa la mienne. Il resta une minute à se demander comment il s'adresserait au garçon de charrue, comme il l'appelait. Heathcliff lâcha la main délicate et le regarda froidement jusqu'à ce qu'il se décidât à parler.

— Asseyez-vous, monsieur, dit-il enfin. Mrs. Linton, en souvenir du temps jadis, a désiré que je vous fisse un accueil cordial ; et naturellement je suis heureux de tout ce qui peut lui être agréable.

— Et moi aussi, répondit Heathcliff, particulièrement si c'est quelque chose où j'ai une part. Je resterai volontiers une heure ou deux.

Il s'assit en face de Catherine, qui tenait les yeux fixés sur lui ; elle semblait craindre qu'il ne disparût si elle les détournait un instant. Lui ne leva pas souvent les yeux sur elle. Un rapide regard de temps à autre suffisait ; mais ce regard reflétait, chaque fois avec plus d'assurance, le délice dissimulé qu'il buvait dans le sien. Ils étaient trop absorbés dans leur joie mutuelle pour se sentir embarrassés. Il n'en était pas de même de Mr. Edgar : il pâlissait de contrariété. Ce sentiment atteignit le comble quand sa femme se leva et, s'approchant de Heathcliff, lui saisit de nouveau les mains, en riant d'un air égaré.

— Demain, je m'imaginerai avoir rêvé, s'écria-t-elle. Je ne pourrai pas croire que je vous ai vu, que je vous ai touché, que je vous ai parlé encore une fois. Et pourtant, cruel Heathcliff, vous ne méritez pas cet accueil. Rester trois ans absent, sans donner signe de vie, et sans jamais penser à moi !

— Un peu plus que vous n'avez pensé à moi, murmura-t-il. J'ai appris votre mariage, Cathy, il n'y a pas longtemps. Pendant que j'attendais en bas, dans la cour, je méditais ce projet : entrevoir simplement votre visage, recevoir en retour un regard de surprise, peut-être, et de plaisir affecté ; puis régler mon compte avec Hindley, et enfin prévenir la loi en me faisant justice moi-même. Votre accueil m'a fait sortir ces idées de l'esprit : mais prenez garde de ne pas me recevoir d'un autre air la prochaine fois ! Non, vous ne me chasserez plus. Vous étiez réellement inquiète de moi, n'est-ce pas ? Eh bien, il n'y avait pas de quoi. J'ai mené un dur combat dans la vie, depuis le jour que j'ai cessé d'entendre votre voix ; il faut me pardonner, car c'est uniquement pour vous que je luttais !

— Catherine, si vous ne voulez pas que notre thé soit froid, venez à table, je vous prie, interrompit Linton en s'efforçant de conserver son ton habituel et un degré convenable de politesse. Mr. Heathcliff a une longue course devant lui, quel que soit l'endroit où il loge cette nuit. Quant à moi, j'ai soif.

Elle prit sa place devant la théière. Miss Isabelle arriva, appelée par la cloche ; alors, après avoir avancé les chaises, je sortis. Le repas dura à peine dix minutes. La tasse de Catherine resta vide : elle était incapable de manger ou de boire. Edgar avait renversé son thé dans sa soucoupe et avala à peine une bouchée. Leur hôte ne prolongea pas son séjour ce soir-là plus d'une heure. Je lui demandai, quand il partit, s'il allait à Gimmerton.

— Non, à Hurle-Vent, répondit-il. Mr. Earnshaw m'a invité, lorsque je lui ai fait visite ce matin.

Mr. Earnshaw l'avait invité, lui ! Et il avait fait visite, lui, à Mr. Earnshaw ! Je méditai cette phrase avec inquiétude après son départ. Commencerait-il à être un peu hypocrite et revient-il dans le pays pour y tramer le mal sous un masque ? me demandais-je. J'avais au fond du cœur le pressentiment qu'il aurait mieux valu qu'il n'eût pas reparu.

Vers le milieu de la nuit, mon premier sommeil fut interrompu par Mrs. Linton qui se glissait dans ma chambre, s'asseyait à mon chevet et me tirait par les cheveux pour me réveiller.

— Je ne puis pas dormir, Hélène, commença-t-elle en manière d'excuse. Et j'ai besoin d'une créature vivante pour me tenir compagnie dans mon bonheur ! Edgar est grognon, parce que je suis heureuse d'une chose qui ne l'intéresse pas. Il refuse d'ouvrir la bouche, sauf pour tenir des propos maussades et absurdes. Il m'a affirmé que j'étais cruelle et égoïste de vouloir le faire parler alors qu'il est souffrant et qu'il a sommeil.

« Il trouve toujours moyen d'être souffrant à la moindre contrariété. J'ai prononcé quelques phrases élogieuses pour Heathcliff et, sous l'influence de la migraine, ou d'un accès d'envie, il s'est mis à pleurer : je me suis levée et je l'ai laissé.

– À quoi bon lui faire l'éloge de Heathcliff ? répondis-je. Enfants, ils avaient de l'aversion l'un pour l'autre, et il serait tout aussi désagréable à Heathcliff d'entendre chanter les louanges de votre mari : c'est la nature humaine. Ne parlez pas de lui à Mr. Linton, si vous ne voulez pas faire naître entre eux une querelle ouverte.

– Mais n'est-ce pas faire preuve d'une grande faiblesse ? Je ne suis pas envieuse ; je ne me suis jamais sentie blessée par le lustre des cheveux blonds d'Isabelle, ni par la blancheur de sa peau, ni par son élégance recherchée, ni par la prédilection que tout le monde ici lui témoigne. Vous-même, Nelly, s'il y a parfois une dispute entre elle et moi, vous prenez aussitôt son parti ; et je cède comme une mère trop faible, je l'appelle ma chérie et la flatte pour lui rendre sa bonne humeur. Cela fait plaisir à son frère de nous voir en bons termes, et à moi aussi par conséquent. Mais ils se ressemblent beaucoup : ce sont des enfants gâtés qui se figurent que le monde a été fait pour eux. Quoique je sois indulgente à tous deux, je pense qu'un bon châtiment pourrait néanmoins leur faire du bien.

– Vous vous trompez, Mrs. Linton. Ce sont eux qui sont indulgents pour vous : je sais ce qui arriverait s'ils ne l'étaient pas. Vous pouvez bien leur passer leurs petits caprices, tant que leur préoccupation est de prévenir tous vos désirs. Mais il se peut qu'à la fin vous vous heurtiez à propos de quelque chose qui soit d'égale conséquence pour les deux partis, et alors ceux que vous appelez faibles seront très capables de se montrer aussi obstinés que vous.

– Et alors nous lutterons à mort, n'est-ce pas, Nelly ? répliqua-t-elle en riant. Non ! Je vous le dis, j'ai une telle foi dans l'amour de Linton que je crois que je pourrais essayer de le tuer sans qu'il eût le désir de se venger.

Je lui conseillai de ne l'estimer que davantage pour l'affection qu'il lui témoignait.

– C'est ce que je fais, répondit-elle. Mais ce n'est pas une raison pour qu'il pleurniche à propos de bagatelles. C'est puéril. Au lieu de fondre en larmes parce que j'ai dit que Heathcliff était maintenant digne de la considération de tous et que ce serait un honneur pour le premier gentleman du pays d'être son ami, il aurait dû le dire à ma place et se réjouir par sympathie. Il faut qu'il s'habitue à lui, et il peut même lui être reconnaissant : si l'on considère toutes les raisons qu'a Heathcliff de lui en vouloir, je trouve que Heathcliff s'est parfaitement conduit.

– Que pensez-vous de sa visite à Hurle-Vent ? demandai-je. Il se serait donc amendé à tous égards. Le voici tout à fait chrétien : il tend cordialement la main à tous ses ennemis à la ronde !

– Il m'a expliqué cette visite. Je m'en étonne autant que vous. Il m'a dit qu'il était allé là-bas pour y avoir par vous de mes nouvelles, supposant que vous y résidiez toujours. Joseph avertit Hindley, qui sortit et se mit à le questionner sur ce qu'il avait fait, la manière dont il avait vécu, et finalement le pria d'entrer. Il y avait là plusieurs personnes qui jouaient aux cartes ; Heathcliff se joignit à elles. Mon frère perdit quelque argent contre lui et, le trouvant abondamment pourvu, l'invita à revenir dans la soirée ; il y consentit. Hindley est trop insouciant pour choisir ses relations ; il ne prend pas la peine de songer aux raisons qu'il pourrait avoir de se méfier d'un homme qu'il a indignement outragé. Mais Heathcliff affirme que son principal motif pour renouer connaissance avec son ancien persécuteur est son désir de s'installer dans le voisinage de la Grange, ainsi que son attachement à la demeure où nous avons vécu ensemble ; et aussi l'espoir que j'aurai plus d'occasions de le voir là que je n'en aurais eu s'il s'était fixé à Gimmerton. Il a l'intention de se montrer large pour obtenir l'autorisation de loger à Hurle-Vent ; et sans doute la cupidité de mon frère le déterminera à accepter ses conditions. Il a toujours été avide ; mais ce qu'il attrape d'une main, il le gaspille de l'autre.

– C'est un joli endroit, comme installation pour un jeune homme, remarquai-je. Ne craignez-vous pas les conséquences possibles, Mrs. Linton ?

– Pas pour mon ami. Sa forte tête le préservera du danger. Pour Hindley, un peu ; mais, moralement, il ne peut tomber plus bas qu'il n'est, et je suis là pour le protéger du mal physique. L'événement de cette soirée m'a réconciliée avec Dieu et l'humanité. J'en étais arrivée à la colère et à la rébellion contre la Providence. Oh ! j'ai enduré une souffrance très, très amère, Nelly ! Si cet homme s'en doutait, il aurait honte de gâter par son irritation absurde le soulagement que j'éprouve. C'est par bonté pour lui que j'ai été amenée à supporter seule ma douleur ; si j'avais laissé paraître l'angoisse que je ressentais souvent, il aurait bien vite désiré aussi ardemment que moi de la voir allégée. Quoi qu'il en soit, c'est fini et je ne veux pas me venger de sa folie : désormais je puis braver toutes les épreuves ! Si l'être le plus vil me frappait sur une joue, non seulement je tendrais l'autre, mais je demanderais pardon de l'avoir provoqué. Et pour preuve, je vais faire tout de suite la paix avec Edgar. Bonsoir ! je suis un ange !

C'est dans cette plaisante conviction qu'elle me quitta ; et le succès de la mise en pratique de sa résolution fut évident dès le lendemain. Non seulement Mr. Linton avait renoncé à sa maussaderie (bien que son moral parût toujours subjugué par l'exubérante vivacité de Catherine), mais il ne hasarda même aucune objection à ce qu'elle emmenât Isabelle à Hurle-Vent avec elle l'après-midi. Elle l'en récompensa par un été de douceur et d'affection qui fit de la maison un paradis pour plusieurs jours, maître et serviteurs profitant ensemble de ce perpétuel éclat du soleil.

Heathcliff – Mr. Heathcliff, devrais-je dire à l'avenir – n'usa qu'avec circonspection, au début, de la liberté de venir à Thrushcross Grange. Il semblait étudier jusqu'à quel point le maître supporterait son intrusion. Catherine, elle aussi, estima à propos de modérer en le recevant l'expression de son plaisir. Peu à peu il établit son droit à être attendu. Il conservait beaucoup de la réserve qui le caractérisait dans son adolescence, et cela lui permettait de réprimer toute démonstration trop vive de sentiments. L'inquiétude de mon maître se calma et d'autres événements vinrent la détourner pour quelque temps dans une autre direction.

Des soucis nouveaux et imprévus fondirent sur lui : Isabelle Linton laissa malheureusement paraître un penchant soudain et irrésistible pour l'hôte qu'il tolérait. C'était à cette époque une charmante jeune fille de dix-huit ans ; enfantine dans ses manières, bien qu'ayant un esprit fin, des sentiments ardents et un caractère vif, dès qu'on l'irritait. Son frère, qui l'aimait tendrement, fut consterné de cette fantasque inclination. Sans parler de ce qu'aurait eu de dégradant une alliance avec un homme sans nom, ni de la possibilité que sa fortune, à défaut d'héritiers mâles, passât aux mains d'un tel individu, il était assez sensé pour comprendre le tempérament de Heathcliff et savoir que, si son extérieur s'était modifié, sa nature ne pouvait pas changer et n'avait pas changé. Il redoutait cette nature ; elle le révoltait ; il reculait, comme sous l'empire d'un pressentiment, devant l'idée de confier Isabelle à sa garde. Sa répulsion eût été bien plus vive encore, s'il avait su que l'attachement de sa sœur était né sans avoir été sollicité et n'éveillait chez celui qui en était l'objet aucune réciprocité de sentiment ; car, à l'instant qu'Edgar en avait découvert l'existence, il l'avait incriminé comme un dessein prémédité de Heathcliff.

Nous avions tous remarqué, depuis quelque temps, que Miss Linton se tourmentait et soupirait après quelque chose. Elle devenait maussade et fatigante. Elle brusquait et taquinait continuellement Catherine, au risque, qui était imminent, de lasser la patience limitée de celle-ci. Nous l'excusions jusqu'à un certain point à cause de sa mauvaise santé : elle languissait et dépérissait à vue d'œil. Un jour, cependant, elle s'était montrée particulièrement désagréable : elle avait refusé son déjeuner, s'était plainte que les domestiques ne lui obéissent point, que Catherine ne lui permît d'être rien dans la maison, qu'Edgar la négligeât, qu'elle eût pris froid parce que les portes étaient restées ouvertes, qu'on eût laissé éteindre le feu du petit salon exprès pour la contrarier, avec cent autres accusations encore plus frivoles. Mrs. Linton insista d'un ton péremptoire pour qu'elle se mît au lit, et, après l'avoir sérieusement tancée, elle menaça d'envoyer chercher le docteur. Au nom de Kenneth, Miss Linton s'écria aussitôt que sa santé était excellente et que c'était seulement la dureté de Catherine qui la rendait malheureuse.

— Comment pouvez-vous dire que je suis dure, méchante enfant gâtée ? s'écria ma maîtresse, stupéfaite de cette assertion déraisonnable. Vous perdez sûrement la tête. Quand ai-je été dure, dites-moi ?

— Hier, gémit Isabelle, et maintenant !

— Hier ! À quel propos ?

— Pendant notre promenade dans la lande : vous m'avez dit d'aller où je voudrais, pendant que vous flâniez avec Mr. Heathcliff.

— Et c'est ce que vous appelez de la dureté ? dit Catherine en riant. Il n'y avait pas là la moindre insinuation que votre compagnie nous gênât ; il nous était bien indifférent que vous fussiez ou non avec nous. Je pensais simplement que la conversation de Heathcliff n'avait rien d'amusant pour vous.

— Oh ! non, reprit la jeune fille en pleurant. Vous vouliez m'éloigner parce que vous saviez que j'avais plaisir à rester.

— Est-elle dans son bon sens ? demanda Mrs. Linton en s'adressant à moi. Je vais vous rapporter notre conversation mot pour mot, Isabelle, et vous m'indiquerez tous les points qui auraient pu vous charmer.

— Peu m'importe la conversation. Je voulais être avec...

— Eh bien ? dit Catherine en la voyant hésiter à achever sa phrase.

— Avec lui. Et je ne veux pas être toujours renvoyée, continua-t-elle en s'animant. Vous êtes comme un chien devant sa mangeoire, Cathy, et vous voulez être seule à être aimée.

— Impertinent petit singe ! s'écria Mrs. Linton surprise. Mais je ne puis croire cette bêtise. Il est impossible que vous aspiriez à l'admiration de Heathcliff... que vous le regardiez comme un être agréable ! J'espère que je vous ai mal comprise, Isabelle ?

— Non, pas du tout, répondit Isabelle, donnant libre cours à sa passion. Je l'aime plus que vous n'avez jamais aimé Edgar ; et il pourrait m'aimer, si vous ne vous y opposiez pas.

— En ce cas, je ne voudrais pas être à votre place pour un empire, déclara Catherine avec emphase ; et elle semblait parler sincèrement. Nelly, aidez-moi à la convaincre de sa folie. Montrez-lui ce qu'est Heathcliff : un être resté sauvage, sans raffinement, sans culture ; un désert aride d'ajoncs et de basalte. J'aimerais autant mettre le petit canari que voilà dans ce parc un jour d'hiver que de vous conseiller de lui confier votre cœur ! C'est une déplorable ignorance de son caractère, mon enfant, et rien d'autre, qui vous a fait entrer ce rêve dans la tête. Je vous en prie, ne vous imaginez pas qu'il cache des trésors de bienveillance et d'affection sous un extérieur sombre. Ce n'est pas un diamant brut... une huître contenant une perle : c'est un homme féroce, impitoyable, un loup. Je ne lui dis jamais : « Laissez en paix tel ou tel de vos ennemis, parce qu'il serait peu généreux ou cruel de lui faire du mal. » Je lui dis : « Laissez-les en paix, parce qu'il me déplairait extrêmement de leur voir faire tort. » Il vous écraserait comme un œuf de moineau, Isabelle, s'il trouvait en vous un fardeau importun. Je sais qu'il ne peut pas aimer une Linton. Et pourtant il serait très capable d'épouser votre fortune et vos espérances ; l'avarice devient son péché dominant. Voilà le portrait que je fais de lui ; et je suis son amie... au point que, s'il avait sérieusement songé à vous captiver, j'aurais peut-être retenu ma langue pour vous laisser tomber dans son piège.

Miss Linton regardait sa belle-sœur avec indignation.

— Quelle honte ! quelle honte ! répéta-t-elle d'un ton irrité. Vous êtes pire que vingt ennemis, venimeuse amie !

— Ah ! vous ne voulez pas me croire, alors ? Vous pensez que mes paroles sont dictées par un perfide égoïsme ?

— J'en suis certaine, et vous me faites horreur !

— Bon ! Essayez vous-même, si le cœur vous en dit. J'ai fini, et je ne soutiendrai pas la discussion avec votre insolence effrontée.

— Et il faut que je souffre à cause de son égoïsme ! dit en sanglotant la jeune fille, pendant que Mrs. Linton quittait la pièce. Tout, tout est contre moi ; elle a empoisonné mon unique consolation. Mais ce qu'elle a dit est faux, n'est-ce pas ? Mr. Heathcliff n'est pas un démon ; il a une âme honnête et droite. Autrement, comment se serait-il souvenu d'elle ?

— Bannissez-le de vos pensées, miss, dis-je. C'est un oiseau de mauvais augure : ce n'est pas un parti pour vous. Mrs. Linton a parlé avec sévérité, et cependant je ne puis la contredire. Elle connaît son cœur mieux que moi-même ou que personne, et elle ne le représenterait jamais comme plus mauvais qu'il n'est. Les honnêtes gens ne cachent pas leurs actions. Comment a-t-il vécu ? Comment est-il devenu riche ? Pourquoi séjourne-t-il à Hurle-Vent chez un homme qu'il déteste ? On dit que Mr. Earnshaw est pire que jamais depuis son arrivée. Ils passent continuellement la nuit ensemble, Hindley a emprunté de l'argent sur sa terre et ne fait que jouer et boire. Il n'y a pas plus d'une semaine, j'ai rencontré Joseph à Gimmerton et je lui ai parlé. « Nelly, m'a-t-il dit, n's aurons bientôt eune enquête du coroner [1] par cheux nous. Y en a z-un qu'a eu l'doigt presque arraché en empêchant l'autre d's'embrocher comme un viau. C'est l'maître, v'savez, qu'est ben capable d'aller devant les grandes assises. Y n'a point peur du banc des juges, ni d'Paul, ni d'Pierre, ni d'Jean, ni d'Matthieu, ni d'personne, lui ! Y voudrait ben... y s'languit d'les défier d'son regard affronté ! Et c'bon gars de Heathcliff, pensez-vous qu' c'est un gaillard ordinaire ? Y sait grimacer un rire comme pas un à eune plaisanterie diabolique. Est-ce qu'y vous raconte jamais rien d'la jolie vie qu'y mène, quand c'est qu'y vient à la Grange ? V'là c' qu'en est : levé à l'heure que l'soleil y s'couche ; les dés, le brandy, les volets fermés et les chandelles jusqu'au lendemain midi. Alors l'fou y s'en va dans sa chambre en jurant et en hurlant, qu'les honnêtes gens s'en bouchent les oreilles de honte ; et l'coquin, y sait compter ses sous, et manger, et dormir, et pis aller chez l'voisin pour bavarder avec sa femme. Probable, hein ! qu'y raconte à dame Catherine comment qu'l'argent de son père y passe dans ses poches à lui, et comment que l'fils de son père y galope sur la grand-route pendant qu'lui file devant pour ouvrir les barrières ? » Eh bien, Miss Linton, Joseph est un vieux drôle, mais ce n'est pas un menteur et, si sa description de la conduite de Heathcliff est exacte, vous ne songeriez jamais à désirer un pareil mari, je pense ?

— Vous êtes liguée avec les autres, Hélène, répondit-elle. Je ne veux pas écouter vos médisances. Faut-il que vous soyez malveillante pour vouloir me convaincre qu'il n'y a pas de bonheur en ce monde !

Aurait-elle fini par triompher de ce penchant, si elle eût été laissée à elle-même, ou aurait-elle continué d'y céder indéfiniment, c'est ce que je ne saurais dire : elle eut peu de temps pour réfléchir. Le lendemain, il y eut une séance de justice à la ville voisine ; mon maître fut obligé d'y assister et Mr. Heathcliff, au courant de son absence, arriva plus tôt que d'habitude. Catherine et Isabelle étaient dans la bibliothèque, fâchées l'une contre l'autre, mais silencieuses ; celle-ci, un peu alarmée de sa récente imprudence, inquiète d'avoir révélé ses sentiments intimes dans un accès passager de passion ; celle-là, après mûre considération, réellement irritée contre sa compagne et, si elle riait encore de son impertinence, disposée à n'en pas faire un sujet de plaisanterie avec elle. Elle rit vraiment quand elle vit Heathcliff passer devant la fenêtre. J'étais

---

1. Fonctionnaire de l'ordre administratif et judiciaire, dont la principale attribution est de réunir et de présider un jury, ou commission d'enquête, pour rechercher les causes des décès subits, violents ou mystérieux. *(N.d.T.)*

en train de balayer le foyer et je remarquai sur ses lèvres un sourire méchant. Isabelle, plongée dans ses méditations ou dans un livre, ne bougea pas jusqu'à ce que la porte s'ouvrît : il était trop tard pour qu'elle essayât de s'enfuir, ce qu'elle aurait volontiers fait si c'eût été possible.

— Entrez ! voilà qui est bien ! s'écria gaiement ma maîtresse en avançant une chaise près du feu. Vous voyez deux personnes qui ont bien besoin d'une troisième pour faire fondre la glace entre elles ; et vous êtes précisément celui que nous aurions toutes deux choisi. Heathcliff, je suis fière de vous montrer enfin quelqu'un qui raffole de vous plus que moi-même. Je pense que vous vous sentez flatté. Non, ce n'est pas Nelly ; inutile de la regarder ! Ma pauvre petite belle-sœur est en train de se briser le cœur dans la simple contemplation de votre beauté physique et morale. Vous n'avez qu'à vouloir pour devenir le frère d'Edgar. Non, non, Isabelle, vous ne vous sauverez pas, poursuivit-elle en arrêtant avec un feint enjouement la jeune fille confuse qui s'était levée indignée. Nous nous querellions à votre sujet comme des chattes, Heathcliff, et j'étais nettement battue en protestations de dévouement et d'admiration. Qui plus est, j'ai été avertie que, si je voulais bien avoir le bon goût de me tenir à l'écart, ma rivale, comme elle se qualifie elle-même, vous transpercerait le cœur d'une flèche qui vous fixerait à jamais et qui plongerait mon image dans un éternel oubli !

— Catherine ! dit Isabelle en appelant à son aide sa dignité, et dédaignant de lutter pour se dégager de l'énergique étreinte qui la retenait, je vous serais reconnaissante de rester dans la vérité et de ne pas me calomnier, même en plaisantant. Mr. Heathcliff, ayez l'obligeance de demander à votre amie de me lâcher. Elle oublie que vous et moi ne sommes pas des intimes, et ce qui l'amuse est pour moi pénible au-delà de toute expression.

Comme le visiteur, sans rien répondre, s'asseyait et avait l'air parfaitement indifférent aux sentiments qu'elle pouvait éprouver pour lui, elle se tourna vers sa persécutrice et murmura un pressant appel pour que celle-ci lui rendît sa liberté.

— Jamais de la vie, s'écria Mrs. Linton. Je ne veux pas être encore traitée de chien devant sa mangeoire. Vous resterez. Et maintenant, Heathcliff, pourquoi ne témoignez-vous pas de satisfaction à mes plaisantes nouvelles ? Isabelle jure que l'amour qu'Edgar a pour moi n'est rien en comparaison de celui qu'elle nourrit pour vous. Je suis sûre qu'elle a dit quelque chose comme cela ; n'est-ce pas, Hélène ? Elle a jeûné depuis notre promenade d'avant-hier, par chagrin et dépit que je l'aie écartée de votre société que je jugeais peu agréable pour elle.

— Je crois que vous lui prêtez des pensées qu'elle n'a pas, dit

Heathcliff, en tournant sa chaise pour leur faire face. Elle désire être débarrassée de ma société en ce moment, en tout cas !

Il regarda fixement l'objet de la conversation, comme on regarderait un animal étrange et repoussant, une scolopendre des Indes, par exemple, que la curiosité vous pousse à examiner en dépit de l'aversion qu'elle inspire. La pauvre enfant ne put endurer cet examen. Elle pâlit et rougit tour à tour et, tandis que les larmes perlaient sur ses cils, elle appliqua la force de ses doigts frêles à s'affranchir de la ferme étreinte de Catherine. Mais voyant qu'aussitôt qu'elle parvenait à soulever l'un des doigts posés sur son bras, un autre s'abaissait, et qu'elle ne pouvait se débarrasser de tous à la fois, elle se mit à employer ses ongles, dont les pointes ornementèrent bientôt de croissants rouges la main de sa geôlière.

— Quelle tigresse ! s'écria Mrs. Linton en la relâchant et secouant sa main endolorie. Allez-vous-en, pour l'amour de Dieu, et cachez votre figure de mégère ! Quelle folie de révéler ces griffes devant lui ! Ne pouvez-vous deviner les conclusions qu'il en tirera ? Regardez, Heathcliff : voilà des instruments d'exécution... prenez garde à vos yeux.

— Je les arracherais de ses doigts, si jamais ils me menaçaient, répondit-il brutalement quand la porte fut refermée sur elle. Mais quelle était votre intention en agaçant ainsi cette créature, Cathy ? Vous ne disiez pas la vérité, n'est-ce pas ?

— Je vous assure que si. Voilà plusieurs semaines qu'elle se meurt d'amour pour vous. Ce matin encore elle extravaguait à votre sujet et m'accablait d'un déluge d'injures parce que je lui représentais vos défauts en pleine lumière, afin de refroidir son adoration. Mais n'y faites plus attention ; je voulais punir son insolence, voilà tout. Je l'aime trop, mon cher Heathcliff, pour vous laisser la saisir entièrement et la dévorer.

— Et je l'aime trop peu pour le tenter... ou ce serait à la manière d'une goule. Vous entendriez parler de choses étranges si je vivais seul avec cette insipide figure de cire. Les plus communes seraient que j'ai peint sur son blanc visage les couleurs de l'arc-en-ciel et que tous les jours ou tous les deux jours j'ai fait passer ses yeux du bleu au noir : ils ressemblent d'une manière détestable à ceux de Linton.

— D'une manière délicieuse ! observa Catherine. Ce sont des yeux de colombe... d'ange !

— Elle est l'héritière de son frère, n'est-ce pas ? demanda-t-il après un court silence.

— Je regretterais de le croire. Une demi-douzaine de neveux la dépouilleront de ce titre, plaise au Ciel. Détournez votre esprit de ce sujet pour le moment. Vous êtes trop enclin à convoiter les biens de votre prochain. Souvenez-vous que les biens de ce prochain-là sont les miens.

— S'ils étaient les miens, ils n'en seraient pas moins les vôtres. Mais, bien qu'Isabelle Linton puisse être sotte, elle n'est cependant pas folle. En résumé, nous écarterons ce sujet, comme vous le conseillez.

Ils l'écartèrent en effet, de leurs propos ; et Catherine, probablement, de ses pensées. L'esprit de l'autre, j'en suis certaine, y revint souvent dans le cours de la soirée. Je le vis se sourire à lui-même — grimacer, plutôt — et tomber dans une rêverie de mauvais augure chaque fois que Mrs. Linton eut l'occasion de s'absenter de la pièce.

Je résolus de surveiller ses mouvements. Mon cœur s'attachait invariablement au parti de mon maître, de préférence à celui de Catherine. Avec raison, pensais-je, car il était bon, loyal, honorable ; et elle... on ne pouvait pas dire qu'elle fût l'opposé, mais pourtant elle semblait se permettre une telle licence que j'avais peu de foi dans ses principes et encore moins de sympathie pour ses sentiments. Je souhaitais qu'il arrivât quelque chose qui aurait eu pour effet de débarrasser les Hauts et la Grange de Mr. Heathcliff, sans éclat, nous laissant comme nous étions avant son arrivée. Ses visites étaient un perpétuel cauchemar pour moi et, je le soupçonnais, pour mon maître aussi. Son séjour à Hurle-Vent me causait une oppression inexplicable. Je sentais que Dieu avait abandonné à ses vagabondages pervers la brebis égarée et qu'une bête malfaisante rôdait entre elle et le bercail, attendant le moment de bondir et de détruire.

CHAPITRE XI

Parfois, comme je méditais solitairement sur ces choses, je me levais, prise d'une terreur soudaine, et mettais mon chapeau pour aller voir ce qui se passait à Hurle-Vent. Je me persuadais que c'était un devoir de conscience d'avertir Hindley de ce qu'on disait de son genre de vie. Puis je me rappelais ses mauvaises habitudes invétérées et, désespérant de pouvoir lui être utile, incertaine de réussir à me faire croire sur parole, je renonçais à pénétrer de nouveau dans la lugubre demeure.

Une fois je franchis la vieille barrière, en faisant un détour alors que j'allais à Gimmerton. C'était à peu près à l'époque que mon récit a atteinte ; l'après-midi était clair et glacial, la terre dénudée, la route dure et sèche. J'arrivai à une borne où un chemin dans la lande s'embranche à gauche sur la grand-route : c'est un grossier bloc de grès qui porte gravées les lettres W.H. sur sa face nord, G. sur sa face est, et T.G. sur sa face sud-ouest. Il sert de poteau indicateur pour la Grange, pour les Hauts et pour le village. Le soleil teintait de jaune sa tête grise, me rappelant l'été. Je ne saurais dire pourquoi, mais tout à coup un flot de sensations de mon enfance jaillit dans mon cœur. Hindley et moi affectionnions cet endroit vingt ans plus tôt. Je regardai longuement le bloc usé par le temps ; en me baissant, j'aperçus près du pied un trou encore plein de coquilles d'escargots et de cailloux que nous nous amusions à entasser là avec des choses plus périssables. J'eus la vision, aussi nette que si elle eût été réelle, du compagnon de mon enfance assis sur l'herbe flétrie, sa tête brune et carrée penchée en avant et sa petite main creusant la terre avec un morceau d'ardoise. « Pauvre Hindley ! » m'écriai-je involontairement. Je tressaillis : mes yeux eurent un instant l'illusion que l'enfant levait la tête et me regardait en face ! L'illusion se dissipa en un clin d'œil ; mais je sentis aussitôt un désir irrésistible d'être à Hurle-Vent. La superstition me pressa de céder à cette impulsion : s'il était mort ! pensai-je... ou s'il allait bientôt mourir ! Si cette apparition était un présage de mort ! À mesure que j'approchais de la maison, mon agitation grandissait ; parvenue en vue d'elle, je tremblais de tous mes membres. L'apparition m'avait devancée : elle était debout, regardant à travers la barrière. Telle fut ma première idée en apercevant un petit garçon aux boucles emmêlées, aux yeux bruns, qui appuyait son frais visage contre les barreaux. Puis la réflexion me suggéra que ce devait être Hareton, *mon* Hareton, pas très changé depuis que je l'avais quitté dix mois auparavant.

– Dieu te bénisse ! mon chéri, m'écriai-je, oubliant instantanément mes craintes folles. Hareton, c'est Nelly ! Nelly, ta nourrice.

Il recula hors de portée de mon bras et ramassa un gros silex.

– Je suis venue voir ton père, Hareton, ajoutai-je.

Je devinais par son geste que, si par hasard Nelly vivait encore dans sa mémoire, il ne m'identifiait pas avec elle.

Il leva son projectile pour le lancer ; je commençai un discours pour l'apaiser, mais je ne pus arrêter sa main. La pierre frappa mon chapeau. Puis, des lèvres balbutiantes du petit bonhomme sortit un chapelet de jurons proférés, qu'il les comprît ou non, avec une énergie qui révélait l'habitude et qui donnait à ses traits enfantins une révoltante expression de méchanceté. Vous pouvez penser que j'en fus plus affligée qu'irritée. Sur le point de pleurer, je tirai de ma poche une orange et la lui offris pour l'amadouer. Il hésita, puis me l'arracha des mains comme s'il s'imaginait que je voulais seulement le tenter et le désappointer. Je lui en montrai une autre, en la tenant hors de son atteinte.

– Qui t'a appris ces jolis mots, mon petit ? demandai-je. Le pasteur ?

– Le diable emporte le pasteur, et toi aussi ! Donne-moi ça ! répliqua-t-il.

– Dis-moi où tu as pris tes leçons et tu l'auras. Qui est ton maître ?

– Mon diable de papa.

– Et que t'apprend ton papa ?

Il sauta pour attraper le fruit. Je l'élevai un peu plus haut.

– Que t'apprend-il ? répétai-je.

– Rien, qu'à ne pas me trouver sur son chemin. Papa ne peut pas me souffrir parce que je jure après lui.

– Ah ! et c'est le diable qui t'apprend à jurer après ton papa ?

– Oui... non, grommela-t-il.

– Qui alors ?

– Heathcliff.

Je lui demandai s'il aimait Mr. Heathcliff.
— Oui, répondit-il.
Désirant de connaître les raisons qu'il avait de l'aimer, je ne pus tirer de lui que ces phrases :
— Je ne sais pas... il rend à papa ce que papa me donne... il injurie papa qui m'injurie... il dit qu'on doit me laisser faire ce que je veux.
— Et le pasteur ne t'apprend donc pas à lire et à écrire ?
— Non, on m'a dit que le pasteur aurait les dents renfoncées dans la gorge s'il franchissait jamais le seuil... Heathcliff l'a promis.

Je lui mis l'orange dans la main et lui dis de faire savoir à son père qu'une femme du nom de Nelly Dean attendait pour lui parler, près de la porte du jardin. Il remonta la chaussée et entra dans la maison. Mais, au lieu de Hindley, ce fut Heathcliff qui apparut sur le pas de la porte. Je fis aussitôt demi-tour et redescendis la route en courant de toutes mes forces sans m'arrêter, jusqu'à ce que j'eusse atteint la borne indicatrice, et aussi épouvantée que si j'eusse évoqué un démon. Tout cela n'a pas grand rapport avec l'histoire de Miss Isabelle, sinon que j'en fus incitée à la résolution de monter à l'avenir une garde vigilante et de faire tous mes efforts pour empêcher une si mauvaise influence de gagner la Grange, même si je devais soulever un orage domestique en contrariant le plaisir de Mrs. Linton.

La première fois que Heathcliff revint, la jeune demoiselle se trouvait dans la cour en train de donner à manger aux pigeons. Elle n'avait pas adressé la parole à sa belle-sœur depuis trois jours ; mais elle avait également cessé ses plaintes maussades, ce qui était pour nous un grand soulagement. Heathcliff n'avait pas l'habitude de prodiguer à Miss Linton une seule politesse inutile, je le savais. Cette fois, dès qu'il l'aperçut, sa première précaution fut d'inspecter du regard la façade de la maison. Je me tenais près de la fenêtre de la cuisine, mais je me reculai pour n'être pas vue. Il franchit les pavés, s'approcha d'elle et lui dit quelque chose. Elle parut embarrassée et désireuse de s'en aller ; pour l'en empêcher, il lui posa la main sur le bras. Elle détourna le visage : il lui adressait apparemment une question à laquelle elle ne voulait pas répondre. Il lança rapidement un nouveau regard sur la maison et, pensant que personne ne le voyait, le gredin eut l'impudence de l'embrasser.

— Judas ! traître ! m'écriai-je. Vous êtes un hypocrite, par-dessus le marché, hein ? Un cynique imposteur !

— Qui est-ce, Nelly ? dit Catherine à côté de moi.

J'avais été si attentive à épier le couple dehors que je n'avais pas remarqué son entrée.

— Votre indigne ami ! répondis-je avec chaleur ; le vil gredin qui est là-bas. Ah ! il nous a aperçues... il vient ! Je me demande s'il aura le cœur de trouver une excuse plausible pour faire la cour à Miss, après vous avoir dit qu'il la haïssait.

Mrs. Linton vit Isabelle se dégager et s'enfuir dans le jardin ; une minute après Heathcliff ouvrait la porte. Je ne pus m'empêcher de donner cours à mon indignation ; mais Catherine m'imposa silence avec colère et menaça de m'expulser de la cuisine si j'osais être assez présomptueuse pour faire intervenir mon insolente langue.

— À vous entendre, on croirait que c'est vous qui êtes la maîtresse, s'écria-t-elle. Tenez-vous donc à votre place ! Heathcliff, à quoi pensez-vous de soulever tout ce tapage ? Je vous ai dit de laisser Isabelle tranquille ! Je vous prie de m'écouter, à moins que vous ne soyez las d'être reçu ici et que vous ne vouliez que Linton vous ferme les verrous au nez !

— Dieu le préserve de s'y essayer, répondit le sinistre coquin, que je détestais à ce moment-là. Que Dieu le conserve doux et patient. Chaque jour j'ai une envie de plus en plus folle de l'envoyer au ciel !

— Chut ! dit Catherine en fermant la porte intérieure. Ne me tourmentez pas. Pourquoi n'avez-vous pas tenu compte de ma prière ? Est-ce Isabelle qui s'est mise à dessein sur votre chemin ?

— Que vous importe ? grommela-t-il. J'ai le droit de l'embrasser, si cela me plaît, et vous n'avez rien à y voir. Je ne suis pas votre mari ; vous n'avez pas à être jalouse de moi.

— Je ne suis pas jalouse de vous, je suis jalouse pour vous. Déridez ce visage : je ne vous permets pas de prendre cet air renfrogné devant moi ! Si Isabelle vous plaît, vous l'épouserez. Mais vous plaît-elle ? Dites-moi la vérité, Heathcliff ! Là, vous ne voulez pas répondre. Je suis sûre qu'elle ne vous plaît pas.

— Et Mr. Linton approuverait-il le mariage de sa sœur avec cet homme ? demandai-je.

— Mr. Linton devrait l'approuver, repartit ma maîtresse d'un ton décidé.

— Il pourrait s'en épargner la peine, observa Heathcliff : je me passerais fort bien de son approbation. Quant à vous, Catherine, j'ai quelques mots à vous dire, pendant que nous y sommes. Je veux que vous n'ignoriez pas ceci : je *sais* que vous m'avez traité d'une manière infernale... infernale ! entendez-vous ? Et si vous vous flattez que je ne m'en aperçois pas, vous avez perdu la tête ; et si vous croyez que je me laisserai consoler par des paroles mielleuses, vous êtes stupide ; et si vous vous figurez que je souffrirai sans me venger, je vous convaincrai du contraire d'ici fort peu de temps ! En attendant, merci de m'avoir révélé le secret de votre belle-sœur : je jure que j'en tirerai le meilleur parti possible. Et ne vous en mêlez pas !

— Quelle nouvelle face de son caractère est-ce là ? s'écria Mrs. Linton stupéfaite. Je vous ai traité d'une manière infernale... et vous voulez vous venger ! Comment vous y prendrez-vous, brute ingrate ? En quoi vous ai-je traité d'une manière infernale ?

— Je ne cherche pas à me venger sur vous, répondit Heathcliff avec moins de véhémence. Ce n'est pas là mon plan. Le tyran opprime ses esclaves et ce n'est pas contre lui qu'ils se tournent : ils écrasent ceux qui se trouvent sous leurs pas. Vous pouvez, pour vous amuser, me torturer jusqu'à la mort, mais permettez-moi de m'amuser un peu, moi aussi, de la même façon, et abstenez-vous de m'insulter, autant que vous en êtes capable. Après avoir rasé mon palais, n'érigez pas une cahute et n'admirez pas complaisamment votre propre charité en me la donnant pour demeure. Si j'imaginais que vous souhaitez réellement de me voir épouser Isabelle, je me couperais la gorge !

— Oh ! le mal vient de ce que je ne suis pas jalouse, n'est-ce pas ? Bon, je ne vous renouvellerai pas mon offre d'une femme : c'est aussi mal que d'offrir à Satan une âme perdue. Votre bonheur, comme le sien, consiste à infliger la souffrance. Vous le prouvez. Edgar est guéri de la mauvaise humeur à laquelle il avait donné cours lors de votre arrivée ; je commence à me sentir en sécurité et tranquille, et vous, ne pouvant supporter de nous savoir en paix, vous paraissez décidé à provoquer une querelle. Querellez-vous avec Edgar si cela vous plaît, Heathcliff, et trompez sa sœur : vous aurez trouvé exactement la manière la plus efficace de vous venger sur moi.

La conversation cessa. Mrs. Linton s'assit près du feu, irritée et sombre. Le démon qui était en elle devenait intraitable ; elle ne pouvait ni l'apaiser ni le refréner. Lui se tenait devant l'âtre, les bras croisés, ruminant ses pensées mauvaises. C'est dans cette situation que je les laissai pour aller trouver mon maître, qui se demandait ce qui retenait Catherine en bas si longtemps.

— Hélène, demanda-t-il quand j'entrai, avez-vous vu votre maîtresse ?

— Oui, elle est dans la cuisine, monsieur. Elle est toute bouleversée de la conduite de Mr. Heathcliff : et vraiment je crois qu'il est temps de mettre ses visites sur un autre pied. Trop de douceur ne vaut rien, et voici où en sont venues les choses.

Je racontai la scène dans la cour et, aussi fidèlement que je l'osai, toute la dispute subséquente. Je pensais que je ne pouvais porter ainsi grand préjudice à Mrs. Linton, à moins qu'elle ne se fît tort à elle-même par la suite en prenant la défense de son hôte. Edgar Linton eut de la peine à m'écouter jusqu'au bout. Ses premiers mots révélèrent qu'il n'exemptait pas sa femme de blâme.

— C'est intolérable ! s'écria-t-il. Il est honteux qu'elle l'avoue pour ami et qu'elle m'impose sa société ! Faites-moi venir de l'office deux hommes, Hélène. Je ne veux pas que Catherine s'attarde plus longtemps à discuter avec ce bas coquin... voilà trop longtemps que je lui passe ses fantaisies.

Il descendit, ordonna aux domestiques d'attendre dans le corridor, et entra dans la cuisine où je le suivis. Ceux qui s'y trouvaient avaient repris leur discussion courroucée. Mrs. Linton, du moins, grondait de plus belle ; Heathcliff s'était approché de la fenêtre, la tête basse, un peu démonté, apparemment, par cette violente semonce. Ce fut lui qui le premier aperçut le maître. Vite, il fit signe à Catherine de se taire : elle obéit brusquement en découvrant la raison de ce geste.

— Qu'est ceci ? dit Linton en s'adressant à elle. Quel sentiment des convenances pouvez-vous bien avoir pour rester là, après le langage que vous a tenu ce drôle ? Je suppose que vous n'y attachez pas d'importance parce que c'est sa manière ordinaire de s'exprimer. Vous êtes habituée à sa vilenie, et vous vous figurez peut-être que je m'y habituerai aussi !

— Est-ce que vous avez écouté à la porte, Edgar ? demanda ma maîtresse sur un ton particulièrement calculé pour provoquer son mari... un ton qui impliquait à la fois l'insouciance et le dédain de son irritation.

Heathcliff, qui avait levé les yeux pendant le discours d'Edgar, ricana à cette repartie, dans le dessein, semblait-il, de détourner sur lui l'attention de Mr. Linton. Il y réussit ; mais Edgar était résolu de ne pas se laisser aller envers lui à des transports de colère.

— J'ai été jusqu'à présent indulgent pour vous, monsieur, dit-il tranquillement ; non que j'ignorasse votre caractère méprisable et dégradé, mais parce que je sentais que vous n'étiez que partiellement responsable. Comme Catherine désirait de rester en relation avec vous, j'y ai consenti... sottement. Votre présence est un poison moral qui contaminerait les plus vertueux. Pour cette raison et pour prévenir des suites plus graves, je vous refuserai à l'avenir l'accès de cette maison et je vous avertis maintenant que j'exige votre départ immédiat. Trois minutes de retard rendraient ce départ involontaire et ignominieux.

Heathcliff toisa la taille et la carrure de son interlocuteur d'un œil plein de dérision.

— Cathy, votre agneau que voilà menace comme un taureau,

dit-il. Il court le risque de se fendre le crâne contre mes poings. Pardieu ! Mr. Linton, je suis au désespoir que vous ne valez même pas qu'on vous envoie rouler à terre !

Mon maître jeta un regard vers le corridor et me fit signe d'aller chercher les hommes ; il n'avait pas l'intention de se risquer à une rencontre personnelle. J'obéis à son indication ; mais Mrs. Linton, soupçonnant quelque chose, me suivit. Quand j'essayai d'appeler les hommes, elle me repoussa, ferma violemment la porte et tourna la clef.

— Jolis procédés ! dit-elle en réponse au regard de surprise courroucée de son mari. Si vous n'avez pas le courage de l'attaquer, faites-lui vos excuses, ou reconnaissez-vous battu. Cela vous corrigera de l'envie de feindre plus de bravoure que vous n'en avez... Non, j'avalerai la clef avant que vous l'attrapiez. Je suis admirablement récompensée de ma bonté pour vous deux. Après une constante indulgence pour la faible nature de l'un et la mauvaise nature de l'autre, je reçois comme remerciements deux témoignages d'ingratitude aveugle, stupide jusqu'à l'absurdité ! Edgar, j'étais en train de vous défendre, vous et les vôtres ; et je voudrais que Heathcliff vous rouât de coups, à vous en rendre malade, pour avoir osé mal penser de moi !

Les coups ne furent pas nécessaires pour produire cet effet sur le maître. Il essaya d'arracher la clef à Catherine, qui, pour plus de sûreté, la jeta en plein milieu du feu ; sur quoi Mr. Edgar fut saisi d'un tremblement nerveux et devint mortellement pâle. Pour rien au monde il n'aurait pu dominer cet excès d'émotion ; l'angoisse et l'humiliation réunies l'accablaient complètement. Il s'appuya sur le dossier d'une chaise et se couvrit le visage

— Oh ! ciel ! dans les anciens temps, voilà qui vous eût valu les éperons de chevalier ! s'écria Mrs. Linton. Nous sommes vaincus ! nous sommes vaincus ! Heathcliff ne lèverait pas plus un doigt contre vous que le roi ne mettrait son armée en marche contre une bande de souris. Courage ! on ne vous fera pas de mal ! Vous n'êtes pas un agneau, mais un levraut à la mamelle.

— Je vous souhaite bien du plaisir avec ce lâche qui a du lait dans les veines, Cathy, dit son ami. Je vous fais compliment de votre goût. Et voilà l'être bavant et frissonnant que vous m'avez préféré ! Je ne voudrais pas le frapper avec mon poing, mais j'éprouverais une satisfaction considérable à le frapper avec mon pied. Pleure-t-il, ou va-t-il s'évanouir de peur ?

Il s'approcha et secoua la chaise sur laquelle Linton s'appuyait. Il eût mieux fait de rester à distance : mon maître bondit soudainement et lui porta à la gorge un coup qui aurait renversé un homme plus frêle ; il en eut la respiration coupée pendant une minute. Tandis qu'il suffoquait, Mr. Linton sortit dans la cour par la porte de derrière et, de là, revint vers la porte de la façade.

– Voilà ! Vos visites ici sont terminées, s'écria Catherine. Partez, maintenant ; il va revenir avec une paire de pistolets et une demi-douzaine d'hommes de renfort. S'il a entendu notre conversation, il ne vous pardonnera certainement jamais. Vous m'avez joué un vilain tour, Heathcliff ! Mais partez... dépêchez-vous ! J'aimerais mieux voir Edgar aux abois que vous.

– Pensez-vous que je vais m'en aller avec ce coup qui me brûle la gorge ? dit-il d'une voix tonnante. Par l'enfer, non ! Avant de franchir le seuil, je lui écraserai les côtes comme je ferais d'une noisette pourrie. Si je ne le terrasse pas tout de suite, je le tuerai une autre fois ; ainsi, pour peu que vous teniez à son existence, laissez-moi le rejoindre.

– Il ne vient pas par ici, interrompis-je en forgeant un petit mensonge. Voilà le cocher et les deux jardiniers : vous n'allez sûrement pas attendre qu'ils vous jettent sur la route ! Chacun d'eux a un gourdin et le maître, très vraisemblablement, est en observation à la fenêtre du petit salon pour voir s'ils exécutent ses ordres.

Les jardiniers et le cocher étaient bien là ; mais Linton y était avec eux. Ils étaient déjà entrés dans la cour. Heathcliff, à la réflexion, résolut d'éviter une rixe avec trois subalternes. Il saisit le tisonnier, fit sauter la serrure de la porte intérieure et s'échappa au moment qu'ils entraient.

Mrs. Linton, qui était très agitée, me dit de la suivre en haut. Elle ignorait la part que j'avais prise à cette scène et je tenais beaucoup à la maintenir dans cette ignorance.

– Je suis presque folle, Nelly, s'écria-t-elle en se jetant sur le sofa. Un millier de marteaux de forgerons battent dans ma tête ! Dites à Isabelle de ne pas se montrer devant moi. C'est elle qui est cause de tout ce trouble et si elle, ou tout autre, aggravait en ce moment ma colère, je deviendrais enragée. Et puis, Nelly, dites à Edgar, si vous le revoyez ce soir, que je suis en danger de tomber sérieusement malade. Je souhaite que cela devienne une réalité. Il m'a affreusement choquée et peinée ! Je veux lui faire peur. En outre, il pourrait venir me dévider une kyrielle d'injures et de plaintes ; je suis sûre que je récriminerais et Dieu sait comment cela finirait ! Voulez-vous faire ce que je vous demande, ma bonne Nelly ? Vous savez que je ne suis blâmable en rien dans toute cette affaire. Qu'est-ce qui lui a pris d'écouter aux portes ? Les paroles de Heathcliff ont été outrageantes après que vous nous avez eu quittés, mais j'aurais bientôt réussi à le détourner d'Isabelle, et le reste ne signifiait rien. Maintenant, tout est gâté par l'envie d'entendre dire du mal de soi qui obsède certaines gens comme un démon ! Si Edgar n'avait pas surpris notre conversation, il ne s'en serait pas plus mal trouvé. Vraiment, quand il m'a entreprise sur ce ton d'irritation déraisonnable, après que je venais de gronder Heathcliff à son sujet, à en être enrouée, je ne me souciais guère de ce qu'ils pouvaient se faire l'un à l'autre ; avant tout, je sentais bien que, de quelque façon que se terminât la scène, nous serions tous séparés, Dieu sait pour combien de temps ! Si je ne peux pas garder Heathcliff pour ami... si Edgar veut être vil et jaloux, j'essaierai de briser leurs cœurs en brisant le mien. Ce sera une manière expéditive d'en finir, en cas que je sois poussée à bout ! Mais c'est une condition à réserver pour le moment où tout espoir sera perdu ; je ne voudrais pas prendre ainsi Linton par surprise. Jusqu'à présent, il a été bien avisé dans sa crainte de me provoquer. Il faut que vous lui représentiez le danger qu'il y aurait à se départir de cette prudence, que vous lui rappeliez ma nature passionnée, qui se laisse entraîner, quand elle est excitée, jusqu'à la furie. Je voudrais que vous pussiez chasser de votre visage cette apathie, et avoir l'air plus inquiet à mon sujet.

L'impassibilité avec laquelle je recevais ces instructions était sans doute assez exaspérante, car c'est en toute sincérité qu'elles étaient données. Mais je pensais qu'une personne capable de projeter par avance de tirer parti de ses accès de colère pouvait bien, par un effort de volonté, arriver à se dominer suffisamment, même pendant qu'elle était sous l'influence de ces accès ; je n'avais nulle envie de « faire peur » à son mari, comme elle disait, et d'augmenter les ennuis de celui-ci, pour servir son égoïsme. Aussi ne dis-je rien quand je rencontrai mon maître qui se dirigeait vers le petit salon ; mais je me permis de revenir sur mes pas pour écouter s'ils reprendraient leur querelle. Ce fut lui qui parla le premier.

— Demeurez où vous êtes, Catherine, dit-il sans aucune colère dans la voix, mais avec beaucoup d'abattement et de tristesse. Je ne resterai pas longtemps. Je ne suis venu ni pour disputer ni pour me réconcilier. Mais je voudrais seulement savoir si, après les événements de ce soir, vous avez l'intention de continuer votre intimité avec...

— Oh ! par pitié, interrompit ma maîtresse en frappant du pied, par pitié, ne parlons plus de cela pour le moment. Votre sang toujours calme ne connaît pas les ardeurs de la fièvre ; vos veines sont remplies d'eau glacée. Les miennes sont en ébullition et la vue d'une telle froideur les fait bondir.

— Pour vous débarrasser de moi, répondez à ma question, insista Mr. Linton. Il faut que vous me répondiez ; et cette violence ne m'alarme pas. J'ai découvert que vous pouviez être aussi stoïque que n'importe qui quand cela vous plaît. Voulez-vous désormais renoncer à Heathcliff, ou voulez-vous renoncer à moi ? Il est impossible que vous soyez à la fois mon amie et la sienne, et j'exige absolument que vous disiez qui vous choisissez.

— J'exige que vous me laissiez seule ! s'écria Catherine avec fureur. Je le veux ! Ne voyez-vous pas que je puis à peine me soutenir ? Edgar, laissez... laissez-moi !

Elle tira le cordon de la sonnette jusqu'à le briser ; j'entrai doucement. C'en était assez pour mettre à l'épreuve l'humeur d'un saint, que des rages aussi insensées, aussi perverses ! Elle était là, étendue, frappant de la tête sur le bras du sofa et grinçant des dents, à croire qu'elle allait les faire voler en éclats. Mr. Linton, debout, la regardait, soudain pris de remords et de crainte. Il me dit d'aller chercher un peu d'eau. Elle n'avait plus de souffle pour parler. J'apportai un verre plein ; et, comme elle ne voulait pas boire, je lui aspergeai la figure. En quelques secondes elle s'allongea, devint raide et renversa les yeux, tandis que ses joues, soudain décolorées et livides, revêtaient l'aspect de la mort. Linton paraissait frappé de terreur.

— Il n'y a pas à s'inquiéter le moins du monde, murmurai-je.

Je ne voulais pas qu'il cédât, quoique je ne pusse m'empêcher d'être effrayée en moi-même.

— Elle a du sang sur les lèvres, dit-il en frissonnant.

— Peu importe, répondis-je sèchement.

Et je lui racontai comment elle avait résolu, avant son arrivée, de donner le spectacle d'une crise de fureur. J'eus l'imprudence de lui en faire part tout haut, et elle m'entendit ; car elle se dressa, les cheveux épars sur les épaules, les yeux flamboyants, les muscles du cou et des bras saillant d'une façon anormale. Je prévoyais quelques os brisés pour le moins. Mais elle se borna à regarder un instant autour d'elle, puis s'élança hors de la pièce. Mon maître m'enjoignit de la suivre ; ce que je fis, jusqu'à la porte de sa chambre : elle m'empêcha d'aller plus loin en la fermant sur moi.

Le lendemain matin, comme elle ne manifestait pas l'intention de descendre déjeuner, j'allai lui demander si elle désirait qu'on lui montât quelque chose. « Non ! » répondit-elle d'un ton péremptoire. La même question fut répétée à l'heure du dîner et à celle du thé ; et encore le jour suivant, et elle reçut toujours la même réponse. Mr. Linton, de son côté, passa son temps dans la bibliothèque et ne s'informa pas de ce que faisait sa femme. Isabelle et lui eurent un entretien d'une heure, pendant lequel il s'efforça de découvrir en elle quelque trace du sentiment d'horreur qu'auraient dû lui inspirer les avances de Heathcliff. Mais il ne put rien tirer de ses réponses évasives et fut obligé de clore son enquête sans avoir obtenu satisfaction ; il ajouta toutefois ce grave avertissement que, si elle était assez insensée pour encourager cet indigne prétendant, tout lien de parenté entre elle et lui serait rompu.

CHAPITRE XII

Tandis que Miss Linton errait tristement dans le parc et dans le jardin, toujours silencieuse, et presque toujours en larmes ; tandis que son frère s'enfermait avec des livres qu'il n'ouvrait jamais, tourmenté, je m'en doutais, de la vague et perpétuelle attente que Catherine, se repentant de sa conduite, viendrait de son plein gré demander pardon et chercher une réconciliation ; tandis que Catherine, de son côté, s'obstinait à jeûner, probablement dans l'idée qu'à chaque repas Edgar allait suffoquer en ne la voyant pas paraître et que l'orgueil seul le retenait de courir se jeter à ses pieds, je continuais, quant à moi, à vaquer aux devoirs du ménage, convaincue que la Grange ne contenait dans ses murs qu'un esprit sensé et que cet esprit était logé dans mon corps. Je ne prodiguai ni condoléances à Miss, ni remontrances à ma maîtresse ; je ne prêtai guère plus d'attention aux soupirs de mon maître, qui brûlait du désir d'entendre parler de sa femme, puisqu'il n'en pouvait entendre la voix. Je résolus de les laisser se tirer d'affaire comme il leur plairait. Bien que ce fût un procédé d'une lenteur fastidieuse, je finis par apercevoir avec joie une lueur de succès : je le crus du moins d'abord.

Le troisième jour, Mrs. Linton déverrouilla sa porte et, comme elle avait épuisé l'eau de sa cruche et de sa carafe, elle en demanda d'autre, ainsi qu'un bol de gruau, car elle se jugeait mourante. Je considérai ces propos comme destinés aux oreilles d'Edgar. Je n'en croyais pas un mot, de sorte que je les gardai pour moi et lui apportai un peu de thé et de pain grillé. Elle mangea et but avec avidité, puis retomba sur son oreiller, les poings serrés et en gémissant.

– Oh ! je veux mourir, s'écria-t-elle, puisque personne ne s'intéresse à moi. Je regrette d'avoir pris cela.

Un bon moment après, je l'entendis murmurer :

— Non, je ne veux pas mourir... il en serait heureux... il ne m'aime pas du tout... je ne lui manquerais pas !

— Désirez-vous quelque chose, madame ? demandai-je, conservant toujours mon calme apparent en dépit de son aspect de spectre et de l'étrange exagération de ses manières.

— Que fait cet être apathique ? demanda-t-elle en repoussant de son visage épuisé les épaisses boucles emmêlées. Est-il tombé en léthargie, ou est-il mort ?

— Ni l'un ni l'autre, répliquai-je, si c'est de Mr. Linton que vous vous voulez parler. Il se porte assez bien, je pense, encore que ses études l'occupent plus qu'il ne faudrait. Il est continuellement au milieu de ses livres, depuis qu'il n'a plus d'autre société.

Je n'aurais pas parlé de la sorte si j'avais connu son véritable état ; mais je ne pouvais me défaire de l'idée que sa maladie était en partie jouée.

— Au milieu de ses livres ! s'écria-t-elle, stupéfaite. Et moi qui suis mourante ! Moi qui suis au bord de la tombe ! Mon Dieu ! Sait-il comme je suis changée, continua-t-elle en regardant son image dans une glace suspendue au mur en face d'elle. Est-ce là Catherine Linton ? Il s'imagine que j'ai un accès de dépit, que je joue la comédie, peut-être. Ne pouvez-vous lui faire savoir que c'est terriblement sérieux ? Nelly, s'il n'est pas trop tard, dès que je saurai ce qu'il pense, je choisirai entre ces deux partis : ou bien me laisser mourir sur-le-champ — ce ne serait pour lui une punition que s'il avait un cœur — ou bien guérir et quitter le pays. Me dites-vous la vérité à son sujet ? Faites attention. Est-il exact que ma vie lui soit si complètement indifférente ?

— Vraiment, madame, répondis-je, mon maître n'a aucune idée de votre état mental ; et certainement il ne craint pas que vous vous laissiez mourir de faim.

— Vous ne croyez pas ? Ne pouvez-vous lui dire que je le ferai ? Persuadez-le ! Donnez-lui votre avis personnel : dites que vous êtes certaine que je le ferai.

— Non. Vous oubliez, Mrs. Linton, que vous avez pris ce soir quelque nourriture avec goût, et vous en ressentirez demain les bons effets.

— Si seulement j'étais sûre que cela le tuerait, interrompit-elle, je me tuerais à l'instant ! Ces trois nuits affreuses... je n'ai pas fermé les paupières... et, oh ! j'ai été torturée ! j'ai été obsédée, Nelly ! Mais je commence à croire que vous ne m'aimez pas. Comme c'est étrange ! Bien que tous se détestent et se méprisent l'un l'autre, je pensais qu'ils ne pouvaient s'empêcher de m'aimer. Et en quelques heures, tous sont devenus mes ennemis ; ils le sont devenus, j'en suis certaine, ces gens d'ici. Comme il est terrible d'affronter la mort, entourée de ces visages de glace ! Isabelle, pleine de terreur et de répulsion, effrayée d'entrer dans la chambre : ce serait si affreux de voir mourir Catherine ! Et Edgar, grave, debout à mon côté pour contempler ma fin, puis offrant à Dieu des actions de grâce pour la paix restaurée à son foyer, et retournant à ses livres ! Au nom de tout ce qui a une âme, qu'a-t-il à faire des livres, quand je suis en train de mourir ?

L'idée de la résignation philosophique de Mr. Linton, que je lui avais mise dans la tête, lui était insupportable. Elle s'agita tellement que son égarement fébrile devint de la folie et qu'elle se mit à déchirer l'oreiller avec ses dents ; puis, se dressant toute brûlante, elle voulut que j'ouvrisse la fenêtre. Nous étions au cœur de l'hiver, le vent soufflait avec force du nord-est, et je m'y opposai. Les expressions fugitives de son visage et ses sautes d'humeur commençaient à m'alarmer terriblement et me remettaient en mémoire sa première maladie et les recommandations qu'avait faites le docteur d'éviter de la contrarier. Une minute auparavant, elle était dans un état violent ; maintenant, appuyée sur un bras, et ne paraissant pas prendre garde à mon refus de lui obéir, elle semblait trouver une distraction puérile à arracher les plumes par les déchirures qu'elle venait de faire à son oreiller, et à les ranger sur son drap suivant leurs différentes espèces : ses idées avaient pris un autre cours.

— Celle-ci est une plume de dindon, murmurait-elle en se parlant à soi-même ; celle-ci de canard sauvage ; et celle-ci de pigeon. Ah ! ils mettent des plumes de pigeon dans les oreillers... il n'est pas étonnant que je n'aie pu mourir ! Il faut que j'aie soin de les jeter à terre quand je me recoucherai. Et en voilà une de coq de bruyère ; et celle-là, je la reconnaîtrais entre mille... c'est une plume de vanneau huppé. Joli oiseau ; il tournoie au-dessus de nos têtes au milieu de la lande. Il voulait regagner son nid, car les nuages arrivaient sur les hauteurs et il sentait venir la pluie. Cette plume a été ramassée sur la bruyère, l'oiseau n'a pas été abattu. Nous avons vu son nid en hiver, plein de petits squelettes. Heathcliff y a mis un piège et les vieux n'osent plus y venir. Je lui ai fait promettre après cela de ne plus jamais tuer un vanneau, et il ne l'a plus fait. Mais en voilà d'autres : a-t-il tué mes vanneaux, Nelly ? Y en a-t-il de rouges parmi eux ? Laissez-moi voir.

— Quittez cette occupation puérile, interrompis-je.

Je lui retirai l'oreiller et tournai les trous du côté du matelas, car elle était en train d'enlever l'intérieur à poignées :

— Couchez-vous et fermez les yeux : vous délirez. En voilà un gâchis ! Le duvet vole partout comme de la neige.

Je le ramassais de tous côtés.

— Je vois en vous, Nelly, continua-t-elle comme dans un rêve, une femme âgée : vous avez les cheveux gris et les épaules courbées. Ce lit est la grotte des fées sous le rocher de Penistone, vous ramassez en ce moment leurs flèches[1] pour en percer nos génisses, et vous prétendez, quand je suis près de vous, que ce ne sont que des flocons de laine. Voilà où vous en serez dans cinquante ans d'ici. Je sais que vous n'êtes pas ainsi maintenant. Je ne délire pas, vous vous trompez, car autrement je croirais que vous êtes réellement cette sorcière décharnée et je penserais que je suis sous le rocher de Penistone. Or j'ai conscience qu'il fait nuit et qu'il y a sur la table deux bougies qui font reluire comme du jais l'armoire noire.

— L'armoire noire ? Où est-elle ? Vous parlez en dormant.

— Elle est contre le mur, là où elle est toujours. Elle a un aspect étrange, j'y vois une figure !

— Il n'y a pas d'armoire dans la chambre et il n'y en a jamais eu.

Je me rassis et relevai le rideau du lit de façon à pouvoir la surveiller.

— Ne voyez-vous pas cette figure, vous ? demanda-t-elle en regardant attentivement dans la glace.

J'eus beau dire, je n'arrivai pas à lui faire comprendre que c'était la sienne. Je finis par me lever et couvris la glace avec un châle.

— Elle est toujours là, derrière, poursuivit-elle avec anxiété. Elle a bougé. Qui est-ce ? J'espère qu'elle ne va pas sortir quand vous serez partie ! Oh ! Nelly ! la chambre est hantée ! J'ai peur de rester seule !

Je lui pris la main et la priai de se calmer ; car une série de tressaillements la secouaient convulsivement et elle ne voulait pas détourner de la glace son regard fixe.

— Il n'y a personne ici, insistai-je. C'était vous-même, Mrs. Linton : vous le saviez bien il y a un instant.

— Moi-même, dit-elle en soupirant, et voilà minuit qui sonne ! C'est vrai, alors ! c'est effrayant !

Ses doigts s'accrochèrent aux draps et les ramenèrent sur ses yeux. J'essayai de me glisser vers la porte avec l'intention d'appeler son mari. Mais je fus rappelée par un cri perçant... le châle était tombé du cadre.

— Eh bien ! Qu'y a-t-il ? criai-je. Qui est poltronne, maintenant ? Éveillez-vous. C'est la glace... le miroir, Mrs. Linton ; vous vous y voyez, et j'y suis aussi, à côté de vous.

Tremblante et égarée, elle se cramponnait à moi, mais l'horreur

---

1. Flèches des fées : pointes de flèches en silex, ainsi nommées par les paysans anglais qui trouvent parfois dans les champs ces objets de fabrication préhistorique et les attribuaient jadis aux fées. (*N.d.T.*)

disparut peu à peu de son visage ; sa pâleur fit place à une rougeur de honte.

– Oh ! mon Dieu, je croyais que j'étais chez moi, soupira-t-elle. Je croyais que j'étais couchée dans ma chambre à Hurle-Vent. Je suis faible, c'est pour cela que mon cerveau s'est troublé et que j'ai poussé des cris sans m'en douter. Ne dites rien ; mais restez avec moi. J'ai peur de m'endormir : mes rêves m'épouvantent.

– Un bon somme vous ferait du bien, madame ; et j'espère que les souffrances que vous ressentez en ce moment vous empêcheront de recommencer à essayer de vous laisser mourir de faim.

– Oh ! si seulement j'étais dans mon lit dans la vieille maison ! continua-t-elle avec amertume, en se tordant les mains. Et ce vent qui souffle dans les sapins près de la fenêtre ! Laissez-moi le sentir... il descend tout droit de la lande... laissez-moi en recueillir un souffle !

Pour la calmer, j'entrouvris la fenêtre pendant quelques secondes. Une bouffée glaciale fit irruption ; je refermai et retournai à mon poste. Elle était couchée et tranquille à présent, le visage baigné de larmes. L'épuisement physique avait complètement apaisé son ardeur : notre fougueuse Catherine n'était plus qu'un enfant gémissant.

– Combien de temps y a-t-il que je me suis enfermée ici ? demanda-t-elle en revenant tout à coup à soi.

– C'était lundi soir, répondis-je, et nous sommes à jeudi soir, ou plutôt vendredi matin, à présent.

– Quoi ! de la même semaine ? pas plus longtemps que cela ?

– C'est encore assez longtemps quand on ne vit que d'eau froide et de mauvaise humeur, observai-je.

– Eh bien, il me semble qu'il y a un nombre d'heures infini, murmura-t-elle d'un air de doute. Il doit y avoir plus longtemps. Je me rappelle que j'étais dans le petit salon après leur querelle, qu'Edgar m'a cruellement irritée et que je me suis enfuie désespérée dans cette chambre. Dès que j'eus verrouillé la porte, l'obscurité complète m'accabla et je tombai sur le plancher. Je n'avais pas pu expliquer à Edgar que j'étais bien certaine d'avoir une attaque, ou de devenir folle furieuse, s'il persistait à m'agacer. Je n'avais plus d'action sur ma langue ni sur mon cerveau, et peut-être ne se doutait-il pas de mon agonie : il me restait à peine assez de sentiment pour essayer de lui échapper, à lui et à sa voix. Avant que je fusse suffisamment remise pour voir et pour entendre, le jour commença de poindre et, Nelly, je vais vous dire ce que je pensais et ce qui m'obsédait sans relâche au point que je craignais pour ma raison. Tandis que j'étais étendue là, la tête contre ce pied de table, mes yeux discernant vaguement le carré gris de la fenêtre, je pensais que j'étais chez moi, enfermée dans le lit aux panneaux de chêne, mon cœur souffrait de quelque grand chagrin, que je n'ai pu me rappeler en me réveillant. Je réfléchis et m'épuisai à découvrir ce que ce pouvait être : chose surprenante, les sept dernières années de ma vie étaient effacées de mon esprit ! Je ne me souvenais pas qu'elles eussent seulement existé. J'étais enfant, mon père venait d'être enterré et mon chagrin provenait de la séparation ordonnée par Hindley entre Heathcliff et moi. Pour la première fois j'étais seule ; et, sortant d'un pénible assoupissement après une nuit de larmes, je levai la main pour écarter les panneaux : ma main frappa le dessus de cette table ! Je la passai sur le tapis, et alors la mémoire me revint tout d'un coup : mon angoisse récente fut noyée dans un paroxysme de désespoir. Je ne saurais dire pourquoi je me sentais si profondément misérable ; j'ai dû être prise d'une folie passagère, car je ne vois guère de raison. Mais supposez qu'à douze ans j'aie été arrachée des Hauts, de mes liens d'enfance et de ce qui était tout pour moi, comme Heathcliff l'était alors, pour être transformée subitement en Mrs. Linton, la maîtresse de Thrushcross Grange et la femme d'un étranger ; proscrite, exilée, par conséquent, de ce qui avait été mon univers... vous pouvez vous faire une idée de l'abîme où j'étais plongée ! Vous aurez beau secouer la tête, Nelly, vous avez aidé à me déranger la cervelle. Vous auriez dû parler à Edgar, certainement vous l'auriez dû, et l'obliger de me laisser tranquille. Oh ! je suis brûlante ! Je voudrais être dehors ! Je voudrais me retrouver petite fille, à demi sauvage, intrépide et libre ; riant des injures au lieu de m'en affoler ! Pourquoi suis-je si changée ? Pourquoi quelques mots font-ils bouillonner mon sang avec une violence infernale ? Je suis sûre que je redeviendrais moi-même si je me retrouvais dans la bruyère sur ces collines. Rouvrez la fenêtre toute grande ; laissez-la ouverte ! Vite, pourquoi ne bougez-vous pas ?

— Parce que je ne veux pas vous faire périr de froid.

— Dites plutôt que vous ne voulez pas me donner une chance de vivre, reprit-elle d'un air morne. Mais, après tout, je ne suis pas encore impotente ; je l'ouvrirai moi-même.

Et, se glissant hors de son lit avant que je pusse l'en empêcher, elle traversa la chambre à pas très incertains, rejeta en arrière les battants de la fenêtre et se pencha dehors, sans souci de l'air glacial qui tombait sur ses épaules comme une lame de couteau. Je la suppliai de se retirer et, à la fin, j'essayai de l'y contraindre. Mais je reconnus bientôt que la force que lui donnait le délire surpassait de beaucoup la mienne (elle avait le délire, je m'en convainquis par la suite de ses actes et de ses divagations). Il n'y avait pas de lune et en bas tout était plongé dans une brume obscure. Pas une lumière ne brillait dans une maison, près ou loin... toutes étaient éteintes depuis longtemps ; et celles de Hurle-Vent n'étaient jamais visibles. Pourtant elle affirmait qu'elle en apercevait les lueurs.

— Regardez ! s'écria-t-elle vivement, voilà ma chambre, avec une chandelle dedans, l'arbre qui se balance devant, et une autre chandelle dans la mansarde de Joseph. Joseph veille tard, n'est-ce pas ? Il attend que je rentre pour pouvoir fermer la barrière. Bon, il attendra encore un peu. C'est un voyage pénible, et j'ai le cœur bien triste pour l'entreprendre ; puis il faut passer par le cimetière de Gimmerton, dans le trajet ! Nous avons souvent bravé ensemble ses revenants et nous nous sommes défiés l'un l'autre de rester au milieu des tombes et de les sommer d'apparaître. Mais, Heathcliff, si je vous en défie maintenant, vous y hasarderez-vous ? Si vous l'osez, je vous garderai avec moi. Je ne veux pas reposer là toute seule. On peut m'enterrer à douze pieds de profondeur et abattre l'église sur moi, je n'aurai pas de repos que vous ne soyez avec moi. Non, jamais !

Elle s'arrêta, puis reprit avec un étrange sourire :

— Il réfléchit... il préférerait de me voir venir à lui. Trouvez le moyen, alors ! Pas par le cimetière. Que vous êtes lent ! Soyez content, vous m'avez toujours suivie.

Comprenant qu'il était vain de lutter contre son insanité, je cherchais comment je pourrais atteindre quelque chose pour l'envelopper, sans la lâcher (car je ne pouvais la laisser seule près de la fenêtre ouverte), quand, à ma consternation, j'entendis tourner la poignée de la porte et Mr. Linton entra. Il venait de quitter la bibliothèque ; en passant par le couloir, il avait entendu le bruit de nos voix et la curiosité, la crainte peut-être, l'avait incité à venir voir ce que cela signifiait, à cette heure tardive.

— Oh ! monsieur, m'écriai-je en arrêtant l'exclamation qui montait à ses lèvres devant le spectacle qui s'offrait à lui et au contact de l'atmosphère glaciale de la chambre, ma pauvre maîtresse est malade et elle m'échappe complètement. Je ne puis en venir à bout ; je vous en prie, venez la persuader de se remettre au lit. Oubliez votre colère, car il est difficile de lui faire faire autre chose que ce qu'elle veut.

— Catherine malade ? dit-il en se précipitant vers nous. Fermez la fenêtre, Hélène ! Catherine, pourquoi...

Il s'arrêta. L'air hagard de Mrs. Linton le frappa de mutisme et il ne put que nous regarder tour à tour avec horreur et stupéfaction.

— Elle est restée ici à s'agiter, repris-je, ne mangeant presque rien et sans jamais se plaindre. Elle n'a voulu laisser entrer personne jusqu'à ce soir, et c'est ainsi que nous n'avons pas pu vous informer de son état, puisque nous ne le connaissions pas nous-mêmes. Mais ce n'est rien.

Je sentis que je donnais mes explications avec gaucherie. Le maître fronça le sourcil :

– Ce n'est rien, n'est-ce pas, Hélène Dean ? dit-il d'un ton sévère. Il faudra que vous me rendiez compte plus clairement de l'ignorance où vous m'avez tenu de ceci !

Il prit sa femme dans ses bras et la considéra avec angoisse. D'abord elle ne parut pas le reconnaître : il était invisible à ses yeux égarés. Son délire, cependant, n'était pas fixé sur un objet unique ; s'étant arrachée à la contemplation de l'obscurité du dehors, elle concentra graduellement son attention sur Edgar et découvrit que c'était lui qui la tenait.

– Ah ! vous voici donc, n'est-ce pas, Edgar Linton ? dit-elle avec une animation courroucée. Vous êtes un de ces êtres qu'on trouve toujours quand on en a le moins besoin, et qu'on ne trouve jamais quand on en a besoin ! Je suppose que nous allons avoir un déluge de lamentations maintenant... je le vois venir... mais rien ne pourra m'éloigner de mon étroite demeure de là-bas ; mon lieu de repos où je parviendrai avant que le printemps soit passé ! C'est là qu'il se trouve : non pas avec les Linton, vous entendez, sous le toit de la chapelle, mais en plein air, avec une pierre tombale, et vous verrez s'il vous plaît d'aller les rejoindre ou de venir à moi !

– Catherine, qu'avez-vous fait ? commença le maître. Ne suis-je plus rien pour vous ? Est-ce que vous aimez ce misérable Heath...

– Taisez-vous, s'écria Mrs. Linton. Taisez-vous à l'instant. Prononcez ce nom et je termine tout sur-le-champ en me jetant par la fenêtre. Vous pouvez être maître de ce que vous touchez en ce moment ; mais mon âme sera au sommet de cette colline avant que vous portiez la main sur moi une autre fois. Je n'ai pas besoin de vous, Edgar : je n'ai plus besoin de vous. Retournez à vos livres. Je suis heureuse que vous ayez une consolation, car tout ce que vous possédiez en moi a disparu.

– Son esprit divague, monsieur, interrompis-je. Elle a passé toute la soirée à dire des folies ; mais laissez-la reposer, avec des soins convenables, et elle se remettra. Désormais nous devrons faire attention avant de la contrarier.

– Je n'ai que faire de vos conseils, répondit Mr. Linton. Vous connaissiez la nature de votre maîtresse et vous m'avez encouragé à l'exaspérer. Et ne pas m'avoir laissé soupçonner l'état où elle se trouvait depuis trois jours ! Quel manque de cœur ! Des mois de maladie ne pourraient produire un tel changement !

Je commençai à me défendre, jugeant trop dur d'être blâmée pour l'entêtement pervers d'une autre.

– Je savais que la nature de Mrs. Linton était obstinée et impérieuse, m'écriai-je, mais je ne savais pas que vous vouliez encourager son caractère violent. Je ne savais pas que, pour lui faire plaisir, je devais fermer les yeux quand Mr. Heathcliff venait. J'ai rempli le devoir d'une fidèle servante en vous avertissant, et voilà ce qu'une fidèle servante reçoit comme gages ! Soit, cela m'apprendra à me méfier la prochaine fois. La prochaine fois, vous pourrez vous procurer vos informations vous-même !

– La prochaine fois que vous me ferez des contes, vous quitterez mon service, Hélène Dean.

– Vous préféreriez n'en rien savoir, sans doute, Mr. Linton ? Vous autorisez Heathcliff à venir faire la cour à Miss et à profiter de chaque occasion que peuvent offrir vos absences pour empoisonner contre vous l'esprit de ma maîtresse ?

Si troublée que fût Catherine, sa pensée était assez alerte pour saisir notre conversation.

– Ah ! Nelly m'a trahie ! s'écria-t-elle avec passion. Nelly est mon ennemie cachée. Sorcière que vous êtes ! Ainsi vous cherchez des flèches de fées pour nous blesser ! Lâchez-moi, je vais l'en faire repentir ! Je lui ferai hurler sa rétractation.

Une rage de folle brillait dans ses yeux. Elle se débattait désespérément pour se dégager des bras de Linton. Je n'avais pas envie d'attendre la suite et, me décidant à aller chercher l'aide d'un médecin sous ma propre responsabilité, je quittai la chambre.

En passant dans le jardin pour gagner la route, à un endroit où un crochet d'attache est fixé dans le mur, je vis quelque chose de blanc qui s'agitait d'une façon irrégulière, évidemment sous une influence autre que celle du vent. Malgré ma hâte je m'arrêtai pour examiner ce que c'était, afin de ne pas laisser par la suite se former dans mon imagination la conviction que j'avais passé à côté d'une créature de l'autre monde. Grandes furent ma surprise et ma perplexité en découvrant, au toucher plus qu'à la vue, la chienne épagneule de Miss Isabelle, Fanny, suspendue par un mouchoir et sur le point d'étouffer. Je rendis bien vite la liberté à la pauvre bête et la déposai dans le jardin. Je l'avais vue suivre en haut sa maîtresse quand celle-ci était allée se coucher ; je me demandais comment elle pouvait être ressortie et se trouver là, et quelle était la personne mal intentionnée qui lui avait infligé ce traitement. Tandis que je défaisais le nœud qui entourait le crochet, il me sembla entendre à plusieurs reprises le bruit des sabots d'un cheval galopant à quelque distance. Mais j'avais tant de sujets de réflexions qu'à peine accordai-je une pensée à cet incident, encore qu'en cet endroit, à deux heures du matin, ce son fût étrange.

Mr. Kenneth, par bonheur, sortait précisément de chez lui pour aller voir un malade dans le village quand j'arrivai dans la rue ; le rapport que je lui fis de la maladie de Catherine le décida à revenir avec moi sur-le-champ. C'était un homme franc et rude. Il ne fit pas scrupule d'exprimer ses doutes de la voir survivre à cette seconde attaque, si elle ne se montrait pas plus docile à ses instructions qu'elle ne l'avait été jusqu'à présent.

— Nelly Dean, dit-il, je ne puis m'empêcher de penser qu'il y là une cause qui m'échappe. Que s'est-il passé à la Grange ? De singulières rumeurs ont couru par ici. Une fille forte et courageuse comme Catherine ne tombe pas malade à propos de rien ; non, cela n'arrive pas à des personnes comme elle. Il faut quelque chose de sérieux pour déterminer, dans ces organisations-là, des fièvres ou d'autres manifestations semblables. Comment cela a-t-il commencé ?

— Le maître vous mettra au courant. Mais vous connaissez le tempérament violent des Earnshaw, et Mrs. Linton le possède au plus haut point. Ce que je puis dire, c'est que cela a débuté par une querelle. Elle a été frappée d'une sorte d'attaque au cours d'un accès de colère. C'est ce qu'elle raconte, du moins, car elle s'est enfuie au plus fort de cet accès et s'est enfermée. Ensuite, elle a refusé de manger et maintenant elle est alternativement dans le délire ou dans un demi-rêve. Elle reconnaît les gens qui l'entourent, mais elle a l'esprit plein d'idées étranges et d'illusions.

— Mr. Linton va être bien affecté ? observa Kenneth sur un ton interrogateur.

— Affecté ? Son cœur se briserait s'il arrivait quelque chose ! Ne l'alarmez pas plus qu'il n'est nécessaire.

— Bon, je lui avais dit de prendre garde. Il a négligé mes avertissements, il faut bien qu'il en subisse les conséquences. N'a-t-il pas été intime avec Mr. Heathcliff depuis quelque temps ?

— Heathcliff fait de fréquentes visites à la Grange, mais bien plutôt en s'autorisant de ce que la maîtresse l'a connu lorsqu'il était enfant qu'à cause du goût que pourrait avoir le maître pour sa société. À présent, il est dispensé de prendre la peine de venir, en raison de certaines aspirations présomptueuses qu'il a manifestées à l'égard de Miss Linton. Je ne crois guère qu'on le reçoive encore.

— Et Miss Linton lui a-t-elle tourné le dos ? questionna encore le docteur.

— Je ne suis pas dans sa confidence, répliquai-je, peu désireuse de continuer sur ce terrain.

— Non, c'est une personne renfermée, remarqua-t-il en secouant la tête. Elle ne prend conseil que d'elle-même. Mais c'est une vraie petite écervelée. Je tiens de bonne source que la nuit dernière (et c'était une jolie nuit !) Heathcliff et elle se sont promenés dans la plantation derrière votre maison pendant plus de deux heures ; il la pressait de ne pas rentrer, mais de monter sur son cheval et de s'enfuir avec lui. Mon informateur rapporte qu'elle n'a pu se débarrasser de lui qu'en s'engageant sur l'honneur à être prête lors de leur prochaine rencontre. Quand doit avoir lieu cette rencontre, c'est ce qu'on n'a pas pu entendre ; mais engagez vivement Mr. Linton à ouvrir l'œil.

Ces nouvelles me fournissaient un autre sujet d'alarmes. Je devançai Kenneth et courus pendant la plus grande partie de mon trajet de retour. La petite chienne aboyait toujours dans le jardin. Je perdis une minute pour lui ouvrir la barrière mais, au lieu de se diriger vers la porte de la maison, elle se mit à courir çà et là, reniflant l'herbe, et elle se serait échappée sur la route si je ne l'eusse saisie et emportée avec moi. Quand je fus montée dans la chambre d'Isabelle, mes soupçons se confirmèrent : elle était vide. Si j'étais venue quelques heures plus tôt, la nouvelle de la maladie de Mrs. Linton aurait pu prévenir sa démarche inconsidérée. Mais que faire maintenant ? Il n'y avait possibilité de les rattraper qu'en se mettant sur-le-champ à leur poursuite. Ce n'est pas moi, pourtant, qui pouvais courir après eux, et je n'osais pas réveiller et mettre en émoi toute la maison ; bien moins encore révéler cette fuite à mon maître, absorbé qu'il était dans son présent malheur et sans courage de reste pour ce nouveau chagrin. Je ne vis rien d'autre à faire que de me taire et de laisser les choses suivre leur cours. Kenneth étant arrivé, j'allai l'annoncer avec une contenance mal assurée. Catherine dormait d'un sommeil troublé ; son mari avait réussi à apaiser son accès de frénésie ; il était penché sur l'oreiller, épiant toutes les nuances et tous les changements de la pénible expression de ses traits.

Le docteur, après avoir examiné le cas, lui exprima l'espoir d'une issue favorable, si nous pouvions maintenir autour d'elle un calme parfait et constant. À moi, il révéla que le danger qui menaçait n'était pas tant la mort que l'aliénation mentale permanente.

Je ne fermai pas l'œil cette nuit-là, non plus que Mr. Linton ; nous ne nous couchâmes même pas. Longtemps avant l'heure habituelle, les domestiques étaient tous levés, circulant dans la maison d'un pas furtif et échangeant leurs réflexions à voix basse quand ils se rencontraient l'un l'autre au cours de leurs travaux. Tout le monde était en mouvement, sauf Miss Isabelle. On remarqua bientôt qu'elle avait le sommeil bien profond. Son frère, également, demanda si elle était levée ; il paraissait impatient de la voir apparaître, et blessé qu'elle se montrât si peu inquiète de sa belle-sœur. Je tremblais qu'il ne m'envoyât la chercher ; mais j'échappai à la peine d'être la première à annoncer sa fuite. Une des servantes, fille étourdie, qui avait été faire une course matinale à Gimmerton, arriva en haut de l'escalier, hors d'haleine, et se précipita dans la chambre en s'écriant :

— Oh ! mon Dieu ! mon Dieu ! Que va-t-il arriver encore ? Maître, maître, notre jeune demoiselle...

— Pas tant de vacarme ! criai-je vivement, furieuse de sa bruyante démonstration.

— Parlez plus bas, Marie... qu'y a-t-il ? dit Mr. Linton. Qu'est-il arrivé à votre jeune demoiselle ?

— Elle est partie, elle est partie ! Ce Heathcliff s'est enfui avec elle ! dit la fille en haletant.

— Ce n'est pas vrai ! s'écria Linton en se levant avec agitation. C'est impossible ; comment cette idée vous est-elle entrée dans la tête ? Hélène Dean, allez la chercher. C'est incroyable ; c'est impossible.

Tout en parlant, il conduisait la servante vers la porte, puis il lui demanda de nouveau de lui faire savoir les raisons d'une telle assertion.

— Eh bien, j'ai rencontré sur la route un garçon qui vient chercher du lait ici, balbutia-t-elle, et il m'a demandé si nous n'étions pas dans l'inquiétude à la Grange. Je pensais qu'il voulait parler de la maladie de madame, et je répondis que si. Alors il me dit : « On s'est mis à leur poursuite, je pense ? » Je le regardai avec surprise. Il vit que je ne savais rien et il me raconta comment un monsieur et une dame s'étaient arrêtés chez un forgeron pour faire remettre un fer à un cheval, à deux milles de Gimmerton, peu après minuit, et comment la fille du forgeron s'était levée pour voir qui c'était : elle les avait reconnus aussitôt tous les deux. Elle vit l'homme – c'était Heathcliff, elle en était certaine : personne ne peut le confondre avec un autre, du reste – mettre en paiement un souverain dans la main de son père. La dame avait son manteau sur la figure. Mais elle demanda une gorgée d'eau et, pendant qu'elle buvait, le manteau retomba et laissa voir très distinctement ses traits. Heathcliff tenait les rênes des deux montures quand ils partirent ; ils tournèrent le dos au village et s'éloignèrent aussi vite que le mauvais état des routes le leur permettait. La jeune fille ne dit rien à son père, mais elle a raconté l'histoire dans tout Gimmerton ce matin.

Pour la forme, je courus à la chambre d'Isabelle et y jetai un coup d'œil ; en revenant, je confirmai les dires de la servante. Mr. Linton avait repris sa place près du lit ; à ma rentrée, il leva les yeux, comprit la signification de mon air désolé, et les baissa de nouveau sans donner un ordre ni prononcer un mot.

— Allons-nous essayer quelque chose pour la rattraper et la ramener ? demandai-je. Que pourrions-nous faire ?

— Elle est partie de son plein gré, répondit le maître ; elle avait le droit de partir si bon lui semblait. Ne m'importunez plus à son sujet. Elle n'est plus ma sœur que de nom, désormais ; non que je la désavoue, mais parce qu'elle m'a désavoué.

Ce fut tout ce qu'il dit à ce propos. Il ne se livra par la suite à aucune investigation et ne fit aucune allusion à elle, sauf pour m'enjoindre d'envoyer ce qui lui appartenait dans la maison à sa nouvelle demeure, où qu'elle fût, dès que je la connaîtrais.

CHAPITRE XIII

Les fugitifs restèrent absents deux mois. Durant ces deux mois, Mrs. Linton traversa la crise la plus dangereuse de ce qu'on appelait une fièvre cérébrale, et en triompha. Jamais mère n'eût pu entourer son enfant unique de soins plus dévoués que ceux qu'Edgar lui prodigua. Jour et nuit, il veillait, et endurait patiemment tous les tourments que peuvent infliger des nerfs irritables et une raison ébranlée. Bien que Kenneth fît observer que ce qu'il arrachait à la tombe ne récompenserait son dévouement qu'en devenant par la suite la source d'une constante anxiété – en fait, qu'il sacrifiait sa santé et ses forces pour conserver une simple ruine humaine –, sa reconnaissance et sa joie ne connurent pas de bornes quand la vie de Catherine fut déclarée hors de danger. Il restait assis à côté d'elle pendant des heures, à épier le retour graduel de sa santé physique et à nourrir ses trop ardents espoirs de l'illusion que son esprit aussi retrouverait son juste équilibre, que bientôt elle redeviendrait tout à fait elle-même.

Ce fut au début du mois de mars suivant qu'elle sortit pour la première fois de sa chambre. Mr. Linton avait mis le matin sur son oreiller une poignée de crocus dorés. Son regard, depuis longtemps déshabitué de tout objet gracieux, tomba sur eux quand elle s'éveilla. Elle parut ravie et les ramassa avec empressement.

— À Hurle-Vent, ce sont les premières fleurs, s'écria-t-elle. Elles me rappellent les douces brises du dégel, les chauds rayons du soleil et la neige presque fondue. Edgar, le vent ne vient-il pas du sud et la neige n'a-t-elle pas à peu près complètement disparu ?

— La neige a tout à fait disparu ici, ma chérie, répondit son mari, et je ne vois que deux taches blanches sur toute l'étendue de la lande. Le ciel est bleu, les alouettes chantent et les ruisseaux coulent à pleins bords. Catherine, au printemps dernier, à pareille époque, j'aspirais à vous avoir sous ce toit. Maintenant, je voudrais vous voir à un mille ou deux d'ici, sur ces collines ; l'air y est si doux que je suis sûr qu'il vous guérirait.

– Je n'irai plus jamais là-bas qu'une seule fois, dit l'invalide ; alors vous me quitterez et j'y resterai pour toujours. Au printemps prochain, vous aspirerez encore à m'avoir sous ce toit, vous tournerez la vue en arrière et vous songerez que vous étiez heureux aujourd'hui.

Linton lui prodigua les plus tendres caresses et essaya de la réconforter par les paroles les plus affectueuses ; mais elle regardait distraitement les fleurs, laissant sans y prendre garde les larmes s'accumuler dans ses cils et ruisseler sur ses joues. Nous savions qu'elle était réellement mieux ; en conséquence nous jugeâmes que son abattement était dû en grande partie à sa longue réclusion dans un même endroit et qu'un changement de milieu pourrait la soulager notablement. Mon maître me dit d'allumer le feu dans le petit salon déserté depuis plusieurs semaines et d'y installer une bergère au soleil près de la fenêtre. Puis il la descendit, et elle resta longtemps à jouir de la bienfaisante chaleur, ranimée, comme nous nous y attendions, par la vue des objets qui l'environnaient : objets qui, bien que familiers, n'étaient pas associés aux lugubres souvenirs attachés à son odieuse chambre de malade. Vers le soir, elle parut très épuisée ; pourtant aucun argument ne parvint à la persuader de retourner dans cette dernière pièce, et je dus lui faire un lit sur le sofa du petit salon, en attendant qu'on ait pu lui installer une autre chambre. Pour lui épargner la fatigue de monter et de descendre l'escalier, nous préparâmes celle-ci, où vous êtes à présent, au même étage que le petit salon ; et bientôt elle fut assez forte pour aller de l'une à l'autre, appuyée au bras d'Edgar. Ah ! me disais-je, elle devrait se rétablir, soignée comme elle l'est. Et il y avait une double raison de le souhaiter, car de son existence en dépendait une autre : nous nourrissions l'espoir que, dans peu de temps, la naissance d'un héritier réjouirait le cœur de Mr. Linton et soustrairait ses biens à la griffe d'un étranger.

Je dois relater qu'Isabelle adressa à son frère, quelque six semaines après son départ, un court billet annonçant son mariage avec Heathcliff. Ce billet semblait sec et froid ; mais à la fin était griffonnée au crayon une confuse excuse, et la prière d'un bon souvenir et d'une réconciliation, si sa conduite l'avait offensé. Elle ajoutait qu'elle n'avait pu agir autrement et que, maintenant que c'était fait, c'était irrémédiable. Linton ne lui répondit pas, je crois. Une quinzaine plus tard, je reçus une longue lettre qui me sembla étrange, de la part d'une jeune mariée qui venait à peine de terminer sa lune de miel. Je vais vous la lire, car je l'ai gardée. Toutes les reliques des morts sont précieuses, quand on faisait cas d'eux de leur vivant.

Chère Hélène,

Je suis arrivée hier soir à Hurle-Vent et j'y ai appris pour la première fois que Catherine avait été et est encore très malade. Je suppose que je ne dois pas lui écrire, et mon frère est trop fâché ou trop désolé pour répondre au billet que je lui ai envoyé. Pourtant, il faut que j'écrive à quelqu'un et je n'ai pas d'autre choix que de m'adresser à vous.

Dites à Edgar que je donnerais tout au monde pour le revoir, que mon cœur est revenu à Thrushcross Grange vingt-quatre heures après que j'en fus partie, et qu'il y est en ce moment, plein de tendresse pour lui et pour Catherine. Je ne peux cependant l'y suivre (ces mots sont soulignés) ; qu'ils ne m'attendent pas et qu'ils tirent de ma conduite les conclusions qu'ils voudront, pourvu toutefois qu'ils ne mettent rien au compte d'une faiblesse de volonté ou d'un manque d'affection.

Le reste de cette lettre est pour vous seule. J'ai deux questions à vous faire. La première est celle-ci : comment êtes-vous arrivée à conserver la sociabilité qui est dans la nature humaine quand vous demeuriez ici ? Je ne puis découvrir en moi aucun sentiment commun avec les êtres qui m'entourent.

La deuxième question m'intéresse particulièrement. La voici : Mr. Heathcliff est-il un homme ? Si oui, est-il fou ? Si non, est-ce un démon ? Je ne vous dirai pas les raisons que j'ai de faire cette demande. Mais je vous supplie de m'expliquer, si vous le pouvez, quel être j'ai épousé, quand vous viendrez me voir, et il faut que vous veniez, Hélène, très prochainement. N'écrivez pas, mais venez et apportez-moi quelque chose d'Edgar.

Maintenant, il faut que je vous dise comment j'ai été reçue dans ma nouvelle demeure, car j'imagine que c'est ainsi que je dois considérer les Hauts. C'est pour m'amuser que je m'arrête à des sujets tels que le manque de commodités matérielles ; ils n'ont jamais occupé ma pensée, sauf au moment précis où j'en souffre. Je rirais et danserais de joie si je découvrais que ces privations sont toutes mes misères et que le reste n'est qu'un rêve fantastique !

Le soleil se couchait derrière la Grange quand nous débouchâmes sur la lande ; je jugeai par conséquent qu'il pouvait être six heures. Mon compagnon s'arrêta une demi-heure pour inspecter de son mieux le parc, les jardins et, probablement, la maison elle-même, de sorte qu'il faisait nuit quand nous mîmes pied à terre dans la cour pavée de la ferme. Votre vieux camarade Joseph sortit pour nous recevoir à la lueur d'une chandelle, avec une courtoisie qui faisait honneur à sa réputation. Il commença par élever la lumière à hauteur de ma figure, loucha d'un air mauvais, avança la lèvre inférieure et fit demi-tour. Puis il prit les deux chevaux et les conduisit à l'écurie ; il revint ensuite fermer la barrière extérieure, comme si nous vivions dans un château fort du temps jadis.

Heathcliff s'arrêta pour lui parler et j'entrai dans la cuisine, un trou noir et sale ; je crois que vous ne la reconnaîtriez pas, tant elle est changée depuis le temps où c'était votre domaine. Près du feu se tenait un enfant, à l'air canaille, fortement charpenté et malproprement vêtu ; il y avait dans ses yeux et dans sa bouche une expression qui rappelait Catherine.

– C'est le neveu par alliance d'Edgar, me dis-je, le mien en quelque sorte ; il faut que je lui donne la main et... oui... il faut que je l'embrasse. Il est bien d'établir la bonne entente dès le début.

Je m'approchai et, essayant de prendre sa grosse patte, je lui dis :
– Comment vas-tu, mon chéri ?

Il me répondit dans un jargon que je ne comprenais pas. Je fis une nouvelle tentative pour poursuivre la conversation.
– Serons-nous amis, toi et moi, Hareton ?

Un juron et une menace de lâcher Throttler sur moi si je ne « décampais » pas furent le seul fruit de ma persévérance.
– Hé ! Throttler, mon gaillard ! murmura le petit drôle en faisant sortir du repaire qu'il occupait dans un coin un bouledogue à demi sauvage.
– Maintenant, veux-tu t'en aller ? me demanda-t-il avec autorité.

Le souci de ma sécurité m'obligea d'obéir ; je repassai le seuil pour attendre l'entrée des autres. Mr. Heathcliff était toujours invisible.

Joseph, que je suivis à l'écurie et que je priai de m'accompagner dans la maison, me regarda d'un air stupide, marmotta entre ses dents, tordit son nez et répondit :
– Doucement ! doucement ! doucement ! Jamais chrétien a-t-y entendu quéqu'chose d'pareil ? Vous mangez des mots, vous l's avalez ! Comment que j'pourrions d'viner c'que vous dites ?
– Je dis que je désire que vous veniez avec moi dans la maison ! criai-je, croyant qu'il était sourd et néanmoins très dégoûtée de sa grossièreté.
– Que nenni ! J'ons quéqu'chose d'aut' à faire, répliqua-t-il.

Et il continua son ouvrage, sans cesser de remuer ses joues creuses, en examinant avec un mépris suprême mon costume et ma mine – l'un beaucoup trop élégant, mais l'autre, j'en suis sûre, triste à souhait.

Je fis le tour de la cour, franchis une petite barrière et arrivai à une autre porte où je pris la liberté de frapper, dans l'espoir que quelque domestique un peu plus poli se montrerait. Au bout d'un moment la porte fut ouverte par un homme de haute taille, maigre, sans cravate et d'ailleurs extrêmement mal tenu. Ses traits étaient noyés dans une masse de cheveux hirsutes qui lui pendaient sur les épaules ; et ses yeux, eux aussi, ressemblaient à ceux du fantôme de Catherine dont toute la beauté serait anéantie.

– Que faites-vous ici ? demanda-t-il d'un ton farouche. Qui êtes-vous ?

– Mon nom était Isabelle Linton, répondis-je. Vous m'avez déjà vue, monsieur. J'ai épousé récemment Mr. Heathcliff et il m'a amenée ici... avec votre agrément, je suppose.

– Il est revenu, alors ? interrogea l'ermite en lançant des regards de loup affamé.

– Oui... nous venons d'arriver. Mais il m'a laissée à la porte de la cuisine ; quand j'ai voulu entrer, votre petit garçon s'est mis à faire la sentinelle en faction et, avec l'aide d'un bouledogue, m'a fait reculer tout effrayée.

– Le damné coquin a bien fait de tenir sa parole ! grommela mon futur hôte en scrutant les ténèbres derrière moi pour y découvrir Heathcliff ; puis il se livra à un soliloque d'imprécations et de menaces sur ce qu'il aurait fait si le « démon » l'avait trompé.

Je me repentais d'avoir essayé cette seconde entrée et j'avais envie de m'échapper avant qu'il eût terminé ses malédictions ; mais je n'avais pas encore pu mettre ce projet à exécution qu'il m'ordonna d'entrer, ferma et reverrouilla la porte. Il y avait un grand feu, et c'était la seule lumière dans la vaste pièce dont le sol avait pris une teinte uniformément grise ; les plats d'étain autrefois si brillants, qui attiraient mon regard quand j'étais petite fille, avaient la même nuance sombre due à la saleté et à la poussière. Je demandai si je pouvais appeler la servante et me faire conduire à une chambre à coucher. Mr. Earnshaw ne daigna pas me répondre. Il arpentait la salle, les mains dans les poches, paraissant avoir tout à fait oublié ma présence. Je le voyais si profondément absorbé et son aspect général était empreint d'une telle misanthropie que je n'osai le déranger en renouvelant ma question.

Vous ne serez pas surprise, Hélène, que je me sois sentie particulièrement abattue, assise à ce foyer inhospitalier, dans une compagnie pire que la solitude et songeant qu'à quatre milles de là était ma charmante demeure, où se trouvaient les seuls êtres que j'aime sur la terre. L'Atlantique ne nous aurait pas mieux séparés que ces quatre milles : je ne pouvais les franchir ! Je me demandais vers qui me tourner pour trouver un réconfort. Puis – ayez soin de n'en rien dire à Edgar ni à Catherine – un autre chagrin dominait toutes mes peines du moment : le désespoir de ne trouver personne qui pût ou voulût être mon allié contre Heathcliff. J'avais cherché presque avec joie un refuge à Hurle-Vent, parce qu'ainsi j'étais dispensée de vivre seule avec lui ; mais il connaissait les gens chez qui nous venions et ne craignait pas leur intervention.

Je restai longtemps assise à méditer tristement. L'horloge sonna huit heures, puis neuf heures ; mon compagnon continuait à marcher de long en large, la tête inclinée sur la poitrine, dans le plus complet mutisme, sauf les grognements ou les violentes exclamations qui s'échappaient de temps à autre de ses lèvres. J'écoutais, dans l'espoir de découvrir une voix de femme dans la maison, et me laissais assaillir, en attendant, par de cruels regrets et de lugubres prévisions, qui, à la fin, m'arrachèrent des soupirs et des pleurs que je ne pus réprimer. Je ne m'aperçus que ma douleur était si manifeste que quand Earnshaw, dans sa lente promenade, s'arrêta en face de moi et me jeta un regard de surprise. Profitant de l'attention qu'il m'accordait de nouveau, je m'écriai :

— Je suis fatiguée de mon voyage et voudrais aller me coucher. Où est la servante ? Conduisez-moi à elle, puisqu'elle ne vient pas.

— Il n'y en a pas. Il faudra que vous fassiez votre service vous-même.

— Où dois-je coucher, alors ? sanglotai-je.

J'avais perdu tout amour-propre, accablée que j'étais de fatigue et de misère.

— Joseph vous montrera la chambre de Heathcliff. Ouvrez cette porte... il est là.

J'allais obéir, mais il m'arrêta tout à coup et ajouta sur le ton le plus singulier :

— Ayez l'obligeance de tourner votre clef et de tirer votre verrou... n'y manquez pas !

— Bien, dis-je. Mais pourquoi, Mr. Earnshaw ?

Je n'aimais pas beaucoup l'idée de m'enfermer volontairement avec Heathcliff.

— Regardez, répondit-il en tirant de son gilet un pistolet de fabrication curieuse, avec un couteau à ressort à deux tranchants fixé au canon. Voilà une grande tentation pour un homme au désespoir, n'est-il pas vrai ? Je ne puis m'empêcher de monter toutes les nuits avec cette arme et d'essayer d'entrer chez lui. Si jamais je trouve sa porte ouverte, il est perdu ! Je n'y manque pas une fois, même si une minute avant je me suis remémoré mille raisons qui devraient me retenir. Il faut que ce soit quelque démon qui me pousse à déjouer mes propres desseins en le tuant. Combattez ce démon pour l'amour de lui aussi longtemps que vous pourrez : quand l'heure sera venue, tous les anges du ciel ne le sauveraient pas !

Je considérai l'arme avec attention. Une idée affreuse me frappa : quelle ne serait pas ma puissance, si je possédais un semblable instrument ! Je le lui pris des mains et touchai la lame. Il parut surpris de l'expression qui passa sur mon visage pendant une brève seconde ; ce n'était pas de l'horreur, c'était de la convoitise. Il m'arracha le pistolet jalousement, ferma le couteau et replaça le tout dans la poche où il était caché.

— Il m'est indifférent que vous le lui disiez, reprit-il. Mettez-le sur ses gardes et veillez sur lui. Je vois que vous savez en quels termes nous sommes : le danger qu'il court ne vous étonne pas.

— Que vous a fait Heathcliff ? demandai-je. Quels torts a-t-il eus envers vous, qui justifient cette haine effrayante ? Ne serait-il pas plus sage de le prier de quitter la maison ?

— Non ! tonna Earnshaw. S'il fait mine de partir, c'est un homme mort. Persuadez-le d'essayer et vous commettrez un meurtre. Faut-il que je perde *tout*, sans aucune chance de rien regagner ? Faut-il que Hareton soit un mendiant ? Oh ! damnation ! Je veux reprendre mon bien ; et je veux avoir *son* or aussi ; et puis son sang ; et l'enfer aura son âme ! Il sera dix fois plus noir avec cet hôte-là qu'il ne l'a jamais été !

Vous m'avez mise au courant, Hélène, des manières de votre ancien maître. Il est évidemment au bord de la folie, du moins y était-il la nuit dernière. Je frissonnais de me sentir près de lui et je pensais qu'en comparaison la grossièreté morose du domestique était agréable. Il reprit sa marche pensive ; je soulevai le loquet et m'échappai dans la cuisine. Joseph était penché sur le feu, surveillant une grande marmite qui se balançait au-dessus de l'âtre ; un bol de bois plein de gruau d'avoine était posé sur le banc à côté. Le contenu de la marmite commençait à bouillir, et Joseph se tourna pour plonger la main dans le bol. Je conjecturai que ces préparatifs devaient être destinés à notre souper et, comme j'avais faim, je décidai qu'il fallait que le plat fût mangeable. Aussitôt, criant sur un ton aigu : « Je vais faire le porridge », je plaçai le récipient hors de son atteinte et, tout en retirant mon chapeau et mon amazone, je poursuivis :

— Mr. Earnshaw m'a annoncé que j'aurais à me servir moi-même : je vais m'y mettre. Je n'ai pas l'intention de faire la dame parmi vous, car je craindrais de mourir de faim.

— Bon Dieu ! murmura-t-il en s'asseyant et en passant la main sur ses bas à côtes depuis le genou jusqu'à la cheville. S'y faut qu'je r'cevions d'nouveaux ordres, juste quand c'est que j'viens d'm'habituer à deux maîtres, s'y faut qu'j'ayons eune maîtresse su'l'dos, il est grand temps que j'disparaissions. Je n'pensions point voir jamais l'jour qu'y m'faudrait quitter la vieille maison... mais j'croyons qu'il est ben proche !

Je ne pris pas garde à ces lamentations. Je me mis vivement à l'œuvre, en soupirant au souvenir de l'époque où tout cela n'aurait été qu'une joyeuse plaisanterie ; mais je fus bien vite forcée de chasser cette réminiscence. L'image de mon bonheur passé me torturait, et plus je redoutais d'en évoquer l'apparition, plus vite tournait la spatule et plus vite les poignées de farine tombaient dans l'eau.

Joseph contemplait ma manière de faire la cuisine avec une indignation croissante.

– V'là ! s'écria-t-il. Hareton, t'auras point d'porridge ce soir ; ce n'seront ren qu'des boulettes aussi grosses qu'mon poing. C'est ça ! je jetterions d'dans le bol et tout le reste, si j'étions que d'vous. Allons tirez l'écume et ça y sera. Pan ! pan ! C'est eune bénédiction que l'fond y soye point crevé !

C'était certainement un mets assez grossier, je l'avoue, quand il fut versé dans les assiettes. Il y en avait quatre préparées, et l'on avait apporté de la laiterie un pot de lait frais, dont Hareton se saisit ; il se mit à boire en en répandant la moitié. Je protestai et voulus qu'il versât son lait dans sa tasse. Je déclarai que je ne pourrais pas goûter à un liquide aussi malproprement manipulé. Le vieux cynique jugea bon de se montrer très scandalisé de ce raffinement ; il m'assura, à plusieurs reprises, que « l'gamin y m'valait ben », et qu'il était « aussi sain comme moi », s'étonnant que je pusse être si infatuée de ma personne. Pendant ce temps, le jeune vaurien continuait de téter et me regardait d'un air de défi tout en bavant dans le pot.

– Je prendrai mon souper dans une autre pièce, déclarai-je. N'avez-vous pas un endroit que vous appelez le petit salon ?

– P'tit salon ! répéta-t-il en ricanant. P'tit salon ! Non, nous n'avons point de p'tits salons. Si not'compagnie n'vous plaît point, y a celle du maître ; et si c'est qu'vous n'aimez point celle du maître, y a la nôtre.

– Alors je vais monter. Montrez-moi une chambre.

Je mis mon assiette sur un plateau et allai moi-même chercher encore un peu de lait. Le vieux drôle se leva en grognant beaucoup et me précéda dans l'escalier. Nous montâmes jusqu'au grenier. Il ouvrait une porte de temps à autre et regardait dans les pièces devant lesquelles nous passions.

– V'là eune chambre, dit-il enfin en faisant tourner sur ses gonds une planche branlante. Elle est ben assez bonne pour y manger un peu d'porridge. Y a un tas d'grain dans l'coin, là qu'est gentiment propre ; si vous avez peur ed'salir vot'belle robe d'soie, étendez vot'mouchoir dessus.

La « chambre » était une espèce de débarras qui empoisonnait le malt et le grain ; différents sacs pleins de ces denrées étaient empilés tout autour, laissant un large espace libre au milieu.

— Voyons ! m'écriai-je en le regardant d'un air furieux, ce n'est pas là un endroit pour passer la nuit. Je désire voir ma chambre à coucher.

— Chambre à coucher ! répéta-t-il sur un ton moqueur. Vous avez vu toutes les chambres à coucher qu'y a ici... v'là la mienne !

Il me désigna un second galetas, qui ne différait du premier que parce que les murs y étaient plus nus et qu'il s'y trouvait un grand lit bas, sans rideaux, avec un couvre-pied indigo à un bout.

— Qu'ai-je à faire de la vôtre ? répliquai-je. Je suppose que Mr. Heathcliff ne loge pas sous les toits, n'est-ce pas ?

— Oh ! c'est la chambre de M'sieu Heathcliff que vous d'sirez ? s'écria-t-il comme s'il faisait une découverte. Vous pouviez donc point l'dire tout dret ? J'vous aurions expliqué, sans m'donner tant d'peine, qu'c'est tout justement la seule que vous n'puissiez point voir... y la tient toujours fermée à clef et personne y entre jamais qu'lui.

— Voilà une jolie maison, Joseph, ne pus-je m'empêcher d'observer, et d'agréables habitants. Je crois que l'essence concentrée de toute la folie qu'il y a dans le monde s'est logée dans ma cervelle le jour que j'ai lié mon sort au leur ! Quoi qu'il en soit, ce n'est pas la question pour le moment... il y a d'autres chambres. Pour l'amour du Ciel dépêchez-vous et laissez-moi m'installer quelque part.

Il ne répondit pas à cette adjuration. Il se borna à redescendre péniblement et d'un air bourru les degrés de bois et à s'arrêter devant une pièce qu'à la qualité supérieure de son ameublement je jugeai devoir être la meilleure de la maison. Il y avait un tapis : un bon tapis, mais le dessin en était caché sous une couche de poussière, une cheminée tendue de papier taillardé qui tombait en lambeaux ; un beau lit de chêne avec de grands rideaux rouges d'une étoffe d'un certain prix, de fabrication moderne, mais qui avaient manifestement été mis à rude épreuve. Les bandes du haut, arrachées de leurs anneaux, pendaient en festonnant, et la tige de fer qui les supportait était courbée en arc d'un côté, laissant la draperie traîner sur le plancher. Les chaises aussi étaient endommagées, beaucoup d'entre elles sérieusement ; de profondes entailles dégradaient les panneaux des murs. J'essayais de me décider à entrer dans cette pièce et à en prendre possession, quand mon imbécile de guide annonça : « C't ici la chambre du maître. » Pendant ce temps mon souper était refroidi, mon appétit enfui et ma patience épuisée. J'insistai pour avoir sur-le-champ un lieu de refuge et les moyens de me reposer.

– Mais où diable ? commença le religieux vieillard. Le Seigneur nous bénisse ! Le Seigneur nous pardonne ! Où diable c'est-y qu'vous voulez aller ? Vous êtes lassante, à la fin des fins ! Vous avez tout vu, excepté l'petit bout d'chambre de Hareton. Y en a pus d'autre dans la maison.

J'étais si irritée que je lançai à terre mon plateau avec tout ce qui était dessus ; puis je m'assis sur le haut de l'escalier, me cachai le visage dans les mains et pleurai.

– Ah ! ah ! s'écria Joseph. Ben fait, Miss Cathy ! Ben fait, Miss Cathy ! Eh ben ! l'maître y va trébucher dans c'te vaisselle cassée ; et alors nous entendrons quéqu'chose ; nous verrons c'qui s'passera. Qué stupide folie ! Vous mériteriez d'être en pénitence jusqu'à la Noël, pour j'ter ainsi à vos pieds les précieux dons de Dieu dans vos rages insensées ! Mais je m'trompions fort, ou vous n'montrerez point c'te énergie-là longtemps. Pensez-vous que Heathcliff y va supporter ces jolies manières ? J'voudrions qu'y vous y prenne, à ce p'tit jeu-là. Oui, je l'voudrions.

Là-dessus, il redescendit à sa tanière en grognant et emporta la chandelle avec lui ; je restai dans l'obscurité. La réflexion qui succéda à ma sotte action me força de reconnaître la nécessité de faire taire mon orgueil, d'étouffer ma colère et de me hâter d'en faire disparaître les traces. Une aide inattendue se présenta tout à coup sous forme de Throttler, que je reconnus maintenant pour le fils de notre vieux Skulker : il avait passé ses premiers mois à la Grange et avait été donné par mon père à Mr. Hindley. Je crois qu'il me reconnut aussi. Il frotta son nez contre le mien en manière de salut, puis se hâta de dévorer le porridge, pendant que je tâtonnais de marche en marche, ramassant les débris de faïence et essuyant les éclaboussures de lait sur la rampe avec mon mouchoir. Nos travaux étaient à peine terminés que j'entendis le pas d'Earnshaw dans le corridor. Mon aide baissa la queue et se colla contre le mur ; je me glissai dans l'encoignure de la porte la plus proche. Les efforts du chien pour éviter son maître n'eurent pas de succès, comme me l'apprirent un bruit de pas précipités et un hurlement prolongé et pitoyable. J'eus plus de chance : il passa, entra dans sa chambre et ferma la porte. Aussitôt après, Joseph monta avec Hareton pour le mettre au lit. J'avais trouvé un refuge dans la chambre de Hareton et le vieillard, en me voyant, dit :

— Y a d'la place pour vous et vot'orgueil, à présent, que j'pensions, dans la salle. Elle est vide. Vous pouvez l'avoir tout entière à vous, et à Celui qu'est toujours là en tiers, et en ben mauvaise compagnie !

Je profitai avec empressement de l'avis ; et, à l'instant même où je me jetais sur une chaise, près du feu, ma tête s'inclina et je m'endormis. Mon sommeil fut profond et doux, mais il prit fin beaucoup trop tôt. Mr. Heathcliff me réveilla. Il venait de rentrer et me demandait, de sa manière charmante, ce que je faisais là. Je lui expliquai que, si j'étais encore debout si tard, c'est qu'il avait la clé de notre chambre dans sa poche. L'adjectif *notre* l'offensa mortellement. Il jura que sa chambre n'était pas et ne serait jamais la mienne et qu'il... mais je ne veux pas reproduire son langage ni décrire sa conduite habituelle : il est ingénieux et inlassable quand il s'agit de s'attirer mon horreur ! L'étonnement qu'il me cause parfois est tel que ma frayeur en est étouffée ; pourtant, je vous assure, un tigre ou un serpent venimeux ne pourraient m'inspirer une terreur égale à celle qu'il fait naître en moi. Il me mit au courant de la maladie de Catherine, accusa mon frère d'en être cause et me promit qu'il me ferait souffrir à la place d'Edgar, jusqu'à ce qu'il puisse mettre la main sur lui.

Je le hais... je suis bien misérable... j'ai été folle ! Gardez-vous de souffler mot de tout cela à la Grange. Je vous attendrai chaque jour... ne trompez pas mon attente !

ISABELLE

CHAPITRE XIV

Dès que j'eus fini de lire cette lettre, j'allai trouver le maître. Je lui annonçai que sa sœur était arrivée à Hurle-Vent, qu'elle m'avait écrit pour me faire part du chagrin que lui causait l'état de Mrs. Linton et de son ardent désir de le voir ; j'ajoutai qu'elle souhaitait qu'il voulût bien lui faire parvenir aussitôt que possible un gage de pardon, par mon entremise.

– De pardon ! dit Linton. Je n'ai rien à lui pardonner, Hélène. Vous pouvez aller à Hurle-Vent cet après-midi, si vous voulez, et lui dire que je ne suis pas irrité, mais affligé de l'avoir perdue ; d'autant plus que je ne puis croire qu'elle soit jamais heureuse. Il ne saurait cependant être question pour moi d'aller la voir ; nous sommes séparés pour toujours. Si elle veut réellement m'obliger, qu'elle persuade le coquin qu'elle a épousé de quitter le pays.

– Et vous ne lui écrirez pas un petit mot, monsieur ? demandai-je d'un ton suppliant.

– Non ; c'est inutile. Mes rapports avec la famille de Heathcliff seront aussi rares que les siens avec la mienne. Ils n'existeront pas !

La froideur de Mr. Edgar me découragea extrêmement. Pendant tout le trajet à partir de la Grange, je me creusai la cervelle pour trouver le moyen de donner un peu plus de cordialité à ses paroles, quand je les répéterais, et d'adoucir le refus qu'il avait opposé à ma demande de quelques simples lignes pour consoler Isabelle. Je crois bien qu'elle me guettait depuis le matin : je la vis qui regardait derrière la fenêtre, comme je montais la chaussée du jardin, et je lui fis signe ; mais elle recula, comme si elle craignait d'être observée. J'entrai sans frapper. On ne peut imaginer de spectacle plus triste, plus lugubre que celui que présentait cette salle autrefois si gaie ! Je dois avouer que, si j'eusse été à la place de la jeune femme, j'aurais au moins balayé le foyer et essuyé les tables avec un torchon. Mais elle était déjà gagnée par le contagieux esprit d'incurie qui l'environnait. Sa jolie figure était pâle et indolente ; ses cheveux n'étaient pas bouclés ; quelques mèches pendaient lamentablement, d'autres étaient roulées sans soin sur sa tête. Elle ne s'était probablement pas déshabillée depuis la veille au soir. Hindley n'était pas là. Mr. Heathcliff était assis à une table, en train de feuilleter quelques papiers dans son portefeuille ; mais il se leva quand j'entrai, me demanda très amicalement comment j'allais et m'offrit une chaise. Au milieu de tout ce qu'il y avait là, lui seul avait l'air décent ; je trouvais qu'il n'avait jamais eu meilleure apparence. Les circonstances avaient tellement modifié leurs positions respectives qu'un étranger l'aurait certainement pris pour un gentleman de naissance et d'éducation, et sa femme pour une parfaite petite souillon. Elle s'avança vivement à ma rencontre et tendit la main pour recevoir la lettre qu'elle attendait. Je secouai la tête. Elle ne voulut pas comprendre mon geste, me suivit près d'un buffet où j'allai déposer mon chapeau et me sollicita à voix basse de lui remettre sur-le-champ ce que j'avais apporté. Heathcliff devina le sens de sa manœuvre et dit :

— Si vous avez quelque chose pour Isabelle (comme je n'en doute pas, Nelly), donnez-le-lui. Ce n'est pas la peine d'en faire un secret : nous n'avons pas de secrets entre nous.

— Oh ! je n'ai rien, répondis-je, pensant qu'il valait mieux dire la vérité sans tarder. Mon maître m'a chargée de dire à sa sœur qu'elle ne doit attendre ni lettre ni visite de lui pour le moment. Il vous envoie ses souvenirs affectueux, madame, ses souhaits pour votre bonheur, et son pardon pour le chagrin que vous lui avez causé. Mais il pense que, dorénavant, sa maison et cette maison-ci doivent suspendre tous rapports, vu qu'il n'en saurait sortir rien de bon.

Les lèvres de Mrs. Heathcliff frémirent légèrement et elle retourna prendre sa place près de la fenêtre. Son mari resta debout devant la cheminée, près de moi, et se mit à me faire des questions au sujet de Catherine. Je lui donnai sur sa maladie les détails que je jugeai convenables et il parvint, par un nouvel interrogatoire, à me faire raconter la plupart des faits liés à l'origine de cette maladie. Je blâmai Catherine, à juste titre, de l'avoir elle-même provoquée ; je conclus en exprimant l'espoir qu'il suivrait l'exemple de Mr. Linton et s'abstiendrait à l'avenir de toutes relations avec la famille de celui-ci, que ses intentions fussent bonnes ou non.

— Mrs. Linton est à peine convalescente, dis-je. Elle ne sera jamais ce qu'elle était auparavant, mais sa vie est sauve. Si réellement vous lui portez intérêt, vous éviterez de vous trouver encore sur son chemin ; bien mieux, vous quitterez définitivement le pays ; et, afin que vous n'en puissiez avoir aucun regret, je vous dirai que Catherine Linton est aussi différente maintenant de votre ancienne amie Catherine Earnshaw que cette jeune dame est différente de moi. Son aspect est entièrement changé, son caractère encore bien plus. Celui que la nécessité oblige d'être son compagnon n'aura désormais, pour soutenir son affection, que le souvenir de ce qu'elle était autrefois, la simple humanité et le sentiment du devoir.

– C'est bien possible, observa Heathcliff en se forçant de paraître calme. Il est bien possible que votre maître ne puisse s'appuyer sur rien d'autre que la simple humanité et le sentiment du devoir. Mais vous figurez-vous que je vais abandonner Catherine à son *devoir* et à son *humanité* ? Pouvez-vous comparer mes sentiments pour Catherine aux siens ? Je veux qu'avant de quitter cette maison vous me promettiez de m'obtenir une entrevue avec elle : consentez ou refusez, je veux la voir ! Que dites-vous ?

– Je dis, Mr. Heathcliff, qu'il ne faut pas que vous la voyiez ; et vous ne la verrez jamais par mon entremise. Une autre rencontre entre vous et mon maître achèverait de la tuer.

– Avec votre aide, cette rencontre pourra être évitée ; et si un pareil événement devait créer un danger... Si Linton était la cause d'un seul trouble de plus dans l'existence de Catherine... eh bien ! je crois que je serais fondé à me porter aux extrêmes ! Je voudrais que vous fussiez assez sincère pour me dire si Catherine souffrirait beaucoup de le perdre : c'est cette crainte qui me retient. Et ici vous voyez la différence de nos sentiments : s'il eût été à ma place et moi à la sienne, bien que je le haïsse d'une haine qui a empoisonné ma vie, je n'aurais jamais levé la main sur lui. Ayez l'air incrédule tant qu'il vous plaira ! Je ne l'aurais jamais banni de la société de Catherine tant qu'elle aurait désiré la sienne. Dès le moment qu'elle aurait cessé de lui porter intérêt, je lui aurais arraché le cœur et j'aurais bu son sang ! Mais jusque-là – si vous ne me croyez pas, vous ne me connaissez pas –, jusque-là je serais mort à petit feu avant de toucher à un seul cheveu de sa tête.

– Et pourtant vous n'avez pas scrupule de ruiner complètement tout espoir de complet rétablissement de ma maîtresse, en vous rappelant de force à son souvenir alors qu'elle vous a presque oublié et en lui infligeant l'épreuve de nouvelles discordes et de nouvelles angoisses.

– Vous croyez qu'elle m'a presque oublié ? Oh ! Nelly ! vous savez bien qu'il n'en est rien. Vous savez tout comme moi que, pour chaque pensée qu'elle accorde à Linton, elle m'en accorde mille ! Dans la période la plus misérable de mon existence, j'ai eu cette crainte-là ; j'en ai été poursuivi lors de mon retour dans le pays l'été dernier. Mais seule l'assurance qu'elle m'en donnerait elle-même pourrait me faire admettre maintenant cette horrible idée. Si c'était vrai, que m'importeraient alors Linton, et Hindley, et tous les rêves que j'ai pu faire ? Deux mots résumeraient mon avenir : *mort* et *enfer*. L'existence, après que j'aurais perdu Catherine, serait pour moi l'enfer. Que j'ai été stupide de m'imaginer un moment qu'elle tenait à l'affection d'Edgar Linton plus qu'à la mienne ! Quand il l'aimerait de toutes les forces de son être chétif, il n'arriverait pas à l'aimer en quatre-vingts ans autant que moi en un jour. Et le cœur de Catherine est aussi profond que le mien : l'auge que voilà aurait autant de peine à contenir la mer que Linton à accaparer toute l'affection de sa femme. Bah ! Il lui est à peine un peu plus cher que son chien ou son cheval. Il n'est pas au pouvoir de Linton d'être aimé comme moi : comment pourrait-elle aimer en lui ce qu'il n'a pas ?

— Catherine et Edgar sont aussi attachés l'un à l'autre que deux personnes peuvent l'être, s'écria Isabelle avec une vivacité soudaine. Nul n'a le droit de parler de la sorte et je ne laisserai pas calomnier mon frère sans protestation.

— Votre frère vous est extrêmement attaché, à vous aussi, n'est-ce pas ? observa Heathcliff avec mépris. Il vous envoie promener avec un empressement remarquable.

— Il ignore ce que je souffre, répliqua-t-elle. Je ne lui ai pas dit cela.

— Vous lui avez donc dit quelque chose ? Vous lui avez écrit, n'est-ce pas ?

— Pour lui dire que j'étais mariée, oui, je lui ai écrit : vous avez lu la lettre.

— Et rien d'autre depuis ?

— Non.

— Le changement de condition me paraît avoir profondément éprouvé ma jeune dame, remarquai-je. L'affection de quelqu'un lui fait évidemment défaut. De qui, je peux le deviner ; mais il vaut peut-être mieux que je ne le dise pas.

— Je devine, moi, que c'est la sienne propre, reprit Heathcliff. Elle devient une vraie souillon ! Elle s'est lassée avec une rapidité surprenante de chercher à me plaire. Vous ne le croiriez pas, mais le lendemain même de notre mariage, elle pleurait pour retourner chez elle. Après tout, si elle n'est pas très bien tenue, elle n'en sera que mieux à sa place dans cette maison, et je prendrai garde qu'elle ne me fasse honte en rôdant au-dehors.

— Mais, monsieur, j'espère que vous n'oublierez pas que Mrs. Heathcliff est habituée à être soignée et servie, et qu'elle a été élevée comme une fille unique auprès de qui tout le monde s'empressait. Il faut que vous lui permettiez d'avoir une femme de chambre pour tenir tout propre autour d'elle, et il faut que vous la traitiez avec bonté. Quoi que vous pensiez de Mr. Edgar, vous ne pouvez douter qu'elle, du moins, ne soit capable d'un attachement profond, car autrement elle n'aurait pas abandonné les élégances, les commodités et les amis de son ancienne demeure pour consentir à s'établir avec vous dans un désert comme celui-ci !

— Elle a abandonné tout cela sous l'empire d'une illusion, répondit-il. Elle a vu en moi un héros de roman et a attendu de ma chevaleresque dévotion une indulgence illimitée. C'est à peine si je puis la regarder comme une créature douée de raison, après l'obstination qu'elle a mise à se forger de moi une idée fabuleuse et à agir d'après les fausses impressions qu'elle se plaisait à entretenir. Mais je crois qu'elle commence enfin à me connaître. Je ne vois plus les sourires niais et les grimaces qui m'agaçaient au début, ni cette incroyable incapacité de s'apercevoir que j'étais sérieux quand je lui donnais mon opinion sur elle et sur son égarement. Il lui a fallu un merveilleux effort de perspicacité pour découvrir que je ne l'aimais pas. J'ai cru un moment que rien ne pourrait lui faire entrer cela dans la tête ! Et encore n'en est-elle pas bien persuadée ; car ce matin, elle m'a annoncé, comme une nouvelle extraordinaire, que j'étais réellement parvenu à me faire haïr d'elle ! Un vrai travail d'Hercule, je vous assure ! Si j'y suis arrivé, j'ai lieu de lui adresser des remerciements. Puis-je me fier à votre assertion, Isabelle ? Êtes-vous sûre que vous me haïssez ? Si je vous laissais seule pendant une demi-journée, ne vous verrais-je pas revenir à moi avec des soupirs et des cajoleries ? Je gage qu'elle aurait préféré que devant vous j'eusse affecté la tendresse ; sa vanité est blessée de voir la vérité dévoilée. Mais peu m'importe qu'on sache que la passion était tout entière d'un seul côté : là-dessus je ne lui ai jamais fait de mensonge. Elle ne peut pas m'accuser d'avoir montré la moindre amabilité trompeuse. La première chose qu'elle m'a vu faire, en quittant la Grange, a été de pendre sa petite chienne ; et, quand elle a intercédé en sa faveur, les premiers mots que j'ai prononcés ont été pour exprimer le vœu que tous les êtres qui lui étaient attachés fussent pendus, sauf un : peut-être a-t-elle pris l'exception pour elle-même. Mais aucune brutalité ne l'a rebutée ; je crois qu'elle en a l'admiration innée, à condition que sa précieuse personne soit à l'abri. Voyons, n'était-ce pas le comble de l'absurdité, de la stupidité, de la part de cette pitoyable, servile et basse créature, que de se figurer que je pourrais l'aimer ? Dites à votre maître, Nelly, que jamais de ma vie je n'ai rencontré d'être aussi abject qu'elle. Elle déshonore même le nom de Linton ; et c'est parfois un pur manque d'invention qui m'a arrêté quand j'essayais de voir ce qu'elle pouvait supporter tout en continuant à ramper avec une honteuse servilité. Mais dites-lui aussi, pour mettre à l'aise son cœur de frère et de magistrat, que je me tiens strictement dans les limites de la loi. J'ai évité jusqu'ici de lui donner le moindre droit à réclamer une séparation ; et, qui plus est, elle n'a besoin de personne pour se libérer. Si elle désirait s'en aller, elle le pourrait ; l'ennui que me cause sa présence surpasse le plaisir que je puis trouver à la tourmenter.

— Mr. Heathcliff, c'est là le langage d'un aliéné. Votre femme, bien probablement, est convaincue que vous êtes fou ; c'est pour cela qu'elle vous a supporté jusqu'à présent. Mais puisque vous dites qu'elle peut partir, elle profitera sans doute de la permission. Vous n'êtes pas si ensorcelée, madame, que de rester avec lui de plein gré ?

— Prenez garde, Hélène ! répondit Isabelle, les yeux brillants de fureur ; on ne pouvait douter, à la voir, que son mari n'eût pleinement réussi à se faire détester. Ne croyez pas un mot de ce qu'il dit. C'est un démon qui ment ! un monstre et non un être humain ! Il m'a déjà déclaré que je pouvais m'en aller : j'ai essayé, mais je n'oserais recommencer ! Seulement, Hélène, promettez-moi que vous ne rapporterez pas une syllabe de ses infâmes propos à mon frère ni à Catherine. Quoi qu'il prétende, il veut pousser Edgar au désespoir. Il dit qu'il m'a épousée pour avoir barre sur lui ; mais il n'y arrivera pas, je mourrai plutôt ! Je souhaite, je prie le Ciel qu'il oublie sa diabolique prudence et qu'il me tue ! Le seul plaisir que je puisse concevoir ici est de mourir, ou de le voir mort !

— Bien... cela suffit pour le moment, dit Heathcliff. Si vous êtes appelée devant une cour de justice, vous vous rappellerez ses paroles, Nelly ! Et regardez-la bien : elle est presque au point qui me conviendrait. Non, vous n'êtes pas en état de vous garder vous-même, Isabelle ; et, comme je suis votre protecteur légal, je suis obligé de vous conserver sous ma coupe, quelque désagréable que puisse être cette obligation. Montez ; j'ai quelque chose à dire en particulier à Nelly Dean. Pas par là : montez, vous dis-je. Allons ! voilà le chemin, mon enfant !

Il la saisit, la jeta hors de la pièce et murmura :

— Je suis sans pitié ! je suis sans pitié ! Plus les vers se tordent, plus grande est mon envie de leur écraser les entrailles ! C'est comme une rage de dents morale, et je broie avec d'autant plus d'énergie que la douleur est plus vive.

— Comprenez-vous ce que signifie le mot pitié ? demandai-je en me hâtant de reprendre mon chapeau. En avez-vous jamais ressenti aucune trace, dans votre vie ?

— Laissez cela, interrompit-il en voyant mes préparatifs de départ. Vous ne partez pas encore. Venez ici, Nelly. Il faut que, par persuasion ou par contrainte, vous m'aidiez à accomplir ma résolution de voir Catherine, et cela sans délai. Je jure que je ne médite rien de mal ; je ne désire causer aucun trouble, ni exaspérer ou insulter Mr. Linton. Je veux seulement savoir par elle-même comment elle va, pourquoi elle a été malade, et lui demander si je ne puis rien pour elle. La nuit dernière, j'ai passé six heures dans le jardin de la Grange, et j'y retournerai ce soir ; nuit et jour je rôderai autour de la maison, jusqu'à ce que je trouve une occasion pour entrer. Si je rencontre Edgar Linton, je n'hésiterai pas à l'abattre et à faire ce qu'il faudra pour m'assurer qu'il me laissera tranquille pendant que je serai là. Si ses domestiques me font obstacle, je m'en débarrasserai en les menaçant de ces pistolets. Mais ne vaudrait-il pas mieux prévenir la rencontre avec eux ou avec leur maître ? Cela vous serait bien facile. Je vous avertirais de ma venue, vous pourriez me faire entrer sans qu'on me vît, dès qu'elle serait seule, et monter la garde jusqu'à mon départ, la conscience parfaitement en paix : vous empêcheriez un malheur.

Je protestai contre l'idée de jouer ce rôle de traître dans la maison de celui qui m'employait. De plus, j'insistai sur la cruauté et l'égoïsme qu'il y aurait de sa part à troubler, pour sa satisfaction, la tranquillité de Mrs. Linton.

— Le moindre incident l'agite terriblement, lui dis-je. Elle est toute en nerfs et elle ne pourrait supporter cette surprise, je vous assure. Ne persistez pas, monsieur ! ou je serai obligée d'informer mon maître de vos desseins, et il prendra des mesures pour préserver sa maison et ceux qui l'habitent d'intrusions aussi injustifiables !

— En ce cas, je prendrai des mesures pour m'assurer de vous, femme ! s'écria Heathcliff. Vous ne quitterez pas Hurle-Vent avant demain matin. C'est un conte absurde de prétendre que Catherine ne pourrait supporter ma vue ; et quant à la surprendre, je ne le désire pas. Il faut que vous la prépariez... demandez-lui si je puis venir. Vous dites qu'elle ne prononce jamais mon nom et qu'on ne le prononce jamais devant elle. À qui parlerait-elle de moi, si je suis un sujet de conversation interdit dans la maison ? Elle vous regarde tous comme des espions pour le compte de son mari. Oh ! je suis sûr qu'elle est en enfer au milieu de vous ! Aussi clairement que n'importe quelle manifestation, son silence me révèle tout ce qu'elle ressent. Vous dites qu'elle est souvent inquiète et qu'elle a l'air troublé : est-ce là une preuve de tranquillité ? Vous dites que son esprit est dérangé : comment diable pourrait-il en être autrement, dans son isolement terrible ? Et cet être insipide et mesquin qui la soigne par *devoir* et par *humanité* ! par *pitié* et par *charité* ! Il ferait aussi bien de planter un chêne dans un pot à fleurs et de s'attendre à le voir grandir, que de se figurer qu'il pourra la rendre à la santé par l'effet de ses misérables soins ! Réglons la chose sur-le-champ ; voulez-vous rester ici et dois-je me frayer le chemin jusqu'à Catherine aux dépens de Linton et de son valet ? Ou voulez-vous être une amie comme vous l'avez été jusqu'à présent, et faire ce que je vous demande ? Décidez-vous ! car je n'ai pas de raison pour m'attarder une minute de plus si vous persistez dans votre mauvais vouloir obstiné.

Eh bien, Mr. Lockwood, je discutai, je protestai et cinquante fois je lui refusai carrément. Mais à la longue il m'arracha un compromis. Je m'engageai à porter à ma maîtresse une lettre de lui ; et, si elle y consentait, je promis de l'avertir de la prochaine absence de Linton. Il pourrait alors venir et s'arrangerait comme il voudrait pour entrer : je ne serais pas là, les autres domestiques non plus. Était-ce bien ou mal ? Je crains que ce n'ait été mal, quoique cela présentât des avantages. Je pensais, en cédant, prévenir une nouvelle explosion ; et je pensais aussi qu'il en pourrait résulter dans la maladie mentale de Catherine une crise favorable. Puis je me rappelais les sévères remontrances de Mr. Edgar parce que je lui avais rapporté des histoires. Enfin j'essayai d'apaiser mes scrupules en affirmant à plusieurs reprises que cet abus de confiance, si cela méritait une si dure qualification, serait le dernier. Néanmoins mon trajet fut plus triste au retour qu'il n'avait été à l'aller ; et j'eus bien des hésitations avant d'arriver à prendre sur moi de mettre la lettre entre les mains de Mrs. Linton.

Mais voici Kenneth ; je vais descendre et lui dire comme vous allez mieux. Mon histoire est aussi longue qu'un jour sans pain, comme nous disons, et elle servira à tuer une autre matinée.

Aussi longue qu'un jour sans pain, et aussi sinistre ! pensais-je pendant que la brave femme descendait pour recevoir le docteur ; et pas exactement de la sorte que j'aurais choisie pour me récréer. Mais peu importe ! Des herbes amères de Mrs. Dean j'extrairai des médecines bienfaisantes. Et d'abord, méfions-nous de la fascination qui se dissimule dans les yeux brillants de Catherine Heathcliff. Je serais dans un étrange embarras si je laissais prendre mon cœur par cette jeune personne et si la fille se trouvait être une seconde édition de la mère !

CHAPITRE XV

Encore une semaine passée... chaque jour qui s'écoule me rapproche de la santé et du printemps ! J'ai maintenant entendu toute l'histoire de mon voisin, en plusieurs séances, selon les loisirs que pouvait trouver ma femme de charge au milieu d'occupations plus importantes. Je vais poursuivre son récit en empruntant ses propres termes, un peu condensés seulement. Elle est, en somme, très bonne conteuse et je ne crois pas que je pourrais améliorer son style.

Le soir même de ma visite à Hurle-Vent, continua-t-elle, je fus certaine, comme si je l'avais vu, que Mr. Heathcliff rôdait aux alentours de la maison. J'évitai d'aller dehors, parce que j'avais toujours sa lettre dans ma poche et que je n'avais pas envie d'être encore menacée ou tracassée. J'avais pris la décision de ne pas la remettre à Catherine avant que mon maître fût sorti, car je ne pouvais prévoir comment elle en serait affectée. Il en résulta qu'elle ne l'eut qu'au bout de trois jours. Le quatrième jour était un dimanche et je lui portai la lettre dans sa chambre quand tout le monde fut parti pour l'église. Un seul domestique restait avec moi pour garder la maison et nous avions l'habitude de fermer les portes pendant la durée du service. Mais, ce jour-là, le temps était si doux et si agréable que je les ouvris toutes grandes et, pour tenir mon engagement, comme je savais qu'il allait venir, je dis à mon compagnon que notre maîtresse avait bien envie d'avoir des oranges et qu'il lui fallait courir au village en chercher quelques-unes qu'on paierait le lendemain. Il partit et je montai.

Mrs. Linton était assise, comme à l'accoutumée, dans l'encoignure de la fenêtre ouverte, vêtue d'une robe blanche flottante, un léger châle sur les épaules. Sa longue et épaisse chevelure avait été en partie coupée au début de sa maladie et elle la portait à présent relevée en simples tresses sur le front et sur la nuque. Elle était très changée, comme je l'avais dit à Heathcliff ; mais, quand elle était calme, ce changement donnait à sa beauté une apparence surnaturelle. L'éclat de ses yeux avait fait place à une douceur rêveuse et mélancolique ; ils ne semblaient plus s'attacher aux objets qui l'environnaient ; ils paraissaient toujours fixés au loin, très loin, au-delà de ce monde, aurait-on dit. Puis la pâleur de son visage – dont l'aspect hagard avait disparu quand elle avait repris des chairs – et l'expression particulière que lui donnait son état mental, tout en rappelant douloureusement ce qui en était cause, ajoutaient au touchant intérêt qu'elle éveillait : ces signes contredisaient – pour moi, certainement, et pour tous ceux qui la voyaient, je pense – les preuves plus palpables de sa convalescence et lui imprimaient la marque d'un dépérissement fatal.

Un livre était ouvert devant elle, sur le rebord de la fenêtre, et par moments une brise à peine perceptible en agitait les feuillets. Je pensai que c'était Linton qui l'avait posé là ; car jamais elle ne cherchait de divertissement dans la lecture, non plus que dans aucune autre occupation, et il arrivait à son mari de passer des heures à essayer d'attirer son attention sur quelque sujet qui, autrefois, avait été une de ses distractions. Elle comprenait son dessein et, quand elle était dans ses meilleures humeurs, supportait paisiblement ses efforts ; seulement elle laissait paraître leur inutilité, réprimant de temps à autre un soupir de lassitude, et elle finissait par l'arrêter avec le plus triste des sourires et des baisers. D'autres fois, elle se détournait brusquement, se cachait la figure dans les mains, ou même elle le repoussait avec colère ; alors il avait soin de la laisser seule, car il était certain de ne lui faire aucun bien.

Les cloches de la chapelle de Gimmerton retentissaient encore ; le bruit du ruisseau qui coulait moelleusement à pleins bords dans la vallée venait caresser l'oreille et remplaçait le murmure encore absent du feuillage estival qui, autour de la Grange, étouffe la musique de l'eau quand les arbres ont revêtu leur parure. À Hurle-Vent, on entendait toujours cette musique dans les jours calmes qui suivaient un grand dégel ou une période de pluie continue. Et c'est à Hurle-Vent que Catherine pensait en écoutant : si tant est qu'elle pensât ou qu'elle écoutât, car elle avait ce vague et lointain regard dont j'ai déjà parlé, qui n'exprimait aucune perception des choses matérielles ni par l'oreille ni par les yeux.

— Voici une lettre pour vous, Mrs. Linton, dis-je en lui plaçant doucement la lettre dans la main qui était appuyée sur son genou. Il faut la lire tout à l'heure, car elle demande une réponse. Dois-je rompre le cachet ?

– Oui, répondit-elle sans détourner les yeux.
Je l'ouvris. C'était un très court billet.
– Maintenant, continuai-je, lisez.
Elle retira la main et laissa tomber le papier. Je le replaçai sur ses genoux et attendis qu'il lui plût d'y jeter les yeux ; mais à la fin, comme elle ne bougeait pas, je repris :
– Dois-je le lire moi-même, madame ? C'est de Mr. Heathcliff.
Elle tressaillit, il semblait que la mémoire lui revînt confusément et qu'elle luttât pour ressaisir ses idées. Elle souleva la lettre et parut la parcourir ; quand elle arriva à la signature, elle soupira. Pourtant je vis qu'elle n'en avait pas saisi le sens, car, lorsque je manifestai le désir de connaître sa réponse, elle me montra simplement du doigt le nom et tourna vers moi des yeux ardents, désolés et interrogateurs.
– Eh bien, il voudrait vous voir, dis-je, devinant qu'elle avait besoin d'un interprète. Il est dans le jardin en ce moment, impatient de savoir quelle réponse je lui apporterai.
Tout en parlant, j'observais un grand chien couché au soleil sur l'herbe. L'animal dressa les oreilles comme s'il allait aboyer, puis les laissa retomber et indiqua, en remuant la queue, l'approche de quelqu'un qu'il ne considérait pas comme un étranger. Mrs. Linton se pencha et écouta en retenant sa respiration. Une minute après, un pas traversa le vestibule. La maison ouverte était pour Heathcliff une tentation trop forte pour qu'il y résistât ; vraisemblablement, il avait supposé que j'étais tentée d'éluder ma promesse et s'était résolu à se fier à son audace.
Le regard de Catherine était ardemment tendu vers l'entrée de la chambre. Comme il ne trouvait pas aussitôt la pièce où nous nous tenions, elle me fit signe de le faire entrer. Mais, avant que j'eusse gagné la porte, il franchissait le seuil : en une ou deux enjambées il était près d'elle et la tenait dans ses bras.
Il ne dit rien et ne relâcha pas son étreinte durant près de cinq minutes ; pendant ce temps il lui prodigua plus de baisers qu'il n'en avait donné de toute sa vie, je crois bien. Mais c'était ma maîtresse qui lui avait donné le premier, et je vis clairement qu'une véritable angoisse l'empêchait presque de la regarder en face. Dès l'instant qu'il l'avait aperçue, il avait été saisi, comme je l'étais moi-même, de la conviction qu'il n'y avait plus pour elle d'espoir de jamais se rétablir... que sûrement elle était condamnée.
– Oh ! Cathy. Oh ! ma vie : comment pourrai-je supporter cette épreuve ?
Tels furent ses premiers mots, prononcés sur un ton qui ne cherchait pas à déguiser son désespoir. Puis il la regarda avec une ardeur telle que je crus que l'intensité même de ce regard amène-

rait des larmes dans ses yeux ; mais ils brûlaient d'angoisse et restaient secs.

— Eh quoi ? dit Catherine en retombant dans son fauteuil et lui opposant tout à coup un front assombri : son humeur tournait au vent de ses caprices constamment changeants. Edgar et vous m'avez brisé le cœur, Heathcliff ! Et tous deux vous venez vous lamenter auprès de moi, comme si c'était vous qui étiez à plaindre ! Je ne vous plaindrai pas, certes non. Vous m'avez tuée... et cela vous a réussi, il me semble. Que vous êtes robuste ! Combien d'années comptez-vous vivre encore après que je serai partie ?

Heathcliff avait mis un genou en terre pour l'embrasser. Il voulut se lever, mais elle le saisit par les cheveux et le maintint.

— Je voudrais pouvoir vous retenir, continua-t-elle avec amertume, jusqu'à ce que nous soyons morts tous les deux ! Que m'importerait ce que vous souffririez ! Vos souffrances me sont indifférentes. Pourquoi ne souffririez-vous pas ? Je souffre bien, moi ! M'oublierez-vous ? Serez-vous heureux quand je serai sous terre ? Direz-vous, dans vingt ans d'ici : « Voilà la tombe de Catherine Earnshaw. Je l'ai aimée, il y a longtemps, et j'ai été bien misérable quand je l'ai perdue ; mais c'est fini. J'en ai aimé bien d'autres depuis ; mes enfants me sont plus chers qu'elle ne m'était chère et, quand je mourrai, je ne me réjouirai pas d'aller la retrouver, je m'affligerai de les quitter. » Est-ce là ce que vous direz, Heathcliff ?

— Ne me torturez pas pour me rendre aussi insensé que vous-même, s'écria-t-il en dégageant sa tête et en grinçant des dents.

Ces deux êtres, pour un spectateur de sang-froid, formaient un tableau étrange et terrible. Catherine avait vraiment sujet de croire que le ciel serait pour elle un lieu d'exil si, avec sa dépouille mortelle, elle ne perdait aussi son caractère moral. Son visage blanc reflétait une rancune furieuse, ses lèvres étaient exsangues et son œil scintillait ; elle gardait dans ses doigts crispés quelques mèches des cheveux qu'elle avait tenus. Quant à son compagnon, en s'aidant d'une main pour se relever, il lui avait, de l'autre, pris le bras ; et la douceur dont il disposait était si peu proportionnée à ce qu'exigeait l'état de Catherine que, quand il la lâcha, je vis quatre marques bleues très distinctes sur sa peau décolorée.

— Êtes-vous possédée du démon, poursuivit-il avec sauvagerie, pour me parler ainsi quand vous êtes mourante ? Songez-vous que toutes ces paroles resteront imprimées en lettres de feu dans ma mémoire et me rongeront éternellement quand vous m'aurez quittée ? Vous savez que vous mentez quand vous dites que je vous ai tuée ; et, Catherine, vous savez que j'oublierais mon existence avant de vous oublier ! Ne suffit-il pas à votre infernal égoïsme que je me torde dans les tourments de l'enfer quand vous reposerez en paix ?

– Je ne reposerai pas en paix, dit Catherine, rappelée au sentiment de sa faiblesse physique par les sursauts violents et irréguliers de son cœur, qu'on voyait et qu'on entendait battre sous l'influence de son agitation extrême.

Elle n'ajouta rien jusqu'à ce que la crise fût passée, puis elle poursuivit, plus doucement :

– Je ne vous souhaite pas de tortures plus grandes que les miennes, Heathcliff. Je souhaite seulement que nous ne soyons jamais séparés. Si le souvenir de mes paroles devait vous désoler plus tard, pensez que sous terre je ressentirai la même désolation et, pour l'amour de moi, pardonnez-moi ! Venez ici et agenouillez-vous encore ! Vous ne m'avez jamais fait de mal de votre vie. Allons, si vous me gardez rancune, ce sera un souvenir plus cruel que celui de mes paroles un peu dures ! Ne voulez-vous pas revenir près de moi ? Venez !

Heathcliff s'approcha du dossier de son fauteuil et se pencha par-dessus, mais pas assez pour lui laisser voir son visage, qui était livide d'émotion. Elle se retourna pour le regarder ; il ne lui en laissa pas le temps. S'éloignant brusquement, il se dirigea vers la cheminée, devant laquelle il resta debout, silencieux et nous tournant le dos. Mrs. Linton le suivait d'un œil soupçonneux : chacun de ses mouvements éveillait en elle un sentiment nouveau. Après l'avoir longtemps considéré, elle reprit, en s'adressant à moi avec un accent de désappointement indigné :

– Oh ! vous voyez, Nelly, il ne fléchirait pas un instant pour me préserver de la tombe. Voilà comme je suis aimée ! Bah ! qu'importe ! Ce n'est pas là *mon* Heathcliff. Le mien, je l'aimerai malgré tout et je l'emporterai avec moi : il est dans mon âme. Et puis, ajouta-t-elle d'un air rêveur, ce qui me fait le plus souffrir, c'est cette prison délabrée, après tout. Je suis lasse d'y être enfermée. Il me tarde de m'échapper dans ce monde glorieux et d'y demeurer toujours ; de ne plus le voir vaguement à travers mes larmes, de ne plus soupirer après lui derrière les murailles d'un cœur endolori, mais d'être réellement avec lui et en lui. Nelly, vous croyez que vous êtes mieux portante et plus heureuse que moi ; en pleine santé et en pleine vigueur ; vous me plaignez... bientôt cela changera. Ce sera moi qui vous plaindrai. Je serai incomparablement au-delà et au-dessus de vous tous. Je suis surprise qu'il ne veuille pas être près de moi !

Elle continua en se parlant à soi-même :

– Je croyais qu'il le désirait. Heathcliff, cher Heathcliff ! Ne soyez plus maussade. Venez près de moi, Heathcliff !

Dans son ardeur elle se leva et s'appuya sur le bras du fauteuil. À cet appel pressant il se tourna vers elle, l'air absolument désespéré. Ses yeux, grands ouverts et humides, lançaient sur elle des éclairs farouches ; sa poitrine se soulevait convulsivement. Un instant ils restèrent à distance, puis ils se rejoignirent, je vis à peine comment ; mais Catherine fit un bond, il la saisit et la retint dans une étreinte dont je crus que ma maîtresse ne sortirait pas vivante. En fait, elle me parut aussitôt privée de sentiment. Il se jeta sur le siège le plus voisin. Comme je m'avançais vivement pour voir si elle était évanouie, il poussa un grognement, écuma comme un chien enragé et l'attira à lui avec une jalousie vorace. J'avais l'impression de n'être plus en compagnie d'une créature de la même espèce que moi ; il avait l'air de ne pas comprendre quand je lui parlais. Aussi me tins-je à l'écart et gardai-je le silence, en proie à une grande perplexité.

Un mouvement que fit Catherine me rassura un peu. Elle leva la main pour enlacer le cou de Heathcliff, qui la tenait toujours, et rapprocher sa joue de la sienne. Lui, de son côté, la couvrant de caresses frénétiques, disait avec rage :

— Vous m'apprenez maintenant combien vous avez été cruelle... cruelle et fausse. Pourquoi m'avez-vous méprisé ? Pourquoi avez-vous trahi votre cœur, Catherine ? Je ne puis vous adresser un mot de consolation. Vous avez mérité votre sort. Vous vous êtes tuée vous-même. Oui, vous pouvez m'embrasser, pleurer, m'arracher des baisers et des pleurs : ils vous dessécheront, ils vous damneront. Vous m'aimiez... quel droit aviez-vous alors de me sacrifier – quel droit, répondez-moi – au pauvre caprice que vous avez ressenti pour Linton ? Alors que ni la misère, ni la dégradation, ni la mort, ni rien de ce que Dieu ou Satan pourrait nous infliger ne nous eût séparés, vous, de votre plein gré, vous l'avez fait. Je ne vous ai pas brisé le cœur, c'est vous-même qui l'avez brisé ; et en le brisant vous avez brisé le mien. Et c'est tant pis pour moi si je suis fort. Ai-je besoin de vivre ? Quelle existence sera la mienne quand... Oh ! Dieu. Auriez-vous envie de vivre avec votre âme dans la tombe ?

— Laissez-moi ! laissez-moi ! sanglotait Catherine. Si j'ai mal fait, j'en meurs. Cela suffit ! Vous aussi, vous m'avez abandonnée. Mais je ne vous ferai pas de reproches. Je vous pardonne. Pardonnez-moi !

— Il est difficile de pardonner, en regardant ces yeux, en touchant ces mains décharnées. Embrassez-moi encore ; et ne me laissez pas voir vos yeux ! Je vous pardonne ce que vous m'avez fait. J'aime mon meurtrier... mais le vôtre ! comment le pourrais-je.

Ils se turent, leurs visages appuyés l'un contre l'autre et baignés de leurs larmes confondues. Du moins je suppose que tous deux pleuraient ; car il me semblait que Heathcliff était capable de pleurer dans une grande occasion comme celle-là.

Cependant je commençais à me sentir fort mal à l'aise. L'après-midi s'avançait rapidement, l'homme que j'avais envoyé au village était revenu de sa course, et je pouvais distinguer, sous l'éclat du soleil qui s'abaissait dans la vallée, le gros de la foule qui sortait du porche de la chapelle de Gimmerton.

— Le service est fini, annonçai-je. Mon maître sera ici dans une demi-heure.

Heathcliff poussa un juron et serra plus étroitement Catherine qui ne bougea pas.

Bientôt j'aperçus un groupe de domestiques passant sur la route et se dirigeant vers l'aile où était la cuisine. Mr. Linton n'était pas loin derrière. Il ouvrit la barrière lui-même et approcha lentement, s'attardant sans doute à jouir de cette délicieuse fin de journée et de la brise aussi douce qu'une brise d'été.

— Le voilà ! m'écriai-je. Pour l'amour du Ciel, partez vite ! Vous ne rencontrerez personne dans le grand escalier. Hâtez-vous, et restez caché dans les arbres jusqu'à ce qu'il soit bien sûrement rentré.

— Il faut que je parte, Cathy, dit Heathcliff en cherchant à se dégager des bras de ma maîtresse. Mais si je vis, je vous reverrai avant que vous soyez endormie. Je ne m'éloignerai pas de votre fenêtre de plus de cinq mètres.

— Il ne faut pas que vous partiez ! répondit-elle en le retenant aussi fermement que ses forces le lui permettaient. Vous ne partirez pas, vous dis-je.

— Pour une heure, implora-t-il instamment.

— Pas pour une minute.

— Il le faut... Linton va être en haut dans le moment, insista l'intrus alarmé.

Il voulait se lever et se libérer des doigts qui s'accrochaient à lui. Elle tenait bon, haletante ; une folle résolution était peinte sur son visage.

— Non ! cria-t-elle. Oh ! ne partez pas, ne partez pas ! C'est la dernière fois. Edgar ne vous fera rien, Heathcliff, je mourrai, je mourrai !

— Le diable emporte l'imbécile ! le voilà ! s'écria Heathcliff en retombant sur son siège. Chut ! chut ! Catherine, je resterai. S'il me tuait maintenant, j'expirerais avec une bénédiction sur les lèvres.

Ils étaient de nouveau embrassés. J'entendais mon maître qui montait l'escalier ; une sueur froide coulait de mon front, j'étais frappée de terreur.

– Allez-vous écouter ses divagations ? demandai-je avec emportement. Elle ne sait plus ce qu'elle dit. Serez-vous cause de sa perte, parce qu'elle n'a pas la présence d'esprit de se sauver elle-même ? Levez-vous ! Vous pouvez recouvrer votre liberté sur-le-champ. Vous n'avez jamais rien fait d'aussi diabolique. Nous sommes tous perdus... maître, maîtresse et servante.

Je me tordais les mains, je vociférais ; Mr. Linton hâta le pas en entendant le bruit. Au milieu de mon trouble, j'eus une vraie joie de voir que les bras de Catherine s'étaient relâchés et que sa tête pendait sur son épaule.

« Elle est évanouie ou morte, pensai-je. Tant mieux ! Mieux vaut pour elle la mort que de languir comme un fardeau et une source de misère pour ceux qui l'entourent. »

Edgar bondit vers son hôte inattendu, blême d'étonnement et de rage. Quelle était son intention, je ne saurais le dire ; quoi qu'il en soit, l'autre arrêta aussitôt toute démonstration de sa part en plaçant dans ses bras la forme en apparence inanimée de sa femme.

– Regardez ! dit-il. Si vous n'êtes pas un démon, soignez-la d'abord... vous me parlerez après.

Il passa dans le petit salon et s'assit. Mr. Linton m'appela. Avec beaucoup de difficulté et après avoir eu recours aux moyens les plus variés, nous parvînmes à la faire revenir à elle. Mais elle était tout égarée ; elle soupirait, gémissait et ne reconnaissait personne. Edgar, dans son anxiété pour elle, oublia l'odieux ami de sa femme. Moi, je ne l'oubliai pas. À la première occasion, j'allai le supplier de partir, lui affirmant que Catherine était mieux et que je lui ferais savoir dans la matinée comment elle avait passé la nuit.

– Je ne refuse pas de sortir de la maison, répondit-il, mais je resterai dans le jardin ; et ayez soin, Nelly, de tenir votre promesse demain. Je serai sous ces mélèzes. N'oubliez pas, ou je renouvellerai ma visite, que Linton soit là ou non.

Il lança un coup d'œil par la porte entrouverte de la chambre et, s'étant assuré que mes dires semblaient exacts, il délivra la maison de sa funeste présence.

CHAPITRE XVI

Cette nuit-là, vers minuit, naquit la Catherine que vous avez vue à Hurle-Vent : enfant chétive, venue à sept mois. Deux heures après, la mère mourut, sans jamais avoir repris suffisamment connaissance pour s'apercevoir de l'absence de Heathcliff ou de la présence d'Edgar. Le désespoir de ce dernier est un sujet trop pénible pour que j'y insiste ; ses effets ultérieurs montrèrent combien ce coup l'avait atteint profondément. Sa douleur s'accrut encore, selon moi, du fait qu'il restait sans héritier. Je m'en affligeais, quand je regardais la faible orpheline ; et je reprochais en moi-même au vieux Linton (ce qui n'était pourtant que l'effet d'une partialité bien naturelle) d'avoir en pareille occurrence assuré ses biens à sa fille et non à la fille de son fils. Elle fut bien mal reçue, la pauvre petite ! Elle aurait pu crier jusqu'à en perdre la vie sans que personne s'en souciât, pendant ces premières heures après sa venue au monde. Nous rachetâmes cette négligence par la suite ; mais les débuts de son existence furent aussi privés d'affection qu'en sera probablement la fin.

Le matin suivant – clair et gai au-dehors – le jour se glissa tamisé à travers les jalousies de la chambre silencieuse, parant la couche et celle qui l'occupait d'une lumière adoucie et délicate. Edgar Linton avait la tête appuyée sur l'oreiller et les yeux fermés. Les jeunes et belles lignes de son visage offraient l'aspect de la mort presque autant que celles de la forme étendue près de lui, et elles étaient presque aussi rigides ; mais son immobilité était celle de l'angoisse épuisée, l'immobilité de Catherine était celle de la paix parfaite. Le front uni, les paupières closes, les lèvres sur lesquelles semblait voltiger un sourire : un ange céleste n'aurait pu être plus beau qu'elle. Je subissais l'influence du calme infini où elle reposait ; jamais je n'avais été dans une disposition d'esprit plus sainte qu'en ce moment, devant cette paisible image de la paix divine. Je répétais instinctivement les mots qu'elle avait prononcés quelques heures plus tôt : « Incomparablement au-delà et au-dessus de nous tous ! Qu'elle soit encore sur la terre ou déjà au ciel, son âme habite maintenant en Dieu ! »

Je ne sais si c'est une disposition qui m'est particulière, mais il est rare que je ne me sente pas presque heureuse quand je veille dans une chambre mortuaire, pourvu qu'il n'y ait pour partager ce devoir avec moi personne qui gémisse ou se désespère. J'y vois un repos que ni la terre ni l'enfer ne peuvent troubler ; j'y trouve l'assurance d'un au-delà sans bornes et sans ombres – l'Éternité enfin conquise – où la vie est illimitée dans sa durée, l'amour dans son désintéressement, la joie dans sa plénitude. Je remarquai à cette occasion combien il y a d'égoïsme même dans un amour comme celui de Mr. Linton, qui s'affligeait si vivement de la délivrance bénie de Catherine. Sans doute pouvait-on douter, après l'existence agitée et impatiente qu'elle avait menée, qu'elle eût mérité de trouver enfin le havre de la paix. On en pouvait douter dans les moments de froide réflexion, mais non pas alors, en présence de son cadavre, qui proclamait sa propre tranquillité et semblait ainsi donner l'assurance que l'âme qui avait habité là jouissait de la même quiétude.

— Croyez-vous que des personnes comme elle soient heureuses dans l'autre monde, monsieur ? Je donnerais beaucoup pour le savoir.

J'éludai la réponse à la question de Mrs. Dean, qui me parut quelque peu hétérodoxe. Elle reprit :

Si nous repassons l'existence de Catherine Linton je crains que nous ne soyons pas fondés à le croire ; mais nous la laisserons avec son Créateur.

Le maître paraissant endormi, je me hasardai, peu après le lever du soleil, à quitter la chambre et à me glisser dehors, à l'air pur et rafraîchissant. Les domestiques pensèrent que j'allais secouer l'engourdissement de ma veille prolongée ; en réalité, mon principal motif était de voir Mr. Heathcliff. S'il était resté sous les mélèzes toute la nuit, il n'avait rien entendu du remue-ménage à la Grange ; à moins que, peut-être, il n'eût perçu le galop du messager envoyé à Gimmerton. S'il s'était rapproché, il devait probablement avoir compris, aux lumières passant rapidement çà et là, au bruit des portes ouvertes et refermées, que tout n'était pas dans l'ordre à l'intérieur. Je souhaitais et pourtant je redoutais de le rencontrer. Je sentais qu'il fallait que la terrible nouvelle lui fût annoncée et j'avais hâte d'en avoir fini ; mais comment m'y prendre, voilà ce que je ne savais pas. Il était là... ou plutôt à quelques mètres plus loin dans le parc, appuyé contre un vieux frêne, nu-tête, les cheveux trempés par la rosée qui s'était amassée sur les branches bourgeonnantes et qui tombait en gouttelettes autour de lui. Il avait dû rester longtemps dans cette position car je remarquai un couple de merles qui passaient et repassaient à trois pieds de lui à peine, occupés à construire leur nid, sans lui prêter plus d'attention qu'à une pièce de bois. Ils s'enfuirent à mon approche ; il leva les yeux et parla :

— Elle est morte ! Je ne vous ai pas attendue pour le savoir. Enlevez ce mouchoir... ne pleurnichez pas devant moi. Le diable vous emporte tous ! Elle n'a pas besoin de vos larmes !

Je pleurais sur lui autant que sur elle : nous éprouvons parfois de la pitié pour des êtres qui ne connaissent ce sentiment ni pour eux-mêmes ni pour les autres. Dès que j'avais regardé son visage, j'avais vu qu'il n'ignorait pas la catastrophe ; comme ses lèvres remuaient et que ses yeux étaient abaissés vers le sol, l'idée folle m'était venue que son cœur était subjugué et qu'il priait.

— Oui, elle est morte, répondis-je en réprimant mes sanglots et en essuyant mes larmes. Elle est allée, je l'espère, au ciel où nous pourrons tous la rejoindre si nous sommes attentifs à quitter les mauvaises voies pour suivre les bonnes.

— Y a-t-elle donc été attentive, elle ? demanda Heathcliff en s'efforçant de ricaner. Est-elle morte comme une sainte ? Allons, faites-moi un fidèle rapport de l'événement. Comment...

Il essaya de prononcer le nom, mais ne put y arriver. Les lèvres serrées, il luttait en silence contre l'angoisse qui l'étreignait et défiait en même temps ma sympathie d'un regard fixe et féroce.

— Comment est-elle morte ? reprit-il enfin, contraint, en dépit de son stoïcisme, de chercher un appui derrière lui ; car, après cet effort, il tremblait, malgré lui, jusqu'au bout des doigts.

« Pauvre malheureux ! pensais-je. Tu as un cœur et des nerfs tout comme les hommes tes frères. Pourquoi vouloir les cacher ? Ton orgueil ne peut aveugler Dieu. Tu l'incites à les torturer jusqu'à ce qu'Il t'arrache un cri d'humilité. »

— Aussi doucement qu'un agneau, répondis-je tout haut. Elle a poussé un soupir, elle s'est étirée comme un enfant qui reprend connaissance, puis qui retombe en s'endormant. Cinq minutes après, j'ai senti un petit battement de son cœur, puis plus rien !

— Et... a-t-elle prononcé mon nom ? demanda-t-il avec hésitation, comme s'il craignait que la réponse à cette question n'amenât des détails qu'il n'aurait pas la force d'entendre.

— Elle n'a pas une seule fois recouvré ses sens ; elle n'a reconnu personne depuis le moment que vous l'avez quittée. Elle repose avec un doux sourire sur les lèvres, et ses dernières pensées ont été un retour vers les jours heureux de jadis. Sa vie a pris fin dans un rêve paisible... puisse son réveil dans l'autre monde être aussi agréable !

– Puisse-t-elle se réveiller dans les tourments ! cria-t-il avec une véhémence terrible, frappant du pied et gémissant, en proie à une crise soudaine d'insurmontable passion. Elle aura donc menti jusqu'au bout ! Où est-elle ! Pas là... pas au ciel... pas anéantie... où ? Oh ! tu disais que tu n'avais pas souci de mes souffrances. Et moi, je fais une prière... je la répète jusqu'à ce que ma langue s'engourdisse : Catherine Earnshaw, puisses-tu ne pas trouver le repos tant que je vivrai ! Tu dis que je t'ai tuée, hante-moi, alors ! Les victimes hantent leurs meurtriers, je crois. Je sais que des fantômes ont erré sur la terre. Sois toujours avec moi... prends n'importe quelle forme... rends-moi fou ! Mais ne me laisse pas dans cet abîme où je ne puis te trouver. Oh ! Dieu ! c'est indicible ! je ne peux pas vivre sans ma vie ! je ne peux pas vivre sans mon âme.

Il frappa de la tête contre le tronc noueux ; puis levant les yeux, se mit à hurler, non comme un homme, mais comme une bête sauvage frappée à mort de coups de couteaux et d'épieux. J'aperçus plusieurs taches de sang sur l'écorce ; sa main et son front en étaient maculés ; la scène dont j'étais témoin n'était sans doute que la répétition de scènes analogues qui avaient eu lieu pendant la nuit. Je ne puis dire que ma compassion en fut excitée : j'en fus plutôt épouvantée. Pourtant, j'hésitais à le quitter ainsi. Mais, à l'instant qu'il se ressaisit assez pour s'apercevoir que je l'observais, il m'ordonna d'une voix tonnante de partir, et j'obéis. Il n'était pas en mon pouvoir de le calmer ni de le consoler.

Les obsèques de Mrs. Linton avaient été fixées au vendredi qui suivit sa mort. Jusqu'à ce moment son cercueil, parsemé de fleurs et de feuilles odoriférantes, resta ouvert dans le grand salon. Linton passait là les jours et les nuits, veilleur qui ne cédait jamais au sommeil, et – circonstance ignorée de tous, sauf de moi – Heathcliff passa dehors les nuits au moins, sans s'accorder non plus aucun repos. Je n'eus pas de communication avec lui ; mais je sentais qu'il avait dessein d'entrer, s'il pouvait. Le mardi, un peu après la tombée de la nuit, comme mon maître, accablé de fatigue, avait dû se retirer pour une couple d'heures, j'entrai et j'ouvris une des fenêtres : touchée de sa constance, je voulais lui donner une chance d'offrir à l'image flétrie de son idole un dernier adieu. Il ne manqua pas de profiter de l'occasion, avec prudence et rapidité ; assez prudemment pour ne pas révéler sa présence par le moindre bruit. Je n'aurais même jamais découvert qu'il était entré, si je n'eusse remarqué la draperie dérangée autour du visage de la morte, et si je n'eusse aperçu sur le parquet une boucle de cheveux blonds, attachés avec un fil d'argent : à l'examen, je reconnus qu'elle venait d'un médaillon que Catherine portait au cou. Heathcliff avait ouvert le médaillon, jeté ce qu'il contenait et mis à la place une boucle noire de ses cheveux à lui. J'enroulai les deux boucles et les refermai ensemble.

Mr. Earnshaw fut naturellement invité à accompagner à leur dernière demeure les restes de sa sœur. Il ne s'excusa pas et ne parut pas ; de sorte que, en dehors du mari, le cortège se composait uniquement de fermiers et de domestiques. Isabelle n'avait pas été invitée.

À la surprise des gens du village, Catherine ne fut inhumée ni dans la chapelle, sous le monument sculpté des Linton, ni en dehors, près des tombeaux de sa famille. Sa fosse fut creusée sur un tertre verdoyant dans un coin du cimetière, à un endroit où le mur est si bas que la bruyère et l'airelle de la lande ont fini par passer par-dessus, et qu'il est presque enfoui sous une couche de terre tourbeuse. Son mari repose maintenant au même endroit. Chacun d'eux n'a, pour indiquer la place de sa tombe, au-dessus de sa tête qu'une simple pierre dressée, à ses pieds qu'un bloc gris tout uni.

CHAPITRE XVII

Ce vendredi-là marqua pour un mois le dernier des beaux jours. Dans la soirée, le temps se gâta ; le vent passa du sud au nord-est, amenant d'abord la pluie, puis le grésil et la neige. Le lendemain, on avait peine à croire qu'il y avait eu trois semaines de printemps. Les primevères et les crocus étaient cachés sous la neige ; les alouettes se taisaient, les jeunes pousses des arbres précoces étaient flétries et noircies. La journée se traîna lugubre, glaciale, sinistre. Mon maître ne sortit pas de sa chambre ; je pris possession du petit salon solitaire et le convertis en chambre d'enfant. Je restai là, avec cette petite poupée gémissante sur les genoux. Je la berçais, tout en regardant s'accumuler devant la fenêtre sans rideaux les flocons qui tombaient toujours, quand la porte s'ouvrit et quelqu'un entra, hors d'haleine et riant ! Pendant une minute, ma colère fut plus grande que ma surprise. Je pensais que c'était une des bonnes et je m'écriai :

— Finissez ! Comment osez-vous vous montrer aussi écervelée ? Que dirait Mr. Linton s'il vous entendait ?

— Pardon ! répondit une voix que je connaissais bien ; mais je sais qu'Edgar est au lit et je ne peux pas m'arrêter.

Et mon interlocutrice s'approcha du feu, haletante, la main sur le côté.

— J'ai couru tout le long du chemin depuis les Hauts, reprit-elle après une pause ; excepté quand j'ai volé. Je ne pourrais pas compter le nombre de chutes que j'ai faites. Oh ! j'ai mal partout ! Ne vous inquiétez pas ! Je vous expliquerai tout dès que j'en serai capable. Ayez seulement la bonté d'aller commander la voiture pour me conduire à Gimmerton et de dire à une des bonnes de prendre quelques vêtements dans ma garde-robe.

L'intruse était Mrs. Heathcliff. Elle était dans un état qui ne semblait certes pas prêter au rire. Ses cheveux flottaient épars sur ses épaules, dégouttant de neige et d'eau. Elle portait son costume ordinaire de jeune fille, qui convenait mieux à son âge qu'à sa position : une robe ouverte avec des manches courtes, la tête et le cou nus. La robe était de soie légère, et collée à son corps par l'humidité ; ses pieds n'étaient protégés que par de minces souliers d'intérieur. Ajoutez à cela une forte entaille sous une oreille, que le froid seul empêchait de saigner abondamment, un visage blanc, couvert d'égratignures et de meurtrissures, un corps à peine capable de se soutenir, tant il était rompu par la fatigue ; et vous pourrez comprendre que ma première frayeur ne s'apaisa pas beaucoup quand j'eus le loisir de l'examiner.

— Ma chère jeune dame, lui déclarai-je, je ne bougerai pas et je n'écouterai rien, que vous n'ayez enlevé tout ce que vous avez sur le dos pour mettre des vêtements secs. Et comme il ne faut assurément pas que vous alliez à Gimmerton ce soir, il est inutile de commander la voiture.

— Il le faut, assurément, répliqua-t-elle ; à pied ou en voiture. Mais je ne fais pas d'objections à m'habiller convenablement. Et... ah ! voyez comme cela me coule dans le cou, maintenant ! Le voisinage du feu m'y produit une sensation de brûlure.

Elle insista pour que j'exécutasse ses instructions avant de me permettre de la toucher. Ce ne fut que quand le cocher eut reçu l'ordre de se préparer et que la femme de chambre fut allée faire un paquet de quelques effets dont elle avait besoin, qu'elle me laissa panser sa blessure et l'aider à changer de vêtements.

— Maintenant, Hélène, dit-elle quand j'eus fini et qu'elle fut installée dans un fauteuil, près du feu, une tasse de thé devant elle, asseyez-vous en face de moi et éloignez le pauvre bébé de Catherine : je n'aime pas à le voir ! Ne croyez pas, parce que vous m'avez vue entrer comme une folle, que je ne pense pas à Catherine. J'ai versé, moi aussi, des larmes amères... oui, nul n'a eu plus que moi sujet d'en verser. Nous nous sommes séparées sans être réconciliées, vous vous le rappelez, et je ne me le pardonnerai jamais. Mais néanmoins je n'allais pas sympathiser avec lui... la bête brute ! Oh ! donnez-moi le tisonnier. Voici la dernière chose qui me vienne de lui que j'aie sur moi.

Elle retira de son doigt son anneau d'or et le jeta sur le parquet.

— Je veux l'écraser ! continua-t-elle en frappant dessus avec une rage enfantine, et je veux le brûler !

Elle prit l'objet hors d'usage et le lança au milieu des charbons.

— Là ! il n'aura qu'à en acheter un autre, s'il me retrouve. Il serait capable de venir me chercher ici pour exaspérer Edgar. Je n'ose pas rester de peur que cette idée ne se loge dans sa cervelle dépravée. Et puis, Edgar n'a pas été bon pour moi, n'est-ce pas ? Je ne veux pas venir implorer son assistance et je ne veux pas non plus lui causer de nouveaux ennuis. La nécessité m'a forcée de chercher un abri ici ; encore, si je n'eusse été certaine de ne pas le rencontrer, me fussé-je arrêtée à la cuisine. Je m'y serais lavé la figure, m'y serais chauffée, vous aurais fait dire de m'apporter ce qu'il me fallait, et je serais repartie pour aller n'importe où, hors d'atteinte de mon maudit... de ce démon incarné ! Ah ! il était dans une telle fureur ! S'il m'avait attrapée ! C'est bien dommage qu'Earnshaw ne soit pas son égal en force. Je ne me serais pas sauvée avant de l'avoir vu à peu près assommé, si Hindley eût été de taille à me donner ce spectacle !

— Voyons, ne parlez pas si vite, miss, interrompis-je. Vous allez déranger le mouchoir dont je vous ai entouré la figure et votre entaille va recommencer à saigner. Buvez votre thé, reprenez haleine, et cessez de rire : le rire est tristement déplacé sous ce toit, et dans votre état !

— Vérité incontestable. Écoutez cet enfant ! Il crie sans arrêter... renvoyez-le pour une heure afin que je ne l'entende pas ; je ne resterai pas plus longtemps.

Je sonnai et remis le bébé à une servante. Puis je m'informai du motif qui l'avait poussée à s'échapper de Hurle-Vent dans un si pitoyable état, et de l'endroit où elle avait l'intention d'aller, puisqu'elle refusait de rester avec nous.

— Je devrais et je voudrais rester, répondit-elle, pour réconforter Edgar et prendre soin du bébé, d'abord, et ensuite parce que la Grange est mon vrai foyer. Mais je vous dis qu'il ne me le permettrait pas. Croyez-vous qu'il supporterait de me voir engraisser, devenir gaie... qu'il supporterait la pensée que nous sommes tranquilles ici, sans vouloir empoisonner notre quiétude ? J'ai maintenant la satisfaction d'être sûre qu'il me déteste au point de souffrir sérieusement de me voir ou de m'entendre. Je remarque, quand je parais en sa présence, que les muscles de sa face se contractent involontairement et prennent une expression de haine, haine qui vient en partie de ce qu'il connaît les bonnes raisons que j'ai d'éprouver pour lui ce même sentiment, et en partie d'une aversion originelle. Cette aversion est assez forte pour me donner la quasi-certitude qu'il ne me pourchassera pas à travers l'Angleterre si je parviens à m'échapper ; il faut par conséquent que je m'éloigne tout à fait. Je suis revenue de mon désir primitif d'être tuée par lui : j'aimerais mieux qu'il se tuât lui-même ! Il a complètement éteint mon amour, je suis donc à mon aise. Je puis pourtant encore me rappeler combien je l'ai aimé ; je puis même vaguement imaginer que je pourrais continuer à l'aimer, si... non ! non ! Même s'il m'eût chérie, sa nature diabolique se serait révélée d'une façon ou d'une autre. Il fallait que Catherine eût le goût terriblement pervers pour lui être si tendrement attachée, elle qui le connaissait si bien. Monstre ! s'il pouvait être effacé de la création et de mon souvenir !

– Chut ! chut ! c'est un être humain. Soyez plus charitable : il y a des hommes encore pires que lui.

– Ce n'est pas un être humain et il n'a aucun droit à ma charité. Je lui ai donné mon cœur, il l'a pris, l'a broyé et me l'a rejeté mort. C'est avec le cœur qu'on sent, Hélène ; puisqu'il a détruit le mien, je n'ai plus le pouvoir de rien ressentir pour lui. Et je ne le voudrais pas, quand il gémirait jusqu'à son dernier jour et verserait des larmes de sang sur Catherine ! Non ! non ! je ne le voudrais pas !

Ici, Isabelle se mit à pleurer. Mais, refoulant aussitôt ses larmes, elle poursuivit :

Vous me demandiez ce qui m'avait enfin déterminée à fuir. J'y ai été obligée parce que j'avais réussi à pousser sa rage à un degré que n'avait pas atteint sa malice. Il faut plus de sang-froid pour arracher les nerfs avec des pinces chauffées au rouge que pour assommer. Il était excité au point d'oublier la prudence de démon dont il se vantait et il s'est laissé entraîner à une violence meurtrière. J'ai eu le plaisir d'arriver à l'exaspérer ; le sentiment du plaisir a éveillé en moi l'instinct de conservation et j'ai réussi à m'échapper. Si jamais je retombe dans ses mains, avec quelle joie il tirera de moi une vengeance éclatante !

Hier, comme vous savez, Mr. Earnshaw aurait dû assister à l'enterrement. Dans cette intention, il avait observé une sobriété relative : il n'avait pas été se mettre au lit fou furieux, à six heures du matin, pour en sortir encore ivre à midi. Mais il en résulta qu'en se levant il était très abattu, avec des idées de suicide, aussi disposé à aller à l'église qu'à aller au bal ; et, au lieu de s'y rendre, il s'assit près du feu et avala de grands verres de gin ou de brandy.

Heathcliff – je frissonne en prononçant son nom ! – avait à peine paru dans la salle depuis dimanche dernier jusqu'aujourd'hui. Sont-ce les anges, ou ses parents des régions infernales qui l'ont nourri, je ne sais, mais il n'a pas pris un repas avec nous depuis bientôt une semaine. Il ne revenait qu'à l'aube, montait à sa chambre et s'y enfermait... comme si personne avait envie de rechercher sa compagnie ! Il restait là, à prier comme un méthodiste. Seulement la divinité qu'il implorait n'est que poussière et cendres inanimées et, quand il s'adressait à Dieu, il le confondait étrangement avec le démon. Après avoir achevé ces édifiantes oraisons – et elles duraient en général jusqu'à ce qu'il fût complètement enroué et que sa voix s'étranglât dans son gosier – il repartait ; toujours droit vers la Grange. Je suis surprise qu'Edgar n'ait pas envoyé chercher un agent de police pour le faire arrêter. Quant à moi, quelque chagrin que j'eusse de la mort de Catherine, je ne pouvais m'empêcher de considérer comme une fête ces heures où j'étais délivrée d'une oppression dégradante.

Je repris assez de courage pour écouter sans pleurer les éternelles homélies de Joseph, pour aller et venir dans la maison d'un pas moins furtif que celui d'un voleur effrayé. Croiriez-vous que j'avais pris l'habitude de pleurer à tout ce que disait Joseph ? Mais Hareton et lui sont vraiment de détestables compagnons. J'aimerais mieux rester avec Hindley et subir ses horribles propos qu'avec « le p'tit maît' » et son fidèle défenseur, cet odieux vieillard ! Quand Heathcliff est là, je suis souvent obligée de me réfugier à la cuisine dans leur société, ou de grelotter dans les chambres inhabitées pleines d'humidité. Quand il n'y est pas, comme c'était le cas cette semaine, j'installe une table et une chaise au coin du feu dans la salle et je ne m'occupe pas de la manière dont Mr. Earnshaw emploie son temps ; pas plus d'ailleurs qu'il ne se mêle de ce que je fais. Il est plus calme maintenant que naguère, quand on ne le provoque pas ; plus sombre, plus abattu, et moins furieux. Joseph affirme que c'est un homme changé ; que le Seigneur a touché son cœur et qu'il est sauvé « comme par le feu ». Je n'ai pas encore pu découvrir les signes de ce changement favorable ; mais ce n'est pas mon affaire.

Hier soir, je suis restée assise dans mon coin, à lire quelques vieux livres jusque vers minuit. Il me paraissait tellement sinistre de remonter dans ma chambre, avec cette neige furieuse qui tourbillonnait dehors et mes pensées qui retournaient toujours au cimetière et à la tombe fraîchement creusée ! J'osais à peine lever les yeux de la page placée devant moi, tant cette triste image en prenait vite la place. Hindley était assis en face de moi, la tête appuyée sur sa main ; peut-être méditait-il sur le même sujet. Il avait cessé de boire avant d'avoir perdu la raison et n'avait ni bougé ni parlé depuis deux ou trois heures. On n'entendait dans la maison rien d'autre que les hurlements du vent, qui secouait les fenêtres de temps en temps, le faible crépitement des charbons et le bruit sec de mes mouchettes quand il m'arrivait de raccourcir la mèche de la chandelle. Hareton et Joseph étaient dans leur lit, profondément endormis sans doute. C'était triste, très triste. Tout en lisant, je soupirais, car il semblait que toute joie eût disparu du monde pour n'y jamais revenir.

Ce pénible silence fut enfin rompu par le bruit du loquet de la cuisine. Heathcliff était revenu de sa veillée plus tôt que d'habitude, à cause de la tempête soudaine, je suppose. La porte était verrouillée et nous l'entendîmes faire le tour pour entrer par une autre. Je me levai et l'expression de mes sentiments me vint aux lèvres malgré moi. Hindley, qui tenait les yeux fixés sur la porte, se retourna et me regarda.

— Je vais le laisser dehors cinq minutes, s'écria-t-il. Vous n'y voyez pas d'objection ?

— Non, vous pouvez même le laisser dehors toute la nuit, répondis-je. N'hésitez pas ! Mettez la clef dans la serrure et tirez les verrous.

Earnshaw obéit avant que son hôte eût atteint le devant de la maison. Puis il avança sa chaise de l'autre côté de ma table et se pencha, cherchant dans mes yeux de la sympathie pour la haine brûlante qui jaillissait des siens. Comme il avait l'aspect et les sentiments d'un assassin, ce n'est pas exactement ce qu'il y trouva ; mais ce qu'il y découvrit suffit pour l'encourager à parler.

— Vous et moi, dit-il, avons l'un et l'autre un grand compte à régler avec cet homme ! Si nous n'étions lâches ni l'un ni l'autre, nous pourrions nous unir pour en finir. Êtes-vous aussi faible que votre frère ? Endurerez-vous tout jusqu'au bout, sans jamais essayer de le lui faire payer ?

— Je suis lasse maintenant d'endurer, répondis-je, et je serais heureuse de trouver une vengeance qui ne retombât pas sur moi-même. Mais la traîtrise et la violence sont des lances à deux pointes ; elles blessent ceux qui y ont recours plus grièvement que leurs ennemis.

— La traîtrise et la violence sont la juste récompense de la traîtrise et de la violence ! s'écria Hindley. Mrs. Heathcliff, je ne vous demande que de rester immobile et muette. En êtes-vous capable, dites ? Je suis sûr que vous auriez autant de plaisir que moi à assister à la fin de l'existence de ce démon. C'est la mort qui vous attend si vous ne prenez pas les devants, et pour moi c'est la ruine. Le diable emporte cet infernal coquin ! Il frappe à la porte comme s'il était déjà le maître ici ! Promettez-moi de vous taire, et avant que l'horloge sonne – il est une heure moins trois minutes – vous serez délivrée !

Il tira de sa poitrine l'arme que je vous ai décrite dans ma lettre et essaya d'éteindre la chandelle. Je parvins à la lui arracher et lui saisis le bras.

— Je ne me tairai pas ; vous ne le toucherez pas. Laissez la porte fermée et restez tranquille !

— Non ! ma résolution est prise et, pardieu ! je l'exécuterai, cria ce forcené. Je vous rendrai service malgré vous et justice sera faite à Hareton. Il est inutile de vous mettre martel en tête pour me tirer d'affaire ensuite. Catherine n'est plus là. Pas un être vivant ne me regretterait ni ne rougirait de moi si je me coupais la gorge en ce moment… il est temps de faire une fin !

Autant eût valu lutter avec un ours ou raisonner avec un fou. La seule ressource qui me restât était de courir à la fenêtre et d'avertir la victime désignée du sort qui l'attendait.

— Vous feriez mieux de chercher refuge ailleurs cette nuit, m'écriai-je d'un ton plutôt triomphant. Mr. Earnshaw est décidé à vous brûler la cervelle si vous persistez à essayer d'entrer.

— Vous feriez mieux d'ouvrir la porte, espèce de…, répondit-il en m'appliquant une épithète élégante que je préfère ne pas répéter.

— Je ne me mêlerai de rien, répliquai-je à mon tour. Entrez et faites-vous tuer si cela vous convient. J'ai fait mon devoir.

Là-dessus, je fermai la fenêtre et repris ma place au coin du feu. J'avais trop peu d'hypocrisie à ma disposition pour feindre d'être inquiète du danger qui le menaçait. Earnshaw m'accabla de jurons, affirmant que j'aimais encore le scélérat et me prodiguant toutes sortes d'insultes pour ma couardise. Quant à moi, dans le secret de mon cœur (et ma conscience ne me l'a jamais reproché), je pensais que ce serait pour lui une vraie bénédiction si Heathcliff le délivrait de sa misère ; et que ce n'en serait pas une moindre pour moi-même s'il envoyait Heathcliff dans la demeure qui lui convient. Comme j'étais plongée dans ces réflexions, un coup que lança ce dernier dans la croisée derrière moi la fit tomber avec fracas, et dans l'encadrement apparut son visage sombre d'où jaillit un éclair sinistre. Les montants étaient trop rapprochés pour permettre à ses épaules de suivre, et je souris, exultant de me croire en sûreté. Ses cheveux et ses vêtements étaient blancs de neige et ses dents aiguës de cannibale, qui se montraient sous l'effet du froid et de la rage, brillaient dans l'obscurité.

— Isabelle, laissez-moi entrer, ou je vous en ferai repentir, « grogna-t-il », comme dit Joseph.

— Je ne puis pas commettre un meurtre, répondis-je. Mr. Hindley est en sentinelle avec un couteau et un pistolet chargé.

— Faites-moi entrer par la porte de la cuisine.

— Hindley y sera avant moi, répliquai-je. Quel pauvre amour est le vôtre, qui ne peut supporter une averse de neige ! Vous nous avez laissés en paix dans nos lits aussi longtemps qu'a brillé une lune d'été, mais au premier retour offensif de l'hiver il faut que vous couriez vous mettre à l'abri ! Heathcliff, à votre place, j'irais m'étendre sur sa tombe et y mourir comme un chien fidèle. Le monde assurément ne vaut plus pour vous la peine d'y vivre, je pense. Vous m'aviez pénétrée de la conviction bien nette que Catherine était toute la joie de votre existence : je ne peux pas croire que vous songiez à survivre à sa perte.

– Il est là, n'est-ce pas ? s'écria Hindley en se précipitant vers l'ouverture. Si j'arrive à passer le bras dehors, je peux l'atteindre !

Je crains, Hélène, que vous ne me considériez comme foncièrement mauvaise ; mais vous ne savez pas tout, aussi ne vous hâtez pas de juger. Je n'aurais pour rien au monde aidé ou encouragé un attentat, même sur lui. Mais il m'était impossible de ne pas souhaiter qu'il fût mort. Aussi fus-je terriblement déçue, et épouvantée, à la pensée des conséquences de mes railleries, quand il se jeta sur l'arme d'Earnshaw et la lui arracha des mains.

Le coup partit et le couteau, projeté en arrière, s'enfonça dans le poignet de son possesseur. Heathcliff l'en retira brutalement, en déchirant les chairs, et le jeta tout sanglant dans sa poche. Puis il prit une pierre, abattit le montant qui séparait deux fenêtres et sauta dans la pièce. Son adversaire était tombé sans connaissance sous l'effet de la violente douleur et du flot de sang qui jaillissait d'une artère ou d'une grosse veine. Le misérable le frappa à coups de pied, lui heurta la tête à plusieurs reprises sur les dalles, en me retenant d'une main pendant ce temps-là pour m'empêcher d'aller appeler Joseph. Il fit preuve d'un empire surhumain sur soi-même en s'abstenant de l'achever complètement ; enfin, à bout de souffle, il s'arrêta et tira le corps en apparence inanimé jusque sur le banc. Il déchira alors la manche de la veste d'Earnshaw et pansa la blessure avec une rudesse brutale, crachant et jurant pendant l'opération avec autant d'énergie qu'il en avait mis auparavant à le piétiner. Redevenue libre, je ne perdis pas de temps pour aller chercher le vieux serviteur qui, ayant fini par comprendre le sens de mon récit précipité, accourut en bas, haletant, en descendant les marches quatre à quatre.

– Qué qu'y a à faire, maintenant ? Qué qu'y a à faire, maintenant ?

– Il y a ceci à faire, tonna Heathcliff ; votre maître est fou et, s'il vit encore dans un mois, il sera enfermé dans une maison de santé. Comment diable avez-vous tout verrouillé quand j'étais dehors, vieux chien édenté ? Ne restez pas là à grommeler et à marmotter. Allons, ce n'est pas moi qui vais le soigner. Nettoyez-moi toute cette saleté ; et faites attention à lui avec votre chandelle... c'est plus qu'à moitié du brandy !

– Pour lors, c'est donc qu'vous avez commis un meurtre su' lui ?

s'écria Joseph, levant les mains et les yeux dans un geste d'horreur. Si j'ons jamais rien vu d'pareil ! Puisse l'Seigneur...

Heathcliff lui envoya une bourrade qui le fit tomber à genoux dans le sang, et lui lança une serviette ; mais, au lieu de se mettre à essuyer, il joignit les mains et commença une prière dont la bizarre phraséologie excita mon rire. J'étais dans un état d'esprit à n'être choquée de rien : en fait, j'étais aussi insouciante que le sont certains malfaiteurs au pied de la potence.

— Ah ! je vous oubliais, me dit mon tyran. Vous allez faire cela. Allons, à terre. Vous conspiriez avec lui contre moi, n'est-ce pas, vipère ? Tenez, voilà de l'ouvrage pour vous !

Il me secoua à faire claquer mes dents et me jeta à côté de Joseph, qui continua ses prières sans se troubler, puis se releva, jurant qu'il allait partir à l'instant pour la Grange. Mr. Linton était un magistrat et, eût-il perdu cinquante femmes, il fallait qu'il ouvrît une enquête là-dessus. Joseph était si obstiné dans sa résolution que Heathcliff jugea utile d'exiger de ma bouche une récapitulation de ce qui s'était passé. Il me dominait d'un regard chargé de malveillance pendant que je satisfaisais à contrecœur à ses questions. Ce ne fut pas sans peine, surtout avec mes réponses difficilement arrachées, que le vieillard se laissa persuader que Heathcliff n'avait pas été l'agresseur. Cependant Mr. Earnshaw lui-même le convainquit bientôt qu'il était encore vivant. Joseph s'empressa de lui administrer une dose de liqueur forte, grâce à quoi son maître recouvra bientôt le mouvement et la conscience. Heathcliff, voyant que son adversaire ignorait le traitement qu'il avait reçu pendant qu'il était sans connaissance, lui dit qu'il avait déliré sous l'empire de l'ivresse ; qu'il passerait l'éponge sur son atroce conduite, mais qu'il l'engageait à aller se coucher. À ma grande joie, il nous quitta lui-même après ce judicieux conseil, et Hindley s'étendit sur la pierre de l'âtre. Je regagnai ma chambre, stupéfaite d'en être quitte à si bon compte.

Ce matin, quand je suis descendue, une demi-heure environ avant midi, Mr. Earnshaw était assis près du feu, tout à fait mal en point. Son mauvais génie, presque aussi blême et décharné, était appuyé contre la cheminée. Ni l'un ni l'autre ne paraissait songer à dîner ; après avoir attendu jusqu'à ce que tout sur la table fût froid, j'ai commencé seule. Rien ne m'empêchait de manger de bon appétit et quand, de temps à autre, je jetais un regard sur mes compagnons silencieux, j'éprouvais une certaine impression de satisfaction et de supériorité à sentir en moi le réconfort d'une conscience tranquille. Lorsque j'ai eu fini, j'ai pris la liberté inaccoutumée de m'approcher du feu, de passer derrière le siège d'Earnshaw et de m'agenouiller dans le coin à côté de lui.

Heathcliff n'a pas fait attention à mon mouvement. J'ai levé les yeux et considéré ses traits avec presque autant d'assurance que s'il eût été changé en statue. Son front, qui naguère me paraissait si viril et que je trouve maintenant si diabolique, était voilé d'un lourd nuage ; ses yeux de basilic étaient presque éteints par l'insomnie, par les larmes peut-être, car ses cils étaient encore humides ; ses lèvres, d'où le féroce ricanement avait disparu, étaient serrées, avec une expression d'indicible tristesse. Si c'eût été tout autre, je me serais caché la figure en présence d'une telle douleur. La sienne me procurait du plaisir ; et, quelque lâcheté qu'il semble y avoir à insulter un ennemi tombé, je n'ai pu me retenir de profiter de cette occasion de lui décocher un dard. Ses moments de faiblesse étaient les seuls où je pusse goûter le délice de rendre le mal pour le mal.

– Fi ! fi ! miss, interrompis-je. On croirait que vous n'avez jamais de votre vie ouvert une Bible. Quand Dieu afflige vos ennemis, sûrement cela devrait vous suffire. Il est à la fois vil et présomptueux d'ajouter votre torture à la sienne.
– Je reconnais que c'est vrai en général, Hélène. Mais quel est le supplice infligé à Heathcliff qui pourrait me contenter, si je n'y étais mêlée ? Je préférerais qu'il souffrît moins si je pouvais être la cause de ces souffrances et qu'il sût que j'en suis la cause. Oh ! mon compte avec lui est si chargé ! Je ne puis espérer de lui pardonner qu'à une condition : c'est de m'être payée d'abord œil pour œil, dent pour dent, torture pour torture, et de l'avoir réduit à mon état. Puisque c'est lui qui a commis la première offense, qu'il soit le premier à implorer le pardon ; et alors... eh bien ! alors, Hélène, je pourrais montrer un peu de générosité. Mais comme il est absolument impossible que je puisse jamais me venger, je ne puis donc lui pardonner.

Hindley désirait un peu d'eau ; je lui ai tendu un verre et lui ai demandé comment il allait.
– Pas aussi mal que je le voudrais, a-t-il répondu. Mais, sans parler de mon bras, chaque parcelle de mon corps est aussi endolorie que si j'avais lutté avec une légion de diablotins.
– Oui, ce n'est pas étonnant, ai-je remarqué, Catherine se vantait de s'interposer entre vous et la douleur physique : elle voulait dire que certaines personnes ne vous toucheraient pas de crainte de l'offenser. Il est heureux que les morts ne se lèvent pas réellement de leurs tombeaux, car autrement, la nuit dernière, elle aurait pu assister à une scène répugnante. N'êtes-vous pas meurtri et blessé à la poitrine et aux épaules ?

– Je n'en sais rien ; mais que voulez-vous dire ? A-t-il osé me frapper quand j'étais à terre ?

– Il vous a accablé de coups de pied et vous a cogné contre le sol, dis-je à voix basse. Son envie de vous déchirer avec ses dents était telle que l'eau lui en venait à la bouche. Car il n'est homme qu'à demi... même pas, et le reste est démon.

Mr. Earnshaw a levé les yeux, comme moi, vers le visage de notre ennemi commun. Absorbé dans son angoisse, celui-ci paraissait insensible à tout ce qui se passait autour de lui ; plus longtemps il restait dans cette attitude et plus la noirceur de ses méditations se révélait sur ses traits.

– Oh ! si Dieu voulait seulement me donner la force de l'étrangler dans ma suprême agonie, j'irais en enfer avec joie, gémissait son impatiente victime, qui se débattait pour essayer de se lever et retombait désespérée, convaincue de son impuissance à lutter.

– Non, c'est assez qu'il ait tué l'un de vous, ai-je observé tout haut. À la Grange, tout le monde sait que votre sœur vivrait encore, sans Mr. Heathcliff. Après tout il vaut mieux être haï qu'aimé par lui. Quand je me rappelle comme nous étions heureux... comme Catherine était heureuse avant son arrivée... je ne puis m'empêcher de maudire ce jour-là.

Très vraisemblablement, Heathcliff a été plus frappé de la vérité de ces paroles que de l'excitation de la personne qui les avait prononcées. Son attention s'est éveillée, je l'ai bien vu, car des larmes coulaient de ses yeux dans les cendres et sa respiration oppressée s'échappait en profonds soupirs. Je le regardai en face, avec un rire de mépris.

Des fenêtres voilées de l'enfer ont jailli un instant vers moi quelques éclairs ; mais le démon qui, en général, veillait là semblait si obscurci, si noyé, que je n'ai pas craint de risquer un nouveau rire.

– Levez-vous et disparaissez de ma vue, a dit Heathcliff.

J'ai deviné du moins qu'il prononçait ces mots ; bien que sa voix fût à peine intelligible.

– Je vous demande pardon, ai-je répliqué. Mais moi aussi j'aimais Catherine ; et son frère a besoin de soins que, pour l'amour d'elle, je lui donnerai. Maintenant qu'elle est morte, je la revois en Hindley. Hindley a exactement ses yeux... ou les aurait si vous n'aviez essayé de les lui arracher, ce qui les a rendus noirs et rouges ; et sa...

– Levez-vous, misérable idiote, avant que je vous écrase sous mes pieds, s'est-il écrié en faisant un mouvement qui m'en a fait faire un aussi.

– Mais alors, ai-je continué en me tenant prête à m'enfuir, si la pauvre Catherine s'était fiée à vous et avait accepté le titre ridicule, méprisable, dégradant, de Mrs. Heathcliff, elle aurait bientôt offert un semblable spectacle. Elle n'eût pas supporté tranquillement votre abominable conduite, elle ; il eût fallu que sa haine et son dégoût trouvassent une voix.

Le dossier du banc et la personne d'Earnshaw me séparaient de lui, de sorte qu'au lieu d'essayer de m'atteindre il a saisi un couteau sur la table et me l'a lancé à la tête. La lame m'a frappé sur l'oreille et a arrêté la phrase que je prononçais en ce moment. Mais je l'ai retirée, j'ai couru à la porte en lui jetant encore quelques mots qui, je l'espère, auront pénétré un peu plus profondément que son projectile. Comme tableau final, je l'ai vu s'élancer avec furie, être arrêté par son hôte qui l'avait saisi à bras-le-corps ; puis tous deux ont roulé enlacés devant la cheminée. En traversant la cuisine dans ma fuite, j'ai dit à Joseph d'aller vite trouver son maître ; j'ai renversé Hareton, qui était en train de s'amuser à suspendre une portée de petits chiens au dossier d'une chaise à l'entrée de la porte, et, heureuse comme une âme échappée du purgatoire, j'ai bondi, sauté, volé, sur la route escarpée. Puis négligeant ses détours, j'ai pris droit à travers la lande, culbutant sur les talus, m'enfonçant dans les marécages. Je me précipitais tête baissée vers mon phare, la lumière qui brillait à la Grange. Et je consentirais plus volontiers à un séjour perpétuel dans les régions infernales qu'à reprendre place, fût-ce pour une seule nuit, sous le toit de Hurle-Vent.

Isabelle se tut et but un peu de thé. Puis elle se leva, me demanda de lui mettre son chapeau et un grand châle que j'avais apportés, et sourde à ma prière de rester encore une heure, monta sur une chaise, baisa les portraits d'Edgar et de Catherine, m'embrassa à mon tour et descendit prendre la voiture, accompagnée de Fanny qui aboyait de joie d'avoir retrouvé sa maîtresse.

Elle partit donc, ainsi chassée, pour ne plus jamais revenir dans le pays. Mais une correspondance régulière s'établit entre elle et mon maître quand les choses se furent un peu arrangées. Je crois qu'elle avait choisi sa nouvelle demeure dans le Sud, près de Londres. C'est là qu'elle mit au monde un fils, quelques mois après sa fuite. Il reçut le prénom de Linton, et, dès le début, elle le dépeignit comme une créature maladive et irritable.

Mr. Heathcliff, me rencontrant un jour dans le village, me demanda où elle habitait. Je refusai de le lui dire. Il répliqua que cela lui importait peu, mais qu'elle devait se garder de venir chez son frère : il ne fallait pas qu'elle vécût avec lui, dût-il, pour l'en empêcher, la reprendre lui-même. Bien que je n'eusse voulu lui donner aucune indication, il découvrit, par quelque autre domestique, le lieu de son séjour et l'existence de l'enfant. Il n'inquiéta pourtant pas Isabelle, ce dont elle put rendre grâce, je suppose, à l'aversion qu'elle lui inspirait. Il s'informait souvent de l'enfant quand il me voyait. En apprenant son nom, il eut un vilain sourire et dit :

— Ils veulent donc que je le haïsse aussi, sans doute ?

— Je ne crois pas qu'ils désirent que vous sachiez rien de lui, répondis-je.

— Mais je l'aurai quand j'aurai besoin de lui. Ils peuvent y compter !

Heureusement, sa mère mourut avant que ce moment fût venu, treize ans environ après Catherine : le petit Linton avait douze ans, ou un peu plus.

Le lendemain de la visite inopinée d'Isabelle, je n'eus pas l'occasion de parler à mon maître : il évita toute conversation et n'était en état de rien discuter. Quand je pus me faire écouter, je vis qu'il était bien aise que sa sœur eût quitté son mari, qu'il détestait avec une intensité que la douceur de sa nature semblait à peine permettre. Son aversion était si profonde et si vivace qu'il s'abstenait d'aller partout où il aurait pu rencontrer Heathcliff ou entendre parler de lui. Le chagrin, joint à ce sentiment, fit de lui un parfait ermite. Il abandonna sa charge de magistrat, cessa même de paraître à l'église, évita en toutes occasions le village et mena une vie de complète réclusion dans l'enceinte de son parc et de ses terres. La seule variété qu'il y apportât consistait en promenades solitaires dans les landes et en visites à la tombe de sa femme, la plupart du temps le soir, ou le matin de bonne heure avant que personne fût dehors. Mais il était trop bon pour être longtemps tout à fait malheureux. Il ne priait pas, lui, pour que l'âme de Catherine le hantât. Le temps lui apporta la résignation et une mélancolie plus douce que la joie vulgaire. Il entourait sa mémoire d'un amour ardent et tendre, d'aspirations pleines d'espoir vers un monde meilleur où il ne doutait pas qu'elle ne fût allée.

Il eut aussi une consolation et des affections sur cette terre. Pendant quelques jours, vous ai-je dit, il parut n'accorder aucune attention à l'être chétif que sa femme lui avait légué. Cette indifférence fondit aussi vite que la neige en avril, et avant que la petite créature fût capable de bégayer un mot ou de hasarder un pas, elle régnait en despote dans le cœur de son père. Elle s'appelait Catherine ; mais il ne lui donnait jamais son nom en entier, de même qu'il n'avait au contraire jamais abrégé celui de la première Catherine, sans doute parce que Heathcliff avait l'habitude de le faire. La petite fille fut toujours Cathy : ce qui la distinguait pour lui de sa mère, tout en la reliant à elle. Et son attachement à l'enfant naquit de ce lien avec la mère, bien plus que du fait qu'elle était sa fille, à lui.

Je faisais parfois une comparaison entre Hindley Earnshaw et lui, et je n'arrivais pas à m'expliquer d'une façon satisfaisante pourquoi leur conduite, en des circonstances semblables, était si différente. Tous deux avaient été de tendres époux, et tous deux étaient attachés à leur enfant ; je ne comprenais pas comment tous deux n'avaient pas suivi la même route, dans le bien ou dans le mal. Mais, disais-je, Hindley, avec une tête en apparence plus forte, s'est montré pitoyablement inférieur et plus faible. Quand son vaisseau a touché l'écueil, le capitaine a abandonné son poste ; et l'équipage, au lieu de chercher à sauver le navire, s'est livré à l'indiscipline et au désordre, détruisant tout espoir de renflouer la malheureuse épave. Linton, au contraire, a fait preuve du vrai courage d'une âme loyale et fidèle ; il a eu confiance en Dieu ; et Dieu l'a consolé. L'un espérait, l'autre désespérait : ils ont choisi chacun leur sort et ont été justement condamnés à le subir. Mais vous n'avez pas besoin de ma morale, Mr. Lockwood, vous êtes capable de juger aussi bien que moi de toutes ces choses ; vous le croyez du moins, ce qui revient au même.

La fin d'Earnshaw fut ce que l'on pouvait attendre. Elle suivit de près celle de sa sœur ; six mois à peine séparèrent l'une de l'autre. Nous autres, à la Grange, nous n'avons jamais su exactement quel a été son état pendant cette période ; le peu que j'ai appris est venu à ma connaissance quand je suis allée aider aux préparatifs des obsèques. Mr. Kenneth vint annoncer l'événement à mon maître.

— Eh bien, Nelly, dit-il en entrant à cheval dans la cour un matin, trop tôt pour que je ne fusse pas alarmée par un soudain pressentiment de mauvaises nouvelles, c'est à votre tour et au mien d'être en deuil à présent. Devinez qui nous a faussé compagnie cette fois.

— Qui ? demandai-je tout émue.

— Allons ! devinez ! répondit-il en mettant pied à terre et attachant les rênes à un crochet près de la porte. Et préparez le coin de votre tablier : je suis certain que vous allez en avoir besoin.

— Pas Mr. Heathcliff, bien sûr ? m'écriai-je.

— Quoi, vous auriez des larmes pour lui ? Non, Heathcliff est un gaillard jeune et vigoureux ; il a l'air plus florissant que jamais, aujourd'hui. Je viens de le voir. Il reprend vite des chairs depuis qu'il est débarrassé de sa moitié.

— Qui est-ce alors, Mr. Kenneth ? répétai-je avec impatience.

— Hindley Earnshaw ! Votre vieil ami Hindley et mon méchant compère ; quoique depuis longtemps il soit devenu trop fantasque pour moi. Là ! je disais bien qu'il allait y avoir des larmes. Mais consolez-vous ! Il est mort fidèle à son personnage : ivre comme un lord. Pauvre garçon ! j'ai de la peine moi aussi. On regrette toujours un vieux compagnon, malgré tout ; bien que celui-là fût capable des pires malices qui se puissent imaginer et qu'il m'ait joué plus d'un vilain tour. Il avait à peine vingt-sept ans, il me semble ; c'est juste votre âge. Qui aurait cru que vous étiez nés la même année ?

J'avoue que ce coup fut plus dur pour moi que n'avait été celui de la mort de Mrs. Linton ; d'anciens souvenirs assiégeaient mon cœur. Je m'assis sous le porche, je pleurai comme pour un parent et je priai le docteur de se faire introduire auprès de mon maître par un autre serviteur. Je ne pouvais m'empêcher de ressasser cette question : sa mort a-t-elle été naturelle ? Quoi que je fisse, cette idée me harcelait ; j'en étais si obsédée que je résolus de demander la permission d'aller à Hurle-Vent pour aider à remplir les derniers devoirs envers le défunt. Mr. Linton n'y consentit qu'avec beaucoup de difficulté. Mais je plaidai éloquemment l'abandon où le corps de son beau-frère devait se trouver, je fis valoir que mon ancien maître et frère de lait avait autant que lui droit à mes services. De plus, je lui rappelai que le petit Hareton était le neveu de sa femme, qu'en l'absence de parents plus proches il devait lui servir de tuteur ; qu'il fallait qu'il s'enquît de l'état de la succession et qu'il examinât les affaires de son beau-frère. Il était incapable de s'occuper de tout cela à ce moment-là, mais il me chargea d'en parler à son homme d'affaires ; enfin, il me permit de partir.

Son homme d'affaires avait été également celui d'Earnshaw. Je passai au village et le priai de m'accompagner. Il secoua la tête et conseilla de laisser faire Heathcliff, affirmant que, si la vérité était connue, on découvrirait que Hareton n'était guère plus qu'un mendiant.

— Son père est mort endetté, ajouta-t-il ; toute la propriété est hypothéquée, et la seule chance qui reste à l'héritier naturel est de trouver une occasion d'éveiller quelque intérêt dans le cœur de son créancier, afin que celui-ci soit amené à le ménager.

Quand je parvins à Hurle-Vent, j'expliquai que j'étais venue pour veiller à ce que tout se passât décemment. Joseph, qui avait l'air d'avoir assez de chagrin, exprima sa satisfaction de ma présence. Mr. Heathcliff dit qu'il ne voyait pas qu'on eût besoin de moi, mais que je pouvais rester et régler les dispositions des obsèques, si je voulais.

— En bonne justice, observa-t-il, le corps de ce fou devrait être inhumé à la croisée des routes, sans cérémonie d'aucune sorte[1]. Il

---

1. À l'époque où se passe le récit, l'usage en Angleterre était encore d'inhumer les suicidés nuitamment, à une croisée de routes. On déposait le cadavre à même dans une fosse creusée au milieu de la chaussée, on le recouvrait de chaux vive et on refermait la fosse. *(N.d.T.)*

m'est arrivé de le quitter pendant dix minutes hier après-midi ; il en a profité pour verrouiller les deux portes de la salle afin de m'empêcher d'entrer et il a passé la nuit à s'enivrer à mort de propos délibéré. Nous avons fait irruption ce matin, en l'entendant ronfler comme un cheval. Il était là, étendu sur le banc : on aurait pu l'écorcher et le scalper sans le réveiller. J'ai envoyé chercher Kenneth, qui est venu, mais pas avant que la brute fût changée en charogne : il était mort, froid et roide. Ainsi vous conviendrez qu'il n'y avait pas lieu de faire beaucoup d'histoires à son sujet.

Le vieux domestique confirma ces dires, mais grommela :

– J'aurions mieux aimé qu'y soye été quéri le docteur lui-même ! J'aurions soigné l'maître mieux qu'lui... et y n'était point mort quand j'sons parti, mais point du tout !

J'insistai pour que les funérailles fussent convenables. Mr. Heathcliff me dit que je pouvais agir à ma guise ; cependant il me pria de ne pas oublier qu'en toute cette affaire c'était de sa poche que sortait l'argent. Son attitude resta froide, indifférente, n'indiquant ni joie ni chagrin ; si l'on pouvait y lire quelque chose, c'était la cruelle satisfaction d'avoir réussi une besogne difficile. Je remarquai cependant une fois sur sa figure une expression qui ressemblait à de l'exultation : ce fut à l'instant que le cercueil sortit de la maison. Il eut l'hypocrisie de se mettre en deuil. Avant de suivre le convoi avec Hareton, il fit monter sur la table le malheureux enfant et murmura, avec une singulière jouissance :

– Maintenant, mon petit gars, tu es à moi ! Et nous verrons bien si un arbre ne pousse pas aussi tordu qu'un autre quand le même vent les courbe !

Le naïf petit être écouta ces paroles avec plaisir ; il jouait avec les moustaches de Heathcliff et lui tapotait la joue. Mais moi, je compris ce qu'il voulait dire et j'observai sèchement :

– Cet enfant doit retourner avec moi à Thrushcross Grange, monsieur. Il n'y a rien au monde qui vous appartienne moins que lui.

– Linton l'a-t-il dit ? demanda-t-il.

– Sans doute... il m'a ordonné de le ramener, répondis-je.

– Bien, dit le coquin, nous ne discuterons pas cette question pour le moment. Mais j'ai envie de m'essayer à élever un enfant. Par conséquent, vous déclarerez à votre maître que, s'il cherche à m'enlever celui-ci, je me verrai obligé de le remplacer par le mien. Je ne m'engage pas à laisser partir Hareton sans contestation ; mais je vous certifie que je ferai venir l'autre. N'oubliez pas de le lui dire.

Cette menace suffisait à nous lier les mains. J'en fis part en revenant à Edgar Linton qui, s'étant peu intéressé à la question dès le début, ne parla plus d'intervenir. Je ne crois d'ailleurs pas qu'il eût pu le faire utilement, s'il en avait jamais eu la volonté.

L'hôte était maintenant le maître à Hurle-Vent. Sa possession était solide et il prouva à l'attorney[1], qui, à son tour, le prouva à Mr. Linton, qu'Earnshaw avait hypothéqué jusqu'à son dernier mètre de terrain pour avoir de quoi subvenir à sa passion du jeu ; et lui, Heathcliff, était le prêteur. C'est ainsi que Hareton, qui devrait être aujourd'hui le premier propriétaire du pays, a été réduit à un état de complète dépendance de l'ennemi invétéré de son père, et qu'il vit dans sa propre maison comme un domestique, sauf qu'il n'a même pas l'avantage de toucher des gages : tout à fait incapable de se faire rendre droit, parce qu'il est sans aucun ami et qu'il ignore le tort dont il est victime.

---

1. Attorney : officier ministériel, légalement qualifié pour se présenter, au nom de tiers, devant les tribunaux comme demandeur ou défendeur dans une action. L'*attorney* en Angleterre correspond à l'avoué en France. Depuis 1873, les *attorneys* ont pris le nom de *solicitors*. (N.d.T.)

CHAPITRE XVIII

Les douze années qui suivirent cette lugubre période, continua Mrs. Dean, furent les plus heureuses de ma vie. Mes plus grands soucis, durant ce laps de temps, furent causés par les légères indispositions que notre petite Catherine dut subir comme tous les enfants, riches ou pauvres. Du reste, après les six premiers mois, elle poussa comme un jeune mélèze, et commença de marcher et de parler à sa manière avant que la bruyère eût fleuri pour la seconde fois sur la tombe de Mrs. Linton. C'était la créature la plus séduisante qui eût jamais apporté un rayon de soleil dans une maison désolée : une réelle beauté de figure, avec les beaux yeux noirs des Earnshaw, mais le teint clair, les traits délicats, les cheveux dorés et bouclés des Linton. Son humeur était vive, mais sans rudesse, et tempérée par un cœur sensible et ardent à l'excès dans ses affections. Cette aptitude à se donner tout entière me rappelait sa mère. Elle ne lui ressemblait pourtant pas, car elle savait être douce comme une colombe, elle avait une voix caressante et une expression pensive ; sa colère n'était jamais furieuse, son amour jamais violent, mais profond et tendre. Néanmoins, il faut le reconnaître, elle avait des défauts qui gâtaient ses dons : une tendance à être impertinente, par exemple, et l'entêtement qu'acquièrent infailliblement les enfants gâtés, que leur caractère soit bon ou mauvais. S'il arrivait qu'un domestique fît quelque chose qui lui déplût, c'était toujours : « Je le dirai à papa. » Et si son père la réprimandait, fût-ce simplement du regard, on aurait cru que c'était pour elle une affaire à lui briser le cœur : je ne crois pas qu'il lui ait jamais adressé une parole dure. Il s'était chargé entièrement de son éducation et il y trouvait un amusement. Par bonheur la curiosité et une intelligence vive faisaient d'elle une bonne élève. Elle apprenait vite et avec ardeur et elle fit honneur à son maître.

Jusqu'à l'âge de treize ans, elle n'était pas une fois sortie seule de l'enceinte du parc. En de rares occasions, Mr. Linton l'emmenait avec lui à un mille, ou à peu près, au-dehors ; mais il ne la confiait jamais à personne d'autre. Le nom de Gimmerton ne représentait rien à son esprit ; la chapelle était, à l'exception de sa propre demeure, le seul bâtiment dont elle eût approché et où elle fût entrée. Les Hauts de Hurle-Vent et Mr. Heathcliff n'existaient pas pour elle. Elle vivait parfaitement recluse et, en apparence, parfaitement satisfaite. Parfois, cependant, quand elle regardait la campagne par la fenêtre de sa chambre, elle demandait :

— Hélène, combien de temps faudra-t-il encore avant que je puisse aller au sommet de ces collines ? Que peut-il bien y avoir de l'autre côté ? Est-ce la mer ?

— Non, Miss Cathy ; ce sont encore des collines, toutes pareilles à celles-ci.

— Et à quoi ressemblent ces rochers dorés quand on est à leur pied ? demanda-t-elle une fois.

La chute abrupte des rochers de Penistone attirait particulièrement son attention, surtout quand le soleil couchant brillait sur eux et sur les sommets environnants, et que tout le reste du paysage était dans l'ombre. Je lui expliquai que c'étaient de simples masses de pierre, dont les interstices contenaient à peine assez de terre pour nourrir un arbre rabougri.

— Et pourquoi sont-ils encore clairs si longtemps après qu'il fait sombre ici ?

— Parce qu'ils sont à une bien plus grande altitude que nous. Vous ne pourriez pas y grimper, tant ils sont hauts et escarpés. En hiver la gelée apparaît toujours là avant d'arriver à nous ; et au cœur de l'été j'ai trouvé de la neige dans ce trou noir, sur la face nord-est.

— Oh ! vous y avez été ! s'écria-t-elle joyeusement. Je pourrai donc y aller aussi, quand je serai une femme. Papa y a-t-il été, Hélène ?

— Papa vous dirait, miss, me hâtai-je de répondre, que ces rochers ne valent guère la peine d'une visite. Les landes, où vous vous promenez avec lui, sont beaucoup plus belles ; et le parc de Thrushcross Grange est le plus bel endroit du monde.

— Mais je connais le parc, et je ne connais pas ces rochers, murmura-t-elle en se parlant à soi-même. Et j'aimerais tant à regarder tout autour de moi du sommet de la plus haute pointe ! Mon petit poney Minny m'y mènera un jour.

Une des servantes ayant parlé devant elle de la grotte des Fées, elle eut la tête toute bouleversée du désir de mettre à exécution ce projet. Elle ne cessait d'en importuner Mr. Linton, si bien qu'il promit qu'elle ferait cette excursion quand elle serait plus âgée. Mais Miss Catherine mesurait son âge par mois ; et la question : « Maintenant, suis-je assez âgée pour aller aux rochers de Penistone ? » revenait constamment sur ses lèvres. Dans un de ses lacets, la route qui y conduisait passait tout près de Hurle-Vent. Edgar n'avait pas le courage d'aller par là, de sorte qu'elle recevait toujours la réponse : « Pas encore, ma chérie, pas encore. »

Je vous ai dit que Mrs. Heathcliff avait vécu un peu plus de douze ans après avoir quitté son mari. On était d'une constitution délicate dans sa famille ; ni elle ni Edgar n'avaient cette santé robuste qu'on rencontre en général dans ces parages-ci. Je ne sais pas exactement ce que fut sa dernière maladie. Je conjecture qu'ils moururent tous deux de la même manière, d'une sorte de fièvre, lente à son début, mais incurable, et minant rapidement leur existence vers la fin. Elle écrivit à son frère pour l'informer de l'issue probable du mal dont elle souffrait depuis quatre mois et le supplier de venir la voir, si cela lui était possible ; car elle avait bien des choses à régler, elle désirait lui faire ses adieux et laisser Linton en sûreté entre ses mains. Son espoir était que Linton pourrait rester avec lui comme il était resté avec elle ; son père, elle aimait à s'en persuader, ne tenait pas à assumer le fardeau de son entretien et de son éducation. Mon maître n'hésita pas un moment à satisfaire à cette requête. Quelle que fût, en temps ordinaire, sa répugnance à quitter sa maison, il se hâta de répondre à cet appel. Il recommanda Catherine à ma vigilance toute spéciale pendant la durée de son absence, avec des ordres réitérés pour qu'elle ne dépassât point les portes du parc, même sous mon escorte : il ne lui venait pas à l'esprit qu'elle pût sortir sans être accompagnée.

Il fut absent trois semaines. Pendant un ou deux jours, la jeune personne confiée à ma garde resta assise dans un coin de la bibliothèque, trop triste pour lire ou pour jouer. Dans cet état de tranquillité, elle ne me causa guère de soucis. Mais ensuite vint une période de lassitude impatiente et turbulente. Comme j'étais trop occupée et désormais trop âgée pour courir par monts et par vaux afin de l'amuser, je m'avisai d'une méthode qui lui permît de se distraire elle-même. Je pris l'habitude de l'envoyer faire le tour de la propriété tantôt à pied, tantôt sur son poney ; et, à son retour, je me prêtais complaisamment au récit de toutes ses aventures réelles ou imaginaires.

Nous étions au début de l'été. Elle prit un tel goût à ces excursions solitaires qu'il lui arrivait souvent de rester dehors depuis le déjeuner jusqu'à l'heure du thé ; puis elle passait les soirées à raconter ses histoires fantaisistes. Je ne craignais pas qu'elle franchît les limites imposées, parce que les portes étaient ordinairement fermées ; en outre je pensais qu'elle ne se serait guère risquée seule à l'extérieur, même si elles eussent été grandes ouvertes. Malheureusement l'événement prouva que ma confiance était mal placée. Un matin à huit heures, Catherine vint me trouver et me dit que, ce jour-là, elle était un marchand arabe qui allait traverser le désert avec sa caravane, et qu'il fallait que je lui donnasse abondance de provisions pour elle et ses bêtes : un cheval et trois chameaux, ces derniers représentés par un grand chien courant et deux chiens d'arrêt. Je rassemblai une bonne quantité de friandises que je plaçai dans un panier attaché à l'un des côtés de la selle. Elle sauta à cheval, gaie comme un pinson, protégée du soleil de juillet par son chapeau à grands bords et un voile de gaze, et partit au trot avec un rire joyeux, se moquant de mes prudents conseils de ne pas galoper et de rentrer de bonne heure. La vilaine petite créature ne parut pas à l'heure du thé. Un des voyageurs, le chien courant, qui était vieux et aimait ses aises, revint ; mais ni Catherine, ni le poney, ni les deux chiens d'arrêt n'apparaissaient d'aucun côté. Je dépêchai des émissaires sur ce sentier-ci, puis sur celui-là, et enfin je partis moi-même au hasard à sa recherche. Un paysan travaillait à une clôture autour d'une plantation sur les confins de la propriété. Je lui demandai s'il avait vu notre jeune maîtresse.

– Je l'ai vue ce matin, répondit-il. Elle m'a prié de lui couper une baguette de noisetier, puis elle a fait sauter son Galloway[1] par-dessus la haie qui est là-bas, à l'endroit le plus bas, et elle a disparu au galop.

Vous pouvez imaginer mon état d'esprit quand j'appris ces nouvelles. L'idée me vint aussitôt qu'elle devait être partie pour les rochers de Penistone. « Que va-t-il lui arriver ? » m'écriai-je en passant à travers une brèche que l'homme était en train de réparer. Je gagnai directement la grand-route et marchai aussi vite que pour gagner un pari, mille sur mille. Un tournant du chemin m'amena en vue des Hauts ; mais je ne découvrais Catherine ni de près ni de loin. Les rochers se trouvent à un mille et demi au-delà de la maison de Mr. Heathcliff, qui est elle-même à quatre milles de la Grange, de sorte que je commençais à craindre d'être surprise par la nuit avant d'y parvenir. « Et si elle a glissé en essayant d'y grimper ? pensais-je ; si elle s'est tuée, ou brisé quelque membre ? » Mon anxiété était vraiment pénible ; et j'éprouvai d'abord un soulagement délicieux quand j'aperçus, en passant rapidement près de la ferme, Charlie, le plus vif des chiens d'arrêt, couché sous une fenêtre, la tête enflée et une oreille en sang. J'ouvris la barrière, courus à la porte et frappai violemment. Une femme, que je

---

1. Race de poneys élevée à Galloway, en Écosse. *(N.d.T.)*

connaissais et qui habitait autrefois Gimmerton, répondit ; elle servait à Hurle-Vent depuis la mort de Mr. Earnshaw.

– Bon ! dit-elle, vous venez à la recherche de votre petite maîtresse. Ne vous inquiétez pas. Elle est ici en sûreté ; mais je suis heureuse que ce ne soit pas le maître.

– Alors il n'est pas à la maison, n'est-ce pas ? demandai-je en haletant sous l'effet de ma marche précipitée et de mon alarme.

– Non, non ; il est parti avec Joseph et je ne pense pas qu'ils reviennent avant une heure au plus tôt. Entrez et reposez-vous un instant.

J'entrai et trouvai ma brebis égarée assise devant la cheminée, se balançant dans un petit fauteuil qui avait appartenu à sa mère quand celle-ci était enfant. Son chapeau était accroché au mur et elle semblait tout à fait chez elle, riant et babillant, de la meilleure humeur imaginable, devant Hareton – un gaillard de dix-huit ans maintenant, bien développé et robuste – qui la regardait avec de grands yeux curieux et étonnés et ne comprenait quasi rien de la suite ininterrompue de remarques et de questions dont elle ne cessait de l'accabler.

– Très bien ! miss ! m'écriai-je en cachant ma joie sous un air irrité. C'est votre dernière promenade à cheval jusqu'au retour de votre papa. Je ne vous laisserai plus franchir le seuil, vilaine, vilaine fille !

– Ha ! ha ! Hélène ! cria-t-elle gaiement, en sautant sur ses pieds et courant à moi. J'aurai une jolie histoire à raconter ce soir. Vous m'avez donc découverte ! Étiez-vous jamais venue ici ?

– Mettez ce chapeau et rentrons à l'instant, dis-je. Je suis terriblement fâchée contre vous, Miss Cathy ; vous vous êtes extrêmement mal conduite ! Il est inutile de faire la moue et de pleurnicher ; cela ne me paiera pas de tout le tracas que j'ai eu à courir le pays après vous. Quand je pense que Mr. Linton m'a si bien recommandé de ne pas vous laisser sortir ! Et vous vous échappez ainsi ! Cela prouve que vous êtes un rusé petit renard, et personne n'aura plus confiance en vous.

– Qu'ai-je fait ? demanda-t-elle tout en larmes subitement démontée. Papa ne m'a rien recommandé ; il ne me grondera pas, Hélène... il n'est jamais désagréable comme vous.

– Venez, venez, répétai-je. Je vais attacher votre ruban. Voyons, un peu de calme. Oh ! quelle honte ! À treize ans, vous conduire comme un bébé !

Cette exclamation venait de ce qu'elle avait jeté son chapeau et s'était réfugiée hors de mon atteinte près de la cheminée.

– Allons ! dit la servante, ne soyez pas dure pour cette bonne demoiselle, Mrs. Dean. C'est nous qui l'avons retenue : elle voulait passer sans s'arrêter, de crainte que vous ne fussiez inquiète. Hareton lui a offert de l'accompagner, et je trouvais qu'il avait raison ; la route sur ces hauteurs est très déserte.

Pendant cette discussion, Hareton restait debout, les mains dans les poches, trop gauche pour rien dire. Pourtant il avait l'air de ne pas goûter mon intrusion.

— Combien de temps faudra-t-il que j'attende ? continuai-je sans prendre garde à l'intervention de la femme. Il va faire nuit dans dix minutes. Où est le poney, Miss Cathy ? Et où est Phénix ? Je vais vous laisser, si vous ne vous dépêchez pas. Faites comme vous voudrez.

— Le poney est dans la cour et Phénix est enfermé là. Il a été mordu... et Charlie aussi. J'allais vous le dire ; mais vous êtes de mauvaise humeur et vous ne méritez pas que je vous raconte tout cela.

Je ramassai son chapeau et m'approchai pour le lui remettre. Mais, voyant que les gens de la maison prenaient son parti, elle se mit à bondir autour de la chambre ; je lui donnai la chasse, mais elle courait comme une souris, sur les meubles, ou dessous, ou derrière, et rendait ma poursuite ridicule. Hareton et la femme riaient ; elle les imita et devint encore plus impertinente. Enfin, je m'écriai, tout en colère :

— Eh bien ! Miss Cathy, si vous saviez à qui est cette maison, vous auriez hâte d'en sortir.

— Elle est à votre père, n'est-ce pas ? dit-elle en se tournant vers Hareton.

— Non, répondit-il, la tête baissée et en rougissant de timidité.

Il était incapable de supporter en face le regard de Catherine, bien que les yeux de celle-ci fussent tout à fait semblables aux siens.

— À qui, alors... à votre maître ?

Il rougit encore plus fort, mais sous l'influence d'un sentiment différent, marmotta un juron et se détourna.

— Qui est son maître ? continua l'ennuyeuse petite fille en s'adressant à moi. Il a parlé de « notre maison » et de « nos gens ». Je le croyais fils du propriétaire. Il ne m'a jamais appelée « miss » ; c'est ce qu'il aurait dû faire, n'est-il pas vrai, si c'est un domestique[1] ?

À ce discours puéril, Hareton devint sombre comme un nuage d'orage. Je secouai sans mot dire la questionneuse et finis par réussir à l'équiper pour le départ.

---

1. On sait que l'appellation *miss* est toujours suivie du prénom ou du nom de famille de la personne à qui l'on s'adresse ou dont on parle ; seuls les serviteurs disent simplement *miss*. (*N.d.T.*)

– Maintenant, allez chercher mon cheval, dit-elle à son parent ignoré, comme si elle avait parlé à un des petits palefreniers de la Grange. Et vous pouvez venir avec moi. Je voudrais voir l'endroit où le chasseur de lutins apparaît dans le marais, et avoir des détails sur les « féies », comme vous les appelez. Mais dépêchez ! Qu'y a-t-il ? Allez me chercher mon cheval, vous dis-je.

– Tu peux bien être damnée avant que je te serve de domestique ! grommela le jeune homme.

– Je peux bien être... quoi ? demanda Catherine surprise.

– Damnée, insolente péronnelle !

– Là, Miss Cathy ! Vous voyez dans quelle belle compagnie vous êtes venue vous fourvoyer, interrompis-je. Voilà de jolis mots à employer devant une jeune fille ! Je vous prie de ne pas commencer à disputer avec lui. Venez, allons chercher Minny nous-mêmes et partons.

– Mais, Hélène, s'écria-t-elle, les yeux grands ouverts, immobile d'étonnement, comment ose-t-il me parler ainsi ? Ne faut-il pas le forcer de faire ce que je lui demande ? Vilaine créature, je répéterai à papa ce que vous m'avez dit... Eh bien ! voyons !

Hareton ne parut pas effrayé de cette menace ; elle se mit à pleurer d'indignation :

– Amenez le poney, commanda-t-elle en se tournant vers la femme, et lâchez mon chien à l'instant.

– Doucement, miss, répondit la servante, vous ne perdrez rien à être polie. Quoique Mr. Hareton, que voici, ne soit pas le fils du maître, il est votre cousin et je ne suis pas payée pour vous servir.

– Lui, mon cousin ! s'écria Cathy avec un rire méprisant.

– Oui, certainement, répliqua celle qui lui faisait la leçon.

– Oh ! Hélène, ne leur laissez pas dire de pareilles choses, poursuivit-elle très troublée. Papa est allé chercher mon cousin à Londres ; mon cousin est fils d'un gentleman. Ça, mon...

Elle s'arrêta et se mit à pleurer à chaudes larmes, bouleversée à la simple idée d'avoir une parenté avec un tel rustre.

– Chut ! chut ! murmurai-je. On peut avoir beaucoup de cousins, et de toutes sortes, Miss Cathy, et ne pas s'en porter plus mal. Seulement on n'a pas besoin de les fréquenter, s'ils sont désagréables et mal élevés.

– Ce n'est pas... ce n'est pas mon cousin, Hélène, continua-t-elle avec un chagrin accru par la réflexion, et en se jetant dans mes bras pour y chercher refuge contre cette idée.

J'étais furieuse contre elle et contre la servante à cause de leurs mutuelles révélations. Je ne doutais pas que la nouvelle de l'arrivée prochaine de Linton, annoncée par Cathy, ne fût communiquée à Heathcliff ; et j'étais sûre également que la première pensée de la jeune fille, dès le retour de son père, serait de chercher à se faire expliquer l'assertion de la servante au sujet de son grossier parent. Hareton, remis de l'indignation qu'il avait ressentie à être pris pour un domestique, parut ému de son désespoir. Il alla chercher le poney, l'amena près de la porte, puis, pour amadouer Cathy, prit dans le chenil un joli petit terrier à jambes torses et, le lui mettant dans les mains, lui dit de ne plus pleurer, car il n'avait pas voulu lui faire de peine. Elle s'arrêta dans ses lamentations, examina le jeune homme d'un regard de crainte et d'horreur, puis recommença de plus belle.

J'eus peine à m'empêcher de sourire à la vue de cette antipathie pour le pauvre garçon, qui était bien et solidement bâti, de traits agréables, vigoureux et plein de santé, mais affublé de vêtements appropriés à ses occupations journalières, et celles-ci consistaient à travailler à la ferme et à flâner dans la lande à la recherche de lapins et de gibier de toute sorte. Pourtant, il me semblait que sa physionomie reflétait un esprit doué de qualités meilleures que n'en avait jamais possédé son père. De bonnes graines, dont la croissance négligée était étouffée, certes, par une abondance de mauvaises herbes bien plus vigoureuses ; néanmoins, il y avait évidemment là un sol riche, capable de produire de luxuriantes moissons dans des circonstances différentes et favorables. Je crois que Mr. Heathcliff ne lui avait pas infligé de souffrances physiques, grâce à son intrépidité naturelle, qui n'offrait guère de prise à ce genre d'oppression ; il n'avait rien de cette susceptibilité timide qui, au jugement de Heathcliff, aurait donné du charme aux mauvais traitements. Celui-ci semblait avoir exercé sa malveillance en faisant de lui une brute. Jamais on ne lui avait appris à lire ni à écrire ; jamais on ne l'avait réprimandé pour une mauvaise habitude, pourvu que son gardien n'en fût pas gêné ; jamais on ne l'avait fait avancer d'un pas vers la vertu, ni défendu du vice par un seul précepte. D'après ce que j'ai entendu dire, Joseph avait beaucoup contribué à le gâter par une indulgence mal comprise qui l'incitait à flatter et à cajoler ce garçon, parce qu'il était le chef de la vieille famille. De même qu'il accusait Catherine Earnshaw et Heathcliff, dans leur enfance, de mettre à bout la patience de son maître et de le pousser, par ce qu'il appelait leurs « offreuses manières », à chercher une consolation dans la boisson, de même à présent il rejetait tout le poids des fautes de Hareton sur les épaules de celui qui avait usurpé son bien. Hareton pouvait jurer, avoir la conduite la plus répréhensible, Joseph se gardait de le réprimander. Il semblait qu'il eût plaisir à le voir s'enfoncer dans le mal. Il reconnaissait que Hareton était irrémédiablement corrompu, que son âme était vouée à la perdition ; mais il se disait qu'après tout c'était Heathcliff qui en était responsable. C'est à lui que serait demandé compte de la ruine de cette âme ; et il y avait une immense consolation dans cette pensée. Joseph avait infusé à Hareton l'orgueil de son nom et de ses ancêtres. Il aurait, s'il eût osé, soufflé la haine entre lui et le possesseur actuel des Hauts ; mais la crainte qu'il avait de ce dernier allait jusqu'à la superstition et il ne manifestait ses sentiments envers lui qu'en marmottant des insinuations et en le dénonçant en son for intérieur à la vengeance divine. Je ne prétends pas être parfaitement au courant de la manière dont on vivait à cette époque-là à Hurle-Vent ; je n'en parle que par ouï-dire, car je n'ai pas vu grand-chose. Les villageois affirmaient que Mr. Heathcliff était « serré » et se montrait dur et cruel envers ses fermiers. Mais la maison, à l'intérieur, avait repris sous une direction féminine l'aspect confortable qu'elle avait autrefois, et les scènes de désordres du temps de Hindley ne s'y reproduisaient plus. Le maître était d'humeur trop sombre pour chercher des relations, quelles qu'elles fussent, bonnes ou mauvaises ; et il n'a pas changé.

Mais tout cela ne fait pas avancer mon histoire. Miss Cathy repoussa l'offre de paix du terrier et réclama ses chiens à elle, Charlie et Phénix. Ils arrivèrent en boitant, la tête basse, et nous nous mîmes en route pour la maison, de fort méchante humeur l'une et l'autre. Je n'arrivais pas à faire dire à ma jeune maîtresse comment elle avait passé sa journée. Je sus seulement que le but de son pèlerinage avait été, comme je le supposais, les rochers de Penistone. Elle était parvenue sans aventure à la barrière de la ferme, quand Hareton vint à sortir avec quelques compagnons de la race canine, qui attaquèrent la suite de Cathy. Il y eut entre les uns et les autres une chaude bataille avant que leurs maîtres pussent les séparer : cela servit de présentation. Catherine dit à Hareton qui elle était et où elle allait ; elle le pria de lui indiquer son chemin ; finalement elle l'ensorcela si bien qu'il l'accompagna. Il lui révéla les mystères de la grotte des Fées et de vingt autres endroits curieux. Mais comme j'étais en disgrâce, je ne fus pas favorisée d'une description de toutes les choses qu'elle avait vues. Je pus deviner, cependant, qu'elle avait regardé son guide d'un œil favorable jusqu'au moment où elle avait blessé ses sentiments en s'adressant à lui comme à un domestique, et où la femme de charge avait blessé les siens en appelant Hareton son cousin. Le langage qu'il avait alors tenu lui était resté sur le cœur. Elle qui était toujours « mon amour », « ma chérie », « ma petite reine », « mon ange », pour tout le monde à la Grange, se voir si outrageusement insultée par un étranger ! Elle n'y comprenait rien ; et j'eus beaucoup de mal à obtenir d'elle la promesse qu'elle n'exposerait pas ses griefs à son père. Je lui expliquai qu'il était très prévenu contre tous les habitants des Hauts et qu'il serait extrêmement peiné d'apprendre qu'elle était allée là. Mais j'insistai surtout sur ce fait que, si elle révélait mon infraction aux ordres que j'avais reçus, il serait peut-être si irrité qu'il faudrait que je m'en allasse. C'était une perspective insupportable pour Cathy : elle me donna sa parole, et la tint, par égard pour moi. Après tout, c'était une bonne petite fille.

CHAPITRE XIX

Une lettre bordée de noir annonça le retour de mon maître. Isabelle était morte. Il m'écrivait pour me dire de me procurer des effets de deuil pour sa fille et de préparer une chambre ainsi que tout ce qui serait nécessaire pour son jeune neveu. Catherine sauta de joie à l'idée de revoir son père et s'abandonna aux plus confiantes prévisions sur les innombrables qualités de son « vrai cousin ». Le soir de leur arrivée tant attendue vint enfin. Dès la première heure, elle s'était occupée de mettre en ordre ses petites affaires ; maintenant, vêtue de sa nouvelle robe noire – pauvre enfant ! la mort de sa tante ne lui causait pas de chagrin bien précis –, elle avait fini, à force d'insistance, par m'obliger d'aller avec elle à leur rencontre à l'entrée de la propriété.

— Linton a juste six mois de moins que moi, bavardait-elle, tandis que nous traversions lentement les ondulations de terrain couvertes de mousse, à l'ombre des arbres. Comme je serai contente de l'avoir pour compagnon de jeu ! Tante Isabelle a envoyé à papa une belle boucle de ses cheveux ; ils étaient plus clairs que les miens... plus blonds, et tout aussi fins. Je l'ai soigneusement gardée dans une petite boîte de verre, et j'ai souvent pensé au plaisir que j'aurais à voir celui sur la tête de qui elle avait été prise. Oh ! je suis heureuse... et papa, mon cher papa ! Allons ! Hélène, courons ! Allons ! courons !

Elle courut, revint, courut encore plusieurs fois avant que mes pas plus mesurés eussent atteint la porte du parc. Puis elle s'assit sur le talus gazonné au bord du chemin et essaya d'attendre patiemment. Mais c'était impossible ; elle ne pouvait pas rester une minute en repos.

— Comme ils tardent ! s'écria-t-elle. Ah ! je vois de la poussière sur la route... ils arrivent ! Non ! Quand seront-ils ici ? Ne pourrions-nous aller un peu sur la route... pendant un demi-mille, Hélène, juste pendant un demi-mille seulement ? Dites oui, je vous en prie : jusqu'à ce bouquet de bouleaux au tournant !

Je refusai formellement. Enfin son attente cessa : la voiture des voyageurs apparut. Miss Cathy poussa un cri et tendit les bras dès qu'elle aperçut la figure de son père penchée à la portière. Il descendit, presque aussi impatient qu'elle ; et un intervalle de temps considérable s'écoula avant qu'ils pussent accorder une pensée à quelqu'un d'autre qu'eux-mêmes. Pendant qu'ils échangeaient leurs caresses, je jetai un regard dans la voiture pour voir Linton.

Il dormait dans un coin, enveloppé dans un chaud manteau de fourrure, comme si l'on eût été en hiver. C'était un garçon pâle, délicat, efféminé, qu'on aurait pu prendre pour le jeune frère de mon maître, tant était forte la ressemblance ; mais il y avait dans son aspect une irritabilité maladive qu'Edgar Linton n'avait jamais eue. Ce dernier s'aperçut de ma curiosité ; après m'avoir serré la main, il me dit de refermer la portière et de ne pas déranger l'enfant, car le voyage l'avait fatigué. Cathy aurait volontiers jeté un coup d'œil sur lui, mais son père lui dit de venir, et ils remontèrent le parc à pied ensemble, tandis que j'allais en avant avertir les domestiques.

— Maintenant, ma chérie, dit Mr. Linton en s'adressant à sa fille quand ils s'arrêtèrent au bas des marches du perron, n'oublie pas que ton cousin n'est ni aussi fort ni aussi joyeux que toi, et qu'il vient de perdre sa mère tout récemment ; ne t'attends donc pas à le voir jouer et courir avec toi dès aujourd'hui. Ne le fatigue pas en parlant trop ; laisse-le tranquille ce soir au moins, veux-tu ?

— Oui, oui, papa, répondit Catherine. Mais je voudrais bien le voir, il n'a pas mis une seule fois la tête à la portière.

La voiture s'arrêta. Le dormeur fut réveillé et déposé à terre par son oncle.

— Voici ta cousine Cathy, Linton, dit Edgar en mettant leurs petites mains l'une dans l'autre. Elle t'aime déjà beaucoup ; aie soin de ne pas la chagriner ce soir en pleurant. Tâche d'être gai à présent. Le voyage est terminé et tu n'as plus qu'à te reposer et à t'amuser comme tu l'entendras.

— Laissez-moi aller me coucher, alors, répondit le jeune garçon en se dérobant aux embrassades de Catherine ; et il porta la main à ses yeux pour essuyer les larmes qui s'y formaient.

— Voyons, voyons, il faut être bien sage, lui dis-je tout bas en l'introduisant dans la maison. Vous allez la faire pleurer aussi... voyez comme elle compatit à votre peine !

Je ne sais si c'était par compassion pour lui, mais le fait est que sa cousine faisait une aussi triste figure que lui-même. Elle retourna près de son père. Tous trois entrèrent et montèrent dans la bibliothèque, où le thé était préparé. Je débarrassai Linton de sa casquette, de son manteau, et l'installai sur une chaise près de la table ; mais il ne fut pas plus tôt assis qu'il recommença de pleurer. Mon maître lui demanda ce qu'il avait.

— Je ne peux pas rester assis sur une chaise ! dit Linton en sanglotant.

— Va sur le sofa, alors, et Hélène t'apportera du thé, répondit patiemment son oncle.

Celui-ci avait certainement dû être mis à rude épreuve, pendant le voyage, par cet enfant irritable et souffreteux. Linton se traîna lentement vers le sofa, et s'y étendit. Cathy apporta un tabouret et sa tasse à côté de lui. Elle resta d'abord assise en silence. Mais ce calme ne pouvait durer, elle avait décidé d'apprivoiser son petit cousin et il fallait qu'elle parvînt à ses fins. Elle se mit à caresser ses boucles, à le baiser sur la joue, à lui offrir du thé dans sa soucoupe, comme à un bébé ; ce qui lui plut, car il n'était guère que cela. Il sécha ses yeux et son visage s'éclaira d'un faible sourire.

— Oh ! cela ira très bien, me dit le maître après les avoir observés une minute. Très bien... si nous pouvons le garder, Hélène. La société d'un enfant de son âge lui infusera bientôt un esprit nouveau, et à force de souhaiter d'être vigoureux il finira par le devenir.

Oui, si nous pouvons le garder, pensai-je en moi-même ; je fus assaillie par le triste pressentiment que c'était là un bien faible espoir. Et alors, me disais-je, comment cet être faible pourra-t-il vivre à Hurle-Vent ? Entre son père et Hareton, quelle compagnie et quels exemples pour lui ! Nos doutes furent vite résolus... plus tôt même que je ne m'y attendais. Je venais de faire monter les enfants, le thé fini, et voyant Linton endormi – il ne m'avait pas laissée partir avant – j'étais redescendue et je me trouvais dans le vestibule, près de la table, en train d'allumer une bougie pour Mr. Edgar, quand une servante sortit de la cuisine et m'informa que Joseph, le domestique de Mr. Heathcliff, était à la porte et désirait parler au maître.

— Il faut que je lui demande d'abord ce qu'il veut, dis-je, très agitée. C'est une heure bien peu convenable pour déranger les gens, et au moment qu'ils rentrent d'un long voyage. Je ne pense pas que le maître puisse le recevoir.

Comme je prononçais ces paroles, Joseph, ayant traversé la cuisine, se présentait dans le vestibule. Il avait revêtu ses habits du dimanche, sa figure la plus confite en dévotion et la plus revêche et, tenant d'une main son chapeau et de l'autre sa canne, il se mit en devoir d'essuyer ses pieds sur le paillasson.

— Bonsoir, Joseph, dis-je d'un ton glacial. Quelle affaire vous amène ce soir ?

— C't à M'sieu Linton qu'j'ons à parler, répondit-il en m'écartant d'un geste dédaigneux.

— Mr. Linton est en train de se coucher. À moins que vous n'ayez quelque chose de particulièrement important à lui communiquer, je suis sûre qu'il ne vous recevra pas maintenant. Vous feriez mieux de vous asseoir là et de me confier votre message.

— Où qu'est sa chambre ? poursuivit le drôle, examinant la rangée des portes fermées.

Je vis qu'il était décidé à refuser ma médiation. Je montai donc à contrecœur dans la bibliothèque et annonçai le visiteur importun, en conseillant de l'ajourner au lendemain. Mr. Linton n'eut pas le temps de m'y autoriser, car Joseph était monté sur mes talons et, faisant irruption dans la pièce, il se planta à l'extrémité de la table les deux poings serrés sur la tête de sa canne. Il commença sur un ton élevé, comme s'il prévoyait de l'opposition.

— Heathcliff m'a-z-envoyé queri son gars, et j'ons ordre de n'point r'venir sans lui.

Edgar Linton resta silencieux pendant une minute ; une expression de chagrin intense se peignit sur ses traits. La situation de l'enfant lui inspirait de la pitié par elle-même. Mais, quand il se rappelait de plus les espoirs et les craintes d'Isabelle, ses vœux inquiets pour son fils et la façon dont elle l'avait recommandé à ses soins, il était douloureusement affecté à la pensée de l'abandonner et il cherchait dans son cœur comment il pourrait échapper à cette nécessité. Aucun moyen ne se présentait à lui. La simple manifestation du désir de le garder aurait rendu la réclamation de Heathcliff plus péremptoire ; il n'y avait rien d'autre à faire que de le laisser partir. Pourtant il ne voulait pas le tirer de son sommeil.

— Dites à Mr. Heathcliff, répondit-il avec calme, que son fils ira à Hurle-Vent demain. Il est au lit, trop fatigué pour faire le trajet maintenant. Vous pouvez aussi lui dire que la mère de Linton désirait qu'il restât sous ma garde ; et que pour le moment sa santé est très précaire.

— Non ! dit Joseph en tapant sur le plancher avec son bâton et prenant un air d'autorité. Non ! ça n'veut rien dire. Heathcliff ne s'soucie point d'la mère ni d'vous ; y veut avoir son gars ; et j'devions l'emmener... ainsi vous v'là fixé !

— Vous ne l'emmènerez pas ce soir, répondit Linton d'un ton

résolu. Descendez sur-le-champ et allez répéter à votre maître ce que je vous ai dit. Hélène, conduisez-le. Allez...

Puis, poussant du bras le vieillard indigné, il se débarrassa de lui et ferma la porte.

– Très bien ! cria Joseph en se retirant lentement. Demain, y s'amènera lui-même, et vous l'mettrez dehors, lui, si vous osez !

CHAPITRE XX

Pour parer au danger qu'aurait entraîné l'exécution de cette menace, Mr. Linton me chargea de conduire l'enfant chez son père de bonne heure, sur le poney de Catherine. Il ajouta :
— Comme à l'avenir nous n'aurons plus sur sa destinée d'influence, bonne ou mauvaise, ne dites pas à ma fille où il est allé. Elle ne peut plus désormais avoir de relations avec lui, et mieux vaut qu'elle reste dans l'ignorance de son voisinage ; elle pourrait en être troublée, et tourmentée du désir de faire visite à Hurle-Vent. Dites-lui simplement que son père l'a envoyé chercher brusquement et qu'il a été obligé de nous quitter.

Linton montra beaucoup de répugnance à sortir de son lit à cinq heures et fut surpris en apprenant qu'il devait se préparer à un autre voyage. Mais j'adoucis la chose en lui expliquant qu'il allait passer quelque temps avec son père, Mr. Heathcliff, qui, dans sa grande envie de le voir, n'avait pas voulu différer ce plaisir jusqu'à ce qu'il fût tout à fait remis de ses fatigues.

— Mon père ! s'écria-t-il étrangement perplexe. Maman ne m'a jamais dit que j'avais un père. Où habite-t-il ? Je préférerais rester avec mon oncle.

— Il habite à peu de distance de la Grange, répondis-je, juste derrière ces collines ; pas assez loin pour que vous ne puissiez venir à pied ici quand vous vous sentirez vigoureux. Vous devriez être content d'aller chez vous et de le voir. Il faut que vous vous efforciez de l'aimer comme vous aimiez votre mère, et alors il vous aimera.

— Mais pourquoi n'ai-je pas entendu parler de lui jusqu'ici ? Pourquoi maman et lui ne vivaient-ils pas ensemble, comme font les autres personnes ?

– Il avait des affaires qui le retenaient dans le Nord, et la santé de votre mère exigeait qu'elle résidât dans le Sud.

– Et pourquoi ne m'a-t-elle jamais parlé de lui ? insista l'enfant. Elle parlait souvent de mon oncle et il y a longtemps que j'ai appris à l'aimer. Comment pourrais-je aimer papa ? Je ne le connais pas.

– Oh ! tous les enfants aiment leurs parents. Votre mère pensait peut-être que vous auriez envie d'être avec lui si elle vous en avait parlé souvent. Dépêchons-nous ; une promenade matinale à cheval par un si beau temps est bien préférable à une heure de sommeil de plus.

– Est-ce qu'elle vient avec nous, demanda-t-il, la petite fille que j'ai vue hier ?

– Pas à présent.

– Et mon oncle ?

– Non, c'est moi qui vous accompagnerai là-bas.

Linton retomba sur son oreiller, plongé dans une sombre rêverie.

– Je n'irai pas sans mon oncle, s'écria-t-il enfin. Je ne sais pas où vous voulez m'emmener.

J'essayai de le persuader que ce serait bien méchant à lui de faire preuve de répugnance à aller rejoindre son père. Mais il résistait opiniâtrement à tous mes efforts pour l'habiller et il me fallut avoir recours à l'assistance du maître pour le décider à sortir du lit. Nous finîmes par réussir à mettre en route le pauvre enfant, après beaucoup d'assurances fallacieuses que son absence serait courte, que Mr. Edgar et Cathy viendraient le soir, et d'autres promesses aussi peu fondées que j'inventai et répétai de temps en temps le long du chemin. La pureté de l'air embaumé de la senteur des bruyères, l'éclat du soleil et la douce allure de Minny soulagèrent son abattement au bout d'un moment. Il se mit à me faire des questions sur sa nouvelle demeure et sur les habitants de celle-ci avec assez d'intérêt et de vivacité.

– Les Hauts de Hurle-Vent sont-ils un endroit aussi plaisant que Thrushcross Grange ? demanda-t-il en jetant un dernier regard sur la vallée, d'où montait un léger brouillard qui formait un nuage floconneux bordant le bleu du ciel.

– La propriété n'est pas aussi enfouie dans les arbres, répondis-je, et elle n'est pas tout à fait aussi grande, mais on y jouit d'une très belle vue sur le pays ; l'air y sera plus sain pour vous… plus vif et plus sec. Vous trouverez peut-être, au début, le bâtiment vieux et sombre, bien que ce soit une demeure respectable : la meilleure des environs après la Grange. Et puis vous ferez de si belles courses dans les landes ! Hareton Earnshaw – qui est l'autre cousin de Miss Cathy, et par suite le vôtre en quelque sorte – vous montrera tous les coins les plus agréables. Vous pourrez emporter un livre quand le temps sera beau, et faire d'un creux verdoyant votre salle d'étude. Il est possible que parfois votre oncle vienne faire une promenade avec vous : il se promène souvent sur les collines.

– Et comment est mon père ? Est-il aussi jeune et aussi beau que mon oncle ?

– Il est aussi jeune. Mais il a les cheveux et les yeux noirs, et l'air plus sévère ; il est aussi plus grand et plus fort. Il ne vous paraîtra peut-être pas d'abord aussi doux et aussi aimable, parce que ce n'est pas son genre. Pourtant, ayez soin d'être franc et cordial avec lui ; tout naturellement, il vous aimera encore mieux que ne ferait aucun oncle puisque vous êtes son fils.

– Des yeux et des cheveux noirs ! répéta Linton d'un air rêveur. Je n'arrive pas à me le représenter. Alors je ne lui ressemble pas, sans doute ?

– Pas beaucoup, répondis-je. Pas le moins du monde, pensais-je, en considérant avec regret le teint blanc et la frêle charpente de mon compagnon, et ses grands yeux langoureux… les yeux de sa mère, mais tout à fait dépourvus de leur éclat et de leur vivacité, sauf dans les moments où ils s'allumaient sous l'influence d'une irritabilité morbide.

– Comme c'est curieux qu'il ne soit jamais venu nous voir, maman et moi ! murmura-t-il. M'a-t-il vu ? S'il m'a vu, c'est quand j'étais un bébé. Je ne me rappelle absolument rien de lui.

– Mais, Master Linton, trois cents milles font une sérieuse distance ; et dix ans paraissent bien moins longs à une grande personne qu'à vous. Il est probable que Mr. Heathcliff se proposait chaque été de venir mais qu'il n'a jamais trouvé une occasion favorable ; et maintenant il est trop tard. Ne le tracassez pas de questions à ce sujet : cela le fâcherait, sans profit pour vous.

Le jeune garçon resta plongé dans ses méditations pendant le reste de la route, jusqu'au moment où nous nous arrêtâmes devant la porte du jardin de la ferme. Je tâchai de saisir ses impressions sur son visage. Il examina les sculptures et les fenêtres basses, les groseilliers épars et les sapins tout penchés, avec une gravité attentive, puis secoua la tête : ses sentiments intimes désapprouvaient complètement l'extérieur de sa nouvelle demeure. Mais il eut le bon sens de différer ses plaintes : il pouvait y avoir une compensation à l'intérieur.

Avant qu'il mît pied à terre, j'allai ouvrir la porte. Il était six heures et demie. Le déjeuner venait de prendre fin, la servante débarrassait et essuyait la table ; Joseph se tenait debout près de la chaise de son maître et lui racontait quelque histoire à propos d'un cheval boiteux ; Hareton se préparait à aller aux foins.

– Hé ! Nelly ! dit Mr. Heathcliff en m'apercevant. Je craignais d'être obligé de venir chercher mon bien moi-même. Vous me l'avez amené, n'est-ce pas ? Voyons ce que nous pourrons en faire.

Il se leva et se dirigea vers la porte ; Hareton et Joseph suivaient, pleins de curiosité.

Le pauvre Linton jeta un regard effrayé sur ces trois visages.

– Sûrement, dit Joseph après une grave inspection, qu'il a fait un troc avec vous, maître, et qu' c'est sa fille que v'là !

Heathcliff, ayant fixé sur son fils un regard qui le couvrit de confusion, laissa échapper un rire méprisant.

– Dieu ! quelle beauté ! quelle ravissante, quelle charmante créature ! s'écria-t-il. On a dû le nourrir d'escargots et de petit-lait, hein, Nelly ? Oh ! le diable m'emporte ! Mais c'est encore pis que ce que j'attendais... et le diable sait que je n'espérais pourtant pas grand-chose.

Je dis à l'enfant, tremblant et tout déconcerté, de descendre de cheval et d'entrer. Il ne comprenait qu'à demi la signification des paroles de son père et ne savait pas bien s'il en était l'objet ; à vrai dire, il n'était pas encore certain que cet étranger rébarbatif et sarcastique fût son père. Mais il s'accrochait à moi avec une terreur croissante ; et, comme Mr. Heathcliff avait pris un siège et lui avait dit : « Viens ici », il se cacha le visage sur mon épaule et pleura.

– Assez ! Assez ! dit Heathcliff.

Il étendit le bras, attira brutalement l'enfant entre ses genoux, puis lui tint la tête haute en le prenant sous le menton.

– Pas de ces sottises ! Nous n'allons pas t'avaler, Linton... n'est-ce pas là ton nom ? Tu es bien le fils de ta mère ! Par où tiens-tu de *moi*, poulet piailleur ?

Il enleva la casquette de l'enfant, repoussa ses épaisses boucles blondes, tâta ses bras grêles et ses doigts effilés. Pendant cet examen, Linton avait cessé de pleurer et levait ses grands yeux bleus pour inspecter son inspecteur.

– Me connais-tu ? demanda Heathcliff, après s'être convaincu que ses membres étaient tous également frêles et faibles.

– Non, dit Linton dont le regard refléta une peur irraisonnée.

– Tu as entendu parler de moi certainement ?

– Non, répéta-t-il.

– Non ! Quelle honte pour ta mère de n'avoir jamais éveillé en toi la piété filiale à mon égard ! Eh bien, tu es mon fils, je te l'apprends ; et ta mère a été une drôlesse de te laisser dans l'ignorance de ce qu'était ton père. Allons, ne regimbe pas et ne rougis pas ! Bien que ce soit déjà quelque chose de voir que ton sang n'est pas blanc. Sois bon garçon et nous nous entendrons. Nelly, si vous êtes fatiguée, vous pouvez vous asseoir ; sinon, retournez chez vous. Je parie que vous allez raconter ce que vous avez vu et entendu au zéro qui habite à la Grange ; et cet être-ci ne se calmera pas tant que vous resterez près de lui.

— Bien, répondis-je. J'espère que vous serez bon pour l'enfant, Mr. Heathcliff, autrement vous ne le conserveriez pas longtemps ; et c'est votre seul parent sur la terre, le seul que vous connaîtrez jamais... ne l'oubliez pas.

— Je serai *très* bon pour lui, soyez sans crainte, dit-il en riant. Seulement personne d'autre ne doit être bon pour lui : je suis jaloux d'avoir le monopole de son affection. Et, pour commencer mes bontés, Joseph, apportez à déjeuner à ce garçon. Hareton, infernal idiot, va-t'en à ton travail. Oui, Nelly, ajouta-t-il, quand ils furent partis, mon fils est l'héritier présomptif de la Grange, et je ne désire pas qu'il meure avant que je sois assuré de recueillir sa succession. En outre, il est à *moi*, et je veux jouir du triomphe de voir *mon* descendant propriétaire légitime de leurs biens : mon enfant donnant des gages à leurs enfants pour labourer les terres de leurs pères. C'est la seule considération qui puisse me faire supporter ce petit drôle ; je le méprise en lui-même et je le hais pour les souvenirs qu'il me rappelle ! Mais cette considération est suffisante. Auprès de moi il est en sûreté et sera l'objet de soins attentifs, tout autant que l'enfant de votre maître auprès de son père. J'ai là-haut une chambre très bien meublée pour lui ; j'ai engagé également un précepteur, qui doit faire vingt milles trois fois par semaine pour venir lui enseigner ce qu'il lui plaira d'apprendre. J'ai ordonné à Hareton de lui obéir. En bref, j'ai tout arrangé en vue d'en faire un supérieur et un gentleman au milieu des gens avec qui il vivra. Je regrette, toutefois, qu'il mérite si peu toute cette peine. Si je souhaitais quelque bonheur en ce monde, c'était de trouver en lui un objet digne d'orgueil ; et ce misérable pleurnicheur à face blême m'a cruellement déçu.

Pendant qu'il parlait, Joseph était revenu, apportant un plat de porridge au lait. Il le plaça devant Linton, qui se détourna de ce mets rustique avec un regard d'aversion et affirma qu'il ne pourrait le manger. Je vis que le vieux serviteur partageait tout à fait le mépris de son maître pour l'enfant, bien qu'il fût obligé de n'en rien laisser paraître, car il était clair que Heathcliff voulait voir son fils respecté par ses inférieurs.

— Vous n'pouvez point l'manger ? répéta-t-il en scrutant curieusement le visage de Linton, et en baissant la voix de peur d'être entendu plus loin. Mais Master Hareton y n'a jamais rien mangé d'aut', quand c'est qu'il était p'tit ; m'est avis que c'qu'était bon pour lui doit être assez bon pour vous !

– Je ne le mangerai pas, répondit Linton d'un ton hargneux. Remportez cela.

Joseph saisit le plat avec indignation et nous l'apporta.

– C'est-y qu'il y a quéqu'chose d'môvais dans ces aliments-là ? demanda-t-il en fourrant le plat sous le nez de Heathcliff.

– Qu'y aurait-il de mauvais ? dit celui-ci.

– Eh ben ! vot' précieux gars y dit qu'y n'peut point les manger. Mais j'croyons que c'est naturel ! Sa mère était tout juste comme ça... n's étions quasiment trop sales pour semer l'grain qui d'vait faire son pain.

– Ne me parlez pas de sa mère, dit le maître avec irritation. Donnez-lui quelque chose qu'il puisse manger, voilà tout. Quelle est sa nourriture habituelle, Nelly ?

J'indiquai du lait bouilli ou du thé, et la femme de charge reçut des instructions en conséquence. « Allons, pensais-je, l'égoïsme du père pourra contribuer au bien-être de l'enfant. Il se rend compte de sa constitution délicate et de la nécessité de le traiter avec ménagements. Je vais consoler Mr. Edgar en lui faisant part du tour qu'a pris l'humeur de Heathcliff. » N'ayant pas d'excuse pour m'attarder plus longtemps, je m'esquivai pendant que Linton était occupé à repousser timidement les avances d'un chien de berger amical. Mais il était trop sur le qui-vive pour qu'on pût le tromper. Au moment où je fermais la porte, j'entendis un cri et ces mots répétés avec frénésie :

– Ne me quittez pas ! Je ne veux pas rester ici ! Je ne veux pas rester ici !

Puis le loquet se souleva et retomba : on ne lui permettait pas de sortir. Je montai sur Minny et lui fis prendre le trot. Ainsi finit ma brève tutelle.

CHAPITRE XXI

Nous eûmes bien du tracas avec la petite Cathy ce jour-là. Elle s'était levée toute joyeuse, impatiente de rejoindre son cousin ; la nouvelle du départ de celui-ci détermina chez elle des larmes et des lamentations si passionnées qu'Edgar lui-même fut obligé de la calmer en lui affirmant qu'il reviendrait bientôt. Il ajouta toutefois : « Si je puis le reprendre », et c'est ce qu'il était impossible d'espérer. Cette promesse ne la rassura que faiblement ; mais le temps eut plus de pouvoir et, bien que parfois elle demandât encore à son père quand Linton reviendrait, les traits de ce dernier devinrent si vagues dans sa mémoire qu'elle ne le reconnut pas quand elle le revit.

Lorsqu'il m'arrivait, en allant faire des courses à Gimmerton, de rencontrer la femme de charge de Hurle-Vent, je ne manquais pas de lui demander comment allait le jeune maître ; car il vivait dans une réclusion presque aussi complète que Catherine elle-même, et on ne le voyait jamais. Je sus par elle que sa santé était toujours délicate et qu'il était très fatigant pour son entourage. Elle me dit que Mr. Heathcliff semblait avoir pour lui de plus en plus d'aversion, bien qu'il fît quelques efforts pour dissimuler ce sentiment ; le son de sa voix lui était antipathique, et il était absolument incapable de rester plusieurs minutes de suite dans la même chambre que lui. La conversation entre eux était rare. Linton apprenait ses leçons et passait ses soirées dans la petite pièce qu'ils appelaient le petit salon, ou bien restait couché toute la journée, car il attrapait tout le temps des rhumes, des refroidissements, des douleurs, des misères de toutes sortes.

— Je n'ai jamais connu d'être si pusillanime, ajouta la femme, ni si préoccupé de soi-même. Ce sont des histoires sans fin si je laisse la fenêtre ouverte tant soit peu tard dans la soirée. Oh ! c'est mortel, un souffle de l'air de la nuit ! Il veut avoir du feu en plein été ; la pipe de Joseph est un poison ; il lui faut toujours des sucreries et des friandises, et toujours du lait, encore du lait... sans qu'il se soucie le moins du monde qu'en hiver nous soyons rationnés, nous autres. Enveloppé dans son manteau fourré, il reste enfoui dans son fauteuil au coin du feu, à siroter un peu de pain grillé et d'eau ou une autre drogue qui chauffe sur la grille. Si Hareton, par comparaison, vient le distraire – Hareton n'a pas une mauvaise nature, quoiqu'il soit bourru – ils finissent régulièrement par se séparer l'un jurant, l'autre pleurant. Je crois que le maître aurait plaisir à voir Earnshaw le battre comme plâtre s'il ne s'agissait pas de son fils ; et je suis sûre qu'il serait capable de jeter l'enfant à la porte s'il connaissait la moitié des petits soins qu'il se prodigue à soi-même. Mais il ne s'expose pas à en avoir la tentation : il n'entre jamais dans le petit salon et, si Linton commence ces manières-là devant lui dans la salle, il l'envoie aussitôt en haut.

Je devinai par ce récit que la privation complète de sympathie avait rendu le jeune Heathcliff égoïste et désagréable, s'il ne l'était déjà originellement. Mon intérêt pour lui s'affaiblit en conséquence, bien que son sort m'inspirât toujours de la pitié et du regret qu'il ne fût pas resté avec nous. Mr. Edgar m'encourageait à chercher à me renseigner ; il pensait beaucoup à lui, je crois, et n'aurait pas hésité à courir quelque risque pour le voir. Il me dit un jour de demander à la femme de charge si Linton ne venait jamais dans le village. Elle me répondit qu'il n'y avait été que deux fois, à cheval, avec son père ; et les deux fois il avait prétendu être absolument rompu pendant les trois ou quatre jours qui avaient suivi. Cette femme de charge quitta les Hauts, si je me souviens bien, deux ans après l'arrivée de Linton ; elle fut remplacée par une autre, que je ne connaissais pas, et qui est encore là.

Le temps continua de s'écouler à la Grange aussi agréablement qu'autrefois. Miss Cathy atteignit ses seize ans. Jamais nous ne fêtions joyeusement l'anniversaire de sa naissance, parce que c'était aussi l'anniversaire de la mort de mon ancienne maîtresse. Son père passait invariablement ce jour-là seul dans la bibliothèque ; à la tombée de la nuit, il allait jusqu'au cimetière de Gimmerton, où il restait souvent passé minuit. Catherine en était donc réduite à ses propres ressources pour se distraire. Le 20 mars fut, cette année-là, une belle journée de printemps. Quand son père se fut retiré, ma jeune maîtresse descendit, habillée pour sortir, et me dit qu'elle désirait faire avec moi une promenade sur le bord de la lande ; Mr. Linton le lui avait permis, si nous n'allions qu'à courte distance et si nous étions rentrées dans une heure.

— Ainsi, dépêchez-vous, Hélène ! s'écria-t-elle. Je sais où je veux aller ; c'est à un endroit où s'est installée toute une bande d'oiseaux. Je voudrais voir s'ils ont déjà fait leurs nids.

— Cela doit être assez loin, répondis-je ; ils ne font pas leurs couvées sur le bord de la lande.

— Non, ce n'est pas loin. J'ai été tout auprès avec papa.

Je mis mon chapeau et sortis sans m'inquiéter davantage. Elle bondissait en avant, revenait près de moi et repartait comme un jeune lévrier. Au début, je pris grand plaisir à écouter les alouettes qui chantaient de tous côtés, à jouir de la douce chaleur du soleil, et à la regarder, elle, ma petite enfant gâtée, avec ses boucles blondes qui flottaient sur ses épaules, ses joues brillantes qui s'épanouissaient aussi fraîches et pures que des roses sauvages et ses yeux rayonnant d'une joie sans nuage. Elle était heureuse comme un ange, dans ce temps-là. Quel dommage qu'elle n'ait pu se contenter de son sort !

— Eh bien, dis-je, où sont vos oiseaux, Miss Cathy ? Nous devrions les avoir trouvés ; la haie du parc de la Grange est à une grande distance derrière nous, maintenant.

— Oh ! un peu plus loin… seulement un peu plus loin, Hélène ! me répondait-elle continuellement. Gravissez ce tertre, franchissez ce talus et avant que vous soyez arrivée de l'autre côté, j'aurai fait lever les oiseaux.

Mais il y avait tant de tertres à gravir et de talus à franchir que je finis par me sentir fatiguée et lui dis qu'il fallait nous arrêter et revenir sur nos pas. Je dus crier, car elle m'avait devancée de beaucoup. Elle ne m'entendit pas ou ne m'écouta pas ; elle continua de courir en avant et je fus forcée de la suivre. Enfin elle disparut dans un creux. Quand je parvins à la revoir, elle était à deux milles plus près des Hauts de Hurle-Vent que de la Grange. J'aperçus deux personnes, qui l'arrêtaient, et j'eus la conviction que l'une d'elles était Mr. Heathcliff lui-même.

Cathy avait été prise en flagrant délit de pillage, ou du moins de recherche de nids de coqs de bruyère. Les Hauts étaient le domaine de Mr. Heathcliff et celui-ci réprimandait la braconnière.

— Je n'en ai pris ni trouvé aucun, disait-elle pendant que je peinais pour les rejoindre, et elle étendait les mains pour confirmer sa déclaration. Je n'avais pas l'intention d'en prendre, mais papa m'a dit qu'il y en avait des quantités ici et je désirais voir les œufs.

Heathcliff me jeta un coup d'œil, accompagné d'un sourire méchant, qui indiquait qu'il connaissait son interlocutrice et, par conséquent, qu'il était animé envers elle de dispositions malveillantes. Il demanda qui était « papa ».

— Mr. Linton, de Thrushcross Grange, répondit-elle. Je pensais bien que vous ne me connaissiez pas, car autrement vous ne m'auriez pas parlé de cette manière.

— Vous supposez donc que votre papa est hautement estimé et respecté ? dit-il d'un ton sarcastique.

— Et vous, qui êtes-vous ? demanda Catherine en regardant avec curiosité son interlocuteur. J'ai déjà vu cet homme-là. Est-ce votre fils ?

Elle désignait l'autre individu, Hareton, que deux années de plus n'avaient fait que rendre plus massif et plus fort ; il avait l'air aussi gauche et aussi rude que jamais.

— Miss Cathy, interrompis-je, il va y avoir trois heures que nous sommes dehors, au lieu d'une. Il faut réellement que nous rentrions.

— Non, cet homme-là n'est pas mon fils, répondit Heathcliff en m'écartant. Mais j'ai un fils et vous l'avez déjà vu, lui aussi. Quoique votre gouvernante soit très pressée, je crois qu'un peu de repos vous ferait du bien à toutes deux. Voulez-vous simplement contourner ce monticule couvert de bruyères et entrer chez moi ? Vous n'en regagnerez ensuite votre demeure que plus vite, étant reposée ; et vous serez la bienvenue.

Je dis tout bas à Catherine qu'elle ne devait, sous aucun prétexte, accepter cette proposition, qu'il ne pouvait absolument pas en être question.

— Pourquoi ? demanda-t-elle tout haut. Je suis fatiguée d'avoir couru, et le terrain est humide ; je ne puis m'asseoir ici. Allons-y, Hélène. En outre, il dit que j'ai déjà vu son fils. Il doit se tromper, je pense ; mais je devine où il habite : à la ferme que j'ai visitée en revenant des rochers de Penistone. N'est-ce pas ?

— En effet. Allons, Nelly, taisez-vous... ce sera pour elle un plaisir de voir notre intérieur. Hareton, va en avant avec la jeune fille. Vous, Nelly, venez avec moi.

— Non, elle n'ira pas dans un pareil endroit ! m'écriai-je en luttant pour dégager mon bras qu'il avait saisi.

Mais elle avait contourné le monticule en courant à toute vitesse et elle était déjà presque sur le seuil de la porte. Le compagnon qu'on lui avait désigné ne prit pas la peine de faire mine de l'escorter ; il s'esquiva par la route et disparut.

— Mr. Heathcliff, c'est très mal, continuai-je. Vous savez fort bien que vos intentions ne sont pas bonnes. Elle va rencontrer Linton, elle racontera tout dès que nous serons rentrées, et c'est sur moi que retombera le blâme.

— Je désire qu'elle voie Linton, répondit-il. Il a meilleur aspect depuis quelques jours ; il n'arrive pas souvent qu'il soit présentable. Nous la persuaderons facilement de tenir sa visite secrète. Où est le mal là-dedans ?

— Le mal est que je m'attirerai l'animosité de son père s'il découvre que je l'ai laissée entrer dans votre maison ; et je suis convaincue que vous avez de mauvais desseins en l'y poussant.

— Mon dessein est aussi honnête que possible. Je vais vous l'exposer en entier : c'est que les deux cousins puissent s'éprendre l'un de l'autre et s'épousent. J'agis généreusement envers votre maître : son rejeton n'a pas d'espérances et, si elle entre dans mes vues, elle en aura aussitôt, puisqu'elle partagera avec Linton les droits à ma succession.

— Si Linton mourait, et sa vie est bien incertaine, Catherine serait l'héritière.

— Non, elle ne le serait pas. Il n'y a dans le testament aucune clause qui l'établisse ; les biens de mon fils me reviendraient. Mais, pour prévenir les disputes, je désire leur union et suis résolu à la réaliser.

— Et moi, je suis résolue à ne plus jamais la laisser approcher de chez vous, répliquai-je comme nous atteignions la barrière, où Miss Cathy nous attendait.

Heathcliff me dit de me tenir tranquille et, nous précédant dans le chemin, se hâta d'ouvrir la porte. Ma jeune maîtresse lui lançait de fréquents regards, comme si elle ne savait trop que penser de lui ; mais il souriait quand il rencontrait ses yeux et adoucissait la voix en lui parlant. J'étais assez folle pour m'imaginer que la mémoire de sa mère pouvait l'empêcher de lui vouloir du mal. Linton était devant la cheminée. Il avait été se promener dans les champs, car il avait sa casquette sur la tête et il appelait Joseph pour se faire apporter des souliers secs. Il était devenu grand pour son âge : il s'en fallait de quelques mois qu'il eût seize ans. Ses traits étaient restés jolis, ses yeux et son teint plus brillants que je n'en avais le souvenir, mais seulement d'un éclat passager dû à la salubrité de l'air et à l'influence du soleil.

— Eh bien, qui est-ce là ? demanda Mr. Heathcliff en se tournant vers Cathy. Pouvez-vous me le dire ?

— Votre fils ? dit-elle après les avoir examinés tous deux alternativement d'un air de doute.

— Oui, oui. Mais est-ce la première fois que vous le voyez ? Ah ! vous avez la mémoire bien courte. Linton, te rappelles-tu ta cousine, que tu nous tourmentais tant pour revoir ?

— Quoi ! Linton ! s'écria Cathy dont le visage s'illumina d'une surprise joyeuse à ce nom. Est-ce là le petit Linton ? Il est plus grand que moi ! Êtes-vous vraiment Linton ?

Le jeune homme s'avança et l'assura qu'elle ne se trompait pas.

Elle l'embrassa de bon cœur et tous deux considérèrent avec surprise le changement que le temps avait apporté dans leur apparence.

Catherine avait atteint toute sa croissance ; ses formes étaient à la fois pleines et élancées, ses muscles avaient l'élasticité de l'acier et son aspect général étincelait de santé et de vie. Les regards et les mouvements de Linton étaient languissants, son corps extrêmement grêle, mais il y avait dans ses manières une grâce qui tempérait ses imperfections et qui faisait qu'il n'était pas déplaisant. Après avoir échangé avec lui de nombreuses marques d'affection, sa cousine se dirigea vers Mr. Heathcliff, qui était resté près de la porte, partageant son attention entre ce qui se passait au-dedans et ce qui se passait au-dehors ; ou plutôt, feignant de partager son attention, mais, en réalité, n'observant que les deux jeunes gens.

— Ainsi, vous êtes mon oncle ! s'écria-t-elle en se haussant pour l'embrasser. Il me semblait que je vous aimais, bien que vous m'eussiez mal accueillie au début. Pourquoi ne venez-vous pas à la Grange avec Linton ? C'est bizarre de vivre depuis tant d'années si près de nous, sans être jamais venus nous voir. Pourquoi ?

— Je suis venu à la Grange une ou deux fois de trop, avant votre naissance. Bon, bon... au diable ! Si vous avez des baisers disponibles, donnez-les à Linton ; sur moi, ils sont perdus.

— Méchante Hélène ! s'écria Catherine, se précipitant vers moi pour me submerger sous un flot de caresses. Vilaine Hélène, qui a essayé de m'empêcher d'entrer ! Mais à l'avenir je ferai cette promenade tous les matins : le permettrez-vous, mon oncle ? Et quelquefois j'amènerai papa. Ne serez-vous pas content de nous voir ?

— Certainement, répondit l'oncle avec une grimace à peine contenue, qui témoignait de sa profonde aversion pour les deux visiteurs en question. Mais attendez, continua-t-il en se tournant vers la jeune fille. Maintenant que j'y pense, il vaut mieux que je vous le dise : Mr. Linton a une prévention contre moi. Nous nous sommes querellés, à une certaine période de notre existence, avec une férocité peu chrétienne ; dites-lui que vous êtes venue ici, et il vous interdira complètement toute visite. Il ne faut donc pas que vous en parliez, pour peu que vous vous souciiez de revoir votre cousin par la suite ; vous pouvez venir, si vous voulez, mais n'en parlez pas.

— Pourquoi vous êtes-vous querellés ? demanda Catherine, très décontenancée.

— Il m'a trouvé trop pauvre pour épouser sa sœur et s'est fâché que j'en aie obtenu la main ; son orgueil était blessé et il ne me le pardonnera jamais.

— C'est mal ! Un jour ou l'autre, je le lui dirai. Mais Linton et moi n'avons rien à voir dans votre querelle. S'il en est ainsi, je ne viendrai pas ici ; c'est lui qui viendra à la Grange.

— Ce sera trop loin pour moi, murmura Linton ; faire quatre

milles à pied me tuerait. Non, venez ici, Miss Catherine, de temps à autre ; pas tous les matins, mais une ou deux fois par semaine.

Le père lança sur son fils un regard d'amer mépris.

– Je crains, Nelly, de perdre ma peine, me dit-il à voix basse. Miss Catherine, comme l'appelle ce niais, s'apercevra de ce qu'il vaut et l'enverra au diable. Ah ! s'il se fût agi de Hareton !... Savez-vous que, vingt fois par jour, j'envie Hareton, tout dégradé qu'il est ? J'aurais aimé ce garçon, s'il eût été un autre. Mais je ne crois pas qu'il y ait de danger que cette petite fille, elle, s'éprenne de lui ; et si cet être pitoyable ne se démène pas un peu vivement, je lui susciterai un rival en la personne de Hareton. Nous estimons que Linton vivra au plus jusqu'à dix-huit ans. Oh ! la peste soit de l'insipide animal ! Le voilà occupé à se sécher les pieds, et il ne la regarde même pas. Linton !

– Oui, mon père.

– N'as-tu rien à montrer à ta cousine nulle part ? Pas même un terrier de lapins et de belettes ? Emmène-la dans le jardin, avant de changer de chaussures ; et aux écuries voir ton cheval.

– Ne préféreriez-vous pas rester ici ? demanda Linton en s'adressant à Cathy sur un ton qui exprimait sa répugnance à bouger.

– Je ne sais pas, répondit-elle en jetant un regard d'envie vers la porte : elle avait visiblement un vif désir de remuer.

Il resta assis et se rapprocha encore du feu. Heathcliff se leva, alla à la cuisine, et de là dans la cour, appelant Hareton. Hareton répondit et bientôt tous deux rentrèrent. Le jeune homme venait de se laver comme on pouvait s'en rendre compte au brillant de ses joues et de ses cheveux humides.

– Oh ! je veux vous le demander, à vous, mon oncle, s'écria Catherine en se rappelant l'assertion de la femme de charge. Celui-là n'est pas mon cousin, n'est-ce pas ?

– Si, répondit-il, c'est le neveu de votre mère. Est-ce qu'il ne vous plaît pas ?

Catherine prit un drôle d'air.

– N'est-ce pas un beau gars ? continua-t-il.

La malhonnête petite personne se dressa sur la pointe des pieds et chuchota une phrase à l'oreille de Heathcliff, qui se mit à rire. Le visage de Hareton s'assombrit ; je m'aperçus qu'il était très sensible aux manques d'égards qu'il soupçonnait, et qu'il avait évidemment une vague notion de son infériorité. Mais son maître ou tuteur le rasséréna en s'écriant :

– Tu seras très apprécié par nous, Hareton. Elle dit que tu es un... comment, déjà ? enfin, quelque chose de très flatteur. Allons ! va faire avec elle le tour de la ferme. Et conduis-toi en gentleman, hein ? Pas de gros mots ; ne va pas la dévisager quand elle ne te regardera pas, et avoir l'air de vouloir te cacher la figure quand elle te regardera ; quand tu parleras, parle lentement, et ne tiens pas tes mains dans tes poches. En route, et distrais-la aussi agréablement que tu pourras.

Il surveilla le couple qui passait sous la fenêtre. Earnshaw détournait la tête. Il paraissait étudier avec l'intérêt d'un étranger et d'un artiste ce paysage qu'il connaissait si bien. Catherine lui lança un coup d'œil narquois qui n'exprimait que peu d'admiration. Puis elle se mit en devoir de trouver elle-même des sujets d'amusement et s'en alla gaiement, d'un pas leste, en fredonnant un air pour suppléer au défaut de conversation.

— Je lui ai lié la langue, observa Heathcliff. Il ne risquera pas une seule parole de toute la promenade. Nelly, vous vous souvenez de moi quand j'avais son âge... ou même quand j'avais quelques années de moins. Ai-je jamais eu l'air aussi stupide, aussi empaillé, comme dit Joseph ?

— Plus, répliquai-je, car vous étiez plus morose, par-dessus le marché.

— Il me donne de la satisfaction, poursuivit-il en pensant tout haut. Il a répondu à mon attente. S'il eût été naturellement idiot, mon plaisir serait moitié moindre. Mais il n'est pas idiot ; et je peux sympathiser avec tous ses sentiments, les ayant éprouvés moi-même. Je sais très exactement ce qu'il souffre en ce moment, par exemple ; ce n'est d'ailleurs qu'un simple avant-goût de ce qu'il souffrira. Il ne sera jamais capable de sortir de son abîme de grossièreté et d'ignorance. Je le tiens mieux que ne me tenait son coquin de père, et je l'ai fait descendre plus bas, car il s'enorgueillit de son abrutissement. Je lui ai appris à mépriser comme une sottise et une faiblesse tout ce qui n'est pas purement animal. Ne croyez-vous pas que Hindley serait fier de son fils, s'il pouvait le voir ? Presque aussi fier que je le suis du mien. Mais il y a une différence : l'un est de l'or employé comme pierre de pavage, l'autre du fer-blanc poli pour jouer un service d'argent. Le mien n'a aucune valeur en soi ; pourtant j'aurai le mérite de le pousser aussi loin qu'un si pauvre hère peut aller. Le sien avait des qualités de premier ordre, elles sont perdues ; je les ai rendues plus qu'inutiles, funestes. Moi, je n'ai rien à regretter ; lui, il aurait à regretter plus que qui que ce soit. Et le plus beau est que Hareton m'est attaché en diable ! Vous conviendrez qu'ici j'ai surpassé Hindley. Si ce défunt drôle pouvait sortir de sa tombe pour me reprocher mes torts envers sa progéniture, j'aurais l'amusement de voir ladite progéniture le repousser et s'indigner qu'il ose médire du seul ami qu'elle ait au monde !

Heathcliff laissa échapper un rire de démon à cette idée. Je ne fis aucune réponse, car je voyais qu'il n'en attendait pas. Cependant notre jeune compagnon, qui était assis trop loin de nous pour pouvoir entendre ce que nous disions, commençait à manifester quelques symptômes d'embarras ; il se repentait sans doute de s'être privé lui-même du plaisir de la société de Catherine par crainte d'une légère fatigue. Son père remarqua les regards inquiets qu'il lançait vers la fenêtre et sa main hésitante tendue vers sa casquette.

— Debout, paresseux ! s'écria-t-il avec un enjouement affecté. Cours après eux ! Ils sont juste au tournant, près des ruches.

Linton rassembla ses forces et quitta le coin du feu. La fenêtre était ouverte, et au moment qu'il sortait, j'entendis Catherine qui demandait à son peu sociable compagnon ce que signifiait l'inscription au-dessus de la porte. Hareton regarda en l'air et se gratta la tête comme un vrai bouffon.

— C'est quelque maudite écriture, répondit-il. Je ne peux pas la lire.

— Vous ne pouvez pas la lire ? s'écria Catherine. Je peux la lire, moi ; c'est de l'anglais. Mais je voudrais savoir pourquoi elle est là.

Linton ricana ; c'était la première manifestation de gaieté de sa part.

— Il ne sait pas ses lettres, dit-il à sa cousine. Auriez-vous cru qu'il existât un pareil âne ?

— Est-ce qu'il est dans son état normal ? demanda sérieusement Catherine, ou est-ce un innocent ? Je l'ai questionné deux fois, et chaque fois il a pris un air si stupide que je crois qu'il ne m'a pas comprise. En tout cas je le comprends à peine, lui !

Linton se remit à rire et jeta un coup d'œil sarcastique sur Hareton qui, en ce moment, ne paraissait certes pas tout à fait dénué de compréhension.

— Ce n'est que de la paresse, n'est-ce pas, Earnshaw ? dit Linton. Ma cousine vous prend pour un idiot. Vous sentez maintenant ce qu'il en coûte de mépriser l'« éteude » des livres, comme vous diriez. Avez-vous remarqué, Catherine, sa terrible prononciation du Yorkshire ?

— Eh ben ! à quoi diable servent-ils, ces livres ? grommela Hareton, plus prompt à répondre à son compagnon de tous les jours.

Il se préparait à continuer, mais les deux jeunes gens éclatèrent bruyamment de rire ; ma folle miss était enchantée d'avoir découvert dans son parler étrange un sujet d'amusement.

— À quoi sert le diable dans cette phrase ? dit Linton en ricanant. Papa vous a recommandé de ne pas dire de gros mots et vous ne pouvez ouvrir la bouche sans en laisser échapper un. Tâchez de vous tenir comme un gentleman, allons !

– Si t'étais pas plus une fille qu'un garçon, je t'enverrais rouler par terre à l'instant, pour sûr, misérable avorton ! riposta le rustre furieux.

Puis il s'en alla, le visage cuisant de rage et d'humiliation, car il avait conscience d'être insulté et ne savait comment se venger.

Mr. Heathcliff, qui avait, comme moi, entendu la conversation, sourit quand il le vit partir ; mais immédiatement après, il lança un regard empreint d'une singulière aversion sur les deux autres, qui restaient à bavarder devant la porte.

Le jeune garçon avait retrouvé assez d'animation pour discuter les défauts et les imperfections de Hareton et raconter des anecdotes sur lui ; la jeune fille s'amusait de ses médisances haineuses, sans réfléchir à la mauvaise nature qu'elles révélaient. Je commençais à ressentir pour Linton plus d'antipathie que de pitié, et à excuser dans une certaine mesure le peu de cas que son père faisait de lui.

Nous restâmes jusqu'après midi : je n'avais pu décider Miss Cathy à partir plus tôt. Mais heureusement mon maître n'avait pas quitté ses appartements et demeura dans l'ignorance de notre absence prolongée. Pendant que nous revenions, j'aurais volontiers éclairé ma jeune maîtresse sur les gens que nous venions de quitter ; mais elle s'était mis dans la tête que j'étais prévenue contre eux.

– Ha ! Ha ! vous vous rangez du côté de papa, Hélène. Vous êtes partiale, j'en suis sûre ; sans cela vous ne m'auriez pas trompée depuis tant d'années en me racontant que Linton vivait très loin d'ici. Je suis réellement très fâchée ; mais je suis si contente que je ne peux pas vous témoigner mon mécontentement ! Seulement, ne me dites pas de mal de mon oncle ; n'oubliez pas que c'est *mon* oncle ; et je gronderai papa de s'être querellé avec lui !

Elle continua sur ce thème et je dus renoncer à essayer de la convaincre de son erreur. Elle ne parla pas de sa visite ce soir-là, parce qu'elle ne vit pas Mr. Linton. Mais le lendemain, elle raconta tout, à mon grand ennui. Pourtant, je ne le regrettais qu'à demi : je pensais que la charge de la diriger et de la mettre en garde serait exercée d'une manière plus efficace par son père que par moi. Mais, quand il lui exprima le désir de la voir éviter toute relation avec les habitants des Hauts, il montra trop de timidité à lui donner des raisons satisfaisantes, et Catherine tenait à ce qu'on lui fournît de bonnes raisons quand on voulait faire obstacle à sa volonté d'enfant gâtée.

– Papa ! s'écria-t-elle dès le matin après l'avoir embrassé, devinez qui j'ai vu hier dans ma promenade sur la lande. Ah ! papa, vous tressaillez ! Vous avez donc eu tort, n'est-ce pas ? J'ai vu... mais écoutez et vous saurez comment j'ai tout découvert. Et Hélène, qui est liguée avec vous, elle faisait pourtant semblant de me plaindre quand je continuais, malgré mes perpétuelles déceptions, d'espérer le retour de Linton !

Elle fit un récit fidèle de son excursion et de ses suites. Mon maître, bien qu'il me lançât plus d'un regard de reproche, ne dit rien jusqu'à ce qu'elle eût fini. Il l'attira alors à lui, et lui demanda si elle savait pourquoi il lui avait caché le voisinage de Linton. Pouvait-elle penser que ce fût pour lui refuser un plaisir dont elle aurait pu jouir sans danger ?

— C'est parce que vous n'aimez pas Mr. Heathcliff.

— Alors tu crois que j'ai souci de mes propres sentiments plus que des tiens ? Non, ce n'est pas parce que je n'aime pas Mr. Heathcliff, mais parce que Mr. Heathcliff ne m'aime pas ; et parce que c'est un homme diabolique, qui met sa joie à nuire à ceux qu'il hait et à travailler à leur perte, s'ils lui en fournissent la moindre occasion. Je savais que tu ne pourrais conserver de relations avec ton cousin sans entrer en rapport avec lui, et je savais qu'à cause de moi il te détesterait ; aussi, dans ton propre intérêt, et sans aucun autre motif, avais-je pris mes précautions pour que tu ne revisses pas Linton. Je voulais t'expliquer cela un jour, quand tu serais plus grande, et je regrette d'avoir tant tardé.

— Mais Mr. Heathcliff a été très cordial, papa, observa Catherine, qui n'était pas du tout convaincue ; il n'a fait aucune objection, lui, à ce que nous nous voyions. Il m'a dit que je pouvais venir chez lui quand je voudrais, seulement qu'il ne fallait pas que je vous le dise, parce que vous vous étiez querellé avec lui et que vous ne lui pardonniez pas d'avoir épousé ma tante Isabelle. Et c'est vrai. C'est vous qui êtes à blâmer. Lui, au moins, ne demande pas mieux que nous soyons amis, Linton et moi ; l'opposition vient de vous.

Mon maître, s'apercevant qu'elle ne croyait pas sur parole ce qu'il lui disait des mauvais sentiments de son oncle, lui fit un résumé succinct de la conduite de celui-ci envers Isabelle et de la façon dont Hurle-Vent était devenu sa propriété. Il lui était insupportable de s'appesantir longuement sur ce sujet ; car, bien qu'il en parlât rarement, il avait toujours pour son ancien ennemi l'horreur et la haine qui n'avaient cessé d'habiter son cœur depuis la mort de Mrs. Linton. « Sans lui, elle vivrait peut-être encore ! » se disait-il sans cesse avec amertume ; et à ses yeux Heathcliff était un meurtrier. Miss Cathy – qui, en fait de mauvaises actions, ne connaissait que ses petites désobéissances, ses petites injustices, ses petites colères provoquées par la vivacité de son caractère ou par l'irréflexion, et dont elle se repentait le jour même – fut stupéfaite de cette noirceur d'âme capable de couver et de dissimuler une vengeance pendant des années, de poursuivre méthodiquement ses plans sans éprouver de remords. Elle parut si frappée et révoltée de ce nouvel aspect de la nature humaine, exclu jusqu'à présent de toutes ses études et de toutes ses idées, que Mr. Edgar jugea inutile de prolonger ses explications. Il ajouta simplement :

– Tu sauras désormais, ma chérie, pourquoi je désire que tu évites sa maison et sa famille. Retourne maintenant à tes occupations et à tes amusements habituels, et ne pense plus à eux.

Catherine embrassa son père et se mit à étudier tranquillement ses leçons pendant deux heures, selon son habitude ; puis elle l'accompagna dans la propriété et la journée se passa comme à l'ordinaire. Mais le soir, quand elle fut rentrée dans sa chambre et que j'allai chez elle pour l'aider à se déshabiller, je la trouvai en pleurs, à genoux au pied de son lit.

– Oh ! fi ! sotte enfant ! m'écriai-je. Si vous aviez de vrais chagrins, vous seriez honteuse de verser une larme pour cette petite contrariété. Vous n'avez jamais eu l'ombre d'une peine sérieuse, Miss Catherine. Supposez, pour une minute, que le maître et moi soyons morts et que vous restiez seule au monde ; qu'éprouveriez-vous alors ? Comparez l'occasion présente à une affliction comme celle-là, et rendez grâces au Ciel des amis que vous avez, au lieu d'en convoiter d'autres.

– Ce n'est pas pour moi que je pleure, c'est pour lui. Il comptait bien me revoir demain et il va être si désappointé ! Il m'attendra, et je ne viendrai pas !

– Sottise ! Vous figurez-vous qu'il pense à vous autant que vous pensez à lui ? N'a-t-il pas en Hareton un compagnon ? Il n'y a pas une personne sur cent qui pleurerait parce qu'elle perd une connaissance qu'elle a juste vue deux fois pendant deux après-midi. Linton devinera bien ce qu'il en est et ne s'inquiétera plus de vous.

– Mais ne pourrais-je lui écrire un mot pour lui faire savoir pourquoi je ne puis venir ? demanda-t-elle en se relevant. Et lui envoyer ces livres que j'ai promis de lui prêter ? Les siens ne sont pas aussi jolis que les miens, et il a manifesté une grande envie de les avoir quand je lui ai dit combien ils étaient intéressants. N'est-ce pas possible, Hélène ?

– Non, certainement pas ! Non, certainement pas ! répliquai-je d'un ton ferme. Car alors il vous répondrait et cela n'en finirait pas. Non, Miss Cathy, il faut cesser toutes relations : c'est ce que veut votre papa, et j'y veillerai.

– Mais comment un simple petit mot pourrait-il... insista-t-elle d'un air suppliant.
– Silence ! interrompis-je. Nous n'allons pas recommencer avec vos petits mots. Allez au lit.
Elle me lança un regard très méchant, si méchant que d'abord je ne voulus pas l'embrasser en lui souhaitant bonne nuit. Je bordai son lit et fermai la porte, très mécontente. Mais, me repentant à mi-chemin, je revins doucement et que vis-je ? Miss Cathy debout près de la table, un morceau de papier blanc devant elle, et à la main un crayon qu'elle fit disparaître d'un air confus quand j'entrai.
– Vous ne trouverez personne pour porter cette lettre, Catherine, dis-je, si vous l'écrivez. Pour le moment, je vais éteindre cette bougie.
Je mis l'éteignoir sur la flamme, ce qui me valut une tape sur la main et une pétulante exclamation : « Vilaine créature ! » Puis je la quittai de nouveau, la laissant dans une de ses humeurs les plus exécrables. Elle tira le verrou derrière moi.
La lettre fut achevée et expédiée par un laitier qui venait du village ; mais je ne le sus que quelque temps après.
Les semaines passèrent et Catherine retrouva son égalité de caractère. Elle prenait toutefois un plaisir étonnant à rester seule dans les coins. Souvent, si j'arrivais à l'improviste près d'elle pendant qu'elle lisait, elle sursautait et se penchait sur son livre avec le désir évident de le dissimuler ; je finis par découvrir des bouts de papier détachés qui dépassaient entre les feuillets. Elle prit aussi l'habitude de descendre le matin de bonne heure et de flâner près de la cuisine, comme si elle attendait l'arrivée de quelque chose. Elle avait dans un petit meuble de la bibliothèque un tiroir où elle farfouillait pendant des heures et dont elle avait grand soin de retirer la clef en s'en allant.
Un jour, comme elle inspectait ce tiroir, j'observai que les jouets et les babioles qu'il contenait récemment encore s'étaient transformés en morceaux de papier pliés. Ma curiosité et mes soupçons s'éveillèrent ; je résolus de jeter un coup d'œil sur ces mystérieux trésors. Le soir, dès que je fus sûre que Catherine et son père étaient remontés, je cherchai dans mon trousseau une clef qui allât à la serrure et en trouvai facilement une. J'ouvris le tiroir, en vidai le contenu dans mon tablier et l'emportai pour l'examiner à loisir dans ma chambre. Bien que je me doutasse de ce que c'était, je fus pourtant surprise de découvrir que ces papiers formaient une correspondance volumineuse – presque journalière, évidemment – de Linton Heathcliff, en réponse à des missives de Catherine. Les premières lettres étaient embarrassées

et courtes ; mais, peu à peu, elles devenaient de longues lettres d'amour, absurdes, comme le voulait l'âge de l'auteur, mais qui contenaient pourtant çà et là des touches qui me parurent avoir été empruntées d'une main plus expérimentée. Certaines d'entre elles me frappèrent comme des composés bizarres d'ardeur et de platitude ; elles commençaient par l'expression d'un sentiment puissant et finissaient dans le style affecté et diffus qu'un écolier pourrait employer en s'adressant à une bien-aimée imaginaire, immatérielle. Ces lettres avaient-elles ou non satisfait Catherine, je n'en sais rien ; quant à moi, elles me firent l'effet d'un verbiage insignifiant. Après en avoir parcouru autant que je le jugeai nécessaire, j'attachai le tout dans un mouchoir que je mis de côté et je refermai le tiroir vide.

Suivant son habitude, ma jeune maîtresse descendit de bonne heure et entra dans la cuisine. Je la vis aller à la porte, quand arriva certain petit garçon. Pendant que la fille de la laiterie lui remplissait son pot, Catherine lui fourra quelque chose dans la poche de sa veste, et en retira quelque chose. Je fis le tour par le jardin et guettai le passage du messager, qui lutta vaillamment pour défendre son dépôt ; le lait se répandit entre nous deux mais je réussis à lui arracher l'épître. Après lui avoir fait de sérieuses menaces en cas qu'il ne rentrât vite chez lui, je restai à l'abri du mur pour parcourir la tendre composition de Miss Cathy. Elle était plus simple et plus éloquente que celle de son cousin : très gentille et très sotte. Je secouai la tête et rentrai pensive dans la maison. La journée était pluvieuse, Catherine ne put se divertir dans le parc ; aussi, quand elle eut terminé ses études matinales, eut-elle recours à la consolation du tiroir. Son père était assis près de la table et lisait ; et moi, à dessein, j'étais venue travailler à quelques franges décousues aux rideaux de la fenêtre, et je ne la perdais pas de vue. Jamais oiseau retrouvant vide le nid qu'il a laissé plein de petits gazouillants n'exprima par ses cris d'angoisse et ses battements d'ailes désespoir plus complet qu'elle ne fit par son simple « Oh ! » et le changement qui se peignit sur son visage jusque-là tout heureux. Mr. Linton leva les yeux.

– Qu'y a-t-il, ma chérie ? T'es-tu fait mal ? dit-il.

Son ton et son regard convainquirent Catherine que ce n'était pas lui qui avait découvert son trésor.

– Non, papa, répondit-elle d'une voix étranglée. Hélène ! Hélène ! montez... je suis souffrante.

J'obéis à son appel et la suivis.

– Oh ! Hélène, c'est vous qui les avez prises, commença-t-elle en tombant à genoux dès que nous fûmes enfermées seules. Oh ! rendez-les-moi, et je ne recommencerai jamais, jamais ! Ne le dites pas à papa. Vous ne l'avez pas dit à papa, Hélène, n'est-ce pas ? J'ai été excessivement méchante, mais je ne le ferai plus.

D'un air grave et sévère, je lui dis de se relever.

— Ainsi, Miss Catherine, vous êtes allée assez loin, à ce qu'il semble : vous pouvez, en effet, être honteuse de ces lettres ! Beau ramassis de niaiseries à étudier pendant vos heures de loisir ! Vraiment cela mériterait d'être imprimé. Et que supposez-vous que pensera le maître, quand je les lui montrerai ? Je ne l'ai pas fait encore, mais vous n'imaginez pas que je vais garder vos secrets ridicules. Quelle honte ! Et c'est vous qui avez dû avoir l'idée d'écrire de pareilles absurdités ; il n'aurait jamais songé à commencer, lui, j'en suis bien sûre.

— Non ! Non ! Ce n'est pas moi ! sanglota Catherine au désespoir. Je n'ai jamais pensé à l'aimer avant que...

— À l'*aimer* ! m'écriai-je en mettant dans ce mot tout le mépris dont j'étais capable. À l'*aimer* ! A-t-on jamais entendu chose pareille ? C'est comme si je parlais d'aimer le meunier qui vient une fois l'an chercher notre grain. Bel amour, en vérité ! En deux fois, vous avez vu Linton à peine quatre heures en tout dans votre vie ! Bon. Voici ces niaiseries puériles. Je vais les porter dans la bibliothèque et nous verrons ce que votre père dira de cet *amour*.

Elle bondit pour attraper ses précieuses épîtres mais je les tenais au-dessus de ma tête. Alors elle se répandit en supplications frénétiques pour que je les brûlasse... que je fisse n'importe quoi plutôt que de les montrer. Comme, en réalité, j'étais tout aussi disposée à rire qu'à gronder, car je considérais tout cela comme un enfantillage de petite fille, je finis par me laisser fléchir jusqu'à un certain point et je lui demandai :

— Si je consens à les brûler, me promettez-vous loyalement de ne plus envoyer ni recevoir de lettres, ni de livres (car je m'aperçois que vous lui avez envoyé des livres), ni de boucles de cheveux, ni de bagues, ni de jouets ?

— Nous ne nous envoyons pas de jouets ! s'écria Catherine, dont l'orgueil surmonta la confusion.

— Ni rien du tout, alors, mademoiselle. Si vous ne me promettez pas, je vais trouver votre père.

— Je promets, Hélène ! dit-elle en s'accrochant à ma robe. Oh ! jetez-les au feu, vite, vite !

Mais comme j'écartais les charbons avec le tisonnier pour faire de la place, elle s'aperçut que le sacrifice était au-dessus de ses forces. Elle me supplia instamment d'en épargner une ou deux.

— Une ou deux, Hélène, pour garder un souvenir de Linton !

Je dénouai le mouchoir et commençai à laisser tomber les lettres par un des angles ; la flamme s'éleva en tourbillons dans la cheminée.

– J'en aurai une, cruelle créature ! cria-t-elle.

Elle plongea la main dans le feu et en retira, aux dépens de ses doigts, quelques fragments à demi calcinés.

– Très bien... et j'en aurai aussi quelques-unes à montrer à papa ! répliquai-je en repoussant le reste dans le paquet, et je me dirigeai vers la porte.

Elle jeta les morceaux noircis dans les flammes et me fit signe d'achever le sacrifice, ce qui eut lieu. Je secouai ensuite les cendres et les enfouis sous une pelletée de charbons. Quant à elle, sans dire un mot, et avec le sentiment d'avoir été profondément offensée, elle se retira dans sa chambre. Je descendis pour annoncer à mon maître que le malaise de ma jeune maîtresse était presque dissipé, mais que je jugeais qu'il valait mieux qu'elle restât allongée un moment. Elle ne voulut pas dîner, mais elle reparut pour le thé, pâle, les yeux rouges, et parfaitement résignée en apparence. Le lendemain matin, je répondis à la lettre par un bout de papier où j'avais écrit : « Master Heathcliff est prié de ne plus adresser de billets à Miss Linton, car elle ne les recevra pas. » Et désormais le petit garçon arriva les poches vides.

CHAPITRE XXII

À l'été qui tirait à sa fin allait succéder un automne précoce. La Saint-Michel était passée, mais la moisson était tardive cette année-là et dans quelques-uns de nos champs la récolte n'était pas encore faite. Mr. Linton et sa fille allaient fréquemment se promener au milieu des moissonneurs. Le jour qu'on enleva les dernières gerbes, ils restèrent jusqu'à la tombée de la nuit et le temps, vers le soir, étant devenu frais et humide, mon maître prit un mauvais rhume qui se fixa obstinément sur ses poumons et le tint enfermé tout l'hiver, presque sans interruption.

La pauvre Cathy, encore bouleversée de son petit roman, était devenue beaucoup plus triste et plus sombre depuis qu'elle avait dû y renoncer. Son père insista pour qu'elle lût moins et prît plus d'exercice. Elle était privée de sa compagnie ; je crus de mon devoir de le suppléer, autant que possible, auprès d'elle. Mais mon intervention se montra inefficace, car c'est à peine si je pouvais distraire de mes nombreuses occupations journalières deux ou trois heures pour l'accompagner ; et ma société était évidemment moins appréciée que celle de son père.

Un après-midi d'octobre ou du début de novembre, par un temps frais et menaçant, où les feuilles mortes humides bruissaient sur l'herbe et dans les sentiers, où le ciel froid et bleu était à moitié caché par les nuages – sombres bandes noires qui montaient rapidement de l'ouest et présageaient une pluie abondante –, je priai ma jeune maîtresse de renoncer à sa promenade, parce que j'étais certaine qu'il y aurait des averses. Elle refusa ; à contre-cœur, je mis mon manteau et pris mon parapluie pour aller avec elle jusqu'au bout du parc. C'était la promenade qu'elle préférait en général quand elle se sentait abattue, ce qui lui arrivait invariablement quand Mr. Edgar allait plus mal qu'à l'ordinaire ; il ne l'avouait pas, mais nous le devinions, elle et moi, à son silence et à son air mélancolique. Elle marchait tristement : plus de courses ni de bonds maintenant, bien que le vent froid eût pu l'y inciter. Souvent, du coin de l'œil, je la voyais lever la main et essuyer quelque chose sur sa joue. Je cherchais autour de moi un moyen de donner un autre cours à ses idées. Sur un des côtés du chemin s'élevait un talus haut et raide, où des noisetiers et des chênes rabougris, leurs racines à moitié à nu, se cramponnaient péniblement ; le sol était trop meuble pour les chênes et la force du vent en avait couché quelques-uns presque horizontalement. En été, Miss Catherine aimait beaucoup à grimper sur ces troncs d'arbres, à s'asseoir sur les branches et à se balancer à vingt pieds au-dessus du sol. Tout en prenant plaisir à son agilité et à son humeur joyeuse et enfantine, je jugeais bon néanmoins de la gronder chaque fois que je la surprenais ainsi en l'air, mais de telle façon qu'elle savait bien n'être pas forcée de descendre. Depuis le dîner jusqu'au thé, elle restait étendue dans son berceau balancé par la brise, ne faisant rien que se chanter à elle-même de vieilles chansons – celles que je lui avais apprises quand elle était tout enfant – ou regarder les oiseaux, ses voisins, nourrir leurs petits et les entraîner à voler, ou encore se pelotonner, les paupières closes, moitié pensant, moitié rêvant, plus heureuse que les mots ne sauraient l'exprimer.

– Regardez ! miss, m'écriai-je en montrant un renforcement sous les racines d'un des arbres tordus. L'hiver n'est pas encore arrivé ici. Il y a là-haut une petite fleur, le dernier bouton de cette multitude de campanules qui en juillet couvraient d'un brouillard lilas ces degrés gazonnés. Voulez-vous grimper et la cueillir pour la montrer à papa ?

Cathy regarda longtemps la fleur solitaire tremblant dans son abri de terre et finit par répondre :

– Non, je n'y toucherai pas ; mais elle a l'air mélancolique, n'est-ce pas, Hélène ?

– Oui, à peu près aussi engourdie et inerte que vous. Vos joues sont décolorées ; donnez-moi la main et courons. Vous êtes si peu en train que je suis sûre que j'irai aussi vite que vous.

– Non, répéta-t-elle.

Et elle continua de marcher lentement, s'arrêtant pour rêver sur un paquet de mousse, une touffe d'herbe fanée, ou un champignon qui jetait sa tache d'un orange clair au milieu des feuillages sombres. De temps à autre, elle détournait le visage et y portait la main.

– Catherine, pourquoi pleurez-vous, ma chérie ? demandai-je en m'approchant et en passant le bras sur son épaule. Il ne faut pas pleurer parce que papa a un rhume ; rendez grâces à Dieu que ce ne soit rien de plus grave.

Alors elle n'essaya plus de retenir ses larmes ; sa respiration était étouffée par les sanglots.

— Oh ! ce sera quelque chose de plus grave ! Et que deviendrai-je quand papa et vous m'aurez quittée et que je resterai seule ? Je ne peux pas oublier vos paroles, Hélène ; elles sont toujours dans mon oreille. Comme la vie sera changée, comme le monde sera lugubre, quand papa et vous serez morts !

— Nul ne peut dire si vous ne mourrez pas avant nous. Il ne faut pas anticiper sur le malheur. Espérons que des années et des années se passeront avant qu'aucun de nous s'en aille : le maître est jeune, moi je suis forte et j'ai à peine quarante-cinq ans. Ma mère a vécu jusqu'à quatre-vingts ans, et très alerte jusqu'à la fin. Supposez que Mr. Linton vive seulement jusqu'à soixante ans, il aurait encore plus d'années devant lui que vous n'en avez compté jusqu'ici, miss. Et ne serait-il pas absurde de se lamenter sur une calamité plus de vingt ans d'avance ?

— Mais ma tante Isabelle était plus jeune que papa, remarqua-t-elle, en me regardant avec le timide espoir que je continuerais de la rassurer.

— Votre tante Isabelle n'a eu ni vous ni moi pour la soigner. Elle n'était pas aussi heureuse que le maître ; elle n'était pas retenue à la vie par tant de liens. Tout ce que vous avez à faire est de bien veiller sur votre père, de le réconforter en vous montrant gaie devant lui, et d'éviter de lui créer aucun sujet d'anxiété. Faites-y attention, Cathy ! Je ne vous cacherai pas que vous pourriez le tuer, si vous étiez indisciplinée et irréfléchie, si vous nourrissiez une affection absurde et chimérique pour le fils d'un homme qui se réjouirait de le voir au tombeau ; si même vous lui laissiez soupçonner que vous vous tourmentez d'une séparation qu'il a jugé bon d'ordonner.

— Je ne me tourmente de rien d'autre sur la terre que de la maladie de papa. Tout m'est indifférent en comparaison de papa. Et jamais... jamais... oh ! jamais, tant que j'aurai ma raison, je ne ferai un acte ni ne dirai un mot qui puisse le chagriner. Je l'aime plus que moi-même, Hélène ; ce qui m'en a donné la certitude, c'est que tous les soirs je prie pour lui survivre, car je préférerais d'être malheureuse plutôt que de savoir qu'il sera malheureux. C'est la preuve que je l'aime plus que moi-même.

— Voilà de bonnes paroles. Mais les actes doivent le prouver aussi. Quand il sera rétabli, tâchez de ne pas oublier les résolutions prises à l'heure de la crainte.

Tout en parlant, nous nous étions approchées d'une porte qui donnait sur la route. Ma jeune maîtresse, ranimée par un rayon de soleil, grimpa au sommet du mur, s'y installa et se mit en devoir d'atteindre quelques fruits écarlates brillant aux branches supérieures des églantiers qui ombrageaient le bord du chemin. Ceux d'en bas avaient disparu, mais seuls les oiseaux – ou Cathy dans sa situation présente – pouvaient toucher à ceux d'en haut.

En se penchant pour les attirer à elle, son chapeau tomba ; et, comme la porte était fermée, elle proposa de descendre de l'autre côté pour le ramasser. Je lui dis de prendre garde de tomber et elle disparut lestement. Mais le retour n'était pas chose aussi aisée : les pierres étaient lisses et jointoyées, et ni les églantiers ni les ronces ne pouvaient lui fournir de point d'appui. Moi, comme une sotte, je ne m'en rendis compte que quand je l'entendis rire et me crier :

– Hélène ! il va falloir que vous alliez chercher la clef, ou bien il faudra que je fasse le tour par la loge du portier. Je ne peux pas escalader les remparts de ce côté-ci !

– Restez où vous êtes, répondis-je. J'ai mon trousseau de clefs dans ma poche. Peut-être vais-je arriver à ouvrir la porte, sinon, j'irai.

Catherine s'amusa à danser, de-ci, de-là, devant la porte pendant que j'essayais toutes les grosses clefs à tour de rôle. Je venais d'essayer la dernière et de constater qu'aucune ne convenait ; après avoir recommandé à ma jeune maîtresse de rester là, je me préparais à courir à la maison aussi vite que je pourrais, quand un bruit qui se rapprochait m'arrêta. C'était le trot d'un cheval. La danse de Catherine s'arrêta aussi.

– Qui est-ce ? demandai-je à voix basse.

– Hélène, je voudrais que vous puissiez ouvrir la porte, répondit-elle de même d'un ton inquiet.

– Ah ! Miss Linton, cria une voix grave (celle du cavalier), je suis heureux de vous rencontrer. Ne vous hâtez pas d'entrer, car j'ai une explication à vous demander et à obtenir de vous.

– Je ne parlerai pas, Mr. Heathcliff, répondit Catherine. Papa dit que vous êtes un méchant homme et que vous nous haïssez, lui et moi ; et Hélène dit la même chose.

– Cela ne fait rien à l'affaire. Je ne hais pas mon fils, je suppose, et c'est à son sujet que je réclame votre attention. Oui, il y a de quoi rougir. Il y a deux ou trois mois, n'aviez-vous pas l'habitude d'écrire à Linton ? Et de jouer à l'amour avec lui, hein ? Vous mériteriez tous deux de recevoir le fouet. Vous spécialement, la plus âgée ; et la moins sensible, à ce qu'il paraît. J'ai vos lettres, et à la moindre insolence de votre part je les ferai tenir à votre père. Sans doute vous êtes-vous fatiguée de votre amusement et l'avez-vous envoyé au diable, n'est-il pas vrai ? Seulement vous avez du même coup plongé Linton dans un abîme de désespoir. Il avait pris la chose au sérieux, lui ; il était réellement amoureux. Aussi vrai que je vis, il est en train de mourir pour vous ; son cœur a été brisé par votre inconstance : non pas au figuré, mais au propre. Bien que Hareton ait fait de lui une cible pour ses plaisanteries depuis six semaines, et que j'aie employé des moyens plus sérieux, en essayant de l'effrayer sur les conséquences de sa stupidité, son état empire tous les jours ; et il sera sous terre avant l'été prochain, si vous ne le sauvez pas.

— Comment pouvez-vous mentir si impudemment à cette pauvre enfant ! m'écriai-je de l'intérieur du parc. Je vous prie de passer votre chemin ! Comment pouvez-vous, de propos délibéré, avoir recours à d'aussi pitoyables inventions ! Miss Cathy, je vais faire sauter la serrure avec une pierre. Vous ne croirez pas ces méprisables absurdités. Vous le sentez bien vous-même, il est impossible que quelqu'un meure d'amour pour une personne qu'il ne connaît pas.

— Je ne savais pas qu'il y eût des espions, murmura le coquin surpris. Digne Mrs. Dean, je vous aime bien, mais je n'aime pas votre double jeu, ajouta-t-il tout haut. Comment avez-vous pu mentir aussi impudemment pour affirmer que je haïssais « cette pauvre enfant » ? Catherine Linton (ce nom seul m'émeut), ma bonne petite fille, je serai absent de chez moi toute la semaine. Allez voir si je n'ai pas dit la vérité ; allez-y, vous serez bien gentille. Imaginez seulement que votre père soit à ma place, et Linton à la vôtre ; pensez à l'opinion que vous auriez de votre insouciant amoureux s'il refusait de faire un pas pour vous réconforter, alors que votre père lui-même l'en supplierait ; et ne tombez pas, par pure stupidité, dans la même erreur. Je jure sur mon salut qu'il est en train de mourir et que vous seule pouvez le sauver.

La serrure céda et je sortis sur la route.

— Je jure que Linton est mourant, répéta Heathcliff en me lançant un regard sévère. Le chagrin et le désappointement précipitent sa fin. Nelly, si vous ne voulez pas la laisser y aller, vous pouvez y aller vous-même. Mais je ne serai pas de retour avant huit jours ; et je crois que votre maître ne ferait guère d'objections à ce qu'elle rendît visite à son cousin.

— Venez, dis-je en prenant Cathy par le bras et en la forçant presque de rentrer ; car elle hésitait, examinant avec des yeux troublés les traits de son interlocuteur, trop impassibles pour déceler sa supercherie.

Il poussa son cheval près d'elle et, se penchant, ajouta :

— Miss Catherine, je vous avouerai que j'ai peu de patience avec Linton ; Hareton et Joseph en ont encore moins. Je vous avouerai qu'il est dans un milieu plutôt rude. Il a soif de tendresse, aussi bien que d'amour ; un mot affectueux de votre part serait pour lui le meilleur remède. N'écoutez pas les cruels avis de Mrs. Dean ; soyez généreuse et trouvez moyen de le voir. Il rêve de vous nuit et jour, et ne peut se laisser persuader que vous ne le haïssez pas, puisque vous n'écrivez ni ne venez.

Je fermai la porte et roulai une pierre devant pour aider la serrure branlante à la maintenir. Puis, ouvrant mon parapluie, j'attirai Catherine dessous, car la pluie commençait à percer à travers les branches gémissantes et nous avertissait de ne pas perdre de temps. Notre hâte empêcha tout commentaire sur la rencontre avec Heathcliff pendant que nous nous dirigions à grands pas vers la maison ; mais je devinai instinctivement que le cœur de Catherine était voilé maintenant d'une double obscurité. Ses traits étaient empreints d'une telle tristesse qu'ils ne semblaient plus être les siens. Elle considérait évidemment ce qu'elle venait d'entendre comme la pure vérité.

Le maître s'était retiré avant notre retour pour reposer. Cathy courut à sa chambre pour savoir comment il allait : il s'était endormi. Elle revint et me pria de lui tenir compagnie dans la bibliothèque. Nous prîmes notre thé ensemble ; ensuite elle s'étendit sur le tapis et me dit de ne pas parler, car elle était fatiguée. J'ouvris un livre et fis semblant de lire. Dès qu'elle me crut absorbée dans cette occupation, elle se mit à pleurer silencieusement : cela semblait être devenu sa distraction favorite. Je la laissai en jouir un moment ; puis je lui adressai des remontrances. Je tournai en ridicule toutes les assertions de Mr. Heathcliff au sujet de son fils, comme si j'étais sûre qu'elle allait être de mon avis. Hélas ! je n'étais pas assez habile pour détruire l'effet qu'avaient produit ses dires, et qui était bien tel qu'il l'avait cherché.

— Il est possible que vous ayez raison, Hélène, répondit-elle, mais je ne me sentirai jamais tranquille tant que je ne saurai pas ce qui en est. Il faut que je dise à Linton que ce n'est pas ma faute si je ne lui écris pas, et que je le convainque que je ne changerai pas de sentiments à son égard.

Que pouvaient contre sa sotte crédulité la colère et les protestations ? Nous nous quittâmes ce soir-là fâchées ; mais le jour suivant me vit sur la route des Hauts de Hurle-Vent au côté du poney de mon entêtée jeune maîtresse. Je n'avais pas pu supporter d'être témoin de son chagrin, de sa pâleur, de son abattement, de ses yeux gonflés, et j'avais cédé avec le faible espoir que Linton lui-même pourrait donner, par la manière dont il nous recevrait, la preuve du peu de fondement qu'avait en réalité le conte fait par son père.

CHAPITRE XXIII

La nuit pluvieuse avait fait place à une matinée brumeuse – moitié gelée, moitié bruine – et l'eau qui descendait des hauteurs en gazouillant formait de petits ruisseaux qui traversaient notre sentier. J'avais les pieds trempés ; j'étais de mauvaise humeur et peu en train ; enfin, juste dans la disposition propre à me faire le mieux ressentir tous ces désagréments. Nous entrâmes dans la maison par la cuisine, pour nous assurer que Mr. Heathcliff était bien absent : car j'avais peu de confiance dans sa propre affirmation.

Joseph était seul et avait l'air de siéger dans une sorte d'Élysée, à côté d'un feu ronflant, un quart d'ale auprès de lui sur la table couverte de grands morceaux de gâteau d'avoine grillé, sa courte pipe noire à la bouche. Catherine courut à la cheminée pour se chauffer. Je demandai si le maître était là. Ma question demeura si longtemps sans réponse que je crus que le vieillard était devenu sourd et que je la répétai plus haut.

– Non-on ! grogna-t-il, ou plutôt glapit-il à travers son nez. Non-on ! vous n'avez qu'à vous en retourner d'où c'est qu'vous v'nez.

– Joseph ! cria de l'intérieur, en même temps que moi, une voix maussade. Combien de fois faudra-t-il vous appeler ? Il n'y a plus que quelques cendres rouges. Joseph ! venez sur-le-champ !

De vigoureuses bouffées de sa pipe et un regard résolu vers la grille du foyer indiquèrent qu'il refusait de prêter l'oreille à cet appel. La femme de charge et Hareton étaient invisibles : l'une partie pour faire une course et l'autre à son travail, sans doute. Nous avions reconnu la voix de Linton et nous entrâmes.

– Oh ! je souhaite que vous périssiez de froid dans un galetas ! dit le jeune homme, croyant que c'était son négligent serviteur qui arrivait.

Il s'arrêta en s'apercevant de son erreur. Sa cousine courut à lui.
— Est-ce vous, Miss Linton ? dit-il en soulevant sa tête du bras du grand fauteuil dans lequel il était allongé. Non... ne m'embrassez pas : cela me coupe la respiration. Mon Dieu ! Papa m'avait dit que vous viendriez, poursuivit-il après s'être un peu remis de l'embrassade de Catherine, qui restait debout d'un air fort contrit. Voudriez-vous fermer la porte, s'il vous plaît ? Vous l'avez laissée ouverte et ces... ces détestables créatures ne veulent pas venir mettre de charbon dans le feu. Il fait si froid.

Je remuai les escarbilles et allai chercher moi-même un seau de charbon. L'invalide se plaignit d'être couvert de cendres ; mais, comme il avait une toux pénible, qu'il paraissait fiévreux et malade, je ne me formalisai pas de son humeur.

— Eh bien, Linton, murmura Catherine quand il eut fini par dérider son front, êtes-vous content de me voir ? Puis-je quelque chose pour vous ?

— Pourquoi n'êtes-vous pas venue plus tôt ? demanda-t-il. Vous auriez dû venir au lieu d'écrire. Cela me fatiguait terriblement d'écrire ces longues lettres. J'aurais bien préféré de causer avec vous. Maintenant, je ne puis plus supporter ni la conversation ni rien d'autre. Je me demande où est Zillah ! Voulez-vous (il me regarda) voir dans la cuisine si elle n'y est pas ?

Je n'avais pas reçu de remerciements pour mon précédent service. Comme j'étais peu disposée à courir à droite et à gauche sur ses injonctions, je répliquai :

— Il n'y a personne dans la cuisine que Joseph.

— Je voudrais à boire, s'écria-t-il avec irritation en se retournant. Zillah est constamment à se promener à Gimmerton depuis le départ de papa ; c'est indigne ! Et je suis obligé de descendre ici... ils ont résolu de ne jamais rien entendre quand je suis en haut.

— Votre père est-il attentionné pour vous, Master Heathcliff ? demandai-je en voyant le peu de succès des avances amicales de Catherine.

— Attentionné. Il *les* rend un peu plus attentionnés, voilà tout. Les misérables ! Savez-vous, Miss Linton, que cette brute de Hareton se moque de moi ! Je le déteste ! D'ailleurs, je les déteste tous : ce sont des êtres odieux.

Cathy se mit en quête d'un peu d'eau. Elle aperçut un broc sur le buffet, remplit un verre et le lui apporta. Il la pria d'y ajouter une cuillerée de vin d'une bouteille qui se trouvait sur la table. Après avoir avalé quelques gorgées, il parut plus calme et lui dit qu'elle était bien aimable.

— Et êtes-vous content de me voir ? demanda-t-elle en répétant sa première question, heureuse de découvrir sur son visage la trace d'un faible sourire.

— Oui, certainement. C'est une nouveauté que d'entendre une voix comme la vôtre. Mais j'ai été contrarié que vous ne vouliez pas venir. Papa jurait que c'était de ma faute ; il me traitait d'être pitoyable, lamentable, insignifiant ; il disait que vous me méprisiez et que, s'il eût été à ma place, il serait déjà le maître à la Grange, plus que ne l'est votre père. Mais vous ne me méprisez pas, n'est-ce pas, miss... ?

— Il faut m'appeler Catherine ou Cathy, interrompit ma jeune maîtresse. Vous mépriser ? Non ! Après papa et Hélène, je vous aime plus que personne. Je n'aime pas Mr. Heathcliff, par exemple ; je n'oserai pas venir quand il sera de retour. Restera-t-il parti plusieurs jours ?

— Pas très longtemps. Mais il va souvent dans la lande, depuis que la saison de la chasse a commencé ; vous pourriez passer une heure ou deux avec moi en son absence. Dites-moi que vous viendrez. Il me semble que je ne serais pas grognon avec vous ; vous ne m'irriteriez pas et vous seriez toujours prête à m'assister, n'est-il pas vrai ?

— Oui, répondit Catherine en caressant ses longs cheveux soyeux. Si je pouvais seulement obtenir le consentement de papa, je passerais la moitié de mon temps avec vous. Gentil Linton ! je voudrais que vous fussiez mon frère.

— Et vous m'aimeriez alors autant que votre père, observat-il plus gaiement. Mais papa dit que vous m'aimeriez plus que votre père et que tout au monde si vous étiez ma femme ; aussi est-ce ce que je préférerais que vous fussiez.

— Non, je n'aimerai jamais personne plus que papa, répondit-elle gravement. Puis il y a des gens qui détestent leur femme, quelquefois ; mais jamais leurs sœurs ni leurs frères ; et, si vous étiez mon frère, vous vivriez avec nous, et papa aurait autant d'affection pour vous qu'il en a pour moi.

Linton nia qu'il y eût des gens qui détestassent leur femme ; mais Catherine affirma qu'il y en avait et, dans sa sagesse, cita comme exemple l'aversion de son oncle pour sa tante. Je m'efforçai d'arrêter ses propos irréfléchis. Je n'y réussis pas avant qu'elle eût raconté tout ce qu'elle savait. Master Heathcliff, fort irrité, affirma que son récit était faux.

— Papa me l'a dit, et papa ne dit pas de mensonges, répondit-elle vivement.

— Mon papa, à moi, méprise le vôtre, s'écria Linton ; il le traite de couard et de sot.

— Le vôtre est un méchant homme, répliqua Catherine, et c'est très mal à vous d'oser répéter ce qu'il dit. Il faut qu'il soit bien méchant pour que tante Isabelle l'ait abandonné comme elle l'a fait.

– Elle ne l'a pas abandonné. Vous n'avez pas le droit de me contredire.

– Elle l'a abandonné, cria ma jeune maîtresse.

– Eh bien, je vais vous dire quelque chose. Votre mère haïssait votre père : voilà !

– Oh ! s'écria Catherine, trop exaspérée pour pouvoir continuer.

– Et elle aimait le mien.

– Petit menteur ! Je vous déteste maintenant !

Elle haletait, la figure toute rouge de colère.

– Oui, oui, elle l'aimait ! chantonna Linton.

Il s'enfonça dans son fauteuil et renversa la tête pour jouir de l'émotion de son interlocutrice, qui était derrière lui.

– Silence, Master Heathcliff, dis-je. C'est votre père qui vous a raconté cela aussi, je suppose.

– Pas du tout : taisez-vous. Elle l'aimait, elle l'aimait, Catherine ! Elle l'aimait, elle l'aimait !

Cathy, hors d'elle-même, poussa violemment le fauteuil, ce qui fit tomber Linton contre un des bras. Il fut pris aussitôt d'un accès de toux qui le suffoqua et qui mit rapidement fin à son triomphe. Cela dura si longtemps que j'en fus moi-même effrayée. Quant à sa cousine, elle pleurait tant qu'elle pouvait, atterrée du mal qu'elle avait causé : elle ne dit pourtant pas un mot. Je le soutins jusqu'à ce que l'accès fût passé. Alors il me repoussa et inclina silencieusement la tête. Catherine cessa ses lamentations, elle aussi, prit un siège en face de lui et regarda le feu d'un air grave.

– Comment vous sentez-vous maintenant, Master Heathcliff ? demandai-je au bout de dix minutes.

– Je voudrais qu'elle éprouvât ce que j'éprouve, répondit-il. Malfaisante, cruelle créature ! Hareton ne me touche jamais ; il ne m'a jamais frappé de sa vie. J'allais mieux aujourd'hui, et voilà que…

Le reste de ses paroles se perdit dans un gémissement plaintif.

– Je ne vous ai pas frappé, murmura Catherine, se mordant les lèvres pour prévenir une nouvelle crise d'émotion.

Pendant un quart d'heure, il soupira et gémit, comme s'il souffrait beaucoup, pour inquiéter sa cousine, apparemment, car chaque fois qu'il l'entendait étouffer un sanglot il s'efforçait de rendre plus pathétiques les manifestations de sa douleur.

– Je suis désolée de vous avoir fait mal, Linton, dit-elle enfin, ne pouvant plus y tenir. Mais moi je n'aurais pas souffert de cette petite poussée et je n'avais pas idée que vous puissiez souffrir. Ce n'est pas grand-chose, n'est-ce pas, Linton ? Ne me laissez pas rentrer chez moi avec la pensée que je vous ai fait du mal. Répondez ! Parlez-moi !

— Je ne peux pas vous parler, murmura-t-il. Vous m'avez fait tant de mal que je vais passer une nuit blanche à étrangler avec cette toux. Si elle vous tenait, vous verriez ce que c'est ; mais vous dormirez tranquillement pendant que je souffrirai le martyre, et sans personne près de moi. Je voudrais savoir ce que vous diriez d'avoir à subir ces effroyables nuits !

Il se mit à gémir tout haut en s'apitoyant sur son propre sort.

— Puisque vous avez l'habitude de passer des nuits terribles, dis-je, ce n'est pas Miss Cathy qui aura troublé votre tranquillité ; c'eût été la même chose si elle ne fût pas venue. Quoi qu'il en soit elle ne vous dérangera plus ; et vous vous calmerez peut-être quand nous vous aurons quitté.

— Faut-il que je m'en aille ? demanda Catherine tristement en se penchant vers lui. Voulez-vous que je m'en aille, Linton ?

— Vous ne pouvez pas remédier à ce que vous avez fait, répondit-il avec humeur, en se reculant ; vous ne pouvez que l'aggraver en m'irritant jusqu'à ce que j'aie la fièvre.

— Alors il faut que je m'en aille ? répéta-t-elle.

— Laissez-moi tranquille, au moins. Je ne puis pas supporter le bruit de vos paroles.

Elle hésitait et résista longtemps à mes efforts pour la décider à partir ; mais, comme il ne levait pas la tête et ne parlait pas, elle finit par faire un mouvement vers la porte et je la suivis. Un cri nous rappela. Linton avait glissé de son siège sur la pierre du foyer et restait là à se débattre, par pure perversité d'enfant qui se complaît dans son mal et qui a résolu d'être aussi insupportable et odieux que possible. Sa conduite ne laissait pas de doute sur ses intentions, et je vis aussitôt que ce serait folie de vouloir essayer de le satisfaire. Mais ma compagne ne pensait pas de même ; elle revint en courant, tout effrayée, s'agenouilla, pleura, caressa, supplia, tant et si bien qu'il finit par se calmer, faute de souffle : mais pas du tout par remords de la désolation où il la plongeait.

— Je vais le mettre sur le banc, dis-je, et il se roulera comme il voudra : nous ne pouvons pas rester ici à le veiller. Je pense que vous êtes convaincue, Miss Cathy, que vous n'êtes pas la personne dont la présence peut le soulager et que son état de santé ne tient pas à son attachement pour vous. Là, le voilà installé ! Venez. Dès qu'il verra qu'il n'y a plus personne pour s'occuper de ses sottises, il sera trop heureux de rester tranquille.

Elle plaça un coussin sous sa tête et lui offrit un peu d'eau qu'il repoussa. Puis il se tourna et se retourna péniblement sur le coussin, comme si c'eût été une pierre ou une pièce de bois. Elle essaya de le disposer plus commodément.

– Cela ne peut pas aller, dit-il ; ce n'est pas assez haut.

Catherine en apporta un autre pour mettre par-dessus.

– C'est trop haut, murmura cet être exaspérant.

– Comment faut-il que je l'arrange, alors ? demanda-t-elle d'un air désespéré.

Elle était à demi agenouillée près du banc ; il se cramponna à elle et fit de son épaule un oreiller.

– Non, pas comme cela, dis-je. Vous vous contenterez du coussin, Master Heathcliff. Miss Cathy a déjà perdu trop de temps avec vous ; nous ne pouvons pas rester cinq minutes de plus.

– Si, si, nous le pouvons ! répliqua Catherine. Il est sage et patient, maintenant. Il commence à comprendre que j'aurai bien plus de chagrin que lui cette nuit, si j'ai lieu de croire que ma visite a aggravé son état ; et alors je n'oserai pas revenir. Dites-moi la vérité là-dessus, Linton, car il ne faut pas que je revienne, si je vous ai fait du mal.

– Il faut que vous reveniez pour me guérir. Vous devez venir précisément parce que vous m'avez fait mal... grand mal, vous le savez bien ! Je n'étais pas aussi souffrant quand vous êtes arrivée que je le suis à présent... n'est-ce pas vrai ?

– Mais vous vous êtes rendu malade vous-même à force de pleurer et de vous mettre en colère, fis-je observer.

– Ce n'est pas moi qui en suis cause, dit sa cousine. En tout cas, nous allons être bons amis, à présent. Vous avez besoin de moi ; vous aimeriez vraiment à me voir de temps en temps ?

– Je vous l'ai dit, reprit-il avec impatience. Asseyez-vous sur le banc et laissez-moi m'appuyer sur vos genoux. C'est ainsi que faisait maman pendant des après-midi entiers. Ne bougez pas et ne parlez pas. Mais vous pouvez me chanter une chanson, si vous savez chanter ; ou vous pouvez me dire une longue, jolie et intéressante ballade... une de celles que vous m'aviez promis de m'apprendre ; ou une histoire. Pourtant, j'aimerais mieux une ballade : commencez.

Catherine récita la plus longue de celles qu'elle put se rappeler. Ce passe-temps leur plaisait énormément à tous deux. Linton en voulut une autre et encore une autre, en dépit de mes vives objections. Ils continuèrent de la sorte jusqu'à ce que la pendule sonnât midi. Nous entendîmes dans la cour Hareton, qui rentrait pour dîner.

– Et demain, Catherine, viendrez-vous demain ? demanda le jeune Heathcliff.

Il la retenait par sa robe tandis qu'elle se levait à contrecœur.
— Non, répondis-je, ni après-demain, non plus.

Mais elle lui fit évidemment une réponse différente, car le front de Linton s'éclaira comme elle se baissait et lui chuchotait quelque chose à l'oreille.

— Vous ne viendrez pas demain, ne l'oubliez pas, miss ! commençai-je dès que nous fûmes hors de la maison. Vous n'y songez pas, je pense ?

Elle sourit.

— Oh ! j'y veillerai, repris-je. Je ferai réparer cette serrure et vous ne pouvez pas vous échapper par ailleurs.

— Je puis passer par-dessus le mur, dit-elle en riant. La Grange n'est pas une prison, Hélène, et vous n'êtes pas ma geôlière. Et puis, j'ai presque dix-sept ans : je suis une femme. Je suis sûre que Linton se rétablirait vite s'il m'avait auprès de lui pour le soigner. Je suis plus âgée que lui, vous savez, et plus raisonnable, moins enfant, vous ne le nierez pas ? Je me ferais bien vite obéir par lui, en le cajolant un peu ; c'est un vrai petit bijou, quand il est sage. J'en ferais un agneau apprivoisé, s'il était à moi. Nous ne nous querellerions jamais, bien certainement, quand nous serions habitués l'un à l'autre. Est-ce que vous ne l'aimez pas, Hélène ?

— L'aimer ! m'écriai-je. C'est le plus hargneux des enfants maladifs qui aient jamais lutté pour traverser l'adolescence. Par bonheur, comme le prédisait Mr. Heathcliff, il n'atteindra pas sa vingtième année. Je doute même qu'il voie le prochain printemps ; et ce ne sera pas une grosse perte pour sa famille quand il disparaîtra. Il est heureux pour nous que son père l'ait repris : plus on le traiterait avec douceur, plus il serait insupportable et égoïste. Je suis bien contente que vous n'ayez aucune chance de l'avoir pour époux, Miss Catherine.

Ma compagne devint sérieuse en entendant ce discours. Parler de la mort de Linton avec autant d'insouciance blessait ses sentiments.

— Il est plus jeune que moi, reprit-elle après une méditation prolongée, et il devrait vivre plus longtemps. Il vivra... il faut qu'il vive aussi longtemps que moi. Il se porte maintenant aussi bien que quand il est arrivé dans le Nord ; j'en suis certaine. Ce n'est qu'un rhume qui le fait souffrir, un rhume comme celui de papa. Vous dites que papa guérira, et pourquoi pas lui ?

— Bon, bon ! Après tout, il est inutile de nous préoccuper de tout cela. Car, écoutez, miss – et prenez garde, je tiendrai parole –, si vous essayez de retourner à Hurle-Vent avec ou sans moi, j'avertirai Mr. Linton. Sans sa permission, votre intimité avec votre cousin ne doit pas être renouée.

– Elle a été renouée, murmura Cathy d'un air boudeur.
– Ne doit pas continuer, alors.
– Nous verrons, répondit-elle.
Et elle partit au galop, me laissant peiner en arrière.

Nous arrivâmes l'une après l'autre à la maison avant l'heure du dîner. Mon maître, supposant que nous avions fait une excursion dans le parc, ne demanda aucune explication au sujet de notre absence. Dès que je fus rentrée, je me hâtai de changer de souliers et de bas ; ceux que j'avais étaient trempés. Mais cette station prolongée à Hurle-Vent avait été mauvaise pour moi. Le lendemain matin j'étais alitée et, pendant trois semaines, je fus dans l'impossibilité de vaquer à mes occupations, infortune que je n'avais encore jamais subie auparavant et que je n'ai jamais subie depuis, grâce à Dieu.

Ma jeune maîtresse se conduisit comme un ange. Elle venait me soigner et égayer ma solitude. La réclusion m'affaiblit beaucoup. C'est une chose pénible pour quelqu'un d'actif et de remuant ; mais il était difficile d'avoir moins de raisons de se plaindre que je n'en avais. Dès que Catherine quittait la chambre de Mr. Linton, elle apparaissait à mon chevet. Sa journée était partagée entre nous deux ; pas une minute n'était consacrée à l'amusement ; elle négligeait ses repas, ses études et son jeu ; c'était la garde la plus tendre qui eût jamais soigné une malade. Il fallait que son cœur fût bien chaud pour qu'elle, qui aimait tant son père, m'en donnât une telle part. Je disais que ses journées étaient partagées entre nous ; mais le maître se retirait de bonne heure, et moi je n'avais en général besoin de rien après dix heures de sorte qu'elle avait sa soirée à elle. Pauvre petite ! Je ne m'inquiétais jamais de ce qu'elle faisait de son temps après le thé. Et quoique, fréquemment, quand elle entrait chez moi pour me dire bonsoir, je remarquasse de fraîches couleurs sur ses joues et une certaine rougeur sur ses doigts effilés, au lieu de songer qu'une course à cheval à travers la lande, par ce temps froid, pouvait en être la cause, je les attribuais simplement à la vivacité du feu de la bibliothèque.

CHAPITRE XXIV

Au bout de trois semaines, je fus en état de quitter ma chambre et de circuler dans la maison. La première fois que je pus passer la soirée debout, je demandai à Catherine de me lire quelque chose, parce que mes yeux étaient affaiblis. Nous étions dans la bibliothèque ; le maître était allé se coucher. Elle consentit, un peu à contrecœur me sembla-t-il. M'imaginant que le genre habituel de mes lectures ne lui convenait pas, je la priai de faire elle-même choix d'un livre. Elle prit un de ses ouvrages favoris et lut sans interruption pendant une heure environ. Puis vinrent de fréquentes questions.

– Hélène, n'êtes-vous pas fatiguée ? Ne feriez-vous pas mieux de vous coucher, maintenant ? Vous vous rendrez malade à rester debout si tard, Hélène.

– Non, non, ma chérie, je ne suis pas fatiguée, répondais-je toujours.

Voyant qu'il était impossible de me faire bouger, elle essaya une autre méthode pour manifester le déplaisir que lui causait son occupation. Elle se mit à bâiller, à s'étirer, puis :

– Hélène, je suis fatiguée.

– Eh bien, cessez de lire et causons.

Ce fut bien pire. Elle s'agitait, soupirait, regardait sa montre et enfin, à huit heures, elle regagna sa chambre, accablée de sommeil... à en juger par son air maussade et ses yeux lourds qu'elle ne cessait de frotter. Le lendemain soir, elle parut plus impatiente encore ; et, la troisième soirée depuis qu'elle avait recouvré ma compagnie, elle se plaignit d'un mal de tête et me quitta. Je trouvai sa conduite singulière. Après être restée seule assez longtemps, je me décidai à aller voir si elle était mieux et lui demander de venir s'étendre sur le sofa, au lieu de rester en haut dans l'obscurité. Mais impossible de découvrir Catherine ni en haut ni en bas. Les domestiques affirmèrent qu'ils ne l'avaient pas vue. J'écoutai à la porte de Mr. Edgar : tout était silencieux. Je retournai à sa chambre, éteignis ma bougie et m'assis à la fenêtre.

La lune brillait d'un vif éclat ; le sol était saupoudré de neige. Je me dis que peut-être elle avait eu l'idée de faire un tour dans le jardin pour se rafraîchir. Je distinguai une silhouette qui se glissait le long de la haie à l'intérieur du parc. Mais ce n'était pas ma jeune maîtresse ; quand la silhouette émergea dans la lumière, je reconnus un des palefreniers. Il resta immobile pendant longtemps, regardant la route de voitures qui traversait la propriété ; puis il partit d'un bon pas, comme s'il avait découvert quelque chose, et reparut bientôt conduisant le poney de Miss Catherine. Elle-même, qui venait de mettre pied à terre, marchait à côté de lui. L'homme mena furtivement la bête vers l'écurie en traversant la pelouse. Catherine entra par la porte-fenêtre du salon et se glissa sans bruit en haut, où je l'attendais. Elle poussa doucement la porte, enleva ses chaussures couvertes de neige, défit son chapeau et allait retirer son manteau, sans se douter de mon espionnage, quand tout à coup je me levai et révélai ma présence. La surprise la pétrifia un instant : elle poussa une exclamation inarticulée et resta immobile.

– Ma chère Miss Catherine, commençai-je, sous l'impression encore trop vive de la tendresse qu'elle m'avait témoignée tout récemment pour pouvoir la gronder, où êtes-vous allée à cheval à cette heure-ci ? Et pourquoi avez-vous cherché à me tromper en me faisant un conte ? Où êtes-vous allée ? Parlez.

– Au fond du parc, balbutia-t-elle. Je ne vous ai pas fait de conte.

– Et nulle part ailleurs ?

– Non, murmura-t-elle.

– Oh ! Catherine ! m'écriai-je avec douleur, vous savez que vous avez mal agi, car autrement vous ne seriez pas incitée à me dire des faussetés. C'est cela qui me fait de la peine. J'aimerais mieux être trois mois malade que de vous entendre forger de sang-froid un mensonge.

Elle s'élança vers moi et, fondant en larmes, me jeta les bras autour du cou.

– Voyez-vous, Hélène, j'ai si grand peur que vous ne soyez fâchée ! Promettez-moi de ne pas vous fâcher et vous saurez toute la vérité : j'ai horreur de la cacher.

Nous nous assîmes près de la fenêtre. Je l'assurai que je ne la gronderai pas, quel que pût être son secret, que je devinais, bien entendu. Alors elle commença :

J'ai été à Hurle-Vent, Hélène, et n'ai jamais manqué un jour d'y aller depuis que vous êtes tombée malade, sauf trois fois avant que vous ayez quitté votre chambre et deux fois après. J'ai donné à Michel des livres et des images afin qu'il prépare Minny tous les soirs et qu'il la ramène à l'écurie ; il ne faut pas que vous le grondiez non plus, lui, n'est-ce pas ? J'arrivais à Hurle-Vent vers six heures et demie, puis je rentrais au galop. Ce n'était pas pour m'amuser que j'allais là-bas : j'étais souvent bien malheureuse tout le temps. Quelquefois seulement j'étais heureuse : une fois par semaine, peut-être. Au début, je m'attendais à bien des difficultés pour vous persuader de me laisser tenir la parole que j'avais donnée à Linton ; car, au moment où nous l'avions quitté, je m'étais engagée à revenir le lendemain. Mais, comme ce jour-là vous êtes restée en haut, j'ai été tirée d'embarras. Dans l'après-midi, pendant que Michel était en train de replacer la serrure de la porte du parc, j'ai pris la clef et je lui ai dit que mon cousin désirait vivement avoir ma visite, parce qu'il était malade et qu'il ne pouvait venir à la Grange, mais que papa ferait des objections à cette visite ; puis j'ai négocié avec lui pour le poney. Il aime beaucoup à lire, et il a l'intention de partir bientôt pour se marier ; aussi m'a-t-il offert, si je voulais lui prêter des livres de la bibliothèque, de faire ce que je lui demandais. Mais j'ai préféré lui en donner des miens, et il a été plus content.

À ma seconde visite, Linton paraissait plus animé. Zillah (c'est leur femme de charge) nettoya la pièce, alluma un bon feu et nous dit que, comme Joseph était allé à une réunion pieuse et Hareton parti avec ses chiens – braconnant les faisans dans nos bois, comme je l'ai su plus tard –, nous pourrions faire ce qu'il nous plairait. Elle m'apporta du vin chaud et du pain d'épice et se montra extrêmement prévenante. Linton s'assit dans le fauteuil et moi dans la petite chaise à bascule, devant le feu. Que nous rîmes et causâmes gaiement et combien de choses nous trouvâmes à nous dire ! Nous combinions des promenades et formions des projets pour l'été. Je n'ai pas besoin de vous répéter tout cela, car vous trouveriez que c'est absurde.

À un instant cependant, nous avons failli nous quereller. Il disait que la manière la plus agréable de passer une chaude journée de juillet était de rester couché depuis le matin jusqu'au soir sur un talus de bruyère au milieu de la lande, à écouter comme dans un rêve le bourdonnement des abeilles sur les fleurs, le chant des alouettes qui planent bien haut au-dessus de votre tête, à regarder le ciel bleu sans nuages et le soleil brillant d'un éclat implacable. Telle était sa parfaite idée du bonheur céleste. La mienne était de me balancer dans un arbre au vert feuillage bruissant, quand souffle un vent d'ouest et que de beaux nuages blancs glissent rapidement dans le ciel ; quand non seulement les alouettes, mais les grives, les merles, les linottes, les coucous prodiguent de tous côtés leur musique ; quand on aperçoit la lande au loin, coupée par de frais vallons noyés dans l'ombre ; et, tout près, de grands tertres couverts d'herbe haute ondulant en vagues sous la brise, des bois et de l'eau tumultueuse, le monde entier en mouvement et frémissant de joie. Il aimait à voir tout reposer dans une extase de paix ; j'aimais à voir tout étinceler et danser dans un glorieux jubilé. Je prétendais que son paradis ne serait qu'à moitié vivant ; il disait que le mien serait ivre. Je prétendais que je m'endormirais dans le sien ; il disait qu'il ne pourrait pas respirer dans le mien. La discussion commençait à le rendre très hargneux. Enfin nous convînmes que nous ferions les deux expériences dès que le temps serait propice ; puis nous nous embrassâmes et redevînmes amis.

Après être restée tranquillement assise pendant une heure, je regardai la grande salle avec son dallage lisse et sans tapis, et je pensai qu'on y jouerait joliment bien, si l'on enlevait la table ; je demandai à Linton d'appeler Zillah pour nous aider. Nous pourrions jouer à colin-maillard ; elle essaierait de nous attraper, comme vous faisiez, Hélène, vous savez. Il ne voulut pas : ce n'était pas amusant, dit-il ; mais il consentit à jouer à la balle avec moi. Nous trouvâmes deux balles dans un buffet, au milieu d'un tas de vieux jouets, toupies, cerceaux, raquettes et volants. L'une était marquée C et l'autre H. J'aurais voulu avoir le C, parce que cela représentait Catherine, et l'H pouvait signifier Heathcliff, qui est le nom de mon cousin ; mais l'H laissait échapper du son et cela ne plaisait pas à Linton. Je le battis constamment ; il en devint maussade, recommença de tousser et regagna son fauteuil. Ce soir-là, cependant, il retrouva facilement sa bonne humeur. Il fut charmé de deux ou trois jolies chansons... vos chansons, Hélène ; et quand je fus obligée de partir, il me pria, me supplia de revenir le lendemain soir. Je le lui promis, Minny et moi rentrâmes à la maison avec la vitesse du vent, et je rêvai jusqu'au matin de Hurle-Vent, et de mon cher petit cousin.

Le lendemain, je fus triste ; en partie parce que vous n'alliez pas bien, en partie parce que j'aurais souhaité que mon père connût et approuvât mes excursions. Mais, après le thé, il y avait un magnifique clair de lune ; je montai à cheval et, en cours de route, ma mélancolie se dissipa. Je vais passer une autre bonne soirée, me disais-je ; et, ce qui me fait encore plus de plaisir, mon gentil Linton en passera une aussi. Je remontais au trot le jardin des Hauts et je tournais pour gagner le derrière de la maison, quand je rencontrai cet Earnshaw, qui prit ma bride et m'invita à entrer par la porte de la façade. Il caressa Minny sur l'encolure, dit que c'était une bonne bête, il avait l'air de désirer que je lui parlasse. Je me bornai à le prier de laisser l'animal tranquille, sans quoi il recevrait une ruade. Il répondit avec son accent vulgaire : « sa ruade ne m'ferait pas grand mal », en considérant avec un sourire les membres de Minny. J'avais presque envie de lui en faire faire l'expérience ; mais déjà il s'était avancé pour ouvrir la porte. En soulevant le loquet, il regarda en l'air du côté de l'inscription du fronton et me dit, avec un mélange stupide de gaucherie et de vanité :

— Miss Catherine ! je peux lire ça, à présent !

— Admirable ! m'écriai-je. Je vous en prie, faites-nous voir comme vous êtes devenu habile.

Il épela en ânonnant, syllabe par syllabe, le nom : Hareton Earnshaw.

— Et les chiffres, lui dis-je d'un ton d'encouragement, voyant qu'il s'était arrêté net.

— Je ne peux pas encore les lire.

— Oh ! quel butor ! dis-je en riant de tout mon cœur de son échec.

L'imbécile me regarda, bouche bée, avec une sorte de ricanement sur les lèvres, tout en fronçant les sourcils ; il avait l'air de se demander s'il pouvait partager ma gaieté et s'il devait y voir une aimable familiarité, ou bien du mépris, ce qui était vraiment le cas. Je dissipai ses doutes en reprenant tout à coup ma gravité et en lui disant de s'en aller, car j'étais venue pour voir Linton et non lui. Il rougit — la clarté de la lune me permit de m'en apercevoir —, lâcha le loquet et s'éloigna furtivement, parfaite image de la vanité mortifiée. Il s'imaginait sans doute être aussi accompli que Linton parce qu'il était arrivé à épeler son propre nom ; et il était absolument déconfit que je n'eusse pas de lui la même opinion.

— Arrêtez, Miss Catherine, ma chérie, interrompis-je. Je ne veux pas vous gronder, mais je n'aime pas la façon dont vous vous êtes conduite là. Si vous vous étiez souvenue que Hareton était votre cousin aussi bien que Master Heathcliff, vous auriez senti combien il était peu convenable de le traiter de cette manière. C'était au moins une louable ambition de sa part que de désirer d'être aussi accompli que Linton ; et il est probable que ce n'est pas simplement par ostentation qu'il s'était mis à l'étude. Vous l'aviez déjà fait rougir de son ignorance auparavant, j'en suis certaine, il voulait y remédier et vous plaire. C'était faire preuve de très mauvaise éducation que de vous moquer de sa tentative imparfaite. Si vous aviez été élevée comme lui, auriez-vous été plus raffinée ? Enfant, il se montrait aussi vif et intelligent que vous ne l'avez jamais été ; et je suis choquée qu'on le méprise maintenant, parce que ce vil Heathcliff l'a traité aussi injustement.

– Allons, Hélène, vous n'allez pas en pleurer, n'est-ce pas ? s'écria-t-elle, surprise de mon ton sérieux. Mais attendez. Vous allez voir s'il apprenait son alphabet pour me faire plaisir et si cette brute méritait qu'on fût polie pour elle.

J'entrai. Linton était étendu sur le banc et se souleva pour me dire bonjour.

– Je suis souffrant, ce soir, ma chère Catherine ; il faut que ce soit vous qui parliez seule, et je vous écouterai. Venez et asseyez-vous près de moi. J'étais sûr que vous ne manqueriez pas à votre parole, et il faudra avant que vous partiez que je vous fasse promettre encore de revenir.

Je savais maintenant qu'il ne fallait pas le tourmenter quand il était malade. Je lui parlai doucement ; je ne lui fis pas de questions et j'évitai de l'irriter en quoi que ce fût. J'avais apporté pour lui quelques-uns de mes plus jolis livres. Il me pria de lui faire la lecture et j'allais commencer, quand Earnshaw ouvrit brusquement la porte : le venin lui était venu avec la réflexion. Il s'avança droit sur nous, saisit Linton par le bras et l'arracha de son siège.

– Va-t'en dans ta chambre ! dit-il d'une voix que la passion rendait presque inarticulée ; sa figure était gonflée de colère. Emmène-la avec toi, puisqu'elle vient pour te voir : tu ne m'empêcheras pas de rester ici. Allez-vous-en tous les deux !

Il nous lança quelques jurons et, sans laisser à Linton le temps de répondre, le jeta presque dans la cuisine ; tandis que je le suivais, il me montra le poing, comme s'il avait envie de m'abattre par terre. J'eus peur un instant et laissai tomber un des volumes ; il me l'envoya d'un coup de pied et ferma la porte sur nous. J'entendis un rire mauvais et chevrotant du côté de la cheminée et, en me retournant, j'aperçus cet odieux Joseph, debout, frottant ses mains osseuses et tout frissonnant.

– J'étions ben sûr qu'y vous fourrerait dehors ! C't un rude gars ! En v'la-z-un qu'a l'esprit juste. Y sait... oui, y sait aussi ben qu'moi, qui c'est qui d'vrait être l'maître ici. Hé ! hé ! hé ! Y vous a fait déguerpir proprement ! Hé ! hé ! hé !

– Où faut-il que nous allions ? demandai-je à mon cousin sans faire attention aux railleries du vieux coquin.

Linton était pâle et tremblait. Il n'était pas joli, à ce moment-là, Hélène. Oh ! non, il était effrayant à voir : sa figure mince et ses grands yeux étaient tout déformés par une expression de fureur frénétique et impuissante. Il saisit la poignée de la porte et la secoua : elle était fermée en dedans.

— Si vous ne me laissez pas entrer, je vous tuerai !... si vous ne me laissez pas entrer, je vous tuerai ! disait-il, ou plutôt hurlait-il. Démon ! démon !... je vous tuerai !... je vous tuerai !...

Joseph fit entendre de nouveau son rire croassant.

— Ah ! ah ! ça c'est l'père, s'écria-t-il. Ça c'est l'père ! N's avons toujours en nous quéqu'chose d'chaque côté. T'inquiète pas, Hareton, mon gars... aie pas peur... y n'peut point arriver jusqu'à toi !

Je pris Linton par les mains et essayai de le tirer en arrière ; mais il se mit à hurler si affreusement que je n'osai pas continuer. À la fin, ses cris furent étouffés par une terrible quinte de toux ; le sang lui sortait de la bouche et il tomba sur le sol. Je courus dans la cour, folle de peur, et appelai Zillah de toutes mes forces. Elle m'entendit bientôt ; elle était en train de traire les vaches sous un hangar derrière la grange. Elle accourut et me demanda ce qu'on réclamait d'elle. Je n'avais pas assez de souffle pour lui répondre ; je l'entraînai dans la cuisine et je cherchai des yeux Linton. Earnshaw était venu examiner le mal qu'il avait causé et il était occupé à transporter en haut la pauvre victime. Zillah et moi nous montâmes derrière lui ; mais il m'arrêta à la dernière marche en disant que je ne devais pas entrer et que je n'avais qu'à retourner chez moi. Je m'écriai qu'il avait tué Linton et que je voulais entrer. Joseph ferma la porte, déclara que je n'en ferais rien et me demanda si je me croyais obligée « d'être aussi folle que lui ». Je restai là à pleurer jusqu'à ce que la femme de charge revînt. Elle affirma qu'il serait mieux dans un instant, mais qu'il ne pouvait pas se passer de hurler et de faire du vacarme ; elle me prit par le bras et me porta presque dans la salle.

Hélène, j'avais envie de m'arracher les cheveux ! Je pleurai, je sanglotai au point de ne presque plus voir clair. Le misérable pour lequel vous avez tant de sympathie se tenait en face de moi, osant de temps en temps me dire « chut ! » et nier que ce fût de sa faute. À la fin, effrayé de mes affirmations que je le dirais à papa et qu'il serait emprisonné et pendu, il se mit à pleurer lui-même à chaudes larmes et se sauva dehors pour cacher sa lâche émotion. Pourtant, je n'étais pas débarrassée de lui. Quand enfin ils m'eurent forcée de partir et que j'eus fait quelques centaines de mètres hors de la propriété, je le vis tout à coup surgir de l'ombre dans laquelle se trouvait le bord de la route. Il arrêta Minny et posa la main sur mon bras.

— Miss Catherine, je suis bien fâché, commença-t-il ; mais vraiment c'est trop mal...

Je le cinglai avec ma cravache, pensant qu'il voulait peut-être m'assassiner. Il me lâcha, en proférant un de ses horribles jurons, et je rentrai au galop, la tête à moitié égarée.

Je ne vins pas vous souhaiter bonne nuit ce soir-là, et je n'allai pas à Hurle-Vent le lendemain. J'avais bien grande envie d'y aller, mais j'étais dans une étrange excitation : par moments je redoutais d'apprendre que Linton était mort, et par moments je frissonnais à la pensée de rencontrer Hareton. Le troisième jour, je rassemblai mon courage ; je ne pouvais plus supporter cette incertitude et, une fois de plus, je m'enfuis. Je partis à cinq heures, à pied, me figurant que je pourrais arriver à me glisser dans la maison et jusqu'à la chambre de Linton sans être vue. Mais les chiens donnèrent l'alarme à mon approche. Zillah me reçut, me dit que « le gars se rétablissait gentiment », et me conduisit dans une petite pièce propre, avec un tapis où, à mon inexprimable joie, j'aperçus Linton couché sur un petit sofa, et occupé à lire un de mes livres. Mais il ne voulut ni me parler ni me regarder pendant une heure entière, Hélène : il a un si malheureux caractère ! Et ce qui me confondit tout à fait, c'est que, quand il ouvrit la bouche, ce fut pour proférer un mensonge : c'était moi, paraît-il, qui étais cause de toute l'affaire et Hareton ne méritait aucun blâme ! Incapable de répliquer autrement qu'avec indignation, je me levai et quittai la chambre. Il me lança un faible « Catherine ! ». Il ne s'attendait pas que je lui répondisse de la sorte ; mais je ne voulus pas me retourner. Le lendemain, pour la seconde fois, je restai à la maison, presque résolue à ne plus lui rendre visite. Pourtant, c'était si triste de me coucher, de me lever, sans jamais avoir de ses nouvelles, que ma résolution s'évanouit avant d'être bien formée. J'avais eu le sentiment que c'était mal d'avoir commencé d'y aller ; j'avais maintenant le sentiment que ce serait mal de n'y plus aller. Michel vint me demander s'il devait seller Minny ; je lui répondis que oui, et je considérais que je remplissais un devoir pendant que la bête m'emportait sur les hauteurs. Je fus forcée de passer devant les fenêtres de la façade pour arriver dans la cour : il était inutile d'essayer de dissimuler ma présence.

— Le jeune maître est dans la salle, me dit Zillah en me voyant me diriger vers le petit salon.

J'entrai. Earnshaw aussi était là, mais il sortit aussitôt. Linton était dans le grand fauteuil, à moitié endormi. Je m'approchai du feu et commençai d'un ton sérieux, avec la conviction que ce que je disais était en partie vrai :

— Puisque je vous déplais, Linton, puisque vous croyez que je ne viens que pour vous faire du mal, puisque vous prétendez que je vous en fais chaque fois, ceci est notre dernière entrevue. Disons-nous adieu ; et dites à Mr. Heathcliff que vous ne désirez pas de me voir et qu'il est inutile qu'il invente de nouveaux mensonges à ce sujet.

— Asseyez-vous et enlevez votre chapeau, Catherine, répondit-il. Vous êtes tellement plus heureuse que moi que vous devriez être meilleure. Papa parle assez de mes défauts et montre assez le mépris qu'il a pour moi pour qu'il soit naturel que je doute de moi-même. Je me demande souvent si vraiment je ne suis pas aussi indigne qu'il le dit ; alors je me sens si irrité et si plein d'amertume que je hais tout le monde. Oui, je suis indigne, et de méchante humeur, et de méchant esprit, presque toujours. Si vous le voulez, vous pouvez me dire adieu : vous serez débarrassée d'un ennui. Seulement, Catherine, rendez-moi cette justice : croyez que, si je pouvais être aussi doux, aussi aimable, aussi bon que vous, je le serais. J'aimerais autant cela, et même plus, que d'avoir votre santé et votre bonheur. Croyez aussi que votre bonté m'a fait vous aimer plus profondément que si je méritais votre amour ; et, quoique je n'aie pas pu et que je ne puisse pas m'empêcher de vous laisser voir ma nature, je le regrette et je m'en repens, je le regretterai et je m'en repentirai jusqu'à ma mort.

Je sentis qu'il disait la vérité, que je devais lui pardonner et que, s'il recommençait à me chercher querelle dans un instant, je devrais lui pardonner encore. Nous nous réconciliâmes ; mais nous pleurâmes l'un et l'autre pendant tout le temps de ma visite. Non pas uniquement de chagrin ; pourtant j'étais bien affligée que Linton eût cette nature tourmentée. Jamais il ne laissera ses amis en paix et jamais il ne sera en paix lui-même !

Depuis ce soir-là, je suis toujours allée dans son petit salon, car son père revint le lendemain. Trois fois environ, je crois, nous avons été gais et confiants comme le premier soir ; toutes mes autres visites ont été tristes et troublées, tantôt par son égoïsme et sa maussaderie, tantôt par ses souffrances ; mais j'ai appris à tout supporter avec une patience à peu près égale. Mr. Heathcliff m'évite à dessein : c'est à peine si je l'ai aperçu. Dimanche dernier, il est vrai, étant arrivée plus tôt que d'habitude, je l'ai entendu injurier cruellement Linton à cause de sa conduite de la veille au soir. Je ne sais comment il en avait eu connaissance, à moins qu'il ne nous eût écoutés. Linton avait certainement été exaspérant ; mais enfin, cela ne regardait personne que moi, et j'interrompis la réprimande de Mr. Heathcliff en entrant et en le lui disant. Il éclata de rire et partit en déclarant qu'il était heureux que je prisse la chose de cette façon. Depuis j'ai recommandé à Linton de parler à voix basse quand il aurait des choses désagréables à me dire.

— Maintenant, Hélène, vous savez tout. M'empêcher d'aller à Hurle-Vent, ce serait rendre deux êtres malheureux ; tandis que, si vous voulez bien seulement ne pas le dire à papa, mes visites ne

troubleront la tranquillité de personne. Vous ne le lui direz pas, n'est-ce pas ? Vous seriez sans cœur si vous le lui disiez.
– Je prendrai une décision d'ici à demain, Miss Catherine, répondis-je. Cela mérite réflexion ; là-dessus, je vous laisse reposer et je vais y penser.

J'y pensai tout haut et en présence de mon maître. En quittant la chambre de Catherine, j'allai droit chez lui et lui racontai toute l'histoire, à l'exception des conversations des deux cousins et sans faire allusion à Hareton. Mr. Linton fut alarmé et désolé plus qu'il n'en voulut convenir. Le lendemain matin Catherine apprit que j'avais trahi sa confiance, et elle apprit en même temps que c'en était fini de ses visites secrètes. Elle eut beau pleurer, se débattre contre cette défense, implorer son père d'avoir pitié de Linton : tout ce qu'elle obtint comme consolation fut une promesse qu'il écrirait et donnerait au jeune homme la permission de venir à la Grange quand celui-ci voudrait, mais en expliquant qu'il ne devait plus s'attendre à voir Catherine à Hurle-Vent. Peut-être, s'il eût connu le caractère de son neveu et l'état de sa santé, aurait-il jugé bon de ne pas même accorder cette mince satisfaction.

CHAPITRE XXV

— Toutes ces choses se sont passées l'hiver dernier, monsieur, dit Mrs. Dean, il n'y a guère plus d'un an. L'hiver dernier, je ne pensais pas qu'après douze mois révolus je distrairais un étranger à la famille en lui en faisant le récit. Mais qui sait combien de temps vous resterez un étranger ? Vous êtes trop jeune pour vous trouver toujours satisfait de vivre seul ; et j'ai quelque idée qu'il est impossible de voir Catherine Linton sans l'aimer. Vous souriez ; mais pourquoi avez-vous l'air si animé et si intéressé quand je vous parle d'elle ? Pourquoi m'avez-vous demandé d'accrocher son portrait au-dessus de votre cheminée. Pourquoi...
— Arrêtez, ma bonne amie ! m'écriai-je. Il serait possible que je l'aimasse ; mais m'aimerait-elle ? J'en doute trop pour risquer ma tranquillité en me laissant aller à la tentation. De plus, je ne suis pas d'ici ; je suis entraîné dans le tourbillon du monde et il faut que j'y retourne. Continuez. Catherine s'est-elle montrée obéissante aux ordres de son père ?

Oui, reprit ma femme de charge. Son affection pour lui restait le sentiment dominant dans son cœur. Et puis, il lui avait parlé sans colère ; il lui avait parlé avec la tendresse profonde d'un homme qui est sur le point d'abandonner au milieu de dangers et d'ennemis ce qu'il a de plus cher, sans pouvoir lui léguer d'autre aide et d'autre guide que le souvenir de ses paroles. Il me dit, quelques jours plus tard :
— Je voudrais que mon neveu écrivît, Hélène, ou qu'il vînt. Dites-moi sincèrement ce que vous pensez de lui. Est-il changé en mieux, ou y a-t-il du moins quelque espoir qu'il s'améliore en devenant un homme ?
— Il est très délicat, monsieur, et il est peu vraisemblable qu'il

atteigne l'âge l'homme. Mais ce que je puis dire, c'est qu'il ne ressemble pas à son père. Si le malheur voulait que Catherine l'épousât, elle pourrait avoir de l'empire sur lui... si toutefois elle ne cédait pas à une indulgence excessive et absurde. D'ailleurs, monsieur, vous aurez tout le temps de le connaître et de juger s'il conviendrait à votre fille, car il s'en faut encore de plus de quatre ans qu'il atteigne sa majorité.

Edgar soupira, s'avança vers la fenêtre et regarda dans la direction de l'église de Gimmerton. L'après-midi était brumeux, mais le soleil de février brillait d'un éclat trouble, et l'on pouvait distinguer tout juste les deux sapins dans le cimetière et les quelques pierres tombales éparses.

— J'ai souvent prié, dit-il en se parlant à moitié à soi-même, pour hâter l'approche de l'événement qui vient ; maintenant je commence à trembler et à le redouter. Je croyais que le souvenir de l'heure où, nouveau marié, j'ai descendu ce vallon, serait moins doux que la perspective de le remonter bientôt, dans quelques mois, dans quelques semaines peut-être, pour être déposé dans ce coin solitaire ! Hélène, j'ai été bien heureux avec ma petite Cathy ; pendant les soirs d'hiver et les jours d'été, elle a été à mes côtés un vivant espoir. Mais je n'ai pas été moins heureux en rêvant seul parmi ces pierres, à l'ombre de cette vieille église, couché, pendant les longues soirées de juin, sur le tertre vert de la tombe de sa mère, et aspirant au moment où je pourrais à mon tour reposer là. Que puis-je faire pour Cathy ? Comment dois-je la quitter ? Je ne serais pas arrêté un instant par la pensée que Linton est le fils de Heathcliff, ni par la pensée qu'il me la prendrait, s'il pouvait la consoler de ma perte. Peu m'importerait que Heathcliff arrivât à ses fins et triomphât en me dépouillant de ma dernière consolation ! Mais si Linton est un être méprisable, s'il n'est qu'un jouet aux mains de son père... je ne peux pas la lui abandonner ! Quelque dur qu'il soit de refréner sa nature exubérante, il faut que je continue de l'attrister tant que je vivrai, et il faut que je la laisse seule quand je mourrai. La pauvre chérie ! J'aimerais mieux la confier à Dieu et la coucher en terre avant moi !

— Confiez-la à Dieu en tout cas, monsieur, et si nous devions vous perdre – puisse-t-Il nous épargner ce malheur ! – je resterai son amie et son guide jusqu'à la fin, si sa Providence le permet. Miss Catherine a une bonne nature ; je ne crains pas qu'elle s'engage volontairement dans la mauvaise voie ; et les gens qui font leur devoir finissent toujours par être récompensés.

Le printemps approchait. Pourtant mon maître ne recouvrait pas sérieusement ses forces, bien qu'il eût repris ses promenades avec sa fille. Inexpérimentée comme elle l'était, celle-ci voyait dans ce fait seul un indice de convalescence. Puis son père avait souvent les pommettes rouges, les yeux brillants ; elle était sûre qu'il se rétablissait. Le jour anniversaire de ses dix-sept ans, il ne se rendit pas au cimetière ; il pleuvait, et j'observai :

— Vous ne sortirez certainement pas ce soir, monsieur ?

Il répondit :

— Non, cette année je remettrai ma visite à un peu plus tard.

Il écrivit de nouveau à Linton en exprimant le vif désir de le voir. Si le jeune malade eût été en état de se présenter, je ne doute pas que son père ne lui eût permis de le faire. Quoi qu'il en soit, Linton envoya une réponse, évidemment inspirée, où il donnait à entendre que Mr. Heathcliff s'opposait à ce qu'il vînt à la Grange ; mais que le bon souvenir de son oncle le touchait vivement, qu'il espérait le rencontrer quelquefois au cours de ses excursions et qu'il lui demanderait de vive voix que sa cousine et lui ne restassent pas longtemps si complètement séparés. Cette partie de la lettre était simple et probablement de son cru. Heathcliff savait qu'il était capable de plaider éloquemment sa propre cause quand il s'agissait de la compagnie de Catherine.

« Je ne demande pas, écrivait Linton, qu'elle soit autorisée à venir ici ; mais suis-je condamné à ne jamais la voir parce que mon père me défend d'aller chez elle et que vous lui défendez de venir chez moi ? Venez de temps à autre à cheval avec elle du côté des Hauts, et laissez-nous échanger quelques paroles en votre présence. Nous n'avons rien fait pour mériter cette séparation. Vous n'êtes pas fâché contre moi ; vous n'avez aucune raison de m'en vouloir, vous en convenez vous-même. Cher oncle ! envoyez-moi un gentil petit mot demain et permettez-moi de vous rencontrer partout où il vous plaira, excepté à Thrushcross Grange. Je crois qu'une entrevue vous convaincrait que je n'ai pas le caractère de mon père. Il affirme que je suis plus votre neveu que son fils. Bien que j'aie des défauts qui me rendent indigne de Catherine, elle les excuse et, pour l'amour d'elle, vous devriez les excuser aussi. Vous me demandez des nouvelles de ma santé ; elle est meilleure. Mais tant que je resterai privé de tout espoir et condamné à la solitude, ou à la société de ceux qui ne m'ont jamais aimé et ne m'aimeront jamais, comment pourrais-je être gai ou bien portant ? »

Quelque intérêt qu'il portât à son neveu, Edgar ne put consentir à lui accorder sa requête, parce que lui-même n'était pas en état d'accompagner Catherine. Il répondit qu'en été, peut-être, ils pourraient se rencontrer ; en attendant, il souhaitait que Linton continuât d'écrire de temps en temps et il s'engageait à lui donner par lettre tous les conseils et tous les encouragements possibles, car il savait combien sa position dans sa famille était pénible. Linton acquiesça à ce désir. S'il eût été livré à lui-même, il aurait probablement tout gâté en remplissant ses lettres de plaintes et de récriminations. Mais son père le surveillait de près et, bien entendu, exigeait que chaque ligne qu'envoyait mon maître lui fût montrée. De sorte que Linton, au lieu de dépeindre ses souffrances et ses misères personnelles, thèmes qui absorbaient constamment ses pensées, revenait toujours sur la cruelle obligation où il était tenu de rester séparé de l'objet de son amitié et de son amour. Il insinuait doucement que, si Mr. Linton n'autorisait pas bientôt une rencontre, il se croirait systématiquement leurré par des promesses sans consistance.

Il avait en Catherine une puissante alliée dans la place. À eux deux, ils finirent par persuader mon maître de consentir qu'ils fissent ensemble une promenade à cheval ou à pied environ une fois par semaine, sous ma surveillance, et dans la partie de la lande la plus voisine de la Grange ; car juin était arrivé et lui-même continuait à s'affaiblir. Bien qu'il eût mis de côté annuellement une partie de son revenu pour constituer la fortune de ma jeune maîtresse, il avait le désir bien naturel qu'elle pût garder, ou au moins retrouver au bout de peu de temps, la maison de ses ancêtres ; et il considérait que la seule chance qu'elle eût d'y arriver se trouvait dans une union avec son héritier. Il ne se doutait pas que ce dernier déclinait aussi rapidement que lui-même. Personne, d'ailleurs, ne s'en doutait, je crois ; jamais un médecin ne venait à Hurle-Vent et Master Heathcliff ne recevait la visite de personne qui pût nous renseigner sur son état. Pour ma part, je commençais à croire que mes pressentiments étaient faux et qu'il devait être en voie de rétablissement, puisqu'il parlait de promenades à cheval et à pied dans la lande et paraissait très attaché à la réussite de ses desseins. Je n'imaginais pas qu'un père pût traiter son enfant mourant d'une façon aussi tyrannique et cruelle que Heathcliff faisait, comme je l'appris plus tard, pour le contraindre à cette ardeur apparente ! Et ses efforts redoublaient à mesure que la mort menaçait d'une plus imminente défaite ses plans intéressés et implacables.

CHAPITRE XXVI

Les premières semaines de l'été étaient déjà passées quand Edgar céda à regret à leurs prières, et que pour la première fois Catherine et moi partîmes à cheval afin d'aller retrouver son cousin. Le temps était lourd, l'air étouffant ; le soleil restait caché mais le ciel, pommelé et brumeux, n'annonçait pas la pluie. Notre rendez-vous avait été fixé à la borne indicatrice, à la croisée des routes. Mais, en y arrivant, nous trouvâmes un petit pâtre, envoyé en messager, qui nous dit que « Master Linton était juste au bord du versant des Hauts et qu'il nous serait bien obligé d'aller un peu plus loin ».

— Alors Master Linton a oublié la première injonction de son oncle, observai-je. Celui-ci nous a dit de rester sur le territoire de la Grange, et par là nous en sortons aussitôt.

— Bon, bon, nous ferons faire demi-tour à nos chevaux quand nous l'aurons rejoint, répondit ma compagne ; notre promenade consistera à revenir vers la maison.

Mais, quand nous l'eûmes rejoint à un quart de mille de chez lui à peine, nous vîmes qu'il n'avait pas de cheval ; nous fûmes forcées de mettre pied à terre et de laisser brouter nos bêtes. Il était couché sur la bruyère en nous attendant et ne se leva que lorsque nous fûmes à quelques mètres de lui. Sa démarche était si mal assurée et il était si pâle que je m'écriai aussitôt :

— Mais, Master Heathcliff, vous n'êtes pas en état de faire une promenade, ce matin ! Comme vous avez mauvaise mine !

Catherine l'observait avec chagrin et surprise. L'exclamation de joie qui était sur ses lèvres se changea en un cri d'effroi ; et au lieu de le congratuler sur cette rencontre si longtemps différée, elle lui demanda avec inquiétude s'il se trouvait plus mal qu'à l'ordinaire.

— Non... mieux, mieux ! dit-il en haletant.

Il tremblait et retenait sa main dans les siennes comme s'il en eût besoin pour s'appuyer, tandis que ses grands yeux bleus s'abaissaient timidement sur elle ; les creux qui les entouraient maintenant transformaient leur expression languissante d'autrefois en une sauvagerie farouche.

— Mais vous avez été plus mal, insista sa cousine ; plus mal que quand je vous ai vu la dernière fois ; vous êtes plus maigre et...

— Je suis fatigué, interrompit-il précipitamment. Il fait trop chaud pour marcher, reposons-nous ici. Le matin je me sens souvent mal à l'aise... papa dit que je grandis trop vite.

Peu satisfaite, Catherine s'assit, et il s'étendit près d'elle.

— Ceci est un peu comme votre paradis, dit-elle en faisant un effort pour paraître gaie. Vous vous souvenez que nous étions convenus de passer deux journées à l'endroit et de la manière que chacun de nous jugerait le plus agréable ? Cette journée-ci est presque la vôtre, sauf qu'il y a des nuages ; mais ils sont si doux, si fondus ! C'est plus joli que l'éclat du soleil. La semaine prochaine, si vous pouvez, nous descendrons à cheval jusqu'au parc de la Grange et nous essaierons ma journée.

Linton ne paraissait pas se rappeler de quoi elle parlait, et il avait manifestement beaucoup de difficulté à soutenir une conversation quelconque. Son manque d'intérêt pour les sujets qu'elle abordait comme son incapacité à contribuer à la distraire étaient si évidents qu'elle ne put dissimuler son désappointement. Toute la personne et toutes les manières de son cousin avaient subi une transformation indéfinissable. La maussaderie que les caresses pouvaient changer en tendresse avait fait place à une apathie insouciante ; l'humeur contrariante de l'enfant qui s'irrite et se rend insupportable pour se faire câliner était devenue la morosité égoïste d'un invalide invétéré, repoussant les consolations et prêt à regarder comme une insulte la bonne humeur et la gaieté des autres. Catherine s'aperçut aussi bien que moi que notre société était pour lui plutôt une punition qu'une récompense ; et elle ne se fit pas scrupule de proposer sur-le-champ de partir. Cette proposition eut l'effet inattendu de tirer Linton de sa léthargie et de le plonger dans un état d'excitation extraordinaire. Il jetait des coups d'œil craintifs du côté des Hauts, et il la pria de vouloir bien rester encore une demi-heure, au moins.

— Mais je pense, dit Cathy, que vous seriez mieux chez vous qu'ici. Je vois qu'aujourd'hui je ne peux vous amuser ni avec mes histoires, ni avec mes chansons, ni avec mon bavardage. Vous êtes devenu plus sérieux que moi, durant ces six mois ; vous avez peu de goût pour mes divertissements, à présent. Sans cela, si je pouvais vous amuser, je resterais bien volontiers.

— Restez pour vous reposer. Et puis, Catherine, ne croyez pas, ou ne dites pas que je vais très mal. C'est ce temps lourd et cette chaleur qui m'abattent ; et la marche que j'ai faite, avant votre arrivée, était bien longue pour moi. Dites à mon oncle que je me porte assez bien, voulez-vous ?

— Je lui dirai que vous le dites, Linton. Je ne pourrai pas lui affirmer que c'est vrai, observa ma jeune maîtresse, surprise de son obstination à soutenir ce qui était évidemment faux.

— Revenez jeudi prochain, reprit-il en évitant son regard intrigué. Et remerciez-le de vous avoir permis de venir... remerciez-le bien, Catherine. Et... et, si vous rencontriez mon père, et qu'il vous interrogeât à mon sujet, ne lui laissez pas supposer que j'ai été muet et stupide ; n'ayez pas l'air triste et abattu, comme en ce moment... il se mettrait en colère.

— Je ne me soucie nullement de sa colère, s'écria Catherine, s'imaginant que c'était elle qui en serait l'objet.

— Mais moi je m'en soucie, dit son cousin en frissonnant. Ne l'excitez pas contre moi, Catherine, car il est très dur.

— Est-il sévère pour vous, Master Heathcliff ? demandai-je. S'est-il lassé de l'indulgence et a-t-il passé de la haine passive à la haine active ?

Linton me regarda, mais ne répondit pas. Après être restée assise à côté de lui encore dix minutes pendant lesquelles il avait laissé tomber lourdement la tête sur la poitrine et n'avait fait entendre que des gémissements étouffés d'épuisement ou de souffrance, Cathy essaya de se distraire en cherchant des airelles qu'elle partagea avec moi ; elle ne lui en offrit pas, voyant que, si elle s'occupait de lui, elle ne ferait que le fatiguer et l'ennuyer.

— Y a-t-il une demi-heure, maintenant, Hélène ? chuchota-t-elle enfin à mon oreille. Je ne vois pas pourquoi nous resterions. Il dort, et papa doit désirer que nous rentrions.

— Bien, mais nous ne pouvons pas le quitter pendant qu'il dort. Attendez qu'il se réveille et ayez un peu de patience. Vous étiez bien pressée de vous mettre en route, mais votre envie de voir le pauvre Linton s'est vite dissipée.

— Et pourquoi désirait-il me voir, lui ? répliqua Catherine. Autrefois, dans ses pires humeurs, il me plaisait plus que maintenant dans cette étrange disposition d'esprit. On dirait que cette entrevue est pour lui une tâche qu'il est forcé de remplir par crainte que son père ne le gronde. Mais je n'ai guère envie de venir pour faire plaisir à Mr. Heathcliff, quelque motif qu'il puisse avoir d'imposer à Linton cette pénitence. Bien que je me réjouisse que sa santé soit meilleure, je regrette qu'il soit devenu tellement moins aimable et moins affectueux pour moi.

– Vous pensez donc que sa santé est meilleure ?
– Oui ; car vous savez combien il se plaignait toujours de ses souffrances. Il ne se porte pas assez bien, comme il voulait que je le dise à papa ; mais il va mieux, selon toute apparence.
– Nous différons d'avis là-dessus, Miss Cathy ; je croirais plutôt qu'il va beaucoup plus mal.

À ce moment, Linton se réveilla en sursaut d'un air effrayé et demanda si quelqu'un ne l'avait pas appelé.

– Non, dit Catherine, à moins que ce ne soit dans vos rêves. Je ne comprends pas comment vous pouvez somnoler dehors dans la matinée.

– Il me semblait avoir entendu mon père, reprit-il en respirant péniblement, et en jetant un regard vers le talus qui surplombait à côté de nous. Vous êtes sûre que personne n'a parlé ?

– Absolument sûre. Hélène et moi seulement nous discutions au sujet de votre santé. Vous sentez-vous vraiment plus fort, Linton, que quand nous nous sommes séparés l'hiver dernier ? S'il en est ainsi, je suis certaine, en tout cas, qu'il y a une chose qui n'est pas plus forte, c'est l'intérêt que vous me portez. Mais, dites-moi, êtes-vous plus fort ?

Les larmes jaillirent des yeux de Linton tandis qu'il répondait : « Oui, oui, certainement ! » Toujours obsédé par cette voix imaginaire, son regard errait de haut en bas pour découvrir d'où elle venait. Cathy se leva :

– Pour aujourd'hui, il faut nous séparer, dit-elle. Je ne vous cacherai pas que j'ai été péniblement désappointée par ce rendez-vous. Mais je ne le dirai à nul autre que vous : bien que je n'aie pas peur de Mr. Heathcliff.

– Chut ! murmura Linton. Chut ! pour l'amour de Dieu. Il arrive.

Il s'accrocha au bras de Catherine en s'efforçant de la retenir. Mais, à cette annonce, elle se dégagea vivement et siffla Minny, qui lui obéit comme un chien.

– Je serai ici jeudi prochain, cria-t-elle en sautant en selle. Au revoir. Vite, Hélène.

Ce fut ainsi que nous le quittâmes, à peine s'il se douta de notre départ, tant il était absorbé par l'idée de l'approche de son père.

Avant que nous eussions atteint la maison, le déplaisir de Catherine s'était atténué pour faire place à une sensation mal définie de pitié et de regret, où se mêlaient abondamment des doutes et une inquiétude vagues sur l'état réel, tant physique que moral, de Linton. Je partageais ces doutes, bien que je lui conseillasse de n'en pas trop parler : une seconde rencontre nous permettrait de mieux juger. Mon maître réclama le détail de ce que nous avions fait. Miss Catherine lui transmit fidèlement les remerciements de son neveu et glissa légèrement sur le reste. De mon côté, je ne fournis que peu d'aliments à sa curiosité, car je ne savais trop ce qu'il fallait cacher et ce qu'il fallait révéler.

CHAPITRE XXVII

Une semaine s'écoula, dont chaque jour fut marqué par une terrible altération de l'état d'Edgar Linton. Le mal, qui auparavant était l'œuvre des mois, était maintenant presque celle des heures. Nous aurions bien voulu continuer de cacher la vérité à Catherine ; mais la vivacité de son esprit l'empêchait de se laisser leurrer. Elle devina en secret la terrible probabilité qui, peu à peu, devenait une certitude ; elle en fut dès lors obsédée. Quand revint le jeudi, elle n'eut pas le courage de faire allusion à sa promenade à cheval. Ce fut moi qui en parlai à sa place, et j'obtins l'autorisation de la forcer de sortir ; car la bibliothèque, où mon maître passait chaque jour quelques instants – les courts instants où il pouvait se tenir debout – et la chambre de son père étaient devenues tout l'univers de Catherine. Elle éprouvait comme du remords quand elle n'était pas penchée sur son oreiller ou assise à côté de lui. Les veillées et le chagrin l'avaient rendue pâle, et mon maître l'envoya volontiers faire cette course, où il se flattait qu'elle trouverait un heureux changement d'air et de société. L'espoir qu'elle ne serait pas entièrement seule après sa mort était pour lui un réconfort.

Il avait une idée arrêtée, que me révélèrent différentes observations qui lui échappèrent. C'était que, si son neveu lui ressemblait physiquement, il devait aussi lui ressembler moralement ; car les lettres de Linton ne fournissaient que peu ou pas d'indices des défauts de son caractère. Et moi, par une faiblesse excusable, je m'abstins de redresser son erreur. Je me demandais quel bien il y aurait à troubler ses derniers moments par une information qu'il n'aurait ni le pouvoir ni l'occasion de mettre à profit.

Nous différâmes notre excursion jusqu'à l'après-midi : un après-midi doré d'août ; chaque souffle qui venait des hauteurs était si plein de vie qu'il semblait que celui qui le respirait, fût-il mourant, dût revivre. Le visage de Catherine était exactement semblable au paysage, les ombres et les rayons de soleil s'y succédaient avec rapidité ; mais les ombres y restaient plus longtemps, les rayons de soleil y étaient plus fugitifs, et son pauvre petit cœur se reprochait même ces oublis passagers de ses soucis.

Nous aperçûmes Linton qui nous attendait au même endroit qu'il avait choisi la fois précédente. Ma jeune maîtresse mit pied à terre et me dit que, comme elle était résolue de ne s'arrêter que fort peu de temps, je ferais mieux de tenir le poney en restant à cheval. Mais je refusai : je ne voulais pas courir le risque de perdre de vue une minute l'objet de ma surveillance. Nous montâmes donc ensemble la pente couverte de bruyères. Master Heathcliff nous reçut cette fois avec plus d'animation. Mais ce n'était l'animation ni de l'entrain ni de la joie : elle ressemblait plutôt à de la peur.

— Il est tard ! dit-il d'une voix entrecoupée et pénible. Votre père n'est-il pas très malade ? Je pensais que vous ne viendriez pas.

— Pourquoi ne pas être franc ? s'écria Catherine rengainant ses compliments. Pourquoi ne pas dire d'abord que vous n'avez pas besoin de moi ? Il est étrange, Linton, que pour la seconde fois vous me fassiez venir ici dans l'intention, apparemment, de nous affliger tous deux, et sans aucun autre motif.

Linton frissonna et lui jeta un regard demi-suppliant, demi-honteux. Mais sa cousine n'avait pas la patience suffisante pour supporter cette conduite énigmatique.

— Oui, mon père est *très* malade, dit-elle. Et pourquoi ai-je dû quitter son chevet ? Pourquoi ne m'avez-vous pas envoyé un mot pour me délier de ma promesse, puisque vous souhaitiez que je ne la tinsse pas ? Allons ! je désire une explication ; le jeu et le badinage sont complètement bannis de mon esprit et je n'ai pas de temps à perdre aujourd'hui à regarder vos simagrées.

— Mes simagrées ! murmura-t-il ; où sont-elles ? Pour l'amour du Ciel, Catherine, n'ayez pas l'air si fâchée ! Méprisez-moi autant que vous voudrez : je suis un être indigne, un lâche, un misérable, je mérite tous les dédains ; mais je suis trop vil pour votre colère. Haïssez mon père et contentez-vous pour moi du mépris.

— Sottises ! s'écria Catherine exaspérée. Quel sot, quel stupide garçon ! Voilà maintenant qu'il tremble, comme si j'allais vraiment le toucher ! Vous n'avez pas besoin de réclamer le mépris, Linton : il n'est personne qui ne le tienne spontanément à votre service. Allez-vous-en ! Je vais rentrer chez moi ; c'est de la folie de vous arracher du coin du feu, pour faire semblant... de quoi faisons-nous semblant ? Lâchez ma robe ! Si j'avais pitié de vos pleurs et de vos airs si effrayés, vous devriez repousser une telle pitié. Hélène, dites-lui que sa conduite est honteuse. Levez-vous et ne vous dégradez pas jusqu'à ressembler à un reptile abject... entendez-vous ?

La face ruisselante et angoissée, Linton s'était laissé tomber sur le sol ; il paraissait en proie à une terreur extrême.

– Oh ! sanglotait-il, je n'y puis plus tenir ! Catherine... Catherine, je suis un traître, de surcroît, et je n'ose pas vous dire...! Mais si vous m'abandonnez, vous me tuez ! Chère Catherine, ma vie est entre vos mains. Vous avez dit que vous m'aimiez et, si vous m'aimiez, la chose n'aurait pour vous rien de pénible. Vous n'allez pas partir, n'est-ce pas, bonne, douce Catherine ! Et peut-être voudrez-vous bien consentir... et il me laissera mourir avec vous !

Ma jeune maîtresse, à la vue de cette profonde angoisse, se baissa pour le relever. L'ancien sentiment d'indulgente tendresse surmonta son mécontentement, elle fut sincèrement émue et alarmée.

– Consentir à quoi ? demanda-t-elle. À rester ? Expliquez-moi le sens de cet étrange discours, et je resterai. Vous vous contredisez et vous me faites perdre la tête ! Soyez calme et sincère, et confessez sur-le-champ tout ce qui vous pèse sur le cœur. Vous ne voudriez pas me faire de tort, Linton, n'est-il pas vrai ? Vous ne laisseriez pas un ennemi me nuire, si vous pouviez l'en empêcher ? Je crois que vous êtes lâche pour vous-même, mais que vous ne trahiriez pas lâchement votre meilleure amie.

– Mais mon père m'a menacé, dit le jeune homme en cherchant sa respiration et en joignant ses doigts amaigris, et j'ai peur de lui... j'ai peur de lui ! Je n'ose rien dire !

– Oh ! bon ! reprit Catherine avec une compassion dédaigneuse, gardez votre secret : je ne suis pas lâche, moi. Occupez-vous de votre sûreté ; je n'ai pas peur !

Cette noblesse d'âme provoqua les larmes de Linton. Il pleurait comme un désespéré, baisant les mains qui le soutenaient, et sans parvenir pourtant à trouver le courage de parler. Je me demandais quel pouvait bien être le mystère, et j'étais résolue de ne jamais permettre que Catherine pût souffrir dans l'intérêt de Linton ou de qui que ce fût, quand j'entendis un bruissement dans la bruyère. Je levai les yeux et j'aperçus Mr. Heathcliff presque sur nous, descendant des Hauts. Il ne fit pas attention à mes deux compagnons, bien qu'ils fussent assez près de lui pour qu'il pût entendre les sanglots de Linton ; mais, me saluant sur le ton presque cordial qu'il réservait pour moi seule et dont je ne pouvais m'empêcher de suspecter la sincérité, il dit :

– C'est un événement de vous rencontrer si près de chez moi, Nelly. Comment cela va-t-il à la Grange, dites-moi ? Le bruit court, ajouta-t-il plus bas, qu'Edgar Linton est sur son lit de mort. Peut-être exagère-t-on la gravité de son état ?

— Non, mon maître est mourant, répondis-je. Ce n'est que trop vrai. Ce sera un triste événement pour nous tous, mais une bénédiction pour lui !

— Combien de temps pensez-vous qu'il vive encore ?

— Je n'en sais rien.

— C'est que, poursuivit-il en couvrant les deux jeunes gens d'un regard qui les paralysa — Linton semblait n'oser se risquer à remuer ni à lever la tête, et Catherine, à cause de lui, ne pouvait bouger —, c'est que ce gaillard-ci a l'air décidé à déjouer mes plans ; je serais reconnaissant à son oncle de se hâter de partir avant lui. Hé ! y a-t-il longtemps que cet animal se livre à ce petit jeu ? Je lui ai pourtant donné quelques leçons au sujet de ses pleurnicheries. Est-il un peu gai, en général, quand il est avec Miss Linton ?

— Gai ? Non... il a l'air d'être dans le plus profond abattement. À le voir, je dirais qu'au lieu de se promener dans la montagne avec sa bien-aimée, il devrait être dans son lit, entre les mains d'un médecin.

— Il y sera dans un jour ou deux, murmura Heathcliff. Mais auparavant... debout, Linton ! debout ! cria-t-il. Ne te vautre pas par terre. Debout à l'instant !

Linton s'était affaissé, en proie à une nouvelle crise de terreur insurmontable, provoquée par le regard de son père, je suppose ; rien d'autre n'aurait pu déterminer un pareil accablement.

Il fit plusieurs efforts pour obéir, mais son peu de forces était annihilé pour le moment, et il retomba en gémissant. Mr. Heathcliff s'avança, le souleva et l'adossa contre un talus gazonné.

— Allons ! dit-il avec une férocité contenue, je vais me fâcher ; et si tu ne maîtrises pas cette pusillanimité... le diable t'emporte ! Debout ! sur-le-champ !

— Oui, mon père, haleta-t-il. Seulement laissez-moi seul, ou je vais m'évanouir. J'ai fait ce que vous vouliez, je vous assure. Catherine vous dira que je... que j'ai... été gai. Ah ! restez près de moi, Catherine, donnez-moi votre main.

— Prends la mienne, dit son père ; tiens-toi sur tes jambes. Bon ; maintenant elle va te prêter son bras. C'est bien, regarde-la. Vous pourriez croire que je suis le diable même, Miss Linton, pour exciter une pareille horreur. Ayez l'obligeance d'aller jusqu'à la maison avec lui, voulez-vous ? Il frissonne quand je le touche.

— Linton, mon cher Linton ! dit Catherine à voix basse, je ne peux pas aller à Hurle-Vent ; papa me l'a défendu. Il ne vous fera pas de mal ; pourquoi avez-vous si grand-peur ?

– Je ne puis pas rentrer dans cette maison ; il est impossible que j'y rentre sans vous.

– Halte ! cria son père. Respectons les scrupules filiaux de Catherine. Nelly, faites-le rentrer, et je vais suivre sans délai votre avis concernant le docteur.

– Vous ferez bien, répliquai-je. Mais il faut que je reste avec ma maîtresse : m'occuper de votre fils n'est pas mon affaire.

– Vous n'êtes guère aimable. Je le savais ; mais vous allez me forcer de pincer le bébé et de le faire crier pour émouvoir votre pitié. Eh bien ! viens ici, mon héros. Veux-tu rentrer avec moi ?

Il s'approcha encore et fit mine de vouloir saisir la fragile créature. Mais Linton recula, s'accrocha à sa cousine et la supplia de l'accompagner, avec une insistance frénétique qui n'admettait pas de refus. Malgré ma désapprobation, je ne pouvais pas m'y opposer ; et comment elle-même aurait-elle pu se dérober ? Nous étions incapables de deviner ce qui le remplissait de terreur ; mais il était là, anéanti par cette terreur, et il semblait qu'un rien eût suffi à le rendre fou. Nous atteignîmes le seuil de la maison. Catherine entra, et j'étais restée dehors, attendant qu'elle eût conduit l'invalide à son fauteuil et pensant la voir reparaître aussitôt, quand Mr. Heathcliff, me poussant en avant, s'écria :

– Ma maison n'est pas infectée de la peste, Nelly. Je me sens en veine d'hospitalité, aujourd'hui ; asseyez-vous, et permettez-moi de fermer la porte.

Il la ferma et tourna la clef. Je tressaillis.

– Vous prendrez du thé avant de partir, ajouta-t-il. Je suis seul. Hareton est allé aux Lees avec des bestiaux, Zillah et Joseph sont en excursion d'agrément. Quoique je sois habitué à la solitude, j'aime bien à avoir quelques hôtes intéressants, quand je le puis. Miss Linton, asseyez-vous près de lui. Je vous donne ce que j'ai : le présent n'est guère digne d'être accepté, mais je n'ai rien d'autre à offrir. C'est de Linton que je veux parler. Pourquoi cet air étonné ? C'est étrange, mais je me sens pris de sauvagerie envers tout ce qui paraît avoir peur de moi ! Si j'étais dans un pays où les lois fussent moins strictes et les goûts moins raffinés, je m'offrirais une lente vivisection de ces deux êtres, comme amusement d'une soirée.

Il respira profondément, frappa sur la table et jura, en se parlant à soi-même :

– Par l'enfer, je les hais !

– Je n'ai pas peur de vous, s'écria Catherine, qui n'avait pu entendre la fin de ce discours.

Elle s'approcha tout près de lui ; ses yeux noirs flamboyaient de passion et de décision.

— Donnez-moi cette clef ; je veux l'avoir. Je ne mangerai ni ne boirai ici, dussé-je périr d'inanition.

Heathcliff tenait la clef dans la main qui était restée posée sur la table. Il leva les yeux, saisi d'une sorte de surprise par cette hardiesse ; ou peut-être la voix et l'aspect de Catherine lui rappelaient-ils celle dont elle les avait hérités. Elle attrapa la clef et réussit à la dégager à moitié de ses doigts qui s'étaient desserrés. Mais cet acte le rappela au présent, et il la reprit rapidement.

— Allons ! Catherine Linton, dit-il, tenez-vous à distance, ou je vous envoie rouler à terre, ce qui rendra folle Mrs. Dean.

Indifférente à cet avertissement, elle ressaisit la main qui enfermait la clef. « Nous voulons nous en aller ! » répétait-elle en faisant des efforts désespérés pour obliger ses muscles d'acier à se relâcher. Voyant que les ongles ne produisaient pas d'effet, elle y appliqua les dents avec une belle énergie. Heathcliff me lança un regard qui m'empêcha un moment d'intervenir. Catherine était trop occupée de ses doigts pour remarquer son visage. Il ouvrit brusquement la main et abandonna l'objet de la dispute. Mais, avant qu'elle eût eu le temps de bien le tenir, il la saisit de sa main devenue libre, et l'attirant contre son genou, lui administra de l'autre main, sur les deux côtés de la tête, une volée de tapes formidables, dont une seule aurait réussi à réaliser sa menace, si Cathy avait pu tomber.

À la vue de cette violence diabolique, je me précipitai sur lui avec fureur : « Gredin ! m'écriai-je, gredin ! » Un coup à la poitrine me fit taire. Je suis un peu forte, et je perds facilement la respiration ; ajoutez l'effet de ma rage. Je reculai tout étourdie en titubant ; je me sentais sur le point d'étouffer ou de me rompre un vaisseau sanguin. La scène ne dura pas plus de deux minutes. Catherine, qu'il avait lâchée, porta les deux mains à ses tempes : elle semblait ne pas être bien sûre d'avoir encore ses oreilles. Elle tremblait comme un roseau, la pauvre petite, et s'appuyait sur la table, complètement abasourdie.

— Je sais corriger les enfants, vous voyez, dit le coquin d'un air féroce, en se baissant pour ramasser la clef qui était tombée à terre. Allez près de Linton, maintenant, comme je vous l'ai dit, et pleurez tout à votre aise. Demain je serai votre père... dans quelques jours, le seul père que vous aurez... et vous recevrez votre compte en fait de coups. Vous pouvez en supporter une bonne ration ; vous n'êtes pas une chétive créature. Vous en tâterez tous les jours, si je vois encore briller dans vos yeux cette damnée colère !

Au lieu d'aller rejoindre Linton, Cathy courut à moi, s'agenouilla et appuya sur mon épaule sa joue brûlante en pleurant tout haut. Son cousin s'était réfugié au bout du banc, tranquille comme une souris et se félicitant, j'imagine, que la correction fût tombée sur une autre que lui. Mr. Heathcliff, voyant le trouble où nous étions tous, se leva et fit rapidement le thé lui-même. Les tasses et les soucoupes étaient disposées sur la table. Il versa le thé et me tendit une tasse.

— Noyez-moi votre bile là-dedans, dit-il. Et occupez-vous de votre mauvais bébé et du mien. Ce n'est pas un breuvage empoisonné, bien que ce soit moi qui l'aie préparé. Je vais chercher vos chevaux.

Notre première pensée, quand il fut parti, fut de tâcher de nous frayer une sortie. Nous essayâmes la porte de la cuisine, mais elle était verrouillée à l'extérieur ; nous examinâmes les fenêtres... elles étaient trop étroites même pour les formes minces de Catherine.

— Master Linton, m'écriai-je en voyant que nous étions vraiment emprisonnées, vous savez ce que manigance votre démon de père et vous allez nous le dire, sans quoi je vous gifle comme il a giflé votre cousine.

— Oui, Linton, vous devez le dire, ajouta Catherine. C'est pour vous que je suis venue ; vous seriez un méchant ingrat si vous refusiez.

— Donnez-moi un peu de thé, j'ai soif ; ensuite je vous le dirai. Mrs. Dean, éloignez-vous. Je n'aime pas que vous soyez si près de moi. Allons, Catherine, voilà que vous laissez tomber vos larmes dans ma tasse. Je ne veux pas boire cela. Donnez-m'en une autre.

Catherine lui passa une autre tasse et s'essuya la figure. J'étais dégoûtée du sang-froid du petit drôle, maintenant qu'il ne ressentait plus de terreur pour lui-même. L'angoisse qu'il avait éprouvée dans la lande s'était apaisée dès qu'il était entré à Hurle-Vent. J'en conclus qu'il avait été menacé d'une terrible explosion de colère s'il n'avait pas réussi à nous y attirer ; sa tâche accomplie, il n'avait pas d'autres craintes immédiates.

— Papa veut que nous nous mariions, continua-t-il après avoir bu quelques gorgées. Il sait que votre papa ne nous laisserait pas nous marier à présent. Il a peur que je ne meure, si nous tardons ; aussi devons-nous être mariés demain matin. Vous resterez ici toute la nuit ; si vous faites ce qu'il désire, vous retournerez chez vous demain et vous m'emmènerez avec vous.

— Vous emmener avec elle, misérable idiot ? m'écriai-je. Vous, vous marier ? Allons, l'homme est fou, ou il nous croit folles toutes les deux. Vous figurez-vous que cette belle, vigoureuse, vaillante jeune fille va se lier à un petit singe agonisant comme vous ? Nourrissez-vous l'illusion que personne, sans parler de Miss Catherine Linton, voudrait vous avoir pour époux ? Vous mériteriez le fouet rien que pour nous avoir amenées ici avec vos comédies et vos lâches piailleries ; et... ne prenez pas cet air niais, maintenant ! J'ai bonne envie de vous secouer sérieusement, pour votre méprisable traîtrise et votre imbécile vanité.

Je le secouai légèrement ; mais cela suffit à amener la toux, il recourut à ses gémissements et à ses pleurs habituels et Catherine me gronda.

— Rester toute la nuit ? Non, dit-elle en regardant lentement autour d'elle. Hélène, je mettrai le feu à cette porte, mais je sortirai.

Elle eût passé aussitôt de la menace à l'exécution si Linton n'eût de nouveau pris l'alarme pour son cher soi-même. Il la serra dans ses faibles bras, en sanglotant :

— Ne voulez-vous pas m'accepter et me sauver ? Ne voulez-vous pas me laisser venir à la Grange ? Oh ! ma Catherine chérie ! Il ne faut pas que vous partiez et que vous m'abandonniez, en tout cas. Il faut que vous obéissiez à mon père... il le faut !

— Il faut que j'obéisse au mien et fasse cesser sa cruelle attente. Toute la nuit ! Que penserait-il ? Il doit déjà être terriblement inquiet. Je sortirai de cette maison en brisant ou en brûlant quelque chose. Restez tranquille ! Vous n'êtes pas en danger ; mais si vous m'empêchez... Linton, j'aime papa plus que vous !

La frayeur mortelle que lui inspirait la colère de Mr. Heathcliff rendit au jeune homme l'éloquence de la lâcheté. Catherine était presque folle. Pourtant, elle persistait à vouloir rentrer chez elle et essaya à son tour les prières pour le persuader de dominer sa terreur égoïste. Pendant qu'ils étaient ainsi occupés, notre geôlier rentra.

— Les bêtes se sont sauvées, dit-il, et... eh bien ! Linton ! Encore à pleurnicher ? Que t'a-t-elle fait ? Allons, allons, finis et va te coucher. Dans un mois ou deux, mon gaillard, tu seras en état de lui rendre d'une main vigoureuse la monnaie de ses tyrannies d'à présent. Tu dépéris tout simplement d'amour, n'est-ce pas ? Ce n'est rien d'autre que cela : et elle t'acceptera ! Allons, au lit. Zillah n'est pas là ce soir ; il faut que tu te déshabilles toi-même. Silence ! qu'on ne t'entende plus ! Une fois dans ta chambre, je ne viendrai pas te déranger : inutile d'avoir peur. Par hasard tu t'es tiré d'affaire à peu près convenablement. Le reste me regarde.

Tout en parlant, il tenait la porte ouverte pour laisser passer son fils. Celui-ci fit sa sortie exactement à la manière d'un épagneul qui soupçonnerait la personne qui le surveille de vouloir l'écraser perfidement. Heathcliff referma la porte à clef et s'approcha du feu, devant lequel ma maîtresse et moi nous nous tenions en silence. Catherine leva les yeux et porta instinctivement la main à sa joue : le voisinage de notre hôte ravivait chez elle une pénible sensation. Tout autre eût été incapable de considérer avec rudesse ce geste d'enfant ; mais lui prit un air renfrogné et murmura :

– Ah ! Vous n'avez pas peur de moi ? Votre courage est bien dissimulé ; vous avez l'air d'avoir diablement peur !

– J'ai peur maintenant, répliqua-t-elle, parce que, si je reste ici, papa va être très malheureux, et comment pourrais-je supporter l'idée de le rendre malheureux ; quand il... quand il... Mr. Heathcliff, laissez-moi rentrer à la maison ! Je promets d'épouser Linton ; cela plaisait à papa ; et je l'aime. Pourquoi voudriez-vous me forcer de faire ce que je ferai volontiers de moi-même ?

– Qu'il ose vous y forcer ! m'écriai-je. Il y a des lois dans ce pays, grâce à Dieu ! Oui, il y en a, bien que nous soyons dans un coin perdu. Fût-il mon propre fils, que je le dénoncerais ; et c'est une félonie sans privilège de clergie[1] !

– Silence ! dit le coquin. Au diable vos clameurs ! Je ne vous demande pas votre avis. Miss Linton, ce sera pour moi une satisfaction profonde de penser que votre père est malheureux : je n'en dormirai pas de joie. Vous ne pouviez pas trouver meilleur moyen de vous assurer pour vingt-quatre heures une résidence sous mon toit que de m'informer que ce séjour aurait cette conséquence-là. Quant à votre promesse d'épouser Linton, je prendrai soin que vous la teniez ; car vous ne quitterez par cette maison avant qu'elle soit exécutée.

– Alors, envoyez Hélène faire savoir à papa que je suis sauve, s'écria Catherine en pleurant amèrement. Ou mariez-moi à l'instant. Pauvre papa ! Hélène, il va nous croire perdues. Que faire ?

– Pas du tout, répondit Heathcliff. Il croira que vous êtes fatiguée de le soigner et que vous avez pris la clef des champs pour vous divertir un peu. Vous ne pouvez pas nier d'être entrée chez moi de votre plein gré au mépris de ses injonctions qui vous le défendaient. Il est naturel que vous désiriez de l'amusement à votre âge et que vous soyez lasse de veiller un malade, quand ce malade est simplement votre père. Catherine, ses jours les plus heureux étaient passés quand vos jours ont commencé. Il vous a maudite, je ne crains pas de le dire, quand vous êtes venue au monde (moi, en tout cas, je vous ai maudite) ; et il serait tout à fait satisfaisant qu'il vous maudît quand il en sortira lui-même. J'en ferais autant. Je ne vous aime pas. Comment vous aimerais-je ? Assez de larmes. Autant que je puis le prévoir, ce sera votre principale distraction par la suite, à moins que Linton ne vous dédommage des pertes

---

1. Privilège de clergie : à l'origine, exemption accordée aux clercs, ou membres de l'ordre du clergé, d'être jugés au criminel devant un tribunal séculier. Cette exemption fut ensuite accordée à tous ceux qui savaient lire et que la loi considérait dès lors comme clercs. Ce privilège fut restreint et modifié par différentes lois, et finalement aboli sous le règne de George IV, en 1827. *(N.d.T.)*

que vous subirez d'autre part, et votre prévoyant père paraît s'imaginer qu'il en est capable. Ses lettres de conseils et de consolations m'ont considérablement diverti. Dans sa dernière, il recommandait à mon chéri d'être bien soigneux de sa chérie, et bon pour elle quand elle serait à lui. Soigneux et bon... voilà qui est paternel. Mais Linton a besoin pour lui-même de tous ses soins et de toute sa bonté. Linton peut très bien jouer le petit tyran. Il se chargera de torturer autant de chats qu'on voudra, pourvu qu'on leur ait arraché les dents et rogné les griffes. Vous aurez de jolis récits de sa *bonté* à faire à son oncle quand vous rentrerez chez vous, je vous assure.

— Sur ce point, vous avez raison, dis-je. Expliquez le caractère de votre fils, montrez sa ressemblance avec le vôtre ; et alors j'espère que Miss Cathy y regardera à deux fois avant d'accepter ce cadeau empoisonné.

— Je n'ai pas besoin d'insister pour le moment sur ses aimables qualités, car elle doit l'accepter ou demeurer prisonnière, et vous avec elle, jusqu'à la mort de votre maître. Je puis vous retenir ici toutes deux, parfaitement cachées. Si vous en doutez, encouragez-la à reprendre sa parole, et vous aurez l'occasion d'en juger.

— Je ne reprendrai pas ma parole, dit Catherine. Je l'épouserai avant une heure d'ici, si je puis ensuite retourner à Thrushcross Grange. Mr. Heathcliff, vous êtes un homme cruel, mais vous n'êtes pas un démon ; et vous ne voudrez pas, par pure méchanceté, détruire irrévocablement tout mon bonheur. Si papa croyait que je l'ai abandonné avec intention, et s'il mourait avant mon retour, comment pourrais-je supporter l'existence ? J'ai fini de pleurer : mais je vais me mettre à genoux, là, devant vous, et je ne me relèverai pas, et mes yeux ne quitteront pas votre visage que vous ne m'ayez regardée aussi. Non, ne vous détournez pas ! Regardez-moi ! Vous ne verrez rien qui puisse vous fâcher. Je ne vous hais pas. Je ne suis pas irritée que vous m'ayez frappée. N'avez-vous jamais aimé personne dans votre vie, mon oncle ? Jamais ? Ah ! il faut bien que vous finissiez par me regarder. Je suis si misérable que vous ne pouvez vous empêcher d'être attristé et de me plaindre.

— Enlevez-moi ces doigts de lézard et allez-vous-en, ou je vous envoie promener d'un coup de pied, cria Heathcliff en la repoussant brutalement. J'aimerais mieux être enlacé par un serpent. Comment diable pouvez-vous songer à me cajoler ? Je vous abhorre.

Il haussa les épaules, se secoua comme si l'aversion qu'il éprouvait pour elle lui eût donné la chair de poule, et recula sa chaise. Je me levai, et j'ouvrais la bouche pour me répandre en invectives contre lui, quand, au milieu de ma première phrase, je fus rendue muette par la menace d'être enfermée seule dans une chambre à la prochaine syllabe que je prononcerais. Il commençait à faire sombre. Nous entendîmes un bruit de voix à la porte du jardin. Notre hôte courut aussitôt dehors : il avait toute sa présence d'esprit, lui ; nous, nous n'avions pas la nôtre.

Il y eut une conversation de deux ou trois minutes, puis il revint seul.

– Je pensais que c'était votre cousin Hareton, fis-je observer à Catherine. Je voudrais bien qu'il arrivât. Qui sait s'il ne prendrait pas notre parti ?

– C'étaient trois domestiques envoyés de la Grange à votre recherche, dit Heathcliff qui m'avait entendue. Vous auriez dû ouvrir une fenêtre et appeler ; mais je jurerais que cette mioche est contente que vous n'en ayez rien fait. Elle est heureuse d'être obligée de rester, j'en suis certain.

En apprenant la chance que nous avions laissée échapper, nous donnâmes cours toutes deux sans contrôle à notre chagrin. Il nous abandonna à nos lamentations jusqu'à neuf heures. Alors il nous invita à monter, en passant par la cuisine, dans la chambre de Zillah. Je dis tout bas à ma compagne d'obéir : peut-être, une fois là, pourrions-nous arriver à nous enfuir par la fenêtre, ou à passer dans un grenier d'où nous sortirions par la lucarne. Mais la fenêtre était étroite, comme celles du bas, et la trappe du grenier était à l'abri de nos tentatives ; nous étions enfermées comme auparavant. Nous ne nous couchâmes ni l'une ni l'autre. Catherine s'installa près de la fenêtre et attendit anxieusement le jour ; un profond soupir fut la seule réponse que j'obtins aux fréquentes prières que je lui fis d'essayer de se reposer. Moi-même je m'assis sur une chaise, où je ne cessai de m'agiter, en portant de sévères jugements sur mes nombreux manquements à mon devoir : manquements d'où venaient – j'en fus alors frappée – tous les malheurs de mes maîtres. En réalité c'était une erreur, je le sais aujourd'hui ; mais pendant cette lugubre nuit, mon imagination me le persuadait et Heathcliff lui-même me paraissait moins coupable que moi.

À sept heures, il vint demander si Miss Linton était levée. Elle courut aussitôt à la porte et répondit : « Oui. – Ici, alors », dit-il en ouvrant, et il l'attira dehors. Je me levai pour la suivre, mais il referma à clef. Je demandai à être relâchée.

– Un peu de patience, répliqua-t-il. Je vous enverrai votre déjeuner dans un instant.

Je frappai du poing sur le battant, je secouai le loquet avec rage. Catherine demanda pourquoi j'étais tenue enfermée. Il répondit que je n'avais qu'à m'arranger pour supporter ma réclusion une

heure encore, et ils s'éloignèrent. J'eus à la supporter deux ou trois heures. Enfin, j'entendis un pas : ce n'était pas celui de Heathcliff.
— J'vous ai apporté quelque chose à manger, dit une voix. Ouvrez la porte.

J'obéis vivement et j'aperçus Hareton, chargé d'assez de vivres pour toute une journée.

— Prenez, ajouta-t-il en me poussant le plateau dans les mains.
— Restez une minute, commençai-je.
— Non, cria-t-il.

Et il se retira, sans prêter attention à aucune des prières que je pus lui prodiguer pour le retenir.

Je restai enfermée là toute la journée et toute la nuit suivante ; et encore une autre, et encore une autre. J'y restai cinq nuits et quatre jours en tout, sans voir personne que Hareton une fois tous les matins. C'était le modèle des geôliers : sombre, muet, et sourd à toutes mes tentatives pour émouvoir ses sentiments de justice ou de compassion.

CHAPITRE XXVIII

Le matin, ou plutôt l'après-midi du cinquième jour, j'entendis un pas différent... plus léger et plus court, et cette fois on entra dans la chambre. C'était Zillah, vêtue de son châle écarlate, un chapeau de soie noire sur la tête et un panier d'osier au bras.

– Eh ! mon Dieu ! Mrs. Dean ! s'écria-t-elle. Eh bien ! on parle de vous à Gimmerton. J'étais persuadée que vous étiez noyée dans le marais du Cheval noir, et miss avec vous, quand le maître m'a appris que vous étiez retrouvée et qu'il vous avait logée ici. Seigneur ! il faut que vous ayez atterri sur une île, pour sûr ? Combien de temps êtes-vous restée dans le trou ? Est-ce le maître qui vous a sauvée, Mrs. Dean ? Mais vous n'êtes pas trop maigre... vous n'avez pas trop souffert, n'est-ce pas ?

– Votre maître est un fieffé scélérat. Mais il répondra de sa conduite. Il n'avait pas besoin d'inventer cette histoire ; tout sera connu.

– Que voulez-vous dire ? L'histoire n'est pas de lui. On en parle dans le village ; on raconte que vous vous êtes perdue dans le marais. Quand je suis rentrée, j'ai dit à Earnshaw : « Eh bien ! il s'est passé de drôles de choses, Mr. Hareton, depuis mon départ. C'est bien triste pour cette belle jeune demoiselle et pour cette brave Nelly Dean. » Il m'a regardée d'un air surpris. J'ai vu qu'il n'avait entendu parler de rien et je lui ai raconté le bruit qui courait. Le maître écoutait ; il s'est mis à sourire et a dit : « Si elles ont été dans le marais, elles en sont sorties maintenant, Zillah. Nelly Dean occupe en ce moment votre chambre ; quand vous monterez vous pourrez lui dire de décamper : voici la clef. L'eau du marais lui est entrée dans la tête et elle aurait couru chez elle l'esprit tout dérangé ; mais je l'ai gardée jusqu'à ce qu'elle ait repris sa raison. Vous lui demanderez d'aller sur-le-champ à la Grange et d'annoncer de ma part que la jeune dame la suivra en temps utile pour assister aux obsèques de son père. »

— Mr. Edgar n'est pas mort ? dis-je d'une voix étranglée. Oh ! Zillah ! Zillah !

— Non, non ; rasseyez-vous, ma bonne dame, vous n'êtes pas bien remise. Il n'est pas mort ; le docteur Kenneth pense qu'il peut vivre encore un jour. Je l'ai rencontré sur la route et l'ai interrogé.

Au lieu de m'asseoir, je saisis mon manteau et mon chapeau et je me hâtai de descendre pendant que le chemin était libre. En entrant dans la salle, je regardai s'il y avait quelqu'un qui pût me donner des nouvelles de Catherine. La pièce était inondée de soleil et la porte ouverte ; mais je n'apercevais personne. Comme j'hésitais à partir aussitôt, ou à revenir sur mes pas et à chercher ma maîtresse, une légère toux attira mon attention du côté du foyer. Linton était couché sur le banc, tout seul dans la salle, en train de sucer un bâton de sucre candi, et suivant tous mes mouvements d'un œil apathique.

— Où est Miss Catherine ? demandai-je d'un ton sévère.

Je supposais que, le tenant ainsi tout seul, je pourrais, en l'effrayant, le déterminer à me donner des indications. Il continua de sucer son bâton comme un innocent.

— Est-elle partie ?

— Non ; elle est là-haut. Elle ne partira pas ; nous ne la laisserons pas.

— Vous ne la laisserez pas ! petit idiot ! m'écriai-je. Conduisez-moi à sa chambre sur-le-champ, ou je vais vous faire chanter de la belle manière.

— C'est papa qui vous ferait chanter si vous essayiez d'y aller. Il dit que je n'ai pas à être doux avec Catherine ; elle est ma femme, et c'est honteux de sa part de vouloir me quitter. Il dit qu'elle me hait et qu'elle souhaite ma mort pour avoir mon argent ; mais elle ne l'aura pas ; et elle ne retournera pas chez elle ! Elle n'y retournera jamais ! Elle peut pleurer et se rendre malade tant qu'elle voudra.

Il reprit sa première occupation en fermant les paupières comme s'il voulait s'endormir.

— Master Heathcliff, lui dis-je, avez-vous oublié toutes les bontés qu'a eues pour vous Catherine l'hiver dernier, quand vous lui affirmiez que vous l'aimiez, qu'elle vous apportait des livres, vous chantait des chansons et venait bien souvent vous voir par le vent et par la neige ? Elle pleurait si elle manquait à venir un soir, à l'idée que vous seriez déçu. Vous sentiez bien alors qu'elle était cent fois trop bonne pour vous ; et maintenant vous croyez tous les mensonges de votre père, quoique vous sachiez qu'il vous déteste tous les deux. Vous vous joignez à lui contre elle. Voilà de belle reconnaissance, n'est-ce pas ?

Les coins de la bouche de Linton s'abaissèrent, et il retira le sucre candi de ses lèvres.

— Est-ce par haine pour vous qu'elle est venue à Hurle-Vent ? continuai-je. Raisonnez vous-même ! Quant à votre argent, elle ne sait même pas si vous en aurez jamais. Vous dites qu'elle est malade ; pourtant vous la laissez seule, là-haut, dans une demeure étrangère, vous qui avez éprouvé ce que c'est que d'être négligé ! Pour vos souffrances propres, vous trouviez de la pitié ; et elle en avait aussi ; mais vous n'en avez pas pour les siennes ! Je verse des larmes, Master Heathcliff, vous voyez... moi, une femme d'âge, et une simple servante... et vous, après avoir joué l'affection, et quand vous devriez presque l'adorer, vous gardez toutes vos larmes pour vous-même et vous restez là, étendu bien à l'aise ! Ah ! vous êtes un sans-cœur et un égoïste !

— Je ne peux pas rester avec elle, répondit-il d'un ton bourru. J'aime mieux rester seul. Elle pleure tant que ce n'est pas supportable. Et elle ne veut pas s'arrêter, même quand je lui dis que je vais appeler mon père. Je l'ai appelé une fois ; il l'a menacée de l'étrangler si elle ne se tenait pas tranquille. Mais elle a recommencé dès qu'il a eu quitté la chambre, et toute la nuit elle a gémi et s'est lamentée, malgré les cris que me faisait pousser la contrariété que j'éprouvais de ne pouvoir dormir.

— Mr. Heathcliff est-il sorti ? demandai-je voyant que cette misérable créature était incapable de sympathie pour les tortures morales de sa cousine.

— Il est dans la cour ; il parle au docteur Kenneth, qui dit que mon oncle est en train de mourir pour de bon, enfin. J'en suis heureux parce qu'après lui c'est moi qui serai le maître de la Grange. Catherine en parle toujours comme de *sa* maison. Ce n'est pas à elle ; c'est à moi : papa dit que tout ce qu'elle a est à moi. Tous ses beaux livres sont à moi. Elle m'a offert de me les donner, ainsi que ses jolis oiseaux et son poney Minny, si je voulais me procurer la clef de notre chambre et la laisser sortir ; mais je lui ai répondu qu'elle n'avait rien à donner, que tout, tout était à moi. Alors elle s'est mise à pleurer, a pris à son cou une miniature et m'a dit qu'elle me la donnerait : ce sont deux portraits dans un médaillon d'or, d'un côté sa mère, de l'autre mon oncle, quand ils étaient jeunes. C'était hier... je lui ai dit que ces portraits aussi étaient à moi ; j'ai essayé de les prendre. La méchante créature n'a pas voulu ; elle m'a poussé et m'a fait mal. J'ai crié – cela l'effraie –, elle a entendu papa qui arrivait, a brisé la charnière, partagé le médaillon et m'a donné le portrait de sa mère ; elle a tenté de cacher l'autre, mais papa a demandé ce qu'il y avait et je lui ai expliqué. Il m'a enlevé le portrait que je tenais et a ordonné à Catherine de lui remettre le sien ; elle a refusé, et il... il l'a jetée par terre, a arraché le médaillon de la chaîne et l'a écrasé sous son pied.

— Et vous étiez content de la voir frapper ? demandai-je ; j'avais mes raisons pour l'encourager à parler.

— J'ai fermé les yeux. Je ferme les yeux quand mon père frappe un chien ou un cheval... il frappe si fort ! Pourtant, j'ai d'abord été content... elle méritait une punition pour m'avoir poussé. Mais quand papa a été parti, elle m'a fait venir près de la fenêtre et m'a montré sa joue coupée à l'intérieur contre ses dents, et sa bouche qui se remplissait de sang ; ensuite elle a ramassé les débris du portrait, elle est allée s'asseoir face au mur et, depuis, elle ne m'a plus adressé la parole. Par moments, je me figure que c'est la douleur qui l'empêche de parler. Je n'aime pas à me figurer cela ; mais il faut être une vilaine créature pour pleurer continuellement. Elle est si pâle et a l'air si farouche qu'elle me fait peur.

— Et vous pourriez vous procurer la clef si vous vouliez ?

— Oui, quand je suis en haut ; mais je ne peux pas monter maintenant.

— Dans quelle pièce est cette clef ?

— Oh ! s'écria-t-il, je ne vous dirai pas où elle est ! C'est mon secret. Personne, ni Hareton, ni Zillah, ne doit le savoir. Allons ! vous m'avez fatigué... allez-vous-en ! allez-vous-en !

Il appuya son visage sur son bras et referma les yeux.

Je jugeai qu'il valait mieux m'en aller sans voir Mr. Heathcliff et ramener de la Grange des renforts pour délivrer Catherine. En me voyant arriver, grands furent l'étonnement et aussi la joie des autres serviteurs. Quand ils surent que leur jeune maîtresse était sauve, deux ou trois d'entre eux se préparaient à courir pour crier la nouvelle à la porte de Mr. Edgar ; mais je voulus la lui annoncer moi-même. Comme il avait changé en si peu de jours ! Il était couché, vraie image de la tristesse et de la résignation, attendant la mort. Il paraissait très jeune ; quoiqu'il eût en réalité trente-neuf ans, on lui en aurait facilement donné dix de moins. Il pensait à Catherine, car il murmurait son nom. Je lui pris la main et parlai.

— Catherine va venir, mon bon maître dis-je doucement. Elle est en vie et bien portante ; elle sera là, j'espère, ce soir.

Je tremblai aux premiers effets de ces simples mots. Il se souleva à demi, jeta autour de la chambre un regard avide, puis retomba évanoui. Dès qu'il eut repris connaissance, je racontai notre visite forcée et notre détention à Hurle-Vent. Je dis que Heathcliff m'avait obligée d'entrer, ce qui n'était pas tout à fait vrai. Je chargeai Linton le moins possible ; je ne dépeignis pas non plus toute la brutale conduite de son père, mon intention n'étant pas d'ajouter, si je pouvais l'éviter, de l'amertume à sa coupe déjà débordante.

Il devina que l'un des objets de son ennemi était d'assurer à son fils, ou plutôt de s'assurer à soi-même, la fortune personnelle ainsi que le domaine. Mais pourquoi Heathcliff n'attendait-il pas sa mort ? C'était là une énigme pour mon maître, qui ignorait que son neveu et lui quitteraient cette terre presque en même temps. En tout cas, il comprit qu'il serait bon de modifier son testament ; au lieu de laisser la fortune de Catherine à la disposition de celle-ci, il résolut de la placer aux mains de fidéicommissaires qui lui en serviraient l'usufruit pendant sa vie, et après elle le servirait à ses enfants, si elle en avait. Par ce moyen, la fortune ne passerait pas à Mr. Heathcliff si Linton venait à mourir.

Ayant reçu ses ordres, je dépêchai un homme pour aller chercher l'attorney, et quatre autres bien armés, pour aller réclamer ma jeune maîtresse à son geôlier. Tous mes envoyés furent retenus très tard. Le domestique parti seul revint le premier. Il expliqua que Mr. Green, l'homme de loi, était sorti quand il arriva chez lui, qu'il avait dû attendre deux heures, et qu'alors Mr. Green lui avait dit qu'il avait une petite affaire pressante dans le village, mais qu'il serait à Thrushcross Grange avant le matin. Les quatre hommes revinrent seuls également. Ils rapportèrent que Catherine était souffrante – trop souffrante pour quitter sa chambre – et que Heathcliff n'avait pas permis qu'ils la vissent. Je tançai très fort ces imbéciles d'avoir écouté ce conte, dont je ne voulus pas faire part à mon maître. J'étais décidée à emmener toute une troupe à Hurle-Vent, au point du jour, et à donner l'assaut à la maison, à la lettre, si la prisonnière ne nous était pas rendue de bon gré. Son père la verrait, j'en faisais et j'en refaisais le serment, quand il faudrait tuer ce démon sur le seuil de sa porte s'il voulait essayer de s'y opposer !

Heureusement, cette expédition et cette peine me furent épargnées. À trois heures, j'étais descendue chercher une cruche d'eau et je traversais le vestibule en la tenant à la main, quand un coup sec frappé à la porte d'entrée me fit tressaillir. « Oh ! c'est Green, me dis-je en me ressaisissant... ce n'est que Green » ; et je passai, avec l'intention d'envoyer quelqu'un d'autre lui ouvrir. Mais les coups se répétèrent : pas très forts, mais pourtant pressants. Je posai ma cruche au bas de la rampe et courus à la porte pour le faire entrer moi-même. Dehors, la lune de la moisson[1] brillait en

---

[1] Lune de la moisson : lune qui est près d'être pleine à l'époque de la moisson dans le nord de l'Angleterre, vers l'équinoxe d'automne, quand, par suite de la petitesse de l'angle formé par l'orbite de la lune et l'horizon, elle se lève pendant plusieurs jours à des heures assez rapprochées l'une de l'autre. *(N.d.T.)*

plein. Ce n'était pas l'attorney. Ma chère petite maîtresse me sauta au cou en sanglotant.

— Hélène ! Hélène ! Papa est-il vivant ?
— Oui, oui, mon ange, il est vivant. Dieu soit loué, vous voici de retour au milieu de nous saine et sauve !

Tout essoufflée qu'elle était, elle voulait courir en haut à la chambre de Mr. Linton ; mais je la forçai de s'asseoir sur une chaise, je la fis boire et je lavai son pâle visage auquel je donnai un peu de couleur en le frottant avec mon tablier. Puis je lui dis que je devais monter d'abord et annoncer son arrivée ; je la suppliai de déclarer qu'elle serait heureuse avec le jeune Heathcliff. Elle parut surprise, mais comprenant bientôt pourquoi je lui conseillais ce mensonge, elle m'assura qu'elle ne se plaindrait pas.

Je n'eus pas le courage d'assister à leur entrevue. Je restai un quart d'heure à la porte de la chambre, puis j'entrai, osant à peine me risquer vers le lit. Tout était tranquille, cependant : le désespoir de Catherine était aussi silencieux que la joie de son père. Elle le soutenait avec un calme apparent, et il tenait fixés sur les traits de sa fille ses yeux levés, qui semblaient dilatés par l'extase.

Il mourut dans la béatitude, Mr. Lockwood ; oui, dans la béatitude. La baisant sur la joue, il murmura :

— Je vais vers elle ; et toi, mon enfant chérie, tu viendras vers nous !

Puis il ne remua ni ne parla plus ; mais il continua de diriger sur elle ce regard ravi et lumineux jusqu'au moment où son pouls s'arrêta insensiblement et où son âme s'envola. Nul n'aurait pu noter la minute exacte de sa mort, qui fut entièrement sans lutte.

Soit que Catherine eût épuisé toutes ses larmes, soit que son chagrin fût trop accablant pour leur permettre de couler, elle resta assise là, les yeux secs, jusqu'au lever du soleil ; elle resta encore jusqu'à midi, et ne se serait pas arrachée à ses méditations devant ce lit mortuaire si je n'eusse insisté pour l'emmener et lui faire prendre quelque repos. Il est heureux que j'y aie réussi, car à l'heure du dîner apparut l'homme de loi, qui était passé à Hurle-Vent pour y recevoir des instructions sur la conduite à tenir. Il s'était vendu à Mr. Heathcliff : c'était la cause de son retard à obéir à l'appel de mon maître. Par bonheur, aucun souci des affaires de ce monde n'était venu troubler l'esprit de celui-ci après l'arrivée de sa fille.

Mr. Green prit sur lui de commander tout et tout le monde dans la maison. Il congédia tous les domestiques, excepté moi. Il aurait voulu pousser l'autorité qui lui était déléguée jusqu'à insister pour qu'Edgar Linton ne fût pas enterré à côté de sa femme, mais dans la chapelle avec sa famille. Toutefois, il y avait le testament qui s'y opposait, ainsi que mes bruyantes protestations contre toute infraction à ses clauses. On pressa les funérailles. Catherine – Mrs. Linton Heathcliff, désormais – fut autorisée à rester à la Grange jusqu'à ce que le corps de son père en fût parti.

Elle me raconta que son angoisse avait enfin décidé Linton à courir le risque de la libérer. Elle avait entendu discuter à la porte les hommes que j'avais envoyés, et compris le sens de la réponse de Heathcliff. Son désespoir fut alors au comble. Linton, qui avait été transporté en haut, dans le petit salon, peu après mon départ, fut tellement effrayé qu'il alla chercher la clef avant que son père remontât. Il eut la ruse d'ouvrir la serrure, puis de la refermer sans fermer la porte ; et, quand l'heure fut venue pour lui d'aller se coucher, il demanda à dormir avec Hareton, ce qui lui fut accordé pour une fois. Catherine s'enfuit avant le jour. Elle n'osa pas essayer les portes, par crainte que les chiens ne donnassent l'alarme. Elle visita les chambres inoccupées et en examina les fenêtres ; heureusement, elle put aisément passer par celle de la chambre de sa mère, et de là, atteindre le sol, grâce au sapin qui est tout contre. Son complice, malgré ses timides manigances, pâtit de la part qu'il avait prise à son évasion.

CHAPITRE XXIX

Le soir des obsèques, ma jeune dame et moi étions assises dans la bibliothèque ; tantôt nous rêvions avec tristesse, et l'une de nous avec désespoir, à la perte que nous venions de faire, tantôt nous hasardions des conjectures sur le sombre avenir.

Nous venions de tomber d'accord que le sort le plus heureux pour Catherine serait d'être autorisée à continuer de résider à la Grange, au moins durant la vie de Linton, avec permission pour celui-ci de l'y rejoindre, et pour moi d'y rester comme femme de charge. Cet arrangement nous semblait trop favorable pour que nous pussions espérer de le voir réalisé ; et pourtant j'espérais, je commençais à reprendre courage à la pensée de rester dans la maison, de conserver mon emploi et, par-dessus tout, ma bien-aimée jeune maîtresse, quand un domestique – un de ceux qui étaient congédiés, mais qui n'était pas encore parti – entra précipitamment en disant que « ce démon de Heathcliff » traversait la cour : devait-il lui fermer la porte au nez ?

Si nous avions été assez folles pour vouloir recourir à ce procédé, nous n'en aurions pas eu le temps. Il ne prit pas la peine de frapper ou de s'annoncer : il était le maître, et il se prévalut du privilège du maître pour entrer tout droit, sans dire un mot. Le son de la voix de notre informateur le guida vers la bibliothèque. Il y pénétra, et, faisant signe au domestique de sortir, ferma la porte.

C'était la même pièce où il avait été introduit en hôte dix-huit ans auparavant. La même lune brillait à travers la fenêtre ; au-dehors s'étendait le même paysage d'automne. Nous n'avions pas encore allumé de bougies, mais toute la chambre était éclairée, même les portraits sur le mur : la tête splendide de Mrs. Linton et la gracieuse figure de son mari. Heathcliff s'avança vers le foyer. Le temps ne l'avait guère changé non plus. C'était le même homme : le visage sombre un peu plus blême et plus composé, le corps un peu plus lourd, peut-être, et voilà tout. Catherine s'était levée et avait fait un mouvement instinctif pour se sauver dehors quand elle l'avait aperçu.

– Halte ! dit-il en l'arrêtant par le bras. Plus d'escapades ! Où iriez-vous ? Je suis venu vous chercher pour vous ramener à la maison ; j'espère que vous serez une fille disciplinée et que vous ne pousserez plus mon fils à la désobéissance. J'ai été embarrassé pour le punir quand j'ai découvert la part qu'il avait prise à votre fuite : c'est une telle toile d'araignée qu'un pinçon l'anéantirait. Mais vous verrez à son air qu'il a reçu son compte. Je l'ai fait descendre un soir... avant-hier... je l'ai simplement installé sur une chaise, et je ne l'ai plus touché. J'ai renvoyé Hareton et nous sommes restés seuls dans la chambre. Au bout de deux heures, j'ai appelé Joseph pour le faire remonter. Depuis lors ma présence produit sur ses nerfs l'effet d'un fantôme ; et je crois qu'il me voit souvent, même quand je ne suis pas là. Hareton dit qu'il s'éveille en sursaut au milieu de la nuit, qu'il crie pendant des heures, qu'il vous appelle pour le protéger contre moi. Que votre précieux époux vous plaise ou non, il faut que vous veniez : c'est votre affaire, maintenant. Je vous cède tout l'intérêt que je lui porte.

– Pourquoi ne pas laisser Catherine demeurer ici, plaidai-je, et ne pas lui envoyer Master Linton ? Comme vous les haïssez tous deux, ils ne vous manqueront pas ; ils ne peuvent être qu'un fléau constant pour votre cœur dénaturé.

– Je cherche un locataire pour la Grange, et j'ai besoin d'avoir mes enfants près de moi, bien certainement. De plus, cette jeune personne me doit ses services en échange de son pain. Je n'ai pas l'intention de l'entretenir dans le luxe et dans la paresse quand Linton ne sera plus là. Allons, dépêchez-vous de vous préparer et ne m'obligez pas de vous contraindre.

– Je viendrai, dit Catherine. Linton est tout ce qui me reste à aimer au monde et, quoique vous n'ayez rien négligé pour nous rendre haïssables l'un à l'autre, vous ne pouvez pas nous forcer à nous haïr. Et je vous défie de lui faire du mal quand je serai là, et je vous défie de me faire peur !

– Vous êtes un champion plein de jactance, répliqua Heathcliff. Mais je ne vous aime pas assez pour lui faire du mal ; vous aurez tout le bénéfice du tourment, jusqu'à la fin. Ce n'est pas moi qui vous le rendrai odieux, c'est sa charmante nature elle-même. Votre désertion et ses conséquences l'ont rempli de fiel : n'attendez pas de remerciements pour votre noble dévouement. Je l'ai entendu tracer à Zillah un plaisant tableau de ce qu'il ferait s'il était aussi fort que moi ; l'intention y est, et sa faiblesse même rendra son esprit ingénieux pour suppléer à la force qui lui manque.

— Je sais qu'il a une mauvaise nature : c'est votre fils. Mais je suis heureuse d'en avoir une meilleure pour lui pardonner. Puis je sais qu'il m'aime, et c'est pour cela que je l'aime. Mr. Heathcliff, vous n'avez personne pour vous aimer, vous ; et, si misérables que vous nous rendiez, nous aurons toujours la revanche de penser que votre cruauté vient de votre misère encore plus grande. Car vous êtes misérable, n'est-il pas vrai ? Seul, comme le démon, et envieux comme lui ! Personne ne vous aime, personne ne vous pleurera quand vous mourrez ! Je ne voudrais pas être à votre place !

Catherine parlait avec une sorte de triomphe sinistre. Elle semblait avoir résolu d'entrer dans l'esprit de sa future famille et de tirer plaisir des chagrins de ses ennemis.

— Vous vous repentirez bientôt, dit son beau-père, si vous restez ici une minute de plus. Dehors, sorcière, et prenez vos hardes !

Elle sortit avec un air méprisant. En son absence, j'entrepris de demander la place de Zillah à Hurle-Vent, offrant de lui céder la mienne ; mais il ne voulut pas en entendre parler. Il m'enjoignit de me taire ; puis, pour la première fois, il jeta un coup d'œil circulaire sur la pièce et regarda les portraits. Après avoir examiné celui de Mrs. Linton, il dit :

— Il faut que j'aie celui-là chez moi. Non que j'en aie besoin, mais...

Il se tourna brusquement vers le feu et continua avec ce que, faute d'un meilleur mot, j'appellerai un sourire :

— Je vais vous dire ce que j'ai fait hier. J'ai fait enlever, par le fossoyeur qui creusait la tombe de Linton, la terre sur son cercueil, à elle, et je l'ai ouvert. J'ai cru un instant que j'allais rester là : quand j'ai revu sa figure – c'est encore sa figure ! – le fossoyeur a eu du mal à me faire bouger ; mais il m'a dit que l'air l'altérerait. Alors j'ai rendu libre un des côtés du cercueil, que j'ai ensuite recouvert ; pas le côté près de Linton, que le diable l'emporte ! Son cercueil, à lui, je voudrais qu'il eût été soudé au plomb. Puis j'ai soudoyé le fossoyeur pour qu'il enlevât ce côté quand je serai couché là et qu'il fasse subir la même opération à mon cercueil, que je ferai disposer en conséquence. Et alors, quand Linton viendra nous voir, il ne pourra plus s'y reconnaître !

— Vous avez agi d'une façon indigne, Mr. Heathcliff ! m'écriai-je. N'avez-vous pas eu honte de troubler les morts ?

— Je n'ai troublé personne, Nelly, et je me suis procuré à moi-même quelque soulagement. Je vais à présent me sentir bien mieux ; et vous aurez plus de chances de me maintenir sous terre, quand j'y serai. L'avoir troublée ? Non, c'est elle qui m'a troublé, nuit et jour, pendant dix-huit ans... sans cesse, sans remords... jusqu'à la nuit dernière ; et la nuit dernière j'ai été tranquille. J'ai rêvé que je dormais de mon dernier sommeil à côté d'elle, mon cœur immobile contre le sien et ma joue glacée contre la sienne.

— Et si elle avait été réduite en poussière, ou pis encore, de quoi auriez-vous donc rêvé ?

— Que je me réduisais en poussière avec elle et que j'étais encore plus heureux ! Supposez-vous que je redoute un changement de cette nature ? Je m'attendais, en soulevant le couvercle, à une pareille transformation ; mais je préfère qu'elle ne commence pas avant que je la partage. En outre, si je n'avais pas reçu l'impression nette de ses traits reposés, je n'aurais guère pu me débarrasser de cette étrange sensation. Elle est née d'une façon singulière. Vous savez que j'ai été comme fou après sa mort ; éternellement, de l'aube jusqu'à l'aube, je la suppliais de m'envoyer son fantôme ! Je crois fermement aux revenants : j'ai la conviction qu'ils peuvent exister, et qu'ils existent, au milieu de nous. Le jour de son enterrement, il y eut une chute de neige. Le soir, j'allai au cimetière. Le vent était glacial comme en hiver ; tout, autour de moi, était solitude. Je ne craignais pas que son imbécile de mari vînt errer de ce côté à pareille heure ; et nul autre n'avait affaire là. Étant seul, et sachant que deux mètres de terre meuble étaient l'unique obstacle qui nous séparât, je me dis : « Il faut que je la tienne une fois encore dans mes bras ! Si elle est froide, je penserai que c'est le vent du nord qui me glace, moi ; si elle est immobile, c'est qu'elle dormira. » Je pris une bêche dans ce hangar aux outils et me mis à creuser de toutes mes forces. La bêche racla le cercueil ; je continuai à travailler avec mes mains. Le bois commença de craquer près des vis. J'étais sur le point d'arriver à mon but, quand il me sembla entendre au-dessus de moi, près de l'angle de la tombe, le soupir de quelqu'un qui se penchait. « Si je puis seulement soulever le couvercle, murmurai-je, je souhaite qu'on nous recouvre de terre tous deux ! » Et je m'appliquai à ma tâche avec plus de fureur encore. Il y eut un autre soupir, tout près de mon oreille. Il me semblait sentir un souffle chaud qui déplaçait l'air chargé de grésil. Je savais qu'il n'y avait là aucun être vivant, en chair et en os ; mais, aussi certainement que l'on perçoit dans l'obscurité l'approche d'un corps matériel, bien qu'on ne puisse le discerner, je sentis que Catherine était là : non pas au-dessous de moi, mais sur la terre. Une soudaine sensation de soulagement jaillit de mon cœur et pénétra tous mes membres. Je cessai mon travail désespéré ; j'étais consolé tout d'un coup, indiciblement consolé. Elle était présente à côté de moi ; elle resta pendant que je remplissais la fosse et m'accompagna jusqu'à la maison. Vous pouvez rire si vous voulez, mais j'étais sûr que, là, je la verrais. J'étais sûr qu'elle était avec moi et je ne pouvais m'empêcher de lui parler. Ayant atteint les Hauts, je courus vivement à la porte. Elle était fermée ; et, il m'en souvient, ce maudit Earnshaw et ma femme voulurent m'empêcher d'entrer. Je me rappelle m'être arrêté pour couper d'un coup de pied la respiration à Earnshaw, puis avoir couru en haut dans ma chambre et ensuite dans celle de Catherine. Je regardai impatiemment autour de moi... je la sentais près de moi... je pouvais *presque* la voir, et pourtant je ne la voyais pas. J'ai dû alors avoir une sueur de sang, tant était vive l'angoisse de mon désir, tant était ardente la ferveur de mes supplications pour l'apercevoir un instant seulement ! Je ne l'ai pas aperçue. Elle s'est montrée pour moi ce qu'elle avait été souvent pendant sa vie, un démon ! Et depuis lors, tantôt plus, tantôt moins, je n'ai cessé d'être le jouet de cette torture intolérable, infernale ! qui tient mes nerfs tellement tendus que s'ils n'eussent pas ressemblé à de la corde à boyau, il y a longtemps qu'ils seraient aussi flasques que ceux de Linton. Quand j'étais assis dans la salle avec Hareton, il me semblait que, si je sortais, je la rencontrerais ; quand je me promenais dans la lande, que je la rencontrerais si je rentrais. Quand je quittais la maison, je me hâtais de revenir : elle devait être quelque part à Hurle-Vent, j'en étais certain ! Quand je voulais dormir dans sa chambre, j'en étais chassé. Je ne pouvais pas rester couché ; dès que je fermais les yeux, ou bien elle était dehors à la fenêtre, ou bien elle ouvrait les panneaux du lit, ou bien elle entrait dans la chambre, ou bien même elle appuyait sa tête chérie sur le même oreiller que quand elle était enfant ! Et je me sentais forcé d'ouvrir les yeux pour regarder. Cent fois dans la nuit je les ouvrais et je les refermais ainsi... pour être toujours déçu ! C'était une torture atroce. J'ai souvent gémi tout haut, au point que ce vieux coquin de Joseph a certainement cru que ma conscience était possédée du démon. Maintenant, depuis que je l'ai vue, je suis calmé... un peu calmé. C'est une étrange façon de tuer : non pas pouce par pouce, mais par fraction d'épaisseur de cheveu, en se jouant de moi, pendant dix-huit ans, avec le fantôme d'une espérance !

Mr. Heathcliff s'arrêta et s'essuya le front, où ses cheveux étaient collés, mouillés de sueur. Ses yeux étaient fixés sur les cendres rouges du feu, ses sourcils n'étaient pas contractés, mais relevés près des tempes, ce qui atténuait la dureté de son visage, mais lui donnait un aspect particulier de trouble, l'air d'avoir l'esprit péniblement tendu vers un sujet absorbant. Il ne s'était qu'à moitié adressé à moi, et je gardai le silence. Je n'aimais pas à l'entendre parler. Après un court répit, il reprit sa méditation sur le portrait, le décrocha et l'appuya contre le sofa pour mieux le contempler.

Pendant qu'il était ainsi occupé, Catherine entra, annonçant qu'elle serait prête dès que son poney serait sellé.

– Envoyez cela là-bas demain, me dit Heathcliff.

Puis, se tournant vers elle, il ajouta :

– Vous vous passerez de votre poney. Il fait une belle soirée et vous n'aurez pas besoin de poney à Hurle-Vent ; pour les courses que vous aurez à y faire, vos jambes suffiront. Venez !

– Au revoir, Hélène ! murmura ma chère petite maîtresse.

Comme elle m'embrassait, je sentis que ses lèvres étaient froides comme la glace.

– Venez me voir, Hélène, n'oubliez pas.

– Ayez soin de n'en rien faire, Mrs. Dean, dit son nouveau père. Quand je désirerai vous parler, je viendrai ici. Je n'ai pas besoin que vous veniez fureter chez moi.

Il lui fit signe de passer devant. Jetant derrière elle un regard qui me déchira le cœur, elle obéit. Je les observai par la fenêtre pendant qu'ils traversaient le jardin. Heathcliff mit le bras de Catherine sous le sien, bien qu'elle lui eût opposé d'abord une résistance manifeste ; et il l'entraîna à grands pas dans l'allée, où bientôt les arbres les cachèrent.

CHAPITRE XXX

J'ai fait une visite à Hurle-Vent, mais je ne l'ai pas revue depuis son départ d'ici. Joseph n'a pas lâché la porte pendant que je parlementais et n'a pas voulu me laisser passer. Il m'a dit que Mrs. Linton était occupée et que le maître n'était pas là. Zillah m'a donné quelques nouvelles de l'existence qu'ils mènent, sans quoi je saurais à peine s'ils sont morts ou vivants. Elle trouve Catherine hautaine et ne l'aime pas, cela se devine à la façon dont elle en parle. Ma jeune dame lui a demandé quelques services, lors de son arrivée, mais Mr. Heathcliff lui a prescrit de s'occuper de ses affaires et de laisser sa belle-fille se débrouiller toute seule. Zillah s'est volontiers conformée à ces instructions, car c'est une femme égoïste et à l'esprit étroit. Catherine a manifesté une contrariété enfantine d'être ainsi négligée ; en retour, elle n'a pas caché son dédain pour Zillah et l'a rangée de la sorte dans le camp de ses ennemis, aussi infailliblement que si elle lui avait causé un grand tort. J'ai eu une longue conversation avec Zillah, il y a environ six semaines, un peu avant votre arrivée, un jour que nous nous étions rencontrées dans la lande. Voici ce qu'elle m'a raconté :

La première chose qu'a faite Mrs. Linton, en arrivant à Hurle-Vent, a été de courir en haut, sans même nous souhaiter le bonsoir à Joseph et à moi ; elle s'est enfermée dans la chambre de Linton et y est restée jusqu'au matin. Puis, pendant que le maître et Earnshaw étaient à déjeuner, elle est entrée dans la salle et a demandé, toute tremblante, si l'on ne pourrait pas envoyer chercher le docteur ; son cousin était très malade.

— Nous connaissons cela, a répondu Heathcliff ; mais sa vie ne vaut pas un liard et je ne dépenserai pas un liard pour lui.

– Mais je ne sais que faire. Si personne ne veut m'aider, il va mourir !

– Sortez de cette pièce, a crié le maître, et que je n'entende plus jamais un mot à son sujet ! Personne ici ne s'inquiète de ce qui peut lui arriver. Si vous vous en souciez, faites la garde-malade ; sinon, enfermez-le et laissez-le tranquille.

Alors elle s'est mise à me tarabuster et je lui ai répondu que j'avais eu assez de tracas avec cet être insupportable. À chacun sa tâche : la sienne était de soigner Linton, et Mr. Heathcliff m'avait prescrit de la lui laisser.

Comment se sont-ils arrangés ensemble ? c'est ce que je ne saurais dire. J'imagine qu'il s'est beaucoup tracassé, qu'il a gémi nuit et jour, et qu'elle a eu bien peu de repos : cela se voyait à sa pâleur et à ses yeux lourds. Elle venait parfois dans la cuisine, l'air tout égaré, et elle paraissait avoir envie de demander assistance. Mais je n'allais pas désobéir au maître ; je n'ose jamais lui désobéir, Mrs. Dean. Bien qu'à mon avis on eût tort de ne pas envoyer chercher Kenneth, ce n'était pas mon affaire de donner des conseils ou de faire entendre des plaintes, et j'ai toujours refusé de m'en mêler. Une ou deux fois, après que nous étions allés nous coucher, il m'est arrivé de rouvrir ma porte et de trouver Mrs. Linton en pleurs, assise en haut de l'escalier : je suis vite rentrée chez moi, craignant de me laisser entraîner à intervenir. J'avais pitié d'elle, à ces moments-là, bien sûr ; pourtant, je ne tenais pas à perdre ma place, vous comprenez.

Enfin, une nuit, elle est entrée hardiment dans ma chambre et m'a épouvantée en disant :

– Avertissez Mr. Heathcliff que son fils est mourant... j'en suis sûre, cette fois-ci. Levez-vous à l'instant, et allez l'avertir.

Puis elle disparut. Je restai un quart d'heure à écouter en tremblant. Rien ne bougeait. La maison était calme.

« Elle s'est trompée, pensai-je. Il s'en est tiré. Ce n'est pas la peine de les déranger. » Et je m'assoupis. Mais mon sommeil fut une seconde fois troublé par un violent coup de sonnette... la seule sonnette que nous ayons, qui a été installée exprès pour Linton. Le maître m'appela pour me prescrire d'aller voir ce qui se passait et leur signifier qu'il ne voulait pas que ce bruit se renouvelât.

Je lui fis la commission de Catherine. Il poussa un juron, sortit au bout de quelques minutes avec une chandelle allumée et se dirigea vers leur chambre. Je le suivis.

Mrs. Heathcliff était assise à côté du lit, les mains croisées sur ses genoux. Son beau-père s'avança, dirigea la lumière sur la figure de Linton, le regarda et le tâta ; puis il se tourna vers elle.

— Eh bien ! Catherine, dit-il, comment vous sentez-vous ?
Elle resta muette.
— Comment vous sentez-vous, Catherine ? répéta-t-il.
— Il ne souffre plus, et je suis libre, répondit-elle. Je devrais me sentir bien... mais, continua-t-elle avec une amertume qu'elle ne pouvait cacher, vous m'avez laissée si longtemps lutter seule contre la mort, que je ne sens plus et ne vois plus que la mort ! Je me sens comme morte !

Et elle en avait l'air aussi ! Je lui donnai un peu de vin. Hareton et Joseph entrèrent ; ils avaient été réveillés par le coup de sonnette et le bruit des pas, et ils nous avaient entendus du dehors. Joseph n'était pas fâché, je crois, de la disparition du jeune homme ; Hareton paraissait un peu troublé, quoiqu'il fût plus occupé à regarder Catherine avec de grands yeux qu'à penser à Linton. Mais le maître l'invita à retourner se coucher : on n'avait pas besoin de lui. Il fit ensuite porter le corps dans sa chambre par Joseph, me dit de rentrer dans la mienne, et Mrs. Heathcliff resta seule.

Le matin, il m'envoya lui faire savoir qu'elle devait descendre pour déjeuner. Elle s'était déshabillée, semblait vouloir dormir, et répondit qu'elle était souffrante, ce qui ne me surprit guère. J'en informai Mr. Heathcliff, qui répliqua :

— Bon, laissez-la tranquille jusqu'après les obsèques ; montez de temps à autre voir si elle a besoin de quelque chose et, dès qu'elle paraîtra aller mieux, dites-le-moi.

Catherine resta en haut pendant une quinzaine, d'après Zillah, qui allait la voir deux fois par jour et qui se serait volontiers montrée un peu plus affectueuse, si ses tentatives d'amabilité n'eussent aussitôt été repoussées avec hauteur.

Heathcliff monta une fois pour lui montrer le testament de Linton. Celui-ci avait légué à son père tout ce qu'il avait et tout ce qu'elle-même avait eu de biens meubles : le pauvre malheureux avait été déterminé, par la menace ou la cajolerie, à signer cet acte pendant l'absence d'une semaine qu'avait faite Catherine lors de la mort de son père. Quant aux terres, comme il était mineur, il ne pouvait pas en disposer. Quoi qu'il en soit, Mr. Heathcliff les avait réclamées et les gardait en vertu des droits de sa femme et des siens propres aussi ; je suppose que c'est légal. En tout cas, Catherine, sans argent et sans amis, ne peut lui en disputer la possession.

Personne que moi, dit Zillah, n'a jamais approché de sa porte, sauf en cette seule occasion ; et personne ne s'est jamais inquiété d'elle. La première fois qu'elle est descendue dans la salle, c'était un dimanche après-midi. Elle s'était écriée, quand je lui avais apporté son dîner, qu'elle ne pouvait plus endurer le froid. Je lui dis que le maître allait à Thrushcross Grange, et que ni Earnshaw ni moi ne l'empêcherions de descendre. Aussi, dès qu'elle eut entendu s'éloigner le trot du cheval de Heathcliff, fit-elle son apparition, vêtue de noir et coiffée avec une simplicité de Quaker, ses boucles blondes plaquées derrière les oreilles ; elle ne pouvait pas les faire bouffer.

Joseph et moi, nous allons en général à la chapelle le dimanche. (L'église, vous le savez, n'a pas de ministre en ce moment, expliqua Mrs. Dean ; et on donne le nom de chapelle au temple méthodiste, ou baptiste – je ne sais pas lequel des deux c'est – de Gimmerton.) Joseph était parti, mais j'avais jugé bon de rester à la maison. Il vaut mieux que les jeunes gens soient sous la surveillance d'une personne plus âgée, et Hareton, avec toute sa timidité, n'est pas un modèle de bonnes manières. Je l'avertis que sa cousine allait très probablement descendre avec nous et qu'elle avait toujours été habituée à voir respecter le jour du Seigneur ; je lui conseillai donc de laisser ses fusils et toutes ses bricoles pendant qu'elle serait là. À cette annonce, il rougit et jeta les yeux sur ses mains et sur ses vêtements. L'huile et la poudre de chasse disparurent en une minute. Je vis qu'il avait l'intention de lui tenir compagnie et je devinai, à ses façons, qu'il désirait être présentable. Aussi, riant comme je n'oserais quand le maître est là, je lui offris de l'aider, s'il voulait, et plaisantai sur sa confusion. Il devint sombre et se mit à jurer.

Eh bien, Mrs. Dean, poursuivit Zillah, qui voyait que sa conduite ne me plaisait guère, vous pensez peut-être que votre jeune dame est trop distinguée pour Mr. Hareton ; et peut-être avez-vous raison. Mais j'avoue que j'aimerais à rabaisser d'un cran son orgueil. À quoi lui serviront maintenant toute son instruction et tous ses raffinements ? Elle est aussi pauvre que vous et moi, plus pauvre, je parierais. Vous faites des économies, et moi je tâche d'amasser un petit magot.

Hareton se laissa aider par Zillah dont les flatteries lui rendirent sa bonne humeur. Quand Catherine arriva, il avait presque oublié les insultes qu'elle lui avait prodiguées jadis et il s'efforça de se rendre agréable, s'il faut en croire la femme de charge.

Miss Cathy entra, dit Zillah, froide comme un glaçon et hautaine comme une princesse. Je me levai et lui offris mon fauteuil. Non, elle faisait fi de mes civilités. Earnshaw se leva, lui aussi, et la pria de venir sur le banc et de s'asseoir près du feu : il était sûr qu'elle gelait.

— Il y a un mois et plus que je gèle, répondit-elle en appuyant sur le mot avec tout le dédain qu'elle put y mettre.

Elle prit elle-même une chaise et la plaça à bonne distance de nous deux. Après s'être réchauffée, elle regarda autour d'elle et découvrit un certain nombre de livres sur le buffet. Aussitôt elle se leva et se haussa pour les atteindre ; mais ils étaient trop haut pour elle. Son cousin, après avoir observé quelque temps ses efforts, finit par s'enhardir à l'aider. Elle tendit sa robe et y mit les premiers volumes qui lui tombèrent sous la main.

C'était une grande avance de la part du jeune homme. Elle ne le remercia pas ; il se sentait pourtant tout heureux qu'elle eût accepté son assistance. Il se hasarda à se tenir derrière elle pendant qu'elle examinait les livres, et même à se pencher et à montrer ce qui frappait son imagination dans certaines vieilles images qu'ils contenaient. L'impertinence avec laquelle elle chassait son doigt en faisant tourner la page ne le rebutait pas ; il se contenta de reculer un peu et de la regarder au lieu de regarder le livre. Elle continua de lire, ou de chercher quelque chose à lire. Quant à lui, il concentra peu à peu son attention dans l'étude de ses boucles épaisses et soyeuses ; il ne pouvait pas voir sa figure, et elle ne pouvait pas le voir. Sans bien se rendre compte peut-être de ce qu'il faisait, mais attiré comme un enfant vers une chandelle, il finit par passer du regard au toucher ; il avança la main et caressa une boucle, aussi doucement que si c'eût été un oiseau. À la façon dont elle tressaillit et se retourna en sentant cette caresse, on aurait dit qu'il lui avait plongé un couteau dans le cou.

— Allez-vous-en à l'instant ! Comment osez-vous me toucher ? Que faites-vous là derrière moi ? cria-t-elle d'un ton de dégoût. Je ne puis vous souffrir ! Je vais remonter, si vous vous approchez de moi.

Mr. Hareton recula d'un air parfaitement stupide. Il s'assit sur le banc, où il resta très tranquille, et elle continua de parcourir ses volumes pendant une autre demi-heure. À la fin, Earnshaw traversa la salle et me dit à voix basse :

— Voulez-vous lui demander de nous faire la lecture, Zillah ? J'en ai assez de ne rien faire ; et j'aime... il me semble que j'aimerais à l'entendre. Ne dites pas que c'est moi qui le désire, mais demandez-le-lui comme de vous-même.

— Mr. Hareton voudrait que vous nous fissiez la lecture, madame, dis-je aussitôt. Il vous en saurait beaucoup de gré... il vous serait très obligé.

Elle fronça les sourcils, puis, levant les yeux, répondit :

— Mr. Hareton, et tous tant que vous êtes, vous aurez la bonté de comprendre que je repousse toutes les affectations de bienveillance que vous avez l'hypocrisie de m'offrir. Je vous méprise et ne veux adresser la parole à aucun de vous. Quand j'aurais donné ma vie pour un mot affectueux, pour la simple vue d'un de vos visages, vous vous êtes tous tenus à l'écart. Mais je ne veux pas me plaindre à vous. C'est le froid qui m'a chassée de ma chambre ; je ne suis venue ici ni pour vous amuser ni pour jouir de votre société.

— Qu'aurais-je pu faire ? commença Earnshaw. En quoi ai-je mérité le blâme ?

— Oh ! vous, vous êtes une exception. Ce n'est pas votre sollicitude qui m'a jamais manqué.

— Mais je l'ai offerte plus d'une fois et j'ai demandé, dit-il, excité par son impertinence, j'ai demandé à Mr. Heathcliff de me laisser veiller à votre place...

— Taisez-vous ! J'irai dehors, n'importe où, plutôt que d'avoir dans l'oreille votre désagréable voix.

Hareton grommela qu'elle pouvait aller au diable pour ce qu'il s'en souciait. Puis, décrochant son fusil, il ne s'abstint pas plus longtemps de ses occupations dominicales. Il parlait à présent, et assez librement ; elle jugea bientôt convenable de retourner à sa solitude. Mais le temps s'était mis à la gelée et, en dépit de son orgueil, elle fut forcée de condescendre à rester en notre compagnie de plus en plus longtemps. Seulement j'ai pris soin qu'elle n'ait plus à dédaigner mes bonnes intentions : je n'ai plus cessé d'être aussi roide qu'elle. Chez nous personne ne l'aime, elle ne plaît à personne ; elle ne mérite d'ailleurs pas qu'on l'aime, car dès qu'on lui dit le moindre mot, elle se renfrogne sans respect pour qui que ce soit ! Elle insulte le maître lui-même, elle va jusqu'à le défier de la frapper ; et plus elle s'attire de châtiments, plus elle devient venimeuse.

Tout d'abord, en écoutant ce récit de Zillah, j'avais résolu de quitter ma place, de prendre une petite maison et de décider Catherine à y venir vivre avec moi. Mais autant eût valu parler à Mr. Heathcliff d'installer Hareton dans une maison à lui. Je ne vois d'autre remède, pour le moment, que dans un nouveau mariage ; et c'est là un projet dont la réalisation n'est pas de ma compétence.

Ainsi finit l'histoire de Mrs. Dean. En dépit des pronostics du docteur, je reprends rapidement des forces. Bien que nous soyons seulement dans la seconde semaine de janvier, j'ai l'intention de sortir à cheval dans un jour ou deux pour aller jusqu'à Hurle-Vent informer mon propriétaire que je vais passer à Londres les six mois prochains et que, si cela lui convient, il peut chercher un nouveau locataire après octobre. Je ne voudrais pour rien au monde passer un autre hiver ici.

CHAPITRE XXXI

Hier le temps était clair, calme et froid. J'ai été à Hurle-Vent comme j'en avais l'intention. Ma femme de charge m'a supplié de porter de sa part un petit billet à sa jeune dame, et je n'ai pas refusé, car la digne femme n'avait pas conscience qu'il pût rien y avoir d'étrange dans sa requête. La porte de la façade était ouverte, mais la barrière était fermée avec un soin jaloux, comme à ma dernière visite. Je frappai et j'invoquai l'aide d'Earnshaw qui était au milieu des carrés du jardin ; il enleva la chaîne et j'entrai. Le gaillard est un aussi beau type de rustre qu'on puisse le souhaiter ; je l'ai examiné particulièrement cette fois-ci. Mais on dirait qu'il fait de son mieux pour tirer de ses avantages le moindre parti possible.

Je demandai si Mr. Heathcliff était chez lui. Il me répondit que non, mais qu'il serait là pour dîner. Il était onze heures.

J'annonçai mon intention de pénétrer dans la maison et de l'attendre, sur quoi il jeta aussitôt ses outils et m'accompagna, en manière de chien de garde, mais non comme remplaçant de l'hôte absent.

Nous entrâmes ensemble. Catherine était là, occupée à préparer des légumes pour le repas. Elle paraissait plus morose et moins animée que la première fois que je l'avais vue. Elle leva à peine les yeux pour me regarder et continua son travail avec le même mépris des formes ordinaires de la politesse qu'auparavant ; elle ne répondit ni à mon salut ni à mon bonjour par la moindre manifestation.

« Elle n'a pas l'air si aimable, pensai-je, que Mrs. Dean voudrait me le faire croire. C'est une beauté, sans doute, mais ce n'est pas un ange. »

Earnshaw lui dit d'un ton bourru d'emporter ses ustensiles dans la cuisine. « Emportez-les vous-même », répliqua-t-elle en les repoussant dès qu'elle eut fini. Puis elle se retira sur un tabouret près de la fenêtre et se mit à découper des formes d'oiseaux et d'animaux dans les épluchures de raves. Je m'approchai d'elle, sous prétexte de regarder le jardin, et je m'imaginai être très adroit en laissant tomber sur ses genoux le billet de Mrs. Dean, sans être vu de Hareton. Mais elle demanda tout haut : « Qu'est-ce que cela ? » et rejeta le papier.

– Une lettre de votre vieille connaissance, la femme de charge de la Grange, répondis-je, ennuyé qu'elle eût révélé ma démarche obligeante et craignant qu'on pût supposer qu'il s'agissait d'une lettre de moi-même.

En apprenant ce que c'était, elle aurait volontiers ramassé le billet ; mais Hareton la devança. Il s'en saisit et le mit dans son gilet en disant qu'il fallait que Mr. Heathcliff le vît d'abord. Là-dessus, Catherine, sans rien dire, détourna de nous son visage, tira furtivement son mouchoir et le porta à ses yeux. Son cousin, après avoir lutté un moment pour refouler ses bons sentiments, sortit la lettre de sa poche et la jeta à terre à côté d'elle, d'aussi mauvaise grâce qu'il pût. Catherine la saisit et la lut avidement ; puis elle me fit quelques questions concernant les habitants, humains et autres, de son ancienne demeure ; enfin, regardant vers les collines, elle murmura dans un monologue :

– J'aimerais tant à descendre cette côte sur le dos de Minny ! J'aimerais tant à grimper par là ! Oh ! je suis lasse… je suis comme une bête qui ne sort pas de l'écurie, Hareton !

Elle renversa sa jolie tête contre l'appui de la fenêtre, moitié bâillant, moitié soupirant, et tomba dans une sorte de mélancolie rêveuse, sans s'inquiéter de savoir si nous l'observions.

– Mrs. Heathcliff, dis-je après être resté assis quelque temps en silence, vous ne savez pas que je vous connais ? et si intimement qu'il me semble étrange que vous ne veniez pas me parler. Ma femme de charge ne se lasse pas de m'entretenir de vous et de me faire votre éloge. Elle sera extrêmement désappointée si je reviens sans nouvelles de vous ou sans rien pour elle de votre part, sinon que vous avez reçu sa lettre et que vous n'avez rien dit.

Ce discours parut la surprendre. Elle demanda :

– Plaisez-vous à Hélène ?

– Oui… sans doute, répondis-je avec hésitation.

– Vous lui direz que je voudrais bien répondre à sa lettre, mais je n'ai rien pour écrire : pas même un livre dont je puisse arracher un feuillet.

– Pas de livres ! Comment pouvez-vous vivre ici sans livres ? S'il n'y a pas d'indiscrétion à faire cette question. Bien que j'aie une vaste bibliothèque, je me sens souvent triste à la Grange ; enlevez-moi mes livres, je serais réduit au désespoir.

— Je lisais constamment, quand j'en avais. Mais Mr. Heathcliff ne lit jamais ; aussi s'est-il mis en tête de détruire mes livres. Je n'en ai pas vu un depuis des semaines. Une fois seulement j'ai fouillé dans le fonds de théologie de Joseph, à sa grande irritation ; et une fois, Hareton, je suis tombée sur une réserve cachée dans votre chambre... quelques volumes latins et grecs, puis des contes et des poésies : tous de vieux amis, ceux-ci. Je les avais apportés de la Grange, et vous les avez ramassés, comme la pie ramasse des cuillers d'argent pour le simple plaisir de voler ! Ils ne vous servent à rien. Ou bien vous les avez cachés avec la mauvaise pensée que, n'en pouvant jouir vous-même, personne n'en devait jouir. Peut-être est-ce votre envie qui a conseillé à Mr. Heathcliff de me priver de mes trésors ? Mais la plupart d'entre eux sont gravés dans mon cerveau et imprimés dans mon cœur, et de ceux-là vous ne pouvez pas me priver.

Earnshaw était devenu cramoisi pendant que sa cousine révélait ainsi ses accaparements littéraires ; il balbutia un démenti indigné pour repousser ces accusations.

— Mr. Hareton est désireux d'accroître la somme de ses connaissances, dis-je en venant à son secours. Ce n'est pas de l'envie, mais de l'émulation que lui inspire votre savoir. Il sera très instruit dans quelques années.

— Et en attendant il veut que je devienne une buse, répondit Catherine. Oui, je l'entends qui essaie d'épeler et de lire tout seul, et il fait de jolies bévues ! Je voudrais vous voir recommencer la lecture de *Chevy chase** comme vous faisiez hier ; c'était extrêmement drôle. Je vous ai entendu ; comme je vous ai entendu feuilleter le dictionnaire pour y chercher les mots difficiles, puis jurer parce que vous ne pouviez pas lire les explications.

Le jeune homme trouvait évidemment un peu dur d'être raillé à cause de son ignorance, et d'être encore raillé parce qu'il essayait d'y remédier. J'avais une impression analogue ; et, me rappelant l'anecdote de Mrs. Dean sur la première tentative qu'il avait faite pour dissiper un peu les ténèbres où il avait été élevé, j'observai :

— Mais, Mrs. Heathcliff, nous avons tous débuté et nous avons tous trébuché et chancelé sur le seuil. Si nos maîtres nous avaient méprisés au lieu de nous aider, nous trébucherions et nous chancellerions encore.

— Oh ! je ne désire pas entraver ses progrès. Cependant il n'a aucun droit de s'approprier ce qui est à moi et de le rendre ridicule

---

* Vieille ballade, très populaire en Angleterre. Voir, sur cette ballade, deux articles d'Addison dans *Le Spectateur*, n° 70 du 21 mai 1711, et n° 74 du 25 mai 1711. *(N.d.T.)*

par ses grossières erreurs et ses fautes de prononciation. Ces livres, en prose ou en vers, me sont sacrés par d'autres souvenirs ; il me déplaît profondément qu'ils soient avilis et profanés dans sa bouche. Enfin, entre toutes les autres, il a choisi, comme par pure malice, mes œuvres favorites, celles que j'aime le mieux à relire.

Pendant une minute, la poitrine de Hareton se souleva en silence. Il était agité par le pénible sentiment de son humiliation et par la colère, qu'il n'était pas facile pour lui de dompter. Je me levai et, dans l'intention courtoise de soulager son embarras, je me mis sur le pas de la porte, à regarder la vue. Il se leva aussi et sortit de la pièce ; mais il reparut bientôt, tenant dans ses mains une demi-douzaine de volumes qu'il jeta sur les genoux de Catherine en s'écriant :

– Prenez-les ! Je ne veux plus jamais en entendre parler, ni les lire, ni y penser !

– Je n'en veux plus, maintenant, répondit-elle. Ils s'associeraient à vous dans mon esprit, et je les détesterais.

Elle en ouvrit un qui, manifestement, avait été souvent feuilleté, et lut un passage sur le ton traînant d'un débutant ; puis elle se mit à rire et rejeta le livre. « Écoutez encore », continua-t-elle d'un air provocant ; et elle commença de la même manière un vers d'une vieille ballade.

Mais l'amour-propre de Hareton n'en pouvait supporter davantage. J'entendis, et sans désapprouver entièrement, qu'il infligeait à l'insolence de Catherine une correction manuelle. La petite coquine avait fait tout ce qu'elle avait pu pour blesser les sentiments délicats, quoique incultes, de son cousin, et un argument physique était le seul moyen qu'il eût de balancer son compte et de rendre son dû à l'agresseur. Ensuite il ramassa les livres et les jeta au feu. Je lus sur son visage ce qu'il lui en coûtait de faire ce sacrifice à sa mauvaise humeur. Pendant qu'ils se consumaient, j'imaginais qu'il songeait au plaisir qu'ils lui avaient déjà procuré, au triomphe et au plaisir croissant qu'il en attendait ; et je croyais deviner aussi l'aiguillon de ses études secrètes. Il s'était contenté du labeur journalier, des rudes satisfactions de la vie animale, jusqu'au moment où Catherine avait traversé son chemin. De la honte d'être méprisé par elle, de l'espoir d'en être approuvé, étaient nées alors des aspirations plus hautes. Mais, au lieu de le préserver du dédain et de lui attirer la louange, ses efforts pour s'élever avaient produit un résultat exactement contraire.

– Oui, c'est tout le bien qu'une brute comme vous en peut tirer ! cria Catherine suçant sa lèvre meurtrie, et suivant avec des yeux indignés les progrès du feu.

– Je vous conseille de vous taire, maintenant, répondit-il d'un ton furieux.

Son agitation l'empêcha d'en dire plus long. Il s'avança vivement vers l'entrée ; je m'effaçai pour le laisser passer. Mais avant qu'il eût franchi le seuil, Mr. Heathcliff, qui remontait la chaussée, le croisa et, lui posant la main sur l'épaule, demanda :

– Eh bien, qu'y a-t-il, mon garçon ?

– Rien, rien.

Et il se sauva pour aller ruminer son chagrin et sa colère dans la solitude.

Heathcliff le suivit du regard et soupira.

– Il serait étrange de me contrecarrer moi-même, murmura-t-il sans s'apercevoir que j'étais derrière lui. Mais quand je cherche dans son visage les traits de son père, c'est *elle* que j'y trouve chaque jour un peu plus ! Comment diable lui ressemble-t-il tant ? C'est à peine si je peux supporter sa vue !

Il baissa les yeux et entra d'un air pensif. Il y avait sur sa figure une expression d'inquiétude et d'anxiété que je n'y avais encore jamais remarquée ; et il paraissait amaigri.

Sa belle-fille, en l'apercevant par la fenêtre, s'échappa immédiatement dans la cuisine, de sorte que je restai seul.

– Je suis heureux de vous voir de nouveau dehors, Mr. Lock-wood, dit-il en réponse à mon salut ; pour des motifs égoïstes, en partie : je ne crois pas que je pourrais facilement vous remplacer, dans ce désert. Je me suis demandé plus d'une fois ce qui vous avait amené ici.

– Un simple caprice, je le crains, monsieur ; et c'est peut-être un simple caprice qui m'en chasse. Je pars pour Londres la semaine prochaine ; et je dois vous avertir que je n'ai pas l'intention de garder Thrushcross Grange au-delà des douze mois pour lesquels je l'ai louée. Je ne pense pas revenir jamais vivre ici.

– Oh ! vraiment ; vous êtes fatigué d'être exilé du monde, sans doute ? Mais si vous venez plaider une exonération de prix pour une location dont vous ne voulez pas profiter, votre déplacement aura été inutile : je ne renonce jamais à exiger de qui que ce soit ce qui m'est dû.

– Je ne suis venu plaider rien de semblable, m'écriai-je fort irrité. Si vous le désirez, je vais régler avec vous sur-le-champ.

Et je tirai mon portefeuille de ma poche.

– Non, non, répliqua-t-il froidement. Vous laisserez assez de gages derrière vous pour couvrir vos dettes si vous manquiez à revenir ; je ne suis pas si pressé. Asseyez-vous et restez à dîner avec nous ; un hôte dont on est assuré de ne plus recevoir la visite trouve généralement bon accueil. Catherine, apportez le couvert. Où êtes-vous ?

Catherine reparut, portant un plateau chargé de couteaux et de fourchettes.

– Vous pouvez prendre votre repas avec Joseph, lui dit Heathcliff à part, et rester dans la cuisine jusqu'à ce qu'il soit parti.

Elle exécuta ces instructions très ponctuellement ; peut-être n'éprouvait-elle pas l'envie de les transgresser. Vivant au milieu de rustres et de misanthropes, elle est probablement incapable d'apprécier des êtres d'une classe supérieure quand elle en rencontre.

Entre Mr. Heathcliff, renfrogné et taciturne, d'un côté, et Hareton, absolument muet, de l'autre, je fis un repas assez peu réjouissant et pris congé de bonne heure. J'aurais voulu partir par le derrière de la maison, pour jeter un dernier regard sur Catherine et pour ennuyer le vieux Joseph ; mais Hareton reçut l'ordre de m'amener mon cheval, et mon hôte lui-même m'escorta jusqu'à la porte, de sorte que je ne pus satisfaire mon désir.

« Oh ! La vie sinistre qu'on mène dans cette maison, me disais-je en descendant par la route. Quel joli roman, plus vivant qu'un conte de fées, c'eût été pour Mrs. Linton Heathcliff, si elle et moi avions formé un attachement, comme le souhaitait sa bonne gouvernante, et si nous avions émigré ensemble dans l'atmosphère agitée de la capitale ! »

CHAPITRE XXXII

1802. — En ce mois de septembre, j'ai été invité à dévaster dans le Nord les landes d'un ami et, en me rendant chez lui, je me suis trouvé sans m'y attendre à une quinzaine de milles de Gimmerton. Le palefrenier d'une auberge au bord de la route tenait un seau devant mes chevaux pour les abreuver quand vint à passer une charrette d'avoines très vertes, fraîchement coupées. Il remarqua :

— Ça vient de Gimmerton, pour sûr ! Y sont toujours en retard de trois semaines su'l's autres pour la moisson.

— Gimmerton ? répétai-je... mon séjour dans cette localité n'était déjà plus qu'un souvenir vague comme un rêve. Ah ! oui, je sais. À quelle distance est-ce d'ici ?

— P't êt' ben quatorze milles, par la montagne et une mauvaise route, répondit l'homme.

Je me sentis soudain poussé à revoir Thrushcross Grange. Il était à peine midi, et je pensai qu'autant valait passer la nuit sous mon propre toit que dans une auberge. Outre cela, je pouvais facilement prendre un jour pour régler mes affaires avec mon propriétaire et m'épargner ainsi la peine de revenir dans le pays. Après m'être reposé un moment, je dis à mon domestique de s'informer du chemin qui conduisait au village. Avec beaucoup de fatigue pour nos montures, nous arrivâmes à franchir la distance en trois heures.

Je laissai mon domestique dans le village et descendis seul la vallée. L'église grise paraissait plus grise et le cimetière solitaire plus solitaire. Je distinguai un troupeau de moutons de la lande qui broutait l'herbe courte sur les tombes. Le temps était doux, chaud... trop chaud pour le voyageur ; mais la chaleur ne m'empêcha pas de jouir du délicieux paysage qui s'étendait au-dessus et au-dessous de moi. Si nous eussions été plus près d'août, je suis sûr que j'aurais été tenté de passer un mois dans ces solitudes. En hiver, rien de plus lugubre, en été rien de plus divin que ces vallons resserrés entre les collines et que ces tertres aux escarpements hardis, couverts de bruyères.

J'atteignis la Grange avant le coucher du soleil. Je frappai, mais à en juger par une mince fumée bleue qui montait en spirales de la cheminée de la cuisine, les habitants s'étaient retirés dans les locaux situés derrière la maison, et ils ne m'entendirent pas. J'entrai dans la cour. Sous le porche, une petite fille de neuf ou dix ans était assise et tricotait ; une vieille femme, appuyée contre les marches cavalières, fumait sa pipe d'un air songeur.

— Mrs. Dean est-elle là ? lui demandai-je.
— Mrs. Dean ? Non. E' n'habite point ici ; elle est là-haut, à Hurle-Vent.
— Est-ce donc vous qui gardez la maison ?
— Oui, j'gardions la maison.
— Eh bien, je suis Mr. Lockwood, le maître. Y a-t-il une chambre où je puisse loger ? Je voudrais passer la nuit.
— El' maître ! s'écria-t-elle tout étonnée. Eh ben ! qui c'est qui s'serait douté qu'vous alliez venir ? Vous auriez dû envoyer un mot. Y a pas un coin qui soye sèche ni convenable dans toute la maison ! Y en a pas un !

Elle ôta sa pipe de sa bouche et entra avec précipitation ; la petite fille la suivit, et j'en fis autant. M'apercevant vite que ses dires étaient exacts et, de plus, que mon apparition inopportune lui avait presque bouleversé la cervelle, je lui dis de se calmer. J'allais faire un tour ; pendant ce temps-là, elle n'avait qu'à tâcher de me préparer un coin dans un salon, pour y souper, et une chambre à coucher pour y dormir. Inutile de balayer et d'épousseter : je ne demandais qu'un bon feu et des draps secs. Elle parut disposée à faire de son mieux, bien qu'elle grattât la grille du foyer avec la balayette au lieu du tisonnier, et qu'elle fît un emploi aussi peu judicieux d'autres ustensiles de ménage. Mais je me retirai, me fiant à son zèle pour trouver, quand je rentrerais, un endroit où me reposer. Les Hauts de Hurle-Vent étaient le but de l'excursion que je projetais. Une arrière-pensée me ramena sur mes pas quand j'eus traversé la cour.

— Tout va bien à Hurle-Vent ? demandai-je à la femme.
— Oui, pour c'que j'en savions, répondit-elle, et elle disparut avec un poêlon plein de tisons ardents.

J'aurais voulu lui demander pourquoi Mrs. Dean avait abandonné la Grange, mais il ne fallait pas songer à la retarder dans une pareille crise ; je fis donc demi-tour et sortis, m'en allant sans me presser. Derrière moi resplendissait le soleil à son déclin, devant moi se levait la lune dans sa douce gloire. Peu à peu l'éclat du premier s'affaiblit, celui de l'autre grandit tandis que je quittais le parc et que je montais le chemin qui bifurque vers la demeure de Mr. Heathcliff. Avant que je fusse arrivé en vue des Hauts, il ne restait d'autre jour qu'une lueur ambrée diffuse à l'ouest ; mais je voyais chaque caillou du chemin et chaque brin d'herbe grâce à ce clair de lune splendide. Je n'eus ni à escalader la barrière, ni à frapper... elle céda sous ma main. Voilà un progrès, pensai-je. Et mes narines en perçurent un autre : un parfum de giroflées et de ravenelles se dégageait d'entre les rustiques arbres fruitiers.

Portes et fenêtres étaient ouvertes ; pourtant, comme c'est l'habitude dans les districts charbonniers, un beau feu rouge illuminait la cheminée. La jouissance que l'œil en éprouve rend supportable la chaleur superflue. La salle de Hurle-Vent est d'ailleurs si grande que ses occupants ont toujours largement la place de se mettre à l'abri de l'ardeur du foyer ; aussi ceux qui s'y trouvaient pour le moment s'étaient-ils établis non loin d'une des fenêtres. Je pus, avant d'entrer, les voir et les entendre parler et, en conséquence, je regardai et j'écoutai, mû par un sentiment de curiosité et d'envie mélangées, qui s'accrut à mesure que je m'attardais davantage.

— *Con-traire !* disait une voix douce comme une clochette d'argent. C'est la troisième fois que je vous le répète, âne que vous êtes ! Je ne vous le dirai plus. Tâchez de vous en souvenir, ou je vous tire les cheveux !

— Eh bien ! *contraire*, alors, répondit une autre voix au timbre grave mais un peu voilé. Et maintenant, embrassez-moi, pour m'être si bien souvenu.

— Non, relisez d'abord correctement, sans une seule faute.

L'interlocuteur masculin commença de lire. C'était un jeune homme convenablement habillé et assis à une table, un livre devant lui. Son beau visage brillait de plaisir et ses yeux avaient peine à ne pas se détacher de la page pour se porter sur une petite main blanche, appuyée sur son épaule, qui le rappelait à l'ordre d'une bonne tape sur la joue chaque fois qu'il donnait de pareils signes d'inattention. La personne à qui appartenait cette main se tenait derrière lui. Ses boucles légères et soyeuses se mêlaient par moments aux mèches noires de l'élève, quand elle se penchait pour surveiller le travail de celui-ci ; et sa figure... il était heureux qu'il ne pût pas voir sa figure, car autrement il n'aurait jamais été attentif à sa leçon. Moi, je pouvais la voir ; et je me mordais la lèvre de dépit en pensant que j'avais laissé passer la chance de faire quelque chose de plus que de contempler sa beauté captivante.

La leçon s'acheva, non sans autres bévues ; mais l'élève réclama une récompense, et reçut au moins cinq baisers, qu'il rendit d'ailleurs généreusement. Puis ils vinrent à la porte et, à leur conversation, je jugeai qu'ils allaient sortir et faire une promenade dans la lande. Je supposai que je serais condamné dans le cœur de Hareton Earnshaw, sinon par sa bouche, au plus profond abîme des régions infernales, si je laissais voir en ce moment ma malencontreuse personne ; avec la conscience de ma bassesse et de mon envie, je me glissai par-derrière pour chercher refuge dans la cuisine. De ce côté non plus je ne rencontrai pas d'obstacles. À la porte était assise ma vieille amie Nelly Dean, qui cousait en fredonnant une chanson, souvent interrompue de l'intérieur par des paroles bourrues, sarcastiques et intolérantes, dont les accents n'avaient rien de musical.

— J'aimerions deux fois mieux avoir leurs jurons dans l's oreilles du matin au soir, et n'point vous entendre, en tout cas, dit celui qui était dans la cuisine, en réponse à un propos de Nelly qui n'était pas parvenu jusqu'à moi. C'est eune pure honte, qu'je n'puissions ouvrir el-Livre sacré sans qu'vous en offriez les gloires à Satan et à toute l'indigne perversité qu'y a jamais eu su' la terre ! Oh ! vous êtes eune vraie prop' à rien ; et elle en est eune autre ; et l'pauvre gars y va être perdu entre vous deux. Pauvre gars ! ajouta-t-il en gémissant ; il est ensorcelé, j'en étions sûr et certain ! Ô Seigneur, jugez-les, car y a point d'loi ni point d'justice en ce monde !

— Non ! sans quoi nous serions assises sur des fagots en flammes, je suppose, répliqua la chanteuse. Mais taisez-vous, vieillard, et lisez votre Bible comme un chrétien, sans vous occuper de moi. C'est *Le mariage de la Fée Anne* que je chante... un joli air... il donne envie de danser.

Mrs. Dean allait recommencer, quand je m'avançai ; elle me reconnut aussitôt et sauta debout en s'écriant :

— Dieu vous bénisse, Mr. Lockwood ! Comment avez-vous eu l'idée de revenir ainsi ? Tout est fermé à Thrushcross Grange. Vous auriez dû nous avertir !

— Je me suis arrangé pour m'y installer pendant le peu de temps que j'y resterai ; je repars demain. Mais comment se fait-il que vous soyez transplantée ici, Mrs. Dean ? Racontez-moi cela.

— Zillah a quitté la maison et Mr. Heathcliff m'a fait venir ici peu après votre départ pour Londres ; je devais y rester jusqu'à votre retour. Mais entrez donc, je vous en prie. Êtes-vous venu à pied de Gimmerton ce soir ?

— De la Grange. Pendant qu'on y prépare ma chambre, je désirerais régler mes comptes avec votre maître, car je ne pense pas en retrouver facilement l'occasion.

— Quels comptes, monsieur ? dit Nelly en m'introduisant dans la salle. Il n'est pas là pour le moment et il ne rentrera pas de sitôt.

– C'est au sujet du loyer.
– Oh ! alors, c'est avec Mrs. Heathcliff que vous vous arrangerez, ou plutôt avec moi. Elle n'a pas encore appris à gérer ses affaires, et je la remplace : il n'y a personne d'autre.

Je parus surpris.

– Ah ! vous n'avez pas entendu parler de la mort de Heathcliff, je vois.

– Heathcliff mort ! m'écriai-je, étonné. Combien y a-t-il de temps ?

– Il y a trois mois. Mais asseyez-vous et donnez-moi votre chapeau ; je vais vous mettre au courant. Attendez, vous n'avez encore rien mangé, n'est-ce pas ?

– Je n'ai besoin de rien ; j'ai commandé mon souper à la maison. Asseyez-vous aussi. Je n'aurais jamais songé qu'il fût mort ! Je serais curieux de savoir comment c'est arrivé. Vous dites que vous ne comptez pas les voir rentrer d'ici quelque temps... vous voulez parler des jeunes gens ?

– Oui, je suis obligée de les gronder tous les soirs à cause de leurs promenades trop prolongées ; mais ils ne font guère attention à mes remontrances... Au moins, prenez un peu de notre vieille ale ; cela vous fera du bien ; vous avez l'air fatigué.

Elle se hâta d'en aller chercher avant que je pusse refuser, et j'entendis Joseph demander « si ce n'était pas un scandale criant qu'elle eût des amoureux à son âge. Et puis, les régaler aux dépens du maître ! Il avait honte d'assister tranquillement à un pareil spectacle ».

Elle ne s'arrêta pas pour riposter, mais revint au bout d'une minute avec une pinte d'argent débordant de mousse, dont je louai le contenu avec la conviction qui convenait. Puis elle me conta la suite de l'histoire de Heathcliff. Il avait eu une fin « bizarre », selon son expression.

Je fus mandée à Hurle-Vent environ quinze jours après que vous nous avez eu quittés, dit-elle ; j'obéis avec joie à cause de Catherine. Ma première entrevue avec elle me peina et m'affecta beaucoup, tant elle avait changé depuis notre séparation. Mr. Heathcliff ne m'expliqua pas les raisons qui lui avaient fait modifier son opinion sur ma venue ici ; il me dit simplement qu'il avait besoin de moi et que la présence de Catherine le fatiguait : je devais m'installer dans le petit salon, où elle se tiendrait avec moi. C'était bien assez qu'il fût obligé de la voir une ou deux fois par jour. Cet arrangement parut plaire à Catherine. Peu à peu, je parvins à me procurer un grand nombre de livres et d'autres objets qui lui avaient servi de distraction à la Grange ; et je me flattai que nous pourrions en somme mener une vie assez tolérable. L'illusion ne dura pas longtemps. Catherine, contente au début, devint vite irritable et inquiète. D'abord, il lui était interdit de sortir du jardin, et elle était très contrariée d'être ainsi confinée dans cette étroite enceinte à l'approche du printemps. Puis les soins du ménage m'obligeaient de la quitter souvent et elle se plaignait de son isolement ; elle aimait mieux se quereller avec Joseph dans la cuisine que de rester en paix dans sa solitude.

Je ne faisais pas attention à leurs escarmouches ; mais Hareton était souvent obligé, lui aussi, de chercher un refuge dans la cuisine, quand le maître voulait avoir la salle pour soi seul. Bien qu'au début elle quittât la pièce quand il y entrait, ou qu'elle vînt tranquillement prendre part à mes occupations en évitant de paraître le remarquer ou de lui adresser la parole, et bien qu'il fût toujours aussi morose et taciturne que possible, au bout de quelque temps elle changea d'attitude. Elle ne pouvait plus le laisser en paix ; elle lui parlait ; elle faisait des commentaires sur sa stupidité et sa paresse ; elle se montrait surprise qu'il pût supporter la vie qu'il menait... qu'il pût passer des soirées entières assis à regarder le feu et à somnoler.

— On dirait d'un chien, n'est-ce pas, Hélène ? observa-t-elle un jour ; ou d'un cheval de charrette. Il fait son travail, expédie sa pitance, et dort perpétuellement ! Que son esprit doit être vide et lugubre ! Rêvez-vous jamais, Hareton ? Et alors, de quoi rêvez-vous ? Mais vous n'êtes pas capable de me parler !

Là-dessus, elle le regarda ; mais lui n'ouvrit pas la bouche et ne leva pas les yeux.

— Peut-être est-il en train de rêver, continua-t-elle. Il vient de contracter son épaule comme fait Junon. Demandez-lui, Hélène.

— Mr. Hareton va prier le maître de vous envoyer là-haut, si vous ne vous conduisez pas mieux, dis-je.

Il avait contracté non seulement l'épaule, mais le poing comme s'il se sentait tenté d'en user.

— Je sais pourquoi Hareton ne parle jamais quand je suis dans la cuisine, s'écria-t-elle une autre fois. Il a peur que je ne me moque de lui. Qu'en pensez-vous, Hélène ? Il avait commencé un jour d'apprendre à lire tout seul ; puis, parce que j'ai ri, il a brûlé ses livres et abandonné son étude. N'a-t-il pas été bien stupide ?

— N'avez-vous pas été bien méchante ? Répondez à cette question.

— Peut-être ; mais je ne croyais pas qu'il aurait été si sot. Hareton, si je vous donnais un livre, le prendriez-vous maintenant ? Je vais essayer.

Elle lui mit dans la main celui qu'elle lisait en ce moment. Il le lança au loin et grommela que, si elle ne cessait pas, il lui tordrait le cou.

— Bon, je le mets là, dans le tiroir de la table ; et je vais me coucher.

Puis elle me dit à l'oreille d'observer s'il y touchait, et s'en alla. Mais il ne s'en approcha même pas ; ce que je lui annonçai le lendemain matin, à son grand désappointement. Je vis qu'elle était peinée de sa maussaderie et de son indolence persistantes ; sa conscience lui reprochait de l'avoir arrêté dans ses tentatives pour s'améliorer soi-même : et c'est bien ce qu'elle avait fait en réalité. Mais son ingéniosité se mit à l'œuvre pour réparer le mal. Pendant que je repassais, ou que j'étais occupée à quelque autre besogne sédentaire que je n'aurais pu faire convenablement dans le petit salon, elle apportait quelque joli livre et me le lisait tout haut. Quand Hareton était là, elle s'arrêtait en général à un passage intéressant et laissait le volume ouvert ; elle répéta plusieurs fois cette manœuvre. Mais il était têtu comme une mule et refusait de mordre à l'hameçon. Si le temps était pluvieux, il se mettait à fumer avec Joseph ; ils restaient assis, comme deux automates, de chaque côté du feu, le plus vieux heureusement trop sourd pour comprendre les vilaines sottises de Catherine comme il aurait dit, le plus jeune faisant de son mieux pour avoir l'air d'y être indifférent. Par les belles soirées, Hareton partait pour ses expéditions cynégétiques. Catherine bâillait, soupirait et m'importunait pour que je lui parlasse ; puis, dès que je commençais, elle se sauvait dans la cour ou dans le jardin. Comme dernière ressource, elle pleurait et disait qu'elle était lasse de l'existence : sa vie était inutile.

Mr. Heathcliff, qui devenait de plus en plus insociable, avait à peu près banni Earnshaw de la pièce où il se tenait. Au début de mars, à la suite d'un accident, le jeune homme fut confiné dans la cuisine pendant quelques jours. Son fusil avait éclaté alors qu'il était seul sur les hauteurs ; un éclat lui avait entaillé le bras, et il avait perdu beaucoup de sang avant d'avoir pu regagner la maison. Il se vit donc, bien malgré lui, condamné au coin du feu et au repos jusqu'à sa guérison. Sa présence dans la cuisine parut plaire à Catherine et, en tout cas, lui fit détester plus que jamais sa chambre du haut ; elle m'obligeait à lui trouver de l'ouvrage en bas, pour pouvoir m'y accompagner.

Le lundi de Pâques, Joseph alla à la foire de Gimmerton avec des bestiaux. L'après-midi, j'étais occupée à repasser du linge dans la cuisine. Earnshaw, morose comme à l'ordinaire, était assis au coin de la cheminée, et ma petite maîtresse tuait le temps en faisant des dessins sur les vitres de la fenêtre ; elle variait cette distraction en chantonnant de temps à autre. Elle laissait échapper des exclamations et de rapides regards d'ennui et d'impatience dans la direction de son cousin, qui fumait imperturbablement, les yeux fixés sur la grille. Comme je lui faisais observer qu'elle me cachait le jour, elle se dirigea vers le foyer. Je ne prêtais que peu d'attention à ses mouvements, quand tout à coup je l'entendis qui disait :

– J'ai découvert, Hareton, que je désire... que je suis heureuse... que je voudrais que vous fussiez mon cousin, maintenant, si vous n'étiez pas devenu si désagréable et si bourru avec moi.

Hareton ne répondit pas.

– Hareton ! Hareton ! Hareton ! entendez-vous ?

– Allez-vous-en ! grogna-t-il avec une implacable brutalité.

– Laissez-moi prendre cette pipe, dit-elle.

Elle avança prudemment la main et la lui retira de la bouche. Avant qu'il eût pu essayer de la rattraper, la pipe était en morceaux et dans le feu. Il lança un juron et en prit une autre.

– Attendez, reprit-elle, il faut que vous m'écoutiez d'abord, et je ne peux pas parler au milieu de ces nuages qui voltigent dans ma figure.

– Allez au diable ! s'écria-t-il d'un ton féroce, et laissez-moi la paix !

– Non, je n'irai pas. Je ne sais comment m'y prendre pour vous faire parler ; vous êtes déterminé à ne pas comprendre. Quand je vous appelle imbécile, c'est sans conséquence ; cela ne veut pas dire que je vous méprise. Allons, il ne faut pas que vous m'ignoriez, Hareton : vous êtes mon cousin et vous devez me reconnaître pour votre cousine.

– Je ne veux rien avoir à faire avec vous et votre sale orgueil, et vos farces de démon ! J'irai en enfer, corps et âme, plutôt que de regarder encore de votre côté. Allons, écartez-vous de la grille à l'instant !

Catherine fronça le sourcil et se retira vers la fenêtre en se mordant les lèvres ; elle essaya, en fredonnant un air fantasque, de cacher l'envie de pleurer qui la gagnait.

– Vous devriez vivre en bons termes avec votre cousine, Mr. Hareton, interrompis-je, puisqu'elle se repent de ses impertinences. Ce serait excellent pour vous ; sa compagnie ferait de vous un autre homme.

– Sa compagnie ! Quand elle me déteste et ne me juge pas digne de nettoyer ses souliers ! Non, quand je devrais y perdre un royaume, je ne voudrais pas me déshonorer en recommençant à quêter ses bonnes grâces !

– Ce n'est pas moi qui vous déteste, c'est vous qui me détestez !

dit en pleurant Catherine qui ne cherchait plus à cacher son émotion. Vous me haïssez autant que Mr. Heathcliff me hait et même plus.

— Vous êtes une damnée menteuse ! Pourquoi, alors, l'ai-je mis en colère en prenant cent fois votre parti ? Et cela, quand vous vous moquiez de moi, que vous me méprisiez, et... Continuez à m'ennuyer, et je vais là-bas dire que vous m'avez rendu le séjour de la cuisine intenable.

— Je ne savais pas que vous aviez pris mon parti, répondit-elle en séchant ses larmes ; j'étais méchante et cruelle pour tout le monde. Mais maintenant je vous remercie et je vous demande de me pardonner : que puis-je faire de plus ?

Elle revint près du foyer et lui tendit franchement la main. Le visage de Hareton s'assombrit et se couvrit d'un nuage chargé d'orage ; il tenait les poings résolument fermés et le regard fixé sur le sol. Catherine dut deviner d'instinct que c'était une obstination perverse et non de l'animosité, qui lui dictait cette attitude farouche : car, après être restée un instant indécise, elle se pencha et lui mit un léger baiser sur la joue. La petite coquine croyait que je ne l'avais pas vue ; elle recula et reprit sa place près de la fenêtre avec un air de sainte nitouche. Je secouai la tête en signe de reproche. Elle rougit et me dit à l'oreille :

— Mais qu'aurais-je dû faire, Hélène ? Il ne voulait pas me donner la main, il ne voulait pas me regarder : il faut bien que j'arrive à lui montrer que j'ai de l'affection pour lui... que je veux que nous soyons amis.

Ce baiser convainquit-il Hareton ? C'est ce que je ne saurais dire. Il eut grand soin, pendant quelques minutes, de ne pas laisser voir son visage, et quand il releva la tête, il était fort embarrassé de savoir de quel côté tourner les yeux.

Catherine s'occupa à envelopper proprement dans du papier blanc un beau livre, et, l'ayant attaché avec un bout de ruban, elle y mit comme adresse : « Mr. Hareton Earnshaw », puis me pria d'être son ambassadrice pour porter ce présent au destinataire.

— Et dites-lui que, s'il consent à le prendre, je viendrai lui apprendre à le lire correctement ; que, s'il le refuse, je vais monter et que je ne le taquinerai plus jamais.

Je portai le paquet et répétai le message, surveillée avec inquiétude par ma maîtresse. Hareton ne voulut pas desserrer les doigts, de sorte que je dus poser le livre sur ses genoux ; mais il ne le repoussa pas non plus. Je retournai à mon ouvrage. Catherine conserva la tête et les mains appuyées sur la table jusqu'à ce qu'elle entendît le léger bruissement du papier qui enveloppait le volume ; alors elle s'approcha en catimini et s'assit tranquillement à côté de son cousin. Il tremblait et sa figure brillait : toute sa rudesse et sa dureté hargneuse avaient disparu.

Il n'eut pas tout d'abord le courage de proférer une syllabe en réponse à son regard interrogateur et à la demande qu'elle murmura :

— Dites que vous me pardonnez, Hareton, dites-le. Vous pouvez me rendre si heureuse par ce simple petit mot !

Il marmotta quelque chose que je ne pus entendre.

— Et vous serez mon ami ? ajouta Catherine

— Non, vous auriez honte de moi tous les jours de votre existence : d'autant plus de honte que vous me connaîtriez mieux ; et ce serait insupportable pour moi.

— Alors, vous ne voulez pas être mon ami ? dit-elle avec un sourire doux comme le miel et en se glissant tout près de lui.

Je n'entendis plus de conversation distincte mais en me retournant, j'aperçus, penchés sur la page du livre accepté, deux visages si radieux que je ne doutai pas que le traité n'eût été ratifié des deux parts et les ennemis furent, dès lors, fidèles alliés.

L'ouvrage qu'ils examinaient était plein de très belles illustrations dont le charme, joint à celui de leur position, les tint immobiles jusqu'au retour de Joseph. Le pauvre homme fut complètement abasourdi à la vue de Catherine assise sur le même banc que Hareton Earnshaw, la main appuyée sur son épaule, et stupéfait de la manière dont son favori supportait ce voisinage ; il en fut tellement affecté que de toute la soirée il ne fit pas une seule observation à ce sujet.

Son émotion ne se révéla que par les profonds soupirs qu'il poussa quand il posa solennellement sa grande Bible sur la table et la couvrit de malpropres billets de banque tirés de son portefeuille, produit de ses transactions de la journée. Il finit par appeler Hareton, qui se leva.

— Porte ces billets au maître, mon gars, dit-il, et reste là-bas. J'montions dans ma chambre. C't endroit-ci n'est point décent ni convenable pour nous ; y faudra déménager et en chercher un autre.

— Allons, Catherine, déclarai-je, il faut « déménager », nous aussi. J'ai fini mon repassage ; êtes-vous disposée à monter ?

— Il n'est pas huit heures ! répondit-elle en se levant à contrecœur. Hareton, je laisse le livre sur la cheminée, et j'en apporterai d'autres demain.

— Les livres qu'vous laisserez, j'les porterons dans la salle, dit Joseph, et vous serez ben chanceuse si vous les retrouvez ; ainsi, faites c'qu'y vous plaira.

Cathy menaça de faire payer la bibliothèque de Joseph pour la sienne. Puis, passant devant Hareton avec un sourire, elle monta l'escalier en chantant : le cœur plus léger, j'ose le dire, qu'elle ne l'avait encore jamais eu sous ce toit, sauf peut-être durant ses premières visites à Linton.

L'intimité ainsi commencée se développa rapidement, malgré les interruptions momentanées qu'elle subit. Un simple désir ne pouvait suffire à civiliser Earnshaw, et ma jeune dame n'était ni un philosophe, ni un parangon de patience. Mais comme leurs esprits étaient tournés vers le même objet – l'une aimant et désirant de pouvoir estimer, l'autre aimant et désirant de pouvoir être estimé –, ils arrivèrent finalement à l'atteindre.

Vous voyez, Mr. Lockwood, qu'il était assez aisé de gagner le cœur de Mrs. Heathcliff. Mais maintenant je me réjouis que vous ne l'ayez point essayé. L'union de ces deux êtres sera le couronnement de mes vœux. Je n'envierai personne, le jour de leur mariage : il n'y aura pas en Angleterre une femme plus heureuse que moi !

CHAPITRE XXXIII

Le lendemain de ce lundi, comme Earnshaw n'était toujours pas en état de vaquer à ses travaux habituels, et restait par conséquent aux abords de la maison, je me rendis bientôt compte qu'il me serait impossible de retenir ma pupille sous ma coupe ainsi que je l'avais fait jusqu'alors. Elle descendit avant moi et sortit dans le jardin, où elle avait aperçu son cousin occupé à quelque menue besogne. Quand j'allai les inviter à venir déjeuner, je constatai qu'elle l'avait persuadé de débarrasser des groseilliers un grand espace de terrain, et qu'ils étaient tous deux très absorbés par des projets d'importation de plantes de la Grange.

Je fus épouvantée de la dévastation qui avait été accomplie en une petite demi-heure. Les groseilliers noirs étaient pour Joseph comme la prunelle de ses yeux, et elle avait précisément fixé son choix sur leur emplacement pour une plate-bande de fleurs.

– Eh bien ! tout cela va être montré au maître, m'écriai-je, à la minute même où ce sera découvert. Et quelle excuse aurez-vous à donner pour avoir pris de telles libertés avec le jardin ? Cela nous vaudra une belle scène, vous verrez ! Mr. Hareton, je suis surprise que vous n'ayez pas été mieux avisé que d'avoir entrepris tout ce bel ouvrage sur sa simple demande.

– J'avais oublié que les cassis étaient à Joseph, répondit Earnshaw assez penaud ; mais je lui dirai que c'est moi qui ai tout fait.

Nous prenions toujours nos repas avec Mr. Heathcliff. Je remplissais les fonctions de maîtresse de maison pour préparer le thé et pour découper. J'étais donc indispensable à table. Catherine était en général à côté de moi ; mais, ce jour-là, elle m'avait fui pour se rapprocher de Hareton. Je vis bientôt qu'elle ne mettrait pas plus de discrétion dans son amitié qu'elle n'en avait mis dans son hostilité.

— Allons, faites attention à ne pas trop parler à votre cousin et à ne pas trop vous occuper de lui : telles furent les instructions que je lui soufflai à l'oreille quand nous entrâmes dans la pièce. Cela contrarierait certainement Mr. Heathcliff, et il serait furieux contre vous deux.

— Je n'en ai pas l'intention, répondit-elle.

Une minute après, elle était à côté de lui et piquait des primevères dans son assiette de porridge.

Il n'osait pas lui adresser la parole en cet endroit ; à peine osait-il lever les yeux. Cependant, elle continuait de le taquiner et deux fois il fut sur le point de ne pouvoir retenir son rire. Je fronçai les sourcils, et elle jeta un regard sur le maître ; mais l'esprit de celui-ci était absorbé par d'autres sujets que la tenue de ses convives, comme on en pouvait juger à son attitude. Catherine devint un instant sérieuse et le considéra avec une profonde gravité. Ensuite elle se tourna et recommença ses folies. Hareton finit par laisser échapper un rire étouffé. Mr. Heathcliff tressaillit : ses yeux nous dévisagèrent rapidement. Catherine soutint son examen avec l'air habituel de nervosité et pourtant de défi qu'il détestait.

— Il est heureux que vous soyez hors de mon atteinte, s'écria-t-il. Quel démon vous possède pour que vous me répondiez toujours par ce regard infernal ? Baissez les yeux ! et ne recommencez pas à me faire souvenir de votre existence. Je croyais vous avoir guérie du rire.

— C'était moi, murmura Hareton.

— Que dis-tu ? demanda le maître.

Hareton mit le nez dans son assiette et ne répéta pas son aveu. Mr. Heathcliff le regarda un instant, puis reprit silencieusement son déjeuner et sa rêverie interrompue. Nous avions presque fini, et les deux jeunes gens s'éloignèrent prudemment l'un de l'autre, de sorte que je ne prévoyais pas de nouveau trouble pour cette fois-là, quand Joseph parut à la porte. Sa lèvre tremblante et ses yeux furibonds révélaient qu'il avait découvert l'outrage commis sur ses précieux arbustes. Il devait avoir aperçu Cathy et son cousin sur le lieu du délit avant d'aller constater les dégâts, car, pendant que ses mâchoires s'agitaient comme celles d'un bœuf qui rumine, ce qui rendait son langage difficile à comprendre, il commença :

— J'voulions avoir mes gages et m'en aller ! J'aurions voulu mourir là où qu'j'avions servi durant sessante ans ; j'comptions transporter mes livres et toutes mes p'tites bricoles dans mon galetas, et j'leux y aurions laissé la cuisine pour eux tout seuls, pour qu'y m'baillent la paix. C'était dur ed'quitter mon coin du feu, mais j'croyons qu' j'aurions pu faire ça ! Mais v'là-t-y qué m'prend mon jardin, et ça, su' ma conscience, maître, j'pouvions point l'tolérer ! Vous pouvez vous plier au joug si ça vous chante... moi, j'y sommes point habitué, et un vieillard n's'habitue point à d'nouveaux fardeaux. J'aimerions mieux gagner mon pain à casser des cailloux su' la route !

— Allons, allons, idiot ! interrompit Heathcliff, finissons-en ! De quoi vous plaignez-vous ? Je ne veux pas me mêler des disputes entre vous et Nelly. Elle peut vous jeter dans le trou à charbon, pour ce que je m'en soucie.

— C'est point Nelly ! Je n' m'en irions point à cause de Nelly... si môvaise prop' à rien qu'é soye. Dieu merci ! é n'serait capable d'voler l'âme de personne. E' n'a jamais été si belle, que personne prenne garde à ses œillades. C'est c'te peste d'fille dépravée qu'a ensorcelé not' gars, avec ses yeux affrontés et ses manières éhontées... au point que... Non ! ça m'fend l'cœur ! Il a oublié tout c'que j'avions fait pour lui, et fait d'lui, et v'là-t-y pas qu'il est allé arracher toute eune rangée des plus biaux cassis du jardin !

Là-dessus il s'abandonna à ses lamentations, accablé par le sentiment des cruelles offenses qu'on lui avait faites, de l'ingratitude d'Earnshaw et du danger que ce dernier courait.

— Le drôle est-il ivre ? demanda Mr. Heathcliff. Hareton, est-ce à toi qu'il en a ?

— J'ai enlevé deux ou trois groseilliers, répondit le jeune homme, mais je vais les remettre.

— Et pourquoi les as-tu enlevés ?

Catherine intervint à propos.

— Nous voulions planter quelques fleurs à leur place, s'écria-t-elle. Je suis la seule qui mérite un blâme, car c'est moi qui ai désiré qu'il le fît.

— Et qui diable vous a permis de toucher à une brindille ici ? demanda son beau-père, très surpris. Et qui t'a commandé de lui obéir ? ajouta-t-il en se tournant vers Hareton.

Ce dernier restait muet. Sa cousine répliqua :

— Vous ne devriez pas me chicaner pour quelques mètres de terrain que je veux consacrer à l'ornementation, quand vous m'avez pris toutes mes terres !

— Vos terres, insolente vaurienne ! Vous n'en avez jamais eu.

— Et mon argent, reprit-elle en lui renvoyant son regard furieux, et mordillant une croûte de pain, reste de son déjeuner.

— Silence ! Finissez et allez-vous-en !

— Et les terres de Hareton, et son argent, poursuivit l'indomptable créature. Hareton et moi sommes amis maintenant ; je l'éclairerai sur votre compte !

Le maître parut un moment décontenancé ; il pâlit et se leva, sans cesser de diriger sur elle un regard chargé d'une haine mortelle.

— Si vous me frappez, Hareton vous frappera, dit-elle ; vous feriez donc mieux de vous rasseoir.

— Si Hareton ne vous chasse pas de cette pièce, mes coups l'enverront en enfer, tonna Heathcliff. Damnée sorcière ! Auriez-vous l'audace de prétendre le révolter contre moi ? Qu'elle disparaisse ! Entends-tu ? Jette-la dans la cuisine ! Je la tuerai, Hélène Dean, si vous la laissez reparaître devant moi !

Hareton essaya de la persuader tout bas de partir.

— Mets-la dehors, cria Heathcliff avec sauvagerie. Vas-tu rester à bavarder ?

Et il s'approcha pour exécuter lui-même son ordre.

— Il ne vous obéira plus, méchant, dit Catherine, et bientôt il vous détestera autant que je vous déteste.

— Chut ! Chut ! murmura le jeune homme d'un ton de reproche. Je ne veux pas vous entendre lui parler ainsi. Finissez.

— Mais vous ne le laisserez pas me battre ?

— Venez, alors, lui dit-il avec fermeté.

Il était trop tard : Heathcliff l'avait saisie.

— Maintenant, va-t'en, toi, dit-il à Earnshaw. Maudite sorcière ! Cette fois-ci elle m'a provoqué à un moment où je ne pouvais le supporter ; elle s'en repentira jusqu'à la fin de ses jours.

Il tenait ses cheveux dans sa main. Hareton essaya de les dégager, le suppliant de l'épargner pour cette fois. Les yeux noirs de Heathcliff étincelaient ; il semblait prêt à mettre Catherine en pièces, et j'allais me risquer à venir à son secours, quand tout à coup ses doigts se relâchèrent ; il abandonna sa tête pour la prendre par le bras, et la regarda fixement. Puis il lui mit la main sur les yeux, resta un moment immobile comme s'il cherchait à retrouver ses esprits et, se tournant de nouveau vers Catherine, dit avec un calme affecté :

— Il faut que vous appreniez à éviter de me mettre en colère, ou je finirai vraiment par vous tuer, un jour ! Allez avec Mrs. Dean et restez avec elle ; gardez pour elle vos insolences. Quant à Hareton Earnshaw, si je le vois vous écouter, je l'enverrai chercher son pain là où il pourra le trouver. Votre amour fera de lui un proscrit et un mendiant. Nelly, emmenez-la ; et laissez-moi tous. Laissez-moi !

Je fis sortir ma jeune dame : elle était trop heureuse de s'en être tirée à si bon compte pour résister. L'autre suivit et Mr. Heathcliff resta seul dans la salle jusqu'au dîner. J'avais conseillé à Catherine de dîner en haut ; mais, dès qu'il s'aperçut que sa chaise restait vide, il m'envoya la chercher. Il ne nous adressa pas la parole, mangea fort peu, et sortit immédiatement après le repas en disant qu'il ne rentrerait pas avant le soir.

En son absence, les deux nouveaux amis s'installèrent dans la salle. J'entendis Hareton réprimander sérieusement sa cousine qui offrait de lui révéler la conduite de Heathcliff envers Hindley Earnshaw. Il dit qu'il ne souffrirait pas qu'on le dénigrât devant lui ; serait-il le diable, peu lui importait, il le soutiendrait, et il aimait mieux qu'elle l'insultât lui-même, comme elle avait accoutumé, que de la voir s'en prendre à Mr. Heathcliff. À ces déclarations Catherine devint de mauvaise humeur ; mais il trouva moyen de la faire taire en lui demandant ce qu'elle dirait si lui, Hareton, parlait mal de son père à elle. Elle comprit alors qu'Earnshaw prenait vraiment à cœur la réputation du maître, qu'il lui était attaché par des liens trop forts pour que la raison pût les dénouer, des chaînes forgées par l'habitude et qu'il serait cruel d'essayer de desserrer. Elle fit preuve d'un bon cœur en évitant désormais les plaintes et les manifestations d'antipathie à l'égard de Heathcliff ; elle m'avoua ses regrets d'avoir tenté de semer la discorde entre lui et Hareton ; et vraiment je ne crois pas que, depuis lors, elle ait jamais prononcé, en présence de ce dernier, une syllabe contre son oppresseur.

Dès que ce petit désaccord fut aplani, ils redevinrent amis et consacrèrent la plus grande activité possible à leurs occupations d'élève et de professeur. Je vins m'installer près d'eux quand j'eus fini mon ouvrage, et j'éprouvai à leur vue une satisfaction si douce que je ne me rendis pas compte de la fuite du temps. Vous comprenez, tous deux étaient en quelque sorte mes enfants. J'avais été longtemps fière de l'une, et maintenant, j'en étais sûre, l'autre serait une source de semblable satisfaction. Sa nature honnête, ardente et intelligente, triomphait vite de l'ignorance et de la dégradation dans lesquelles il avait été élevé ; et les conseils sincères de Catherine aiguillonnaient son zèle. Son esprit, en s'éclairant, éclairait ses traits, leur donnait de la vivacité et de la noblesse : je pouvais à peine croire que ce fût là le même individu que j'avais vu le jour où j'avais découvert ma jeune maîtresse à Hurle-Vent, après son expédition aux rochers. Tandis que je les admirais et qu'ils travaillaient, la nuit approchait, et avec elle revint le maître. Il arriva sur nous tout à fait à l'improviste, en entrant par la porte du devant, et put à loisir nous contempler tous les trois, avant que nous eussions levé la tête et l'eussions aperçu. Bon, me dis-je, jamais spectacle ne fut plus plaisant ni plus inoffensif, et ce serait une vraie honte de gronder ces jeunes gens. La lueur rouge du feu éclairait leurs deux jolies têtes et montrait leurs visages animés d'un ardent intérêt d'enfants ; car, bien qu'il eût vingt-trois ans et elle dix-huit, tous deux avaient tant de sensations à découvrir, tant de nouveautés à apprendre, qu'aucun ne manifestait ni n'éprouvait les sentiments de la maturité rassise et désenchantée.

Ils levèrent les yeux en même temps et aperçurent Mr. Heathcliff. Peut-être n'avez-vous jamais observé que leurs yeux sont exactement semblables : ce sont ceux de Catherine Earnshaw. La Catherine actuelle n'a pas d'autre ressemblance avec elle, si ce n'est la largeur du front et une certaine courbure des narines qui lui donne l'air plutôt hautain, qu'elle le veuille ou non. Chez Hareton, la ressemblance est plus forte ; elle est remarquable en tout temps, et à ce moment-là elle était particulièrement frappante, parce que ses sens étaient en éveil et que ses facultés mentales avaient une activité inaccoutumée. Je suppose que cette ressemblance désarma Mr. Heathcliff : il s'avança vers le foyer, en proie à une agitation manifeste, mais qui s'apaisa rapidement quand il regarda le jeune homme, ou plutôt, devrais-je dire, qui changea de caractère ; car elle subsistait. Il lui prit le livre des mains, jeta un coup d'œil sur la page où il était ouvert, puis le lui rendit sans observations ; il fit simplement signe à Catherine de s'en aller. Son compagnon ne fut pas long à la suivre, et j'allais en faire autant, quand il me dit de rester assise.

— C'est une triste conclusion, n'est-ce pas ? observa-t-il après avoir médité un moment sur la scène dont il venait d'être témoin ; une absurde terminaison de mes violents efforts ! Je prends des leviers et des pioches pour démolir les deux maisons, je m'exerce à devenir capable d'un travail d'Hercule, et quand tout est prêt, à pied d'œuvre, je m'aperçois que la volonté de soulever une seule ardoise de chacun des toits s'est évanouie ! Mes vieux ennemis ne m'ont pas battu. Le moment précis est venu de me venger sur leurs représentants ; je pourrais le faire, et nul ne pourrait m'en empêcher. Mais à quoi bon ? Je n'ai cure de frapper : je suis hors d'état de prendre la peine de lever la main ! On dirait que je n'ai travaillé pendant tout ce temps que pour finir par un beau trait de magnanimité. Ce n'est pas cela du tout : j'ai perdu la faculté de jouir de leur destruction, et je suis trop paresseux pour détruire sans motif.

« Nelly, un étrange changement se prépare, dont l'ombre me couvre en ce moment. Je prends si peu d'intérêt à la vie journalière que c'est à peine si je pense à manger et à boire. Les deux êtres qui viennent de quitter cette chambre sont les seuls objets qui gardent pour moi une apparence matérielle distincte ; et cette apparence me cause une douleur qui va jusqu'à l'angoisse. D'elle, je ne veux pas parler et je désire de n'y pas penser. Mais je souhaiterais sérieusement qu'elle fût invisible ; sa présence ne fait qu'éveiller en moi des sensations qui me rendent fou. Lui, il me trouble d'une façon différente ; et pourtant, si je pouvais le faire sans paraître insensé, je voudrais ne jamais le revoir. Vous penserez peut-être que j'ai une tendance marquée à devenir insensé, ajouta-t-il en faisant un effort pour sourire, si j'essaie de vous décrire les mille formes d'anciens souvenirs et d'anciennes idées qu'il évoque et qu'il personnifie en soi. Mais vous ne répéterez pas ce que je vous dis, et mon esprit est si éternellement renfermé en lui-même qu'il est tentant, à la fin, de le mettre à nu devant un autre.

« Il y a cinq minutes, Hareton me semblait une incarnation de ma jeunesse et non un être humain : mes sentiments pour lui étaient tellement mélangés qu'il m'eût été impossible de l'aborder d'une manière raisonnable. En premier lieu, sa ressemblance frappante avec Catherine le rattachait à elle d'une façon effrayante. Pourtant, ce fait, que vous pourriez supposer exercer sur mon imagination l'influence la plus forte, n'exerce en réalité que la plus faible : car qu'est-ce qui, pour moi, ne se rattache pas à elle ? Qu'est-ce qui ne me la rappelle pas ? Je ne peux pas jeter les yeux sur ce dallage sans y voir ses traits dessinés ! Dans chaque nuage, dans chaque arbre, remplissant l'air la nuit, visible par lueurs passagères dans chaque objet le jour, je suis entouré de son image. Les figures d'hommes et de femmes les plus banales, mon propre visage, se jouent de moi en me présentant sa ressemblance. Le monde entier est une terrible collection de témoignages qui me rappellent qu'elle a existé, et que je l'ai perdue ! Eh bien, Hareton, tout à l'heure, était pour moi le fantôme de mon amour immortel, de mes furieux efforts pour maintenir mon droit, de ma dégradation, de mon orgueil, de mon bonheur, de mon angoisse...

« Mais c'est de la folie d'exprimer ces pensées devant vous. Cependant, cela vous fera comprendre pourquoi, malgré ma répugnance à rester toujours seul, sa société, loin de me faire du bien, aggrave plutôt le perpétuel tourment que j'endure ; et c'est cela qui, en partie, contribue à me rendre indifférent à ses rapports avec sa cousine. Je ne peux plus faire attention à eux.

— Mais qu'entendez-vous par un *changement*, Mr. Heathcliff ? demandai-je.

J'étais alarmée de son attitude, bien que, selon moi, il n'eût jamais été en danger de perdre le sens ni de mourir. Il était vraiment vigoureux et plein de santé ; quant à sa raison, depuis son enfance il se complaisait à nourrir de sombres idées et à entretenir de bizarres imaginations. Il pouvait avoir la monomanie de sa défunte idole ; mais sur tous les autres points son esprit était aussi sain que le mien.

— Je ne le saurai pas avant qu'il se produise, répondit-il. Je n'en ai conscience qu'à demi pour le moment.

– Vous ne vous sentez pas malade, n'est-ce pas ?
– Non, Nelly, nullement.
– Et vous n'avez pas peur de la mort ?
– Peur ? Non ! Je n'ai ni crainte, ni pressentiment, ni espoir de la mort. Pourquoi éprouverais-je ces sentiments ? Avec ma robuste constitution et mon genre de vie sobre, mes occupations sans danger, je devrais demeurer, et il faudra probablement que je demeure sur cette terre jusqu'à ce qu'il me reste à peine un cheveu noir sur la tête. Et pourtant je ne peux pas continuer à vivre ainsi ! Je suis obligé de concentrer mon attention pour respirer, de forcer presque mon cœur à battre ! C'est comme si j'avais à faire ployer un ressort raidi : c'est par contrainte que j'exécute le moindre des actes qui ne sont pas déterminés par ma pensée unique ; par contrainte que je prête attention à tout ce qui, vivant ou mort, n'est pas associé à l'idée qui m'obsède. Je n'ai qu'un désir, à quoi tendent tout mon être et toutes mes facultés. Ils y ont tendu si longtemps et avec tant de constance que je suis convaincu qu'il sera satisfait – et bientôt – parce qu'il a dévoré mon existence : je suis englouti dans l'avant-goût de sa réalisation. Ma confession ne m'a pas soulagé ; mais elle pourra expliquer des phases de mon humeur, qui, autrement, seraient inexplicables. Ô Dieu ! c'est une longue lutte, et je voudrais qu'elle fût finie !

Il se mit à arpenter la chambre, en se murmurant à soi-même de terribles choses, au point que j'inclinais à croire, comme il disait que croyait Joseph, que sa conscience avait fait de son cœur un enfer terrestre. Je me demandais avec anxiété comment cela finirait. Quoiqu'il eût rarement manifesté cet état d'esprit, même par la simple expression de sa physionomie, c'était son état ordinaire, j'en étais certaine. Il l'affirmait lui-même, mais personne n'eût pu le deviner à son aspect général. Vous ne l'avez pas deviné quand vous l'avez vu, Mr. Lockwood ; et, à l'époque dont je parle, il était exactement le même qu'alors : plus épris seulement de solitude perpétuelle, et peut-être encore plus laconique en société.

CHAPITRE XXXIV

Pendant les quelques jours qui suivirent, Mr. Heathcliff nous évita aux repas, sans jamais cependant consentir explicitement à en exclure Hareton et Cathy. Il lui répugnait de céder à ses sentiments d'une manière si complète et il préférait s'absenter. Manger une fois dans les vingt-quatre heures paraissait suffire à sa subsistance.

Une nuit, après que tout le monde était allé se coucher, je l'entendis descendre et sortir par la porte du devant. Je ne l'entendis pas rentrer et, le matin, je constatai qu'il était toujours absent. Nous étions alors en avril ; le temps était doux et chaud, l'herbe aussi verte que pouvaient la rendre les averses et le soleil, et les deux pommiers nains près du mur du sud étaient en pleine floraison. Après le déjeuner, Catherine insista pour que j'apportasse une chaise et m'installasse avec mon ouvrage sous les sapins, à l'extrémité de la maison. Par ses cajoleries, elle décida Hareton, tout à fait remis de son accident, à lui bêcher et à lui arranger son petit jardin, que les plaintes de Joseph avaient fait transporter dans ce coin-là. Je jouissais avec délices des effluves embaumés du printemps et de l'admirable ciel bleu, quand ma jeune dame, qui avait couru près de la barrière chercher quelques pieds de primevères pour une bordure, revint les mains à moitié vides et nous annonça que Mr. Heathcliff arrivait.

– Et il m'a parlé, ajouta-t-elle d'un air perplexe.
– Qu'a-t-il dit ? demanda Hareton.
– Il m'a dit de me sauver aussi vite que je pourrais. Mais il avait un air si différent de celui qu'il a d'ordinaire que je me suis arrêtée un instant pour le regarder.
– Quel air ? demanda Hareton.
– Eh bien, gai, presque rayonnant. Non, *presque* rien du tout... *très* excité, étrange et heureux.

— C'est donc que les excursions nocturnes l'amusent, remarquai-je en affectant l'indifférence.

En réalité, j'étais aussi surprise qu'elle et désireuse de vérifier l'exactitude de ses dires ; car la vue du maître avec l'air heureux n'était pas un spectacle de tous les jours. Je pris un prétexte pour rentrer. Heathcliff se tenait sur le pas de la porte ouverte. Il était pâle et tremblait ; néanmoins, certainement ses yeux avaient un éclat singulier et joyeux, qui transformait toute sa physionomie.

— Voulez-vous déjeuner ? dis-je. Vous devez avoir faim après avoir couru toute la nuit !

J'aurais voulu découvrir où il avait été, mais je n'osais pas le lui demander directement.

— Non, je n'ai pas faim, répondit-il en détournant la tête et avec un certain dédain, comme s'il se fût douté que je cherchais à deviner le motif de sa bonne humeur.

J'étais embarrassée ; je me demandais si ce n'était pas l'occasion de lui faire un peu de morale.

— Je ne crois pas qu'il soit bon de se promener dehors, observai-je, au lieu d'être dans son lit ; ce n'est pas prudent, en tout cas, dans cette saison humide. Je parie que vous attraperez un bon rhume, ou la fièvre : vous avez certainement quelque chose.

— Rien que je ne puisse supporter ; et même avec le plus grand plaisir, pourvu que vous me laissiez seul. Rentrez et ne m'ennuyez pas.

J'obéis. En passant, je remarquai que sa respiration était aussi précipitée que celle d'un chat.

« Oui, me dis-je, il va être malade. Je me demande ce qu'il a bien pu faire. »

À midi, il se mit à table pour dîner avec nous et accepta de ma main une assiette pleine, comme s'il voulait faire compensation à son jeûne antérieur.

— Je n'ai ni rhume, ni fièvre, Nelly, remarqua-t-il, en allusion à mes paroles de la matinée ; et je suis prêt à faire honneur à la nourriture que vous m'offrez.

Il prit son couteau et sa fourchette, et il allait commencer de manger, quand tout à coup son appétit parut disparaître. Il reposa son couvert sur la table, regarda avec anxiété vers la fenêtre, se leva et sortit. Nous le vîmes marcher de long en large dans le jardin pendant que nous finissions notre repas, et Earnshaw dit qu'il allait lui demander pourquoi il ne dînait pas : il pensait que nous avions fait quelque chose qui le contrariait.

— Eh bien, vient-il ? cria Catherine quand son cousin rentra.

— Non ; mais il n'est pas fâché ; il semblait même particulièrement satisfait. Seulement je l'ai impatienté en lui adressant deux fois la parole ; il a fini par me dire d'aller vous rejoindre. Il s'étonnait que je pusse rechercher la compagnie de quelqu'un d'autre.

Je mis son assiette à chauffer sur le garde-feu. Au bout d'une heure ou deux, il rentra, quand la pièce fut libre, nullement calmé : le même air de joie – un air qui n'était pas naturel – sous ses sourcils noirs ; le même teint exsangue ; de temps en temps une sorte de sourire laissait apparaître ses dents ; il frissonnait, non pas comme on frissonne de froid ou de faiblesse, mais comme vibre une corde très tendue... un fort tressaillement, plutôt qu'un tremblement.

Je vais lui demander ce qu'il a, me dis-je ; sinon, qui le lui demanderait ? Et je m'écriai :

– Avez-vous appris quelque bonne nouvelle, Mr. Heathcliff ? Vous avez l'air plus animé qu'à l'ordinaire.

– D'où me viendraient de bonnes nouvelles ? C'est la faim qui m'anime ; et, vraisemblablement, il ne faut pas que je mange.

– Voilà votre dîner. Pourquoi ne voulez-vous pas le prendre ?

– Je n'en ai pas besoin pour le moment, murmura-t-il vivement ; j'attendrai jusqu'au souper. Et puis, Nelly, une fois pour toutes, faites-moi le plaisir de dire à Hareton et à l'autre de ne pas se montrer devant moi. Je désire n'être troublé par personne ; je désire avoir cette pièce pour moi seul.

– Y a-t-il quelque nouvelle raison pour motiver cet exil ? demandai-je. Dites-moi pourquoi vous êtes si singulier, Mr. Heathcliff. Où avez-vous été la nuit dernière ? Ce n'est pas par simple curiosité que je vous fais cette question, mais...

– C'est certainement par simple curiosité que vous me faites cette question, interrompit-il en riant. Pourtant, j'y répondrai. La nuit dernière, j'ai été sur le seuil de l'enfer. Aujourd'hui je suis en vue de mon ciel. J'ai les yeux fixés dessus : trois pieds à peine m'en séparent ! Et maintenant je vous conseille de vous en aller. Vous ne verrez et n'entendrez rien qui puisse vous effrayer, si vous vous abstenez d'épier.

Après avoir balayé le foyer et essuyé la table, je me retirai, plus perplexe que jamais.

Il ne quitta plus la maison, cet après-midi-là, et personne ne vint troubler sa solitude. À huit heures, toutefois, je jugeai bon, quoiqu'il ne m'eût pas appelée, de lui apporter une chandelle et son souper. Il était appuyé sur le rebord d'une fenêtre ouverte, mais ce n'était pas dehors qu'il regardait : son visage était tourné vers l'intérieur obscur. Il n'y avait plus dans la cheminée que des cendres ; la pièce était envahie par l'air humide et doux du soir ; le ciel était voilé, le calme si parfait qu'on pouvait discerner non seulement le murmure du ruisseau au bas de Gimmerton, mais son clapotis et son bouillonnement par-dessus les cailloux, ou entre les grosses pierres qu'il ne peut recouvrir. Je poussai une exclamation de mécontentement à la vue de l'âtre sinistre et me mis à fermer les fenêtres l'une après l'autre. En arrivant à celle qu'il occupait :

— Faut-il que je ferme celle-ci ? demandai-je pour attirer son attention ; car il ne bougeait pas.

Comme je parlais la lumière tomba sur sa figure. Oh ! Mr. Lockwood, je ne saurais vous dire le choc que je ressentis de cette vision passagère ! Ces profonds yeux noirs ! Ce sourire, cette pâleur de spectre ! Je crus voir, non pas Mr. Heathcliff, mais un fantôme. Dans ma terreur, je laissai pencher la chandelle vers le mur et me trouvai dans l'obscurité.

— Oui, fermez-la, répondit-il de sa voix habituelle. Allons, voilà de la pure maladresse. Pourquoi teniez-vous la chandelle horizontalement ? Faites vite, et apportez-en une autre.

Je sortis en hâte, en proie à une terreur folle, et je dis à Joseph :

— Le maître désire que vous lui apportiez une lumière et que vous ranimiez le feu.

Car je n'osais pas retourner dans la salle pour le moment.

Joseph ramassa quelques tisons dans la pelle et partit ; mais il les rapporta presque aussitôt, ainsi que le plateau sur lequel était la soupe, en expliquant que Mr. Heathcliff allait se coucher et qu'il n'avait besoin de rien jusqu'au matin. Nous l'entendîmes en effet monter au même instant. Il ne se dirigea pas vers sa chambre ordinaire, mais entra dans celle au lit à panneaux, dont la fenêtre, comme j'ai déjà eu occasion de le dire, est assez large pour qu'on puisse passer à travers. L'idée me vint qu'il méditait une autre expédition nocturne dont il préférait que nous n'eussions point de soupçon.

Est-ce une goule ou un vampire ? me demandai-je. J'avais lu des histoires sur ces hideux démons incarnés. Puis je fis réflexion que je l'avais soigné dans son enfance, que j'avais été témoin de son passage à l'adolescence, et que je l'avais suivi pendant presque toute sa carrière, et que c'était une absurdité de céder à ce sentiment d'horreur. « Mais d'où venait-il, ce petit être noir, recueilli par un brave homme pour sa ruine ? » murmura la superstition, au moment que je perdais conscience de la réalité en m'assoupissant. Moitié rêvant, je m'efforçais de lui trouver une origine vraisemblable ; reprenant les méditations auxquelles je m'étais livrée éveillée, je repassais son existence, sous tous ses aspects effrayants ; enfin je me figurais sa mort et ses obsèques. Le seul souvenir qui m'en reste, c'est que j'étais fort ennuyée parce que c'était à moi qu'incombait la tâche de composer l'inscription pour son monument, et que je consultais là-dessus le fossoyeur. Comme il n'avait pas de nom de famille, et que nous ne savions pas son âge, nous étions obligés de nous contenter du simple mot : « Heathcliff ». Ce qui s'est vérifié : nous n'avons pu faire autrement. Si vous entrez dans le cimetière, vous ne lirez sur sa pierre tombale que ce mot et la date de sa mort.

À l'aube, je retrouvai mon bon sens. Je me levai et descendis dans le jardin, dès qu'il commença de faire clair, pour voir s'il y avait des traces de pas sous sa fenêtre. Il n'y en avait pas. « Il n'a pas bougé, pensai-je, et il sera dans son état normal aujourd'hui. » Je préparai le déjeuner pour tout le monde, comme je faisais à l'ordinaire, mais je dis à Hareton et à Catherine de ne pas attendre que le maître descendît, car il resta couché tard. Ils préfèrent déjeuner dehors sous les arbres, et j'installai une petite table pour eux.

Quand je rentrai dans la maison, je trouvai Mr. Heathcliff en bas. Il causait avec Joseph de choses concernant la ferme ; il donna des instructions claires et minutieuses sur l'affaire en cause, mais il parlait vite, tournait continuellement la tête de côté, et avait toujours le même air excité, avec plus d'exagération encore. Quand Joseph quitta la salle, il s'assit à sa place habituelle et je plaçai devant lui un bol de café. Il l'avança, puis appuya les bras sur la table, regarda le mur en face de lui et en examina une partie de haut en bas et de bas en haut, avec des yeux brillants, sans cesse en mouvement, et avec un intérêt si intense qu'il retenait parfois sa respiration pendant une demi-minute.

– Allons ! m'écriai-je en poussant un morceau de pain contre sa main, mangez et buvez votre café pendant qu'il est chaud : il y a près d'une heure qu'il attend sur le feu.

Il ne m'entendit pas, et pourtant il sourit. J'aurais mieux aimé le voir grincer des dents que le voir sourire ainsi.

– Mr. Heathcliff ! Maître ! criai-je, pour l'amour de Dieu, n'ouvrez pas ces grands yeux comme si vous aperceviez une vision surnaturelle.

– Pour l'amour de Dieu, ne criez pas si fort, répliqua-t-il. Regardez bien partout, et dites-moi si nous sommes seuls.

– Sans doute, nous sommes seuls.

Pourtant je lui obéis involontairement, comme si je n'en étais pas bien sûre. D'un geste il déblaya la table devant lui et se pencha pour regarder plus à l'aise.

Je m'aperçus alors que ce n'était pas le mur qu'il regardait ; car, en l'observant, je remarquai que ses yeux semblaient exactement dirigés vers une chose qui se serait trouvée à deux mètres de lui. Quelle que fût cette chose, elle lui causait apparemment ensemble un plaisir et une douleur extrêmes ; c'était du moins l'idée que suggérait l'expression angoissée et cependant ravie de son visage.

L'objet imaginaire n'était pas fixe ; ses yeux le suivaient avec une activité infatigable et, même quand il me parlait, ne s'en détachaient jamais. J'eus beau lui rappeler son jeûne prolongé : s'il faisait un mouvement pour se rendre à mes instances, s'il étendait la main pour prendre un morceau de pain, ses doigts se refermaient avant de l'atteindre et retombaient sur la table, oublieux de l'objet qu'ils voulaient saisir.

Je continuai, avec une patience exemplaire, à essayer de détourner son attention de la vision qui l'absorbait. À la fin il s'irrita et se leva en demandant pourquoi je ne le laissais pas choisir son moment pour prendre ses repas. Il ajouta que, la prochaine fois, je n'aurais pas besoin d'attendre ; je n'aurais qu'à mettre sur la table ce qu'il fallait et à m'en aller. Après avoir prononcé ces paroles, il sortit, descendit lentement le sentier du jardin et disparut par la barrière.

Les heures s'écoulèrent dans l'anxiété ; un autre soir revint. Je ne me retirai pour reposer que tard et, quand je m'y décidai, je ne pus dormir. Il rentra à minuit passé et, au lieu de se mettre au lit, s'enferma dans la salle du bas. J'écoutai, je m'agitai, puis finalement je m'habillai et je descendis. Il était trop pénible de rester couchée, la cervelle torturée de mille craintes absurdes.

Je distinguai le pas de Mr. Heathcliff, arpentant sans arrêt le dallage ; son silence était fréquemment interrompu par une profonde inspiration qui ressemblait à un gémissement. Il murmurait aussi des mots sans suite : le seul que je pus saisir fut le nom de Catherine, joint à quelque terme passionné d'amour ou de souffrance. Ces mots étaient prononcés comme s'il se fût adressé à une personne vivante : d'une voix basse et fervente, venant du fond de l'âme. Je n'eus pas le courage de pénétrer tout droit dans la salle ; mais, comme je voulais le tirer de sa rêverie, je m'attaquai au feu de la cuisine, le remuai, et me mis à gratter les escarbilles. Le bruit l'attira plus vite que je ne m'y attendais. Il ouvrit aussitôt la porte et dit :

— Nelly, venez ici. Est-ce déjà le matin ? Venez avec votre lumière.

— Voilà quatre heures qui sonnent, répondis-je. Il vous faut une chandelle pour monter ; vous auriez pu en allumer une à ce feu.

— Non, je n'ai pas l'intention de monter. Entrez, allumez-moi du feu ici et faites tout ce qu'il y a à faire dans la pièce.

— Il faut d'abord que je fasse rougir les charbons, avant que de pouvoir en apporter, répliquai-je en prenant une chaise et le soufflet.

Pendant ce temps, il errait çà et là, dans un état voisin de l'égarement ; ses profonds soupirs se succédaient si rapidement qu'ils ne laissaient pas de place entre eux à la respiration ordinaire.

– Quand le jour viendra, j'enverrai chercher Green, dit-il ; je voudrais éclaircir avec lui quelques questions juridiques pendant que je suis en état d'accorder une pensée à ces affaires et d'agir avec calme. Je n'ai pas encore fait mon testament, et je n'arrive pas à prendre une décision sur la façon de disposer de mes biens. Je voudrais pouvoir les supprimer de la surface de la terre.

– Il ne faut pas parler ainsi, Mr. Heathcliff, interrompis-je. Attendez un peu pour votre testament ; vous aurez encore le temps de vous repentir de vos nombreuses injustices ! Je n'aurais jamais pensé que vos nerfs pussent devenir malades ; ils le sont pourtant pour le moment, et sérieusement, et par votre faute seule. La façon dont vous avez passé ces trois derniers jours aurait abattu un Titan. Prenez quelque nourriture et quelque repos : vous n'avez qu'à vous regarder dans une glace pour voir que vous en avez besoin. Vos joues sont creuses et vos yeux injectés de sang ; vous êtes comme une personne qui meurt de faim, et qui perd la vue par manque de sommeil.

– Ce n'est pas ma faute si je ne puis ni manger ni me reposer. Je vous assure que ce n'est pas volontaire. Je le ferai dès que ce me sera possible. Mais vous pourriez aussi bien inviter un homme qui se débat dans l'eau à se reposer quand il est à longueur de bras de la rive ! Il faut que je l'atteigne d'abord, et alors je me reposerai. Soit, ne parlons plus de Mr. Green. Quant à me repentir de mes injustices, je n'ai pas commis d'injustices et je ne me repens de rien. Je suis trop heureux ; et cependant je ne suis pas encore assez heureux. La béatitude de mon âme tue mon corps, mais ne se satisfait pas elle-même.

– Heureux, maître ? Étrange bonheur ! Si vous vouliez m'écouter sans vous fâcher, je pourrais vous donner un conseil qui vous rendrait plus heureux.

– Quel est-il ? Donnez-le.

– Vous n'ignorez pas, Mr. Heathcliff, que depuis l'âge de treize ans vous avez mené une vie égoïste et peu chrétienne ; il est probable que, durant toute cette période, vous n'avez pour ainsi dire jamais tenu une Bible entre vos mains. Vous devez avoir oublié ce qu'il y a dans ce livre, et vous n'avez peut-être pas le temps de l'y rechercher. Quel inconvénient y aurait-il à envoyer quérir quelqu'un – un ministre d'une secte quelconque, peu importe laquelle – pour vous l'expliquer, vous montrer combien vous vous êtes écarté de ses préceptes et combien vous seriez indigne de son ciel, si un changement ne se produit pas en vous avant votre mort ?

– Je ne suis pas fâché et vous suis plutôt obligé, Nelly, car vous me faites penser à la manière dont je désire être enterré. Je veux être porté au cimetière le soir. Hareton et vous pourrez, si vous voulez, m'accompagner : faites tout particulièrement attention que le fossoyeur suive mes instructions au sujet des deux cercueils ! Il n'est besoin d'aucun ministre ni d'aucune parole prononcée sur ma tombe. Je vous dis que j'ai presque atteint *mon* ciel : celui des autres est pour moi sans valeur et sans attrait.

— Et à supposer que vous persévériez dans votre jeûne obstiné, que vous en mouriez, et qu'on refuse de vous enterrer sur le terrain de l'église ? dis-je, choquée de son indifférence irréligieuse. Cela vous plairait-il ?

— On ne fera pas cela. En pareil cas, toutefois, il faudrait que vous me fissiez transporter secrètement. Si vous y manquiez, vous éprouveriez pratiquement que les morts ne sont pas anéantis.

Dès qu'il entendit remuer les autres habitants de la maison, il se retira dans sa tanière et je respirai plus librement. Mais l'après-midi, pendant que Joseph et Hareton étaient à leur ouvrage, il reparut dans la cuisine et, d'un air égaré, me pria de venir lui tenir compagnie dans la salle : il avait besoin de quelqu'un avec lui. Je déclinai l'invitation, en lui disant franchement que ses propos et ses manières étranges m'effrayaient et que je n'avais ni le courage ni la volonté de rester seule avec lui.

— Je crois que vous me prenez pour un démon, dit-il avec son sourire sinistre ; un être trop horrible pour vivre sous un toit honnête.

Puis, se tournant vers Catherine, qui était là et qui s'était dissimulée derrière moi à son approche, il ajouta, moitié raillant :

— Et vous, voulez-vous venir, ma poulette ? Je ne vous ferai pas de mal. Non ? Pour vous, je suis devenu pire que le diable. Voyons, il y en aura bien une qui ne reculera pas à l'idée de me tenir compagnie. Pardieu ! Elle est impitoyable. Oh ! Damnation ! C'est plus que n'en peut supporter la nature humaine... même la mienne !

Il ne sollicita plus la société de personne. Au crépuscule, il regagna sa chambre. Pendant toute la nuit et une bonne partie de la matinée, nous l'entendîmes gémir et se parler à soi-même. Hareton aurait voulu entrer ; mais je lui dis d'aller quérir Mr. Kenneth, qui viendrait l'examiner. Quand Kenneth arriva, je demandai à l'introduire et j'essayai d'ouvrir la porte. Je la trouvai fermée à clef et Heathcliff nous envoya au diable. Il allait mieux et voulait qu'on le laissât seul. Le docteur se retira.

La soirée qui suivit fut très humide : il plut à verse jusqu'au point du jour. En faisant ma ronde matinale autour de la maison, j'observai que la fenêtre du maître était grande ouverte et que la pluie fouettait à l'intérieur. « Il n'est pas possible qu'il soit dans son lit, pensai-je ; il serait complètement trempé. Il faut qu'il soit levé ou sorti. Mais je ne vais plus faire de façons, je vais aller voir hardiment. »

Ayant réussi à entrer avec une autre clef, je courus aux panneaux pour les ouvrir, car la chambre était vide ; je me hâtai de les écarter et je regardai à l'intérieur. Mr. Heathcliff était là... étendu sur le dos. Ses yeux rencontrèrent les miens... si perçants et si farouches que je tressaillis ; puis il parut sourire. Je ne pouvais le croire mort. Mais son visage et sa gorge étaient balayés par la pluie ; les draps dégouttaient, et il était parfaitement immobile. La fenêtre, qui battait, lui avait écorché une main qui était appuyée sur le rebord, le sang ne coulait pas de la plaie et, quand j'y portai les doigts, je n'en pus plus douter : il était mort et roide !

J'assujettis la fenêtre ; j'écartai de son front ses longs cheveux noirs ; j'essayai de lui fermer les yeux pour éteindre, s'il était possible, avant que personne d'autre pût le voir, ce regard d'exultation effrayant, qui donnait l'impression de la vie. Ses yeux refusèrent de se fermer : ils avaient l'air de ricaner à mes efforts ; ses lèvres béantes, ses dents aiguës et blanches ricanaient aussi ! Prise d'un nouvel accès de lâcheté, j'appelai Joseph. Joseph monta en traînant la jambe et fit du vacarme, mais refusa d'intervenir.

— Le diable a emporté son âme, cria-t-il, et y peut ben prendre sa carcasse par-d'sus l'marché, pour c'que j' m'en soucie ! Hé ! A-t-y l'air môvais, à ricaner ainsi à la mort !

Et le vieux pécheur ricana par dérision. Je crus qu'il allait faire des gambades autour du lit. Mais tout à coup il se calma, tomba à genoux, leva les mains et rendit grâces au Ciel de ce que le maître légitime et la vieille lignée fussent réintégrés dans leurs droits.

Je me sentais étourdie par ce terrible événement ; ma mémoire se reportait malgré moi vers les temps passés avec une sorte de tristesse oppressive. Mais le pauvre Hareton, celui qui avait été le plus maltraité, fut le seul qui souffrit réellement beaucoup. Toute la nuit il resta assis à côté du cadavre, versant des larmes avec un chagrin sincère. Il pressait sa main, embrassait la figure sarcastique et sauvage dont tout le monde se détournait ; il le pleurait avec cette douleur profonde qui jaillit naturellement d'un cœur généreux, fût-il dur comme de l'acier trempé.

Mr. Kenneth fut embarrassé pour se prononcer sur les troubles qui avaient causé la mort du maître. Je tins caché le fait qu'il n'avait rien avalé depuis quatre jours, de crainte d'amener des ennuis. Je suis d'ailleurs persuadée qu'il n'avait pas jeûné volontairement : c'était la conséquence et non la cause de son étrange maladie.

Au scandale de tout le voisinage, nous l'enterrâmes comme il l'avait désiré. Earnshaw, moi, le fossoyeur, et six hommes pour porter le cercueil formèrent toute l'assistance. Les six hommes se retirèrent quand ils eurent déposé le cercueil dans la fosse : nous restâmes pour le voir recouvrir. Hareton, la figure baignée de larmes, arracha les mottes vertes et les plaça lui-même sur la terre brune : maintenant la tombe est aussi unie et verdoyante que ses voisines... et j'espère que celui qui l'occupe dort aussi profondément que ses voisins. Mais les gens du pays, si vous les interrogez, vous jureront sur la Bible qu'il *se promène*. Il y en a qui prétendent l'avoir rencontré près de l'église, ou sur la lande, ou même dans cette maison. Contes à dormir debout, direz-vous, et moi aussi. Pourtant le vieillard qui est là-bas, au coin du feu, dans la cuisine, affirme qu'il les a vus tous deux, regardant par la fenêtre de la chambre, à chaque nuit pluvieuse depuis la mort de Heathcliff ; et une chose curieuse m'est arrivée, il y a environ un mois. J'allais un soir à la Grange – il faisait sombre, l'orage menaçait – et, juste au tournant des Hauts, je rencontrai un petit pâtre qui poussait devant lui une brebis et deux agneaux. Il pleurait à chaudes larmes ; je supposai que les agneaux étaient rebelles et ne voulaient pas se laisser conduire.

— Qu'y a-t-il, mon petit bonhomme ? demandai-je.

— Heathcliff et une femme sont là-bas, sous la pointe du rocher, répondit-il en sanglotant, et je n'ose pas passer à côté d'eux.

Je ne vis rien. Mais ni lui ni son troupeau ne voulurent avancer et je lui dis de prendre la route du bas. Il est probable que, pendant qu'il traversait la lande, il avait fait naître lui-même ces fantômes en pensant aux sottises qu'il avait entendu répéter par ses parents et par ses camarades. Quoi qu'il en soit, maintenant encore je n'aime pas à être dehors quand il fait nuit ; et je n'aime pas à rester seule dans cette triste maison. C'est une impression que je ne peux pas surmonter, je serai heureuse quand ils partiront d'ici pour aller à la Grange.

— Ils vont donc aller à la Grange ? dis-je.

— Oui, dès leur mariage, qui aura lieu au jour de l'an.

— Et qui habitera ici, alors ?

— Joseph prendra soin de la maison et aura peut-être un garçon pour lui tenir compagnie. Ils vivront dans la cuisine et le reste sera fermé.

— À l'usage des fantômes qui voudront l'occuper, observai-je.

— Non, Mr. Lockwood, dit Nelly, en secouant la tête. Je crois que les morts reposent en paix ; mais il n'est pas bien de parler d'eux avec légèreté.

À ce moment, la barrière du jardin tourna sur ses gonds : les promeneurs revenaient.

— Ils n'ont peur de rien, eux, grommelai-je en surveillant par la fenêtre leur arrivée. Ensemble, ils braveraient Satan et ses légions.

Comme ils franchissaient le seuil et s'arrêtaient pour jeter un dernier regard sur la lune – ou, plus exactement pour se regarder l'un l'autre à sa lueur –, je me sentis une fois de plus irrésistiblement poussé à les fuir. Je glissai un souverain dans la main de Mrs. Dean et, sans prendre garde à ses remontrances sur ma brusquerie, je disparus par la cuisine au moment où ils ouvraient la porte de la salle. J'aurais ainsi confirmé Joseph dans sa croyance aux fredaines de la brave femme, si par bonheur l'agréable tintement d'un souverain tombant à ses pieds ne lui eût pas fait reconnaître en moi un personnage respectable.

Mon retour à Thrushcross Grange fut allongé par un détour que je fis dans la direction de l'église. Quand je fus sous ses murs, je m'aperçus que son délabrement avait fait des progrès sensibles en sept mois. Plusieurs fenêtres n'étaient plus que des trous noirs, béants, dépourvus de vitrage, çà et là des ardoises faisaient saillie sur la ligne droite du toit, prêtes à être peu à peu emportées par les bourrasques de l'automne qui approchait.

Je cherchai et découvris bientôt les trois pierres tombales sur la pente près de la lande : celle du milieu, grise et à moitié ensevelie sous la bruyère ; celle d'Edgar Linton, ornée seulement de l'herbe et de la mousse qui croissaient à son pied, celle de Heathcliff encore nue.

Je m'attardai autour de ces tombes, sous ce ciel si doux ; je regardais les papillons de nuit qui voltigeaient au milieu de la bruyère et des campanules, j'écoutais la brise légère qui agitait l'herbe, et je me demandais comment quelqu'un pouvait imaginer que ceux qui dormaient dans cette terre tranquille eussent un sommeil troublé.

Cet ouvrage a été réalisé par la
SOCIÉTÉ NOUVELLE FIRMIN-DIDOT
Mesnil-sur-l'Estrée
en mars 1998

Imprimé en France
Dépôt légal : janvier 1998
N° d'impression : 42215